Manual de Medidas Protetivas de Urgência

Avaliação e Gestão de Risco

Valéria Diez Scarance Fernandes
Thiago Pierobom de Ávila
Marcela Novais Medeiros

Manual de Medidas Protetivas de Urgência

Avaliação e Gestão de Risco

2025

EDITORA
JusPODIVM
www.editorajuspodivm.com.br

EDITORA *Jus*PODIVM
www.editorajuspodivm.com.br

Rua Canuto Saraiva, 131 – Mooca – CEP: 03113-010 – São Paulo – São Paulo
Tel: (11) 3582.5757
• Contato: https://www.editorajuspodivm.com.br/central-de-relacionamento

Diagramação: Editora *Jus*PODIVM

Capa: Ana Caquetti

Imagem de Capa
Autora: Victoria Serednicki
Título: Teresa
Ano: 2023
Especificação do suporte: Acrílica sobre papel

F363m Fernandes, Valéria Diez Scarance
Manual de Medidas Protetivas de Urgência: Avaliação e Gestão de Risco / Valéria Diez Scarance Fernandes, Thiago Pierobom de Ávila e Marcela Novais Medeiros – São Paulo: Editora JusPodivm, 2025.

368 p.

ISBN: 978-85-442-5906-1

1. Direito Penal. I. Fernandes, Valéria Diez Scarance. II. Ávila, Thiago Pierobom de. III. Medeiros, Marcela Novais. IV. Título.

CDD 341.5

Bibliotecária responsável:
Ana Carolina Ribeiro Mois – CRB7 – RJ 007348/0

1.ª ed., *2.ª tir.:* ago./2025.

SOBRE AS AUTORAS E O AUTOR

Valéria Diez Scarance Fernandes

Doutora e Mestre em Processo Penal pela Pontifícia Universidade Católica de São Paulo. Especialista em Vitimologia pela Inter-University Centre (IUC- Dubrovnik). Palestrante Nacional e Internacional. Professora Assistente-Doutora da Pontifícia Universidade Católica de São Paulo, onde leciona Direito Penal, Processual Penal, Crimes contra Mulheres e Feminismos. Finalista do Prêmio VIVA na categoria Educação. Finalista do Prêmio Inspiradoras na categoria Justiça para Mulheres. Autora da Cartilha Namoro Legal e da Pesquisa Raio X do Feminicídio. Em 2013, representou o Brasil junto à ONU em Bangkok, ocasião em que se aprovou um Manual para Atuação em Processos de Violência contra Mulheres. Em 2014, foi convidada pelo Departamento de Estado dos Estados Unidos para participar do programa de intercâmbio Combating Domestic Violence. Promotora de Justiça do Ministério Público de São Paulo especializada em violência contra a mulher. 1ª Secretária Executiva do Grupo de Atuação Especial de Enfrentamento à Violência Doméstica e Familiar (GEVID). 1ª Coordenadora do Núcleo de Gênero do Ministério Público. 3ª Coordenadora Nacional da COPEVID-GNPG/GNDH. Pesquisadora da temática de Gênero, Violência contra Mulheres e Feminicídio. Autora de inúmeros artigos jurídicos, capítulos de livros e das obras "Tortura e Prova no Processo Penal" (esgotado) e "Lei Maria da Penha: o processo no caminho da efetividade" (Juspodivm), que está na 6ª edição.

Thiago Pierobom de Ávila

Doutor em Ciências Jurídico-Criminais pela Universidade de Lisboa, com estágio de pesquisa de Pós-Doutorado pelo Gender and Family Violence Prevention Centre da Universidade Monash, Austrália. É professor associado do PPG Direito do Centro Universitário de Brasília – UniCEUB, bem como perante a ESMPU e FESMPDFT. Investigador afiliado ao Instituto de Direito Penal e Ciências Criminais da Faculdade de Direito da Universidade de Lisboa e International Visiting Scholar na American University Washington College of Law. É Promotor de Justiça do Ministério Público do Distrito Federal e Territórios, e integrante do Grupo de Trabalho sobre Violência Doméstica contra a Mulher da Comissão de Defesa dos Direitos Fundamentais do CNMP. Atualmente está associado à equipe de pessoal da Comissão Interamericana de Direitos Humanos, em Washington DC, EUA, no âmbito de parceria firmada com o CNMP. Autor dos livros: "Feminicídios: indicativos para a construção de políticas públicas de prevenção" e "Curso de Enfrentamento à Violência Doméstica e Familiar contra a Mulher", publicados pela ESMPU em 2023, bem como de diversos outros livros e artigos científicos na temática de violência contra a mulher.

Marcela Novais Medeiros

Doutora e mestre em Psicologia Clínica e Cultura pela Universidade de Brasília, tendo desenvolvido a primeira tese brasileira sobre "Avaliação de risco em casos de violência contra a mulher perpetrada pelo parceiro íntimo" (2015). Especialista pela Università degli Studi del Molise (Itália), com pesquisa sobre "Os movimentos feministas e de mulheres no entrelaçamento dos fios da rede de apoio à mulher vítima de violência conjugal". Especialista em Terapia Familiar pela Universidade Católica de Goiás. É psicóloga da Unidade de Prevenção e Assistência a Pessoas em Situação de Violência, conhecido pela população como Programa Violeta, da Secretaria de Estado de Saúde do Distrito Federal, Brasília, DF. É preceptora do programa de Residência Multiprofissional em Saúde da Criança da FEPECS/DF. Trabalha com pesquisa, treinamento e intervenções clínicas e sociais com ênfase em avaliação e gestão de riscos em casos de violência doméstica/intrafamiliar, vulnerabilidades e saúde mental, tendo colaborado como consultora no processo de elaboração do Formulário Nacional de Avaliação de Risco. Autora de diversos artigos científicos na temática de avaliação e gestão de riscos.

Disclaimer: as opiniões expressas neste trabalho são de responsabilidade das autoras e autor e não expressam, necessariamente, a visão das instituições que integram.

PREFÁCIO

Recebi com grande satisfação o convite para prefaciar o livro, "Manual de medidas protetivas de urgência: avaliação e gestão de risco", de autoria de Valéria Diez Scarance Fernandes, Thiago Pierobom de Ávila e Marcela Novais Medeiros. A obra foca um tema central da Lei Maria da Penha, que se refere ao cruzamento da intervenção jurisdicional com as políticas públicas de proteção às mulheres em situação de violência, e sua articulação com os recentes estudos sobre avaliação e gestão do risco. Por conhecer as autoras e o autor, sei que este trabalho está alinhado com as diretrizes protetivas da Lei Maria da Penha.

Tive o prazer de conhecer Valéria pela primeira vez quando ela era Coordenadora Nacional da Copevid. Após, tomei conhecimento da publicação do seu livro sobre a Lei Maria da Penha e da sua engajada atuação profissional em defesa das mulheres e mães, com diversos projetos para a promoção da referida Lei. Valéria também fez parte de um grupo estratégico criado pela jornalista Mariana Kotscho por ocasião dos inúmeros ataques virtuais que sofri, que colocaram a minha segurança pessoal em risco. Graças aos apoios recebidos, hoje tenho medidas protetivas e um pouco de paz.

Preciso mencionar também minha emoção quando, em 2024, Valeria e suas colegas Mariana Kotscho e Nathalie Malveiro criaram o "Juntas por Maria da Penha" e realizaram um evento emocionante em São Paulo no Salão Nobre da Universidade São Francisco para celebrar os 18 anos na Lei Maria da Penha, com a presença de autoridades, organismos internacionais, artistas e centenas de pessoas. Até hoje esse evento está em minha memória.

Conheci Thiago em um evento presencial em Brasília, no ano de 2013 quando ele era coordenador do Núcleo de Gênero do MPDFT e que desde então tem se mostrado um excelente parceiro na luta contra todas as formas de violências contra as mulheres, colaborando com a redação de projetos de lei, pesquisas científicas, publicação de livros e a defesa da Lei n. 11.340/2006. Fiquei especialmente tocada pelo evento organizado por ele no Conselho Nacional do Ministério Público onde o processo criminal do meu agressor foi analisado e, reforçando o obvio, confirmou que havia provas mais que suficientes sobre: a tentativa de homicídio (hoje feminicídio) que foi praticada contra mim e as violações de direitos no acesso à justiça que experimentei, e que infelizmente ainda hoje inúmeras mulheres ainda experimentam. Thiago trabalha hoje na área de direitos das mulheres da Comissão Interamericana, o mesmo que órgão acolheu o meu pedido por justiça e fomentou tantas reformas aqui no Brasil. Creio que a trajetória de Thiago é um exemplo de que os homens também podem e devem se engajar na luta contra a violência que continua atingindo as mulheres.

Marcela concluiu um doutorado em psicologia, pela Universidade de Brasília, com pesquisa na área de avaliação e gestão de risco, tendo contribuído para a elaboração do formulário nacional de avaliação de risco e sua difusão no Brasil. Sua experiência profissional no atendimento psicossocial a homens, mulheres e crianças em situação de violência, aliada às suas pesquisas científicas, permitiu que ela se tornasse uma das referências nacionais nessa área.

A sólida trajetória acadêmica e profissional das autoras e do autor produziu um trabalho de peso. A obra inicia com uma análise sobre a necessidade de uma proteção específica para as mulheres, analisando como as relações de gênero se projetam nas relações familiares, geram o silenciamento das vítimas e a normalização da violência. Em seguida, analisa as políticas públicas de prevenção às violências contra as mulheres e a sua relação com as medidas protetivas de urgência. A obra avança para um tema em fase de desenvolvimento no Brasil, que é o da avaliação de risco, com a apresentação dos fatores de risco e de proteção, as metodologias e o uso do formulário nacional de avaliação.

Em seguida, são apresentados os princípios do processo protetivo, princípios estes que sempre estiveram presentes na lógica protetiva da Lei Maria da Penha, onde as autoras e autor inovam ao chamarem a atenção para cada um deles. Mesmo que a recente Lei n. 14.550/2023, que trata das medidas protetivas de urgência, não traga propriamente uma inovação, ela explicita pontos importantes que desde 2006 estão presentes. Aliás essa foi a primeira alteração na Lei Maria da Penha que foi endossada pelo Consórcio de ONGs da Lei Maria da Penha, tamanha a importância que o tema das medidas protetivas possui.

A obra se desenvolve com discussões sobre uma proteção integral ampliada e sobre o processo protetivo. As autoras e o autor individualizam cada uma das fases do processamento das medidas protetivas de urgência, desde o seu requerimento, até mesmo sem necessidade de advogado, perante uma autoridade policial, passando pela decisão, intimações, monitoramento e reavaliação.

Fico extremamente feliz pelo fato de as autoras e de o autor terem destacado a importância de uma fase do monitoramento das medidas protetivas de urgência e da reavaliação da sua necessidade mediante prévio contato com a mulher, já que tenho recebido muitas notícias de mulheres que recebem apenas um pedaço de papel sem qualquer outra intervenção concreta que possa alterar o curso da situação de violência em suas vidas.

É, portanto, essencial associar as medidas protetivas de urgência com políticas públicas, nas áreas de atenção e proteção, como os programas de apoio psicossocial, inclusão no trabalho, e patrulhas de segurança feitas pelas polícias militares ou guardas municipais.

A obra avança com a análise do crime de descumprimento e das medidas protetivas de urgência, onde cada uma delas é essencial para a proteção efetiva às mulheres, desde a suspensão da posse de armas, passando pelas proibições de aproximação, contato, suspensão de visitas aos dependentes menores, pensão alimentícia, auxílio aluguel, programas para os ofensores, e outras medidas.

Analisam, inclusive, a competência do juizado da mulher para as ações de divórcio e outras ações cíveis; essa é uma demanda antiga do movimento de mulheres no Brasil, para que a proteção oferecida pela Lei Maria da Penha seja integral e abranja a competência híbrida cível e criminal, de forma que não haja mais peregrinação das mulheres pelos diversos serviços e o juiz possa realmente se responsabilizar pela proteção em todos os aspectos da vida da mulher, inclusive na resolução de questões cíveis que estão na raiz das discórdias que evoluem para atos inaceitáveis de violência.

Esses são temas sobre os quais eu tenho falado muito. O silêncio é o maior aliado do agressor, mas quando decidimos falar, rompemos as correntes que nos aprisionam. A violência doméstica não é um problema individual, é uma questão social que exige atenção e comprometimento de todos. Cada mulher que se levanta contra a violência transforma sua dor em resistência e se torna um exemplo vivo de que podemos mudar o mundo. É essencial não deixar que a violência roube a voz, a dignidade e a vontade de viver dessas mulheres.

Neste ano, a Lei n. 11.340/2006, que leva meu nome, completará 19 anos. Por um lado, é muito triste que após quase duas décadas ainda vejamos tantas mulheres sofrendo pela violência em seus lares, pelas mãos de companheiros que não as respeitam ou familiares que não lhe oferecem apoio.

Por outro lado, vejo que que temos feito avanços, hoje a violência contra as mulheres não é mais um assunto privado, todas e todos temos o dever de meter a colher. Temos direitos a políticas públicas. Temos uma lei que nos ampara. Por isso, fico feliz que seja publicada uma obra que ressalta essas diretrizes protetivas e chama a atenção dos operadores do sistema de justiça e das equipes de apoio psicossocial quanto à relevância de uma postura generosa na concessão das medidas protetivas, bem como na necessidade de sua integração com um conjunto articulado de intervenções multidisciplinares. Temos uma lei que destaca que mais importante que a burocracia jurídica é a efetividade na proteção da vida de mulheres e suas famílias.

A própria formação acadêmica das autoras e do autor, em direito, criminologia e psicologia, revela a importância do enfoque multidisciplinar, que é um dos nortes da Lei Maria da Penha. Espero que esta obra inspire os profissionais a enxergarem que a Lei Maria da Penha precisa ser aplicada com empatia para as mulheres que estão vivendo momentos sombrios de violência, na esperança e com o comprometimento de que é possível mudar essas realidades.

Com essas considerações, gostaria de desejar muito sucesso à Valéria, ao Thiago e à Marcela, expressando os meus votos de que esta obra possa alcançar mentes e corações, que produza frutos de maior efetividade na atuação de profissionais e que estejamos todas e todos plantando boas sementes para colher um futuro com mais equidade, onde não haja espaço para a violência no lar e as mulheres sejam verdadeiramente livres para desenvolver todo o seu potencial. Porque juntas e juntos somos mais fortes!

Fortaleza, fevereiro de 2025.

Maria da Penha Maia Fernandes

SUMÁRIO

3

4

1

INTRODUÇÃO

A violência contra mulheres atinge pessoas de todas as idades, classes e profissões. É uma violência perversamente democrática, que pode acontecer com qualquer mulher, independentemente de classe social ou idade. Não identificar os sinais de alerta de uma relação abusiva e buscar ajuda pode agravar o ciclo de violência.

O Atlas da Violência 2025 apontou que, entre 2013 e 2023, 47.463 mulheres foram mortas, e ocorreram 3.903 homicídios femininos em 2023. Todavia, considerando-se os denominados "homicídios ocultos" (em que a causa da morte no registro de saúde foi indeterminada), o referido estudo oficial estima que ocorreram 4.492 homicídios de mulheres em 2023. Destas mortes, 35% ocorreram dentro da residência, com percentuais que tem se mantido estáveis na última década, enquanto os homicídios em geral apresentam tendência de queda, indicando a potencialidade letal da violência doméstica e familiar contra a mulher e as dificuldades de as políticas de segurança pública avançarem do espaço público para o espaço privado. Para mulheres negras, a violência é ainda mais severa: a taxa de mortalidade de mulheres negras é 4.3/100.000 habitantes, enquanto para mulheres não negras é de 2.5/100.000 habitantes[1].

---

1. IPEA. **Atlas da Violência 2025**. Disponível em: https://www.ipea.gov.br/atlasviolencia/publicacoes/290/atlas-da-violencia-2025. Acesso em: 19 maio 2025.

A violência de gênero não interrompida pode escalar para a morte de mulheres. Por outro lado, o rompimento do silêncio, o registro formal de violência e o deferimento de medidas protetivas constituem estratégias com potencial de se tornarem eficazes para impedir a evolução da escalada da violência. No Estado de São Paulo, de 364 denúncias oferecidas por feminicídio entre 2016 e 2017, em 121 Comarcas, apenas 3% das vítimas de feminicídio tentado ou consumado tinham solicitado medidas protetivas e 4% das vítimas fatais tinham registrado boletim de ocorrência[2]. No Distrito Federal, durante os anos de 2016 e 2017, 23,5% das vítimas de feminicídio tinham previamente registrado ocorrência policial contra o agressor, mas apenas 8,8% tinham medida protetiva em vigor no momento do feminicídio; no total, apenas 0,12% dos registros policiais ordinários evoluem para feminicídios[3].

As medidas protetivas de urgência foram criadas pela Lei Maria da Penha, que prevê um rol não taxativo de providências em relação à mulher em situação de violência, seus dependentes e agressor.

Para que a lei tenha efetividade, é necessário compreender os contornos da violência doméstica e familiar, que difere da violência praticada nas ruas: a mulher muitas vezes se retrata ou reconcilia com o agente logo após romper o silêncio; não há testemunhas ou as testemunhas preferem não interferir em "briga de família"; o agressor tem postura social de bom cidadão e alguém acima de qualquer suspeita; a mulher demora muitos anos para romper o silêncio, pois acredita na mudança temporária do parceiro; a sociedade – por não compreender a violência de gênero – isola a mulher e a responsabiliza pela própria violência que sofreu.

---

2. SCARANCE FERNANDES, Valéria Diez (Coord.). **Raio X do Feminicídio em São Paulo: é possível evitar a morte.** 2018. Disponível em: https://mpsp.mp.br/documents/20122/1217560/RaioXFeminicidioC.PDF Acesso em: 08 dez. 2023.

3. ÁVILA, Thiago Pierobom de (Org.). **Feminicídios: indicativos para a construção de políticas públicas de prevenção**. Brasília: ESMPU, 2023. Disponível em: https://escola.mpu.mp.br/publicacoes/series/serie-pesquisas/feminicidios-2013-indicativos-para-a-construcao-de-politicas-publicas-de-prevencao

A maioria das mulheres em situação de violência não deseja a punição do agente, mas simplesmente libertar-se da violência. Obrigar uma mulher em situação de violência a registrar ocorrência e processar criminalmente o agressor poderia significar condená-la a uma vida de violência ou mesmo à morte. Essa possibilidade de receber proteção, apesar de não desejar colaborar com um processo criminal, foi prevista com a Lei n. 14.550/2023. Ainda assim, promover a responsabilização criminal do ofensor quando houver provas suficientes, apesar da vontade da mulher, é uma diretriz legal para os casos de crimes de ação penal pública incondicionada, como a lesão corporal no contexto de violência doméstica e familiar contra a mulher e sinaliza o compromisso do Estado no enfrentamento de violências contra mulheres.

Graças às alterações introduzidas na Lei Maria da Penha pela Lei n. 14.550/2023, as medidas protetivas independem de boletim de ocorrência, tipificação criminal e da existência de um processo. Com essa autonomia, as medidas protetivas tornaram-se mais efetivas e menos revitimizantes, assegurando que uma mulher sem situação de violência possa libertar-se sem que tenha de carregar o peso social de ser a acusadora do parceiro ou pai de seus filhos.

Apesar dos avanços normativos, e dos protocolos de atuação com perspectiva de gênero, sabemos que, infelizmente, muitos profissionais ainda se sentem perdidos em como compatibilizar princípios aparentemente contrapostos e construir soluções alinhadas às diretrizes internacionais e aos ditames nacionais. Esta obra procura oferecer um caminho seguro para que os profissionais do sistema de justiça e da rede de atenção atuem com devida diligência na prevenção da violência contra a mulher e no respeito os direitos fundamentais envolvidos. Espera-se contribuir para a construção de um sistema jurídico mais sensível às necessidades das mulheres em situação de violência, colaborando para uma mudança cultural que possa aproximar-nos do ideal de equidade e justiça.

2

NECESSIDADE DE UMA PROTEÇÃO ESPECÍFICA

As medidas protetivas desempenham papel fundamental na proteção da mulher e dependentes, em razão da vulnerabilidade decorrente do histórico de violência, submissão e violações de direitos. A dificuldade da vítima de violência de abandonar a relação ou de proteger-se de outras maneiras é frequente nos relacionamentos abusivos. Romper o silêncio e buscar ajuda é um processo lento, marcado por sentimentos de ambivalências, por dificuldade de reconhecimento das violências, por idas e vindas de reconciliações da vítima com o agente, dentre outros comportamentos adotados como tentativa de superação da violência e sobrevivência da vítima, incluindo a omissão dos atos violentos. O processo por violência doméstica contra mulheres tem uma particularidade que o distingue de todas as outras: em razão da relação dúplice que a vítima mantém com o agressor (de dependência afetiva e ao mesmo tempo não desejo de sofrer a violência), na maioria dos casos não deseja a sua punição, mas simplesmente viver livre da violência[1].

---

1. Pesquisa qualitativa realizada junto a Varas Criminais de São Paulo que tinham competência cumulativa, inclusive para aplicar a Lei Maria da Penha, revelou que as vítimas de violência

O rompimento do "sagrado" silêncio do lar através da publicização dos atos de violência para familiares, amigos ou autoridades competentes, representa um esforço ativo da vítima para estabelecer limites para o autor das violências e buscar alternativas para uma vida com mais segurança. Frequentemente, isso ocorre quando a situação chega a um limiar de insuportabilidade, quando percebe que há risco de morte para si ou familiares ou quando não consegue romper a relação afetiva sozinha. Esta postura da vítima incrementa o comportamento agressivo do homem e pode intensificar a situação de perigo.

O tratamento da violência apenas no âmbito privado pela mulher, com sua permanência por longos períodos em relações violentas tende a agravar a frequência e intensidade das violências, representando risco. Estatísticas realizadas na Espanha revelaram que as mulheres permanecem casadas muito tempo antes de quebrar o silêncio. Os índices são de 2% de denúncias para menos de um ano de relacionamento, 27% para 1 a 5 anos de convivência, 34% para 06 a 10 anos de convivência e 37% para mais de dez anos de convivência[2].

Estes dados indicam que "o maltrato entre cônjuges, até chegar ao momento de sua exibição pública, tem uma prolongada história de enfrentamentos e reconciliações"[3]. Este fenômeno tem sido denominado de "ciclo da violência" e expressa a complexidade de dinâmicas conjugais e familiares violentas.

---

doméstica "manifestaram que sua intenção, ao acessar o sistema de justiça, não era que o agressor fosse punido, mas sobretudo, de se verem protegidas da violência" (Alvarez, Marcos César; Cordeiro, Veridiana Domingos; Jesus, Maria Gorete Marques de; Matsuda, Fernanda Emy; Salla, Fernando; Santiago, Caio; Teixeira, Alessandra. **A vítima no processo penal brasileiro: um novo protagonismo no cenário contemporâneo?** *Revista Brasileira de Ciências Criminais*, São Paulo, ano 18, n. 86, p. 266, set.-out. 2010).

2. CEBALLOS, Elena B. Marín de Espinosa. **La violencia doméstica. Análisis sociológico, dogmático y de derecho comparado.** Granada: Comares, 2001. p. 23.

3. Tradução livre da autora. Versão original: "*El maltrato entre cónyuges hasta llegar al momento de sua exhibición pública tiene uma prolongada historia de enfrentamientos y reconciliaciones*" (CEBALLOS, Op cit., p. 23).

2.1. FATORES QUE CONTRIBUEM PARA O SILÊNCIO DA MULHER

Há vários fatores pessoais e sociais que contribuem para o silenciamento das mulheres. No âmbito pessoal, destaca-se o desamparo aprendido, que é o padrão psicológico marcado pela percepção de que eventos críticos ocorrem sem seu controle ou possibilidade de manejo. Em razão do desamparo aprendido, diante de uma violência, a mulher escolhe a resposta que na sua percepção causaria menos trauma, tendendo a comportamentos estereotipados ou repetitivos, deixando de buscar soluções mais efetivas[4].

Outros fatores pessoais que interferem na busca de ajuda pela mulher são isolamento social, vergonha, sentimento de culpa, medo de reviver o trauma, dependência econômica, dependência emocional, desconhecimento quanto a seus direitos ou mesmo descrença na capacidade de resposta pelo Estado.

Teorias científicas demonstram a razão pela qual a vítima se retrata, não reage diante de um ataque ou perdoa o autor da violência. Esses estudos são de extrema importância porque desconstroem a ideia de que a vítima escolheu estar em uma relação violenta e apontam a interligação entre fatores pessoais e sócio-históricos na perpetuação da violência contra mulheres.

Tais estudos apontam que a violência contra mulher está envolta por mitos que perpetuam conclusões equivocadas a respeito das experiências de mulheres em situação de violência doméstica. Esses mitos reforçam a ideia de que a vítima "mereceu a violência", desresponsabilizam o autor das violências e protegem os atores da rede de apoio da sensação de impotência por não conseguirem proteger as vítimas. Os fatores de silenciamento e retratação da vítima que demonstram a necessidade de uma atuação específica serão abordados nesse capítulo.

4. WALKER, Leonore E. **The battered woman**. Nova Iorque: Harpers & Row, 1979.

2.1.1. Mito do amor romântico

As relações íntimas de mulheres estão moldadas por um mito romântico de amor e família. A relação afetiva ainda ocupa a centralidade da vida de mulheres e interfere em todos os aspectos da vida.

Esse modelo de amor romântico, em especial nas relações íntimas e familiares, contribui para que mulheres se mantenham em relações abusivas para preservar a família, filhos e aceitação social[5]:

> Os ideais de amor romântico afetaram e afetam mais as aspirações femininas do que as masculinas [...] A mulher-mãe reforça o modelo de vida privada que separa espaços e papéis, tornando-se a maternidade um elemento constitutivo da *natureza* feminina, associada ao cuidado e sensibilidade.
>
> As concepções sobre o amor foram desenhando as aspirações das mulheres, construindo a sua vida em função do encontro com o *seu príncipe*. Esta vocação foi sendo exaltada a partir do sec. XVIII e sedimentada, posteriormente, pela cultura de massas.

Persistem estereótipos de "mulheres difíceis", "mal amadas", "vingativas" e ao mesmo tempo arquétipos de mulher virtuosa, bela, boa esposa e mãe que asseguram um acesso diferenciado a direitos e proteção jurídica. Esses modelos classificatórios influenciam não só na forma como a mulher é atendida, mas também na sua visão pessoal de mundo e consciência do perigo. Isto porque, "modelos rígidos de identidade, de acordo com padrões hegemônicos e estereotipados, são marcados por relações de poder (Rolnik, 1989), infiltrando-se nas práticas e no constante reconhecimento de padrões classificatórios na *microfísica* do poder (Foucault, 1993)"[6].

---

5. MIRA, Rita. **Arquétipo da princesa na construção social da feminilidade**. Lisboa: Colibri, 2017, p. 25.

6. MIRA, op. cit, p. 25.

2.1.2. Medo de revelar a violência

Mulheres em situação de violência normalmente não compreendem a violência que sofreram e, por esse motivo, se sentem envergonhas e culpadas. Temem revelar a violência e solicitar proteção por vergonha, receio de não serem compreendidas, exposição social ou por descrença na Justiça.

Maria Rafael Junqueira Bruno Rodrigues assevera que, pelo fato de terem sido vitimadas por pessoas próximas, as mulheres "se sentem envergonhadas e, na maioria das vezes, não querem expor suas vidas perante a sociedade, não somente por uma determinação pessoal, mas por uma questão cultural"[7].

A recordação traz tanta dor quanto a própria violência. Falar sobre o abuso sofrido faz a mulher reviver as emoções sentidas[8]. Por isso, muitas mulheres submetidas a violências referem que desejam apenas "esquecer" o fato. Com o tempo, para essas vítimas, os crimes aparecem como vagas lembranças, distanciando-se das recordações como se elas não se referissem às suas pessoas. Trata-se de uma "questão importante, porque o esquecimento é, na verdade, a própria pauta da construção do mito pessoal. Ele é construído justamente para se proteger da lembrança. O mito é barreira contra a lembrança"[9].

Há ainda o medo de não ser ouvida, não conseguir "comprovar" o fato ou serem desacreditadas e acusadas de provocarem os atos. Embora a Lei Maria da Penha consagre a centralidade da palavra da vítima, ainda há uma equivocada representação social de que a vítima deve comprovar a violência para que consiga as medidas protetivas.

---

7. RODRIGUES, Maria Rafaela Junqueira Bruno. Violência doméstica. **Revista Jurídica da Universidade de Franca,** Franca, ano 7, n. 12, p. 163, 2004.

8. WALKER, Leonore E. **The battered woman.** Nova Iorque: Harpers & Row, 1979.

9. DYMETMAN, Annie. Razão/Desrazão: A violência na modernidade. In: OLIVEIRA, Isaura de Mello Castanho; PAVEZ, Graziela Acquaviva; SCHILING, Flávia (Orgs.). **Reflexões sobre justiça e violência. O atendimento a familiares de vítimas de crimes fatais.** São Paulo: EDUC, 2002. p. 213.

A Pesquisa Visível e Invisível 2023 revelou que 45% das vítimas não fizeram nada após a violência e, dentre os motivos para não buscar ajuda, 21,3% não acreditavam que a polícia pudesse resolver a situação e 14,4% não tinham "provas suficientes"[10].

Rogério Sanches Cunha salienta que[11]:

> De acordo com a literatura, a atitude das instituições de justiça diante de um episódio de violência é fator determinante na decisão das mulheres em denunciar (Bacick; Maunsell; Cogan, 1998, p. 40). As mulheres têm medo do tratamento que receberão do sistema de justiça e das consequências da publicização do crime, bem como da possível impunidade do autor (que, muitas vezes, pertence ao mesmo círculo familiar).

O medo também pode se referir ao comportamento do agressor após a revelação da situação de violência. Segundo levantamento do Observatório da Mulher contra a Violência em parceria com o instituto DataSenado, 76% das mulheres não denunciam por medo do agressor.[12]

Apesar de em regra as mulheres estarem protegidas pelo rompimento do silêncio, há algumas situações em que a violência mais severa ocorre em retaliação à postura da vítima, justificando-se a proteção imediata. Nesse sentido, pesquisa no Distrito Federal documentou que em alguns casos a movimentação de processos judiciais pode se tornar um gatilho para a

10. FORUM BRASILEIRO DE SEGURANÇA PÚBLICA. **Visível e Invisível**: a vitimização de mulheres no Brasil. 4ª edição, 2023. Disponível em: https://forumseguranca.org.br/wp-content/uploads/2023/03/visiveleinvisivel-2023-infografico.pdf. Acesso em: 20 fev. 2024.

11. CUNHA, Rogério Sanches. **Violência contra as mulheres e o direito fundamental de acesso adequado à justiça**: um estudo a partir do caso Márcia Barbosa de Souza. Dissertação de Mestrado. Pontifícia Universidade Católica de Campinas, 2023, p. 60.

12. SENADO FEDERAL. Painel interativo: Violência Doméstica e Familiar contra a Mulher. Disponível em: https://www.senado.leg.br/institucional/datasenado/paineis_dados/#/dados;pergunta=O%20que%20leva%20uma%20mulher%20a%20n%C3%A3o%20denunciar%20a%20agress%C3%A3o%3F. Acesso em: 25 out. 2024.

prática de feminicídios[13]. Na América Latina, constatou-se maior vinculação entre o registro de agressão e feminicídio em algumas circunstâncias, "quando a denúncia se associa à separação, ou quando a denúncia é apresentada depois do agressor ter sido denunciado várias vezes"[14].

Da mesma forma, deve-se atentar para o fato de que a propositura de ações civis como alimentos ou divórcio em face do agente pode incrementar uma situação de risco, já que "a presença de problemas com a guarda dos filhos ou filhas, as disputas por questões econômicas ou relacionadas às propriedades compartilhadas durante a convivência, também se associam, com frequência ao feminicídio"[15].

Por essas razões, é tão importante associar o estímulo de busca de direitos pela mulher às adequadas políticas públicas de prevenção e medidas judiciais para proteção imediata em caso de risco.

2.1.3. Isolamento da família e rede de apoio

Quando uma mulher em situação de violência rompe o silêncio, ela espera ser acolhida e amparada pelas pessoas próximas e rede de serviços, mas não é o que normalmente acontece.

Mulheres em situação de violência tendem a omitir de amigos, familiares e conhecidos informações acerca da dinâmica de seu relacionamento afetivo marcado pela violência. Quando noticiam os fatos, muitas vezes são tratadas com desconfiança, incredulidade, julgamento moral ou desconforto.

---

13. ÁVILA, Thiago Pierobom de (Org.). **Feminicídios:** indicativos para a construção de políticas públicas de prevenção. Brasília: ESMPU, 2023. Disponível em: https://escola.mpu.mp.br/publicacoes/series/serie-pesquisas/feminicidios-2013-indicativos-para-a-construcao-de--politicas-publicas-de-prevencao
14. ONU MULHERES. **Modelo de Protocolo latino-americano de investigação das mortes violentas de mulheres por razões de gênero (femicídio/feminicídio).** 2016. Disponível em: https://www.onumulheres.org.br/wp-content/uploads/2015/05/protocolo_feminicidio_publicacao.pdf. Acesso em: 26 fev. 2024.
15. ONU MULHERES. **Modelo de Protocolo latino-americano de investigação das mortes violentas de mulheres por razões de gênero.** 2016, p. 86.

A falta de compreensão quanto à dinâmica de uma relação abusiva gera a falsa sensação de que a mulher escolheu estar na relação violenta e, assim, não há como ajudá-la. Além disso, agressores normalmente afastam pessoas próximas à mulher, como familiares, amigos e colegas de trabalho, seja pelo seu comportamento violento, seja pelo uso de estratégias como criar intrigas com as pessoas, dizer que não são pessoas adequadas ao convívio da vítima.

Avery Neal descreve a sutileza com que age o abusador[16]:

> A maioria de nós está familiarizada com o comportamento clássico de um abusador isolar sua parceira de seu sistema de apoio, em geral, família e amigos. Olhando de fora, é fácil detectar esse comportamento. No entanto, quando acontece com você, nada é tão claro.
>
> No início, o abusador finge querer se aproximar das pessoas que fazem parte de sua vida. Mais tarde, sutilmente, faz comentários ardilosos sobre elas. Cria conflitos ou drama desnecessários. Isso confunde você (a vítima) e a faz questionar seu próprio julgamento. Em decorrência dos comentários e atitudes dele em relação ao seu círculo social, você começa a ver a relação com elas de forma diferente, e suas opiniões acabam ficando mais alinhadas com as do parceiro abusador. Se defendê-lo perante os entes queridos, eles ficarão frustrados por vê-la ficar do lado dele. Se defender seus entes queridos, o abusador questionará sua lealdade a ele.

O isolamento que existe durante a relação violenta mantém-se após o rompimento do silêncio, quando a mulher se vê sozinha ou com pouco apoio de pessoas próximas para retomar sua vida.

O papel da rede de apoio e rede de atendimento é fundamental, para que a vítima não retorne à relação violenta por falta de opção. As medidas de proteção devem contemplar a vítima e

16. NEAL. Avery. **Relações destrutivas.** Trad. Martha Dolinsky. São Paulo: Gente, 2018, p.79.

sua família, para que todas e todos tenham segurança e possam conviver sem medo ou desconfiança.

2.1.4. Pressão familiar para que a mulher "desista" do processo

A cultura sexista atribui papéis a homens e mulheres. Homens são criados para o sucesso na esfera pública, para serem reconhecidos como vencedores, conquistadores, bons de comando. Já às mulheres é assinalado um papel secundário de subserviência à autoridade masculina e de cuidado na esfera privada. Nessa cultura sexista, há dois dispositivos de controle que prendem as mulheres nesse papel, o dispositivo materno e o dispositivo amoroso[17]. Pelo primeiro, mulheres são criadas para serem cuidadoras na esfera privada, dos filhos, do marido, de idosos; assim, mulheres se veem como responsáveis por ajudar, suportar, tolerar, mesmo no contexto de violência. Pelo segundo, mulheres são criadas para estarem em uma relação afetiva, para "serem amadas", de forma que estar em uma relação afetiva é visto como algo essencial à existência feminina. Mulheres que não cuidam bem são vistas com "desleixadas", mulheres que não estão em uma relação afetiva são apelidadas de "encalhadas", "ficaram para titia". Portanto, quando um homem pratica um ato de violência, a mulher se vê como responsável por mudar o homem, por transformar o sapo no príncipe encantado; para ela, não perder todo o investimento emocional naquela relação afetiva é algo essencial à sua vida de mulher[18]. Há um intenso controle sobre a sexualidade feminina exercido pelos homens que detém a (pseudo)autoridade patriarcal sobre a mulher.

Quando uma mulher sofre a violência, há uma expectativa social e familiar de que os problemas familiares sejam tratados na esfera privada, sem macular o homem na esfera pública.

17. Ver: ZANELLO, Valeska. **Saúde mental, gênero e dispositivos**: cultura e processos de subjetivação. Curitiba: Appris, 2018, *passim*.

18. A respeito ver: SCARANCE FERNANDES, Valéria Diez. **Cartillha Namoro Legal**. Disponível em: https://www.mpsp.mp.br/portal/page/portal/Cartilhas/NamoroLegal.pdf. Acesso em: 20 fev. 2024.

Como a violência de gênero é uma violência disciplinar contra a mulher que não cumpre seu papel social, indaga-se o que a mulher fez para levar o homem a praticar essa violência, o que ela não cumpriu em seu papel de cuidadora, de "mulher honesta" e "boa mãe de família". Por esse motivo, a cultura sexista gera nas mulheres um sentimento de culpa pelo fato de denunciarem a violência sofrida, por não estarem cuidando e amando seus familiares ou parceiros. Da mesma forma, familiares culpabilizam a mulher que denuncia a violência, já que o agressor não demonstra socialmente a violência e adota uma postura de bom cidadão. Ainda que, no momento de ápice da violência, a mulher crie coragem para denunciar, após a denúncia pressões familiares a levarão querer desistir de levar o processo adiante.

A violência atinge todos os tipos de mulheres. Não são somente pessoas mais pobres, mal instruídas e sem estudo, mas, quanto maior o nível social da vítima, maior a pressão para que silencie a violência[19]:

> O universo de crimes denunciados e levados ao conhecimento do sistema penal contra o sexo feminino é predominante nas classes sociais de menor potencial aquisitivo; mas, omissamente, há grande violência também nas classes de maior poder aquisitivo. Naquela camada social, as mulheres denunciam por não haver outra escolha; nesta, não querem abalar seu *status* social e a favorável situação econômica que têm. E assim contribuem para a elevação da cifra negra da criminalidade.

Quando decide falar, quebrar o silêncio, a vítima tem de enfrentar seus próprios sentimentos, pressões familiares, medos e incertezas. E nem sempre é bem acolhida.

Gláucia Falsarella Foley argumenta que, no momento da revelação, a mulher vivencia "dupla vitimização: a primária – que

19. SANTIN, Janaína Rigo; CAMPANA, Josiele Bona; GUAZZELLI, Maristela Piva; CAMPANA, Liziane Bona. A violência doméstica e a ineficácia do direito penal na resolução dos conflitos. **Revista da Faculdade de Direito da Universidade Federal do Paraná**, Curitiba, Síntese, v. 39, p. 155, 2003.

corresponde à agressão sofrida propriamente dita – e a secundária – quando há reprovação de sua iniciativa pelos membros da família e banalização de sua dor pelos representantes do Estado"[20].

Além da pressão familiar, pode haver a pressão de grupos em que a mulher está inserida, como sua igreja, colegas de trabalho e outras situações.

Um dos fatores de maior vulnerabilidade das mulheres reside justamente na ausência de apoio e acolhimento pelas pessoas próximas.

2.1.5. Dependência econômica

O poder econômico da mulher, grau de instrução e independência não são determinantes para definir se a relação será ou não violenta: qualquer mulher, de qualquer origem, pode ser vítima. Parceiros violentos são gentis e atenciosos no início do relacionamento e raramente demonstram sua real personalidade no momento da conquista. Assim, ter condição econômica não liberta por si só a mulher de uma relação violenta ou mesmo feminicídio. Pesquisa realizada no Distrito Federal documentou que a maioria das vítimas de feminicídio tinha renda e exercia atividade econômica, ainda que usualmente os salários das mulheres fossem substancialmente menores que os de seus parceiros (indicando que o agressor tinha uma contribuição significativa no sustento total da casa)[21].

Mas há um momento em que a autonomia financeira e a independência são determinantes: o momento da libertação. Quando uma mulher decide se libertar de uma relação abusiva ou impor limites concretos a um parceiro abusador, ter autonomia e independência econômica são essenciais para conseguir sair da relação. Se a mulher abandonou seu trabalho ou tem suas contas

---

20. FOLEY, Gláucia Falsarella. Lei Maria da Penha: instrumento de emancipação da mulher? **Revista dos Tribunais**, São Paulo, v. 894, p. 443-459, abr. 2010. Disponível em: <www.revistadostribunais.com.br>. Acesso em: 09 nov. 2011.

21. ÁVILA, Thiago Pierobom de (Org.). **Feminicídios:** indicativos para a construção de políticas públicas de prevenção. Brasília: ESMPU, 2023.

controladas pelo parceiro, por exemplo, sair da relação abusiva pode ser ainda mais complexo. Só sai de casa, quem tem a "chave de casa" em suas mãos. Portanto, a dependência econômica pode se tornar um fator de risco para a mulher manter-se na relação abusiva.

Estudo do Observatório da Mulher contra a Violência em parceria com o instituto Datasenado sobre "o que leva uma mulher a não denunciar" apontou, em 46% dos casos, a dependência financeira do agressor[22].

Relações abusivas, em regra, envolvem *controle*, *isolamento* e *ciúmes excessivo* e, para evitar situações como essa é importante entender estratégias usadas por homens dominadores para submeter suas parceiras.

A *Cartilha Namoro Legal* traz importantes indicações sobre os estágios de uma relação abusiva e como impor limites[23] .

2.1.6. Agressores invertem a culpa e responsabilizam as mulheres

A inversão da culpa é uma das estratégias mais usadas por abusadores para submeter mulheres. Em razão do modelo social que se impõe à mulher – de bondosa, cuidadora, parceira – dificilmente uma mulher percebe a manipulação por parte de homens agressores. Assim, fazer-se de vítima, inverter os papéis, é uma das estratégias mais covardes e ao mesmo tempo efetiva por parte de abusadores.

Maria Berenice Dias ressalta que o agressor "tenta justificar seu descontrole na conduta da vítima" e ela "acaba reconhecendo

22. SENADO FEDERAL. **Painel interativo**: Violência Doméstica e Familiar contra a Mulher. Disponível em: https://www.senado.leg.br/institucional/datasenado/paineis_dados/#/dados;pergunta=O%20que%20leva%20uma%20mulher%20a%20n%C3%A3o%20denunciar%20a%20agress%C3%A3o%3F. Acesso em: 25 out. 2024.

23. NÚCLEO DE GÊNERO – MPSP. **Cartilha Namoro Legal.** Disponível em: http://www.mpsp.mp.br/portal/page/portal/Cartilhas/NamoroLegal.pdf. Acesso em: 17 mai 2021.

que em parte a culpa é sua. Assim o perdoa. Para evitar nova agressão, recua, deixando mais espaço para a agressão"[24].

Avery Neal também assenta que abusadores agem como se fossem as vítimas[25]:

> Fazer o papel de vítima talvez seja a estratégia de manipulação mais poderosa de um abusador (...) Bancar a vítima é uma manipulação do abusador, talvez uma de suas técnicas mais poderosas. Ser a vítima é conveniente para ele porque permite que se comporte da maneira que quiser, já que tem carta branca de sua parceira. Assim, o abusador não tem que se responsabilizar por si mesmo e dá certo porque **abusadores não assumem a responsabilidade por si mesmos ou por suas ações.**

Em pesquisa realizada em Havana, Cuba, houve a entrevista de 120 pessoas, entre homens e mulheres, muitas e muitos com elevado nível educacional, apurando-se que a violência psicológica era a mais frequente. Observou-se que, com a naturalização da violência, as mulheres não reconheciam o maltrato, "chegando a culpar-se por estes fatos e justificá-los, o que pode ser uma forma de fugir ou não por em evidência a humilhação e a frustração que sentem"[26].

Maria Cristina Ravazzola[27] afirma que o não reconhecimento e a naturalização das violências cometidas, sofridas ou presenciadas são produzidas ou reforçadas pelas anestesias relacionais. A autora define essa anestesia como mecanismo de

24. DIAS, Maria Berenice. **Violência e o pacto de silêncio**. Disponível em: <www.mariaberenice.com.br>. Acesso em: 20 dez. 2011.

25. NEAL, Avery. **Relações destrutivas**. Trad. Martha Dolinsky. São Paulo: Gente, 2018, p.66-67.

26. Trad. livre. Versão original: "(...) llegando a autoculparse por estos hechos y justificarlos, ló cual puede ser uma forma de evadir o no poner em evidencia la humillación y la frustración que sientem". MÉNDEZ, Silvia García. Una mirada a la violencia contra la mujer desde sus protagonistas. **Veredas do Direito**, Belo Horizonte, v. 03, n. 5, p. 115-133, jan.-jun. 2006. p. 124 e 130.

27. RAVAZZOLA, Maria Cristina. **Algunas propostas en el tema de la violencia doméstica**. 2015, p. 12. Disponível em: https://www.pagina12.com.ar/diario/sociedad/3-275503-2015-06-23.html

defesa que impede a reação de indignação, dor ou raiva diante de uma violência social ou familiar. Na ausência do mal-estar natural, a consciência do significado da violência e de suas consequências diminuem e as pessoas sejam vítimas, autores ou testemunhas de violências, passam a compreender a dinâmica vivida como coerente e adequada. As pessoas deixam de ver que não estão vendo e sentindo mal-estar diante das situações de violência doméstica. Em alguns casos, pode haver também a dissociação entre sentimentos e fatos. Por isso, muitas mulheres narram as situações de violência vividas com afeto destoante, como por exemplo, sorrindo.

A inversão da culpa reflete na prova da violência. Além da esperada retratação, é possível que em seu depoimento a vítima inocente o agressor, assumindo toda a responsabilidade pelo evento ou criando a versão de que o agressor somente teria reagido a um ataque ou descontrole da própria vítima.

2.1.7. Ciclo da violência

As relações violentas são marcadas por um ciclo contínuo e repetitivo denominado de "ciclo da violência", que termina na fase de "lua de mel" sintetizada na imagem a seguir:

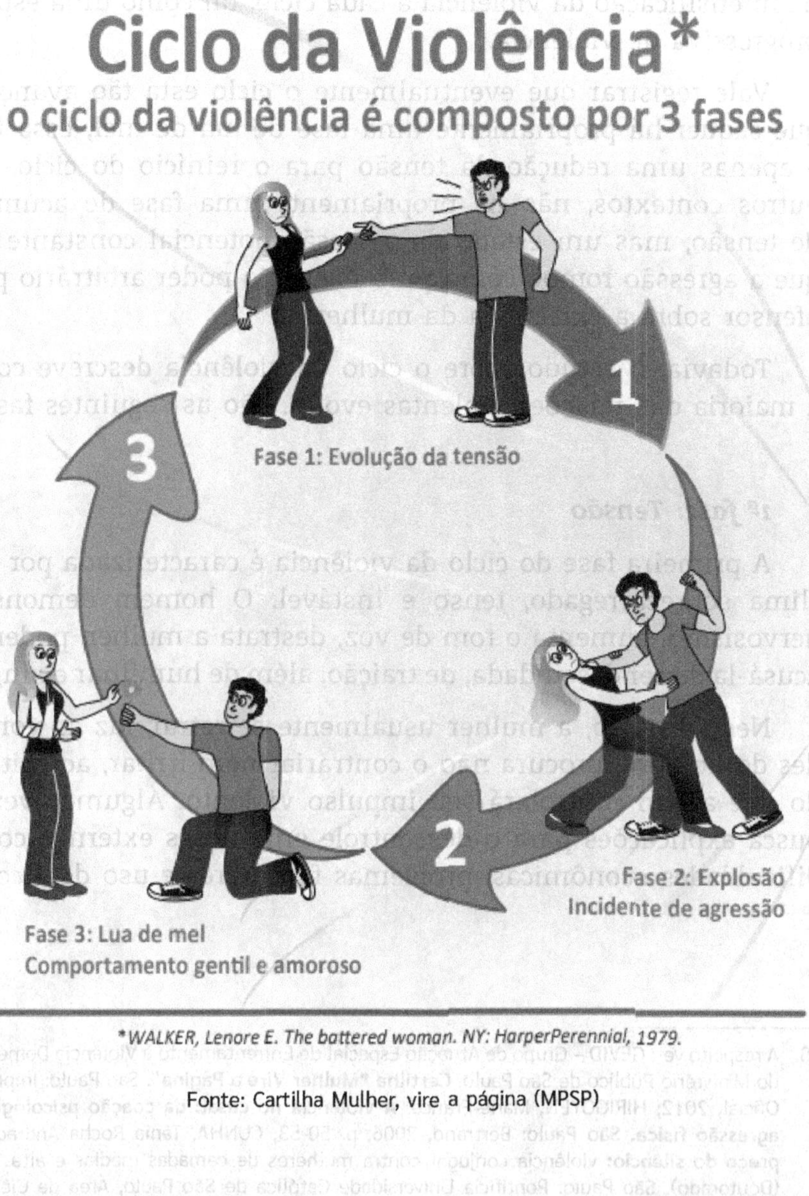

Fonte: Cartilha Mulher, vire a página (MPSP)

A violência doméstica usualmente se desenvolve de forma específica, em um "ciclo da violência" com três fases: tensão, explosão e "lua de mel"[28]. Estas fases normalmente se repetem e há intensificação da violência a cada ciclo, tal como uma espiral progressiva de violência.

Vale registrar que eventualmente o ciclo está tão avançado que sequer há propriamente uma fase de lua de mel, essa fase é apenas uma redução da tensão para o reinício do ciclo. Em outros contextos, não há propriamente uma fase de acúmulo de tensão, mas um estado de agressão potencial constante em que a agressão rompe como puro exercício poder arbitrário pelo ofensor sobre a existência da mulher.

Todavia, o estudo sobre o ciclo da violência descreve como a maioria das relações violentas evolui. São as seguintes fases:

1ª fase: Tensão

A primeira fase do ciclo da violência é caracterizada por um clima sobrecarregado, tenso e instável. O homem demonstra nervosismo, aumenta o tom de voz, destrata a mulher, podendo acusá-la de ser descuidada, de traição, além de humilhar e xingar.

Neste estágio, a mulher usualmente se retrai, faz as vontades do homem, procura não o contrariar nem irritar, acreditando que assim controlará seu impulso violento. Algumas vezes, busca explicações para o descontrole em fatores externos como dificuldades econômicas, problemas familiares e uso de álcool.

---

28. A respeito ver: GEVID – Grupo de Atuação Especial de Enfrentamento à Violência Doméstica do Ministério Público de São Paulo. **Cartilha "Mulher Vire a Página"**. São Paulo: Imprensa Oficial, 2012; HIRIGOYEN, Marie-France. **A violência no casal: da coação psicológica à agressão física.** São Paulo: Bertrand, 2006, p. 50-53; CUNHA, Tânia Rocha Andrade. **O preço do silêncio:** violência conjugal contra mulheres de camadas médias e alta. Tese (Doutorado). São Paulo: Pontifícia Universidade Católica de São Paulo, Área de Ciências Sociais, 2004, p. 78-82; LABRADOR, Francisco Javier; RICÓN, Paulina Paz; LUIS, Pilar de; FERNÁNDEZ-VELASCO, ROCÍO. **Mujeres víctimas de la violência doméstica: programa de actuación**. Madri: Pirámide, 2011, p. 29-31.

Tem-se a inversão da culpa. O homem acusa a mulher de ser responsável por seu comportamento e, fragilizada, ela aceita. O comportamento omisso da vítima, contudo, incrementa a agressividade do homem: "o agressor, devido à aparente aceitação passiva que a vítima faz de sua conduta, não tenta controlar-se, crê-se com direito a maltratar e constata que é uma forma efetiva de conseguir que a mulher se comporte como ele deseja"[29].

A mulher nem sempre fica totalmente inerte e muitas vezes ela se insurge, de alguma forma reage para tentar se defender. Por não suportar viver constantemente sob medo, a mulher pode até acelerar o ciclo da violência para retornar mais rapidamente à fase de lua de mel e sair da tensão. É um comportamento que a faz ter a sensação de algum controle sobre sua vida e agressividade do parceiro.

Essas reações de sobrevivência das mulheres devem ser compreendidas dentro de um quadro mais amplo de grave desigualdade de gênero, em que não têm acesso aos mesmos recursos simbólicos e socioculturais para se oporem à violência na esfera privada[30]. A compreensão dessa possibilidade de reação pela mulher é relevante para que mulheres que não se adequam ao estereótipo de "vítima ideal" não tenham indevidamente restringido seu direito fundamental de proteção.

2ª fase: Explosão

O homem ataca a vítima com ameaças, agressões, estupro, tortura ou outros delitos. Com a sucessiva repetição do ciclo,

---

29. Tradução livre da autora. Versão original: "el maltratador, debido a ala aparente aceptación pasiva que ella hace de sua conducta, no intenta controlarse, se cree com derecho a maltratar y constata que es uma forma efectiva de conseguir que la mujer se comporte como él desea" (LABRADOR, Francisco Javier; RICÓN, Paulina Paz; LUIS, Pilar de; FERNÁNDEZ-VELASCO, ROCÍO. **Mujeres víctimas de la violência doméstica: programa de actuación**. Madri: Pirámide, 2011, p. 30).

30. Nesse sentido: MACHADO, Lia Zanotta. Onde não há igualdade In: MORAES, Aparecida; SORJ, Bila. (Org.). **Gênero, violência e direitos na sociedade brasileira**. Rio de Janeiro: Ed. 7 Letras, 2009, p. 158-183. Disponível em: https://www.academia.edu/77280486

usualmente as agressões se intensificam e a violência se torna cada vez mais grave.

Nesta fase, tomada pelo medo, a vítima normalmente é incapaz de esboçar oposição e suporta a violência. Percebe que não tem controle sobre o homem, sente medo, impotência, fragilidade para esboçar qualquer oposição, ainda que verbal.

No homem violento, há uma espécie de vício a este comportamento, em que "não sabe aclamar-se senão recorrendo à violência. Quando se inicia o ciclo, somente pode interrompê-lo o próprio homem. Seja qual for sua atitude, não há forma de que a mulher o detenha"[31].

Como a mulher, obviamente, sofre e não sente prazer por ter sido submetida à violência, logo após a explosão segue-se um momento de afastamento emocional entre vítima e ofensor. É nesse momento que há uma janela para que a mulher venha denunciar a violência e pedir socorro. Todavia, essa "janela de socorro" não dura muito, fatores entram em cena para dissuadi-la de receber ajuda.

3ª Fase: "Lua de mel"

Em muitos casos, logo após a agressão, o homem se arrepende. Por medo de ser abandonado ou punido, modifica seu comportamento, chora, perde perdão, entrega flores, presentes, promete que nunca mais agirá deste modo, deixa momentaneamente de consumir álcool, procura emprego, enfim, convence a parceira de que a agressão não se repetirá.

Este arrependimento pode até ser sincero, mas apenas momentâneo. Em outros contextos, é pura manifestação de dissimulação, uma estratégia de continuidade do controle sobre a mulher.

31. Tradução livre da versão original: "no sabe calmarse si no es recurriendo a ala violencia. Cuando se inicia el ciclo, solo puede interrumpirlo el próprio hombre. Sea cual sea su actitud, no hay forma de que la mujer lo detenga" (HIRIGOYEN, Marie-France. **A violência no casal**: da coação psicológica à agressão física. São Paulo: Bertrand, 2006, p. 53).

O simples registro do boletim de ocorrência ou o pedido de medidas protetivas pode levar o agressor à fase de "lua de mel", por medo da punição e do abandono. Assim, logo após noticiar os fatos, iludida, a vítima se retrata. Acredita que seu amor e sua dedicação serão capazes de modificar o parceiro. Trata-se dos dispositivos de cuidado e amoroso, que atribuindo à mulher a responsabilidade por promover uma mudança de comportamento no ofensor, culpabilizando-a pela eventual denúncia da violência.

Marie-France Hirigoyen informa que, em regra, a vítima se retrata neste momento[32]:

> [n]o geral, retira a denúncia neste momento. Ainda que o medo que sentiu durante o período agressivo pudesse dar-lhe vontade de acabar com essa situação, o comportamento de seu companheiro, durante a fase de contrição, a estimula a calar-se. De modo que o ciclo da violência pode acontecer novamente.

A respeito da dificuldade de romper a relação, em razão do ciclo da violência, Tania Rocha Andrade Cunha salienta que[33]:

> Este ciclo da violência conjugal provoca muitas dificuldades nas tomadas de decisão da mulher-vítima, pois nele a mulher vivencia fases dramáticas (a tensão e o ataque violento), que terminam numa fase considerada gratificante (o apaziguamento), na qual a esperança de ter um casamento sem violência a faz acreditar e tentar novamente realizar o projeto de vida tão almejado.

32. Tradução livre da versão original: "Por lo general, retira la denuncia en este momento. Mientras que el miedo que siente durante el período agresivo podría darle ganas de acabar con esa situación, el comportamiento de su compañero, durante la fase contrición, la incita a quedarse. De manera que el ciclo de violencia puede volver a empezar" (HIRIGOYEN, Marie-France. **A violência no casal: da coação psicológica à agressão física.** São Paulo: Bertrand, 2006, p. 52).

33. Cunha, Tânia Rocha Andrade. **O preço do silêncio**: violência conjugal contra mulheres de camadas médias e alta. Tese (Doutorado). São Paulo: Pontifícia Universidade Católica de São Paulo, Área de Ciências Sociais, 2004, p. 81.

2.1.8. Reação de "congelamento"

Além do ciclo da violência, um dos fatores que interfere na tomada de decisões por parte de vítimas e autoridades é a falta de compreensão quanto ao comportamento da vítima de "não reagir", ou não lutar, diante do ataque. Mulheres se sentem culpadas porque paralisaram e autoridades interpretam essa ausência de reação como consentimento, como se não existisse perigo a ser tutelado pelas medidas de proteção. Contudo, estudos sobre a neurobiologia do trauma possibilitam o entendimento de reações de "congelamento" , ao invés de luta e fuga durante episódio de violências interpessoais.

A reação de "congelamento" é uma das reações instintivas mais comuns dos seres vivos e acontece na maioria dos casos de ataques sexuais e violências severas contra mulheres. É uma reação neural, involuntária e automática que independe do pensamento e lógica.

Diante de uma situação de perigo, a amígdala cerebral registra o medo (cérebro emocional – límbico) e o corpo se prepara para reagir. Quando não é possível uma reação racional (cérebro racional – neocórtex), surge a reação instintiva (cérebro primitivo ou reptiliano), que pode ser: lutar, fugir ou congelar. Nessas circunstâncias, ante a impossibilidade concreta de lutar e fugir, a reação mais comum é "paralisar", como se fosse um estado de catatonia temporária.

GINA ROSS ressalta que:[34]

> Se a amígdala desconfiar do estímulo, coloca todo o sistema (corpo/mente) em alerta, desencadeando uma forte reação de ativação do ramo simpático do nosso sistema nervoso: respiração acelerada e aumento dos batimentos cardíacos, bombeamento de sangue, tensão muscular e intensificação da vigilância. O cérebro avalia como é melhor reagir: fugir, lutar ou congelar (...)

34. ROSS, Gina. **Do trauma à cura**. São Paulo: Summus, 2014, p. 34-35.

> Congelar – quando é impossível fugir ou lutar, congelamos. Trata-se de uma resposta adaptativa, que provoca um estado alterado de consciência. Tal estado pode nos poupar a dor; a imobilidade pode também desarmar os predadores.

Na Suécia, um estudo realizado por ANA MÖLLER, HANS PETTER SÖNDERGAARD e LOTTI HELSTRÖM com 298 vítimas de estupro atendidas pelo sistema de saúde revelou que 70% tiveram imobilidade tônica significativa e 48% imobilidade tônica extrema[35]. Referem os autores:

> Resistência ativa é considerada a normal reação do estupro. Contudo, estudos têm indicado que tal qual os animais, humanos expostos a extrema ameaça reagem com um estado de involuntária e temporária inibição motora conhecida como imobilidade tônica (...) Depois de seis meses, 189 mulheres foram avaliadas com transtorno de stress pós-traumático e depressão.

O comportamento da vítima durante o ataque não pode ser erroneamente interpretado, sob pena de se desproteger mulheres. É importante que a fuga, luta ou congelamento sejam compreendidos como comportamentos de autoproteção e contextualizados a partir do funcionamento cerebral.

2.2. POLÍTICAS PÚBLICAS DE PREVENÇÃO ÀS VIOLÊNCIAS CONTRA AS MULHERES E SUA RELAÇÃO COM AS MEDIDAS PROTETIVAS DE URGÊNCIA

Segundo a Organização Mundial de Saúde, a violência contra a mulher é um fenômeno complexo e multicausal, que exige para seu enfrentamento um conjunto de políticas públicas articuladas. As ações de prevenção da violência doméstica podem ser divididas

35. MÖLLER, Anna; SÖNDERGAARD, Hans Petter; HELSRÖM, Lotti. Tonic immobility during sexual assault – a common reaction predicting post-traumatic stress disorder and severe depression. **Acta Obstet Gynecol Scand**, 96(8), p. 932-938, 2017. Disponível em: https://doi.org/10.1111/aogs.13174

em três níveis: prevenção primária, secundária e terciária[36]. Estes níveis correspondem à prevenção geral, intervenção precoce e à resposta. O enfrentamento à violência contra a mulher exige um modelo ecológico, que reconheça a influência das perspectivas societária, comunitária, relacional e individual[37]. Diversos estudos têm apontado este modelo de intervenção multiagências como a melhor resposta ao problema da violência contra a mulher[38].

Atividades de prevenção primária, ou de *prevenção* em sentido estrito, são destinadas à população como um todo, tendo como foco as causas primárias (ou subjacentes) da violência doméstica, relacionadas à visão estereotipada de papéis sociais entre homens e mulheres, que normalizam a violência como aceitável ou tolerável. Estudos internacionais têm documentado que os fatores mais relevantes na distribuição geográfica da violência praticada por parceiro íntimo são as normas relacionadas à autoridade masculina e ao comportamento feminino, normas que justificam a agressão disciplinar da esposa e as normas jurídicas que criam desvantagens para as mulheres terem acesso à propriedade e recursos produtivos[39]. Como tais valores não são naturais, mas socialmente construídos, é possível intervir para a mudança destes padrões. Normalmente estão relacionadas a políticas educacionais e de conscientização social para desconstrução de estereótipos de gênero, promoção da igualdade de direitos nas relações sociais,

---

36. OMS. **World report on violence and health**. Genebra: OMS, 2002. Disponível em: <http://apps.who.int/iris/bitstream/10665/42495/1/9241545615_eng.pdf>. Acesso em 25 fev. 2024. OUR WATCH; ANROWS (Australian National Research Organization for Women's Safety); VICHEALTH. **Change the story**: a shared framework for the primary prevention of violence against women and their children in Australia. Melbourne: Our Watch, 2015.
37. OMS. **World report on violence and health**. Genebra: OMS, 2002. Disponível em: <http://apps.who.int/iris/bitstream/10665/42495/1/9241545615_eng.pdf>. Acesso em 25 fev. 2024.
38. HEISE, Lori L. **What works to prevent partner violence**: an evidence overview. Londres: Strive, 2011.
39. OMS; LONDON SCHOOL OF HYGIENE AND TROPICAL MEDICINE. **Preventing intimate partner and sexual violence against women**: Taking action and generating evidence. Genebra: OMS, 2010. Disponível em: <www.who.int/violence_injury_prevention/publications/violence/9789241564007_eng.pdf> Acesso em: 02 maio 2017. HEISE, Lori L.; KOTSADAM, Andreas. Cross-national and multi-level correlates of partner violence: an analysis of data from population-based surveys. **Lancet Global Health**, v. 3, p. 332-40, 2013.

como inclusão da mulher no mercado de trabalho, em espaços de tomada decisão, inclusão de mulheres na vida social, como locais de trabalho, escolas, organizações comunitárias, clubes esportivos, imprensa, cultura popular, políticas de desconstrução da normalização do assédio sexual ou moral às mulheres no espaço público e outras formas de promoção de adequação de valores culturais ao paradigma dos direitos humanos das mulheres. Envolvem programas de mobilização e fortalecimento comunitários, programas de desenvolvimento de cultura organizacional, ações de marketing social, e fortalecimento das ações de *advocacy* pela sociedade civil, especialmente por movimentos de mulheres. A prevenção primária, por alcançar toda a população, inevitavelmente também alcançar indivíduos em estágio de maior risco de ocorrência, ou que já tenham sofrido a violência, portanto favorecendo a intervenção precoce e a intervenção de resposta; todavia, ela possui um foco distinto e complementar, já que se destina a parar a violência antes que ela se inicie, eliminado suas causas mais profundas[40].

A prevenção secundária, também denominada de *intervenção precoce*, visa alcançar indivíduos que estão numa situação de risco acima da média de sofrerem ou praticarem a violência doméstica, ou de uma violência embrionária evoluir para episódios mais graves. Usualmente as áreas de saúde materno-infantil e a saúde da família são áreas sensíveis para se realizar essa intervenção precoce. Normalmente estas intervenções estão relacionadas à área de saúde e assistência social, e se materializam em um dever de detecção precoce de casos com potencial de evoluírem para situações mais graves de violência e realizar a notificação compulsória à vigilância epidemiológica (Portaria n. 104/2011 do Ministério da Saúde e Lei n. 10.778/2003)[41], de forma a permitir

40. ÁVILA, Thiago Pierobom de. Políticas públicas de prevenção primária à violência contra a mulher: lições da experiência australiana. **Revista Gênero**, Niterói, v.17, n.2, p. 95-125, 2017.

41. Sobre o dever de notificação compulsória, ver: ÁVILA, Thiago Pierobom de. Notificação compulsória e comunicação externa em casos de violência doméstica contra a mulher. *In:* STEVENS, Cristina *et al.* (Orgs.). **Mulheres e violências**: interseccionalidades. Brasília: Technopolitik, 2017. p. 523-545.

engajar a mulher em programas de assistência interdisciplinar e intersetorial às vítimas de violências (cf. Portaria n. 737/2001 do Ministério da Saúde), com intervenção psicossocial especializada para se evitar a evolução da situação de risco[42].

A prevenção terciária, também chamada de *resposta*, ocorre numa situação em que já houve a prática de um ato de violência doméstica, de forma que o apoio à vítima e a responsabilização do agressor tem por finalidade evitar a reiteração da violência, que usualmente possui um caráter cíclico. Dar uma resposta a um episódio de violência é também uma forma de prevenção em razão do usual caráter cíclico da violência doméstica e familiar, marcada por relações que tendem a se prolongar no tempo mesmo com o eventual término de uma relação efetiva, ou ainda diante da possibilidade de reconciliação afetiva ou de manutenção dos laços familiares. Estudos indicam que 50% das mulheres que sofreram violência doméstica foram agredidas mais de uma vez[43]. Outra pesquisa documentou que 32% das mulheres entrevistadas que afirmaram que sofreram violência doméstica continuam convivendo com o agressor[44]. Como a violência letal é antecedida de sinais que indicam a probabilidade de sua ocorrência, dentre os quais episódios anteriores de violência, pode-se dizer que o feminicídio é um fenômeno prevenível e a intervenção aos episódios de violência é uma forma de prevenção de sua escalada. Vale destacar que a prevenção terciária também pode prevenir a ocorrência da violência transgeracional em relação às crianças que estão presenciando a violência.

42. ÁVILA, Thiago Pierobom de; MEDEIROS, Marcela Novais; CHAGAS, Cátia Betânia; VIEIRA, Elaine Novaes; MAGALHÃES, Thais Quezado Soares; PASSETO, Andrea Simoni de Zappa. Políticas públicas de prevenção ao feminicídio e interseccionalidades. **Revista Brasileira de Políticas Públicas,** Brasília, v. 10, n. 2 p. 375-407, 2020.

43. Fundação Perseu Abramo. Mulheres brasileiras e gênero nos espaços público e privado. In: **Violência doméstica e violência de gênero**. São Paulo: FPA, 2011, cap 5.

44. DATASENADO. **Violência doméstica e familiar contra a mulher**: pesquisa de opinião pública nacional. Brasília: Senado, 2011. Disponível em: <http://compromissoeatitude.org.br/wp-content/uploads/2012/08/DataSenadoPesqVCM2011.pdf>.

Muitas vezes se associa a prevenção terciária apenas com a intervenção criminal punitiva; a punição é relevante estratégia para a desconstrução da normalização histórica da violência contra as mulheres e para se criar a confiança no Sistema de Justiça, já que 45% das vítimas não denunciam a violência, justamente porque não compreendem a lei ou não acreditam nas instituições[45].

Todavia, o processo criminal tem efeitos limitados para a proteção imediata da vítima, tendo em vista a eventualidade da prisão preventiva e o tempo do processo, inevitavelmente lento em comparação com o tempo do conflito[46]. Para tanto, é essencial se pensar em intervenções protetivas paralelas e independentes do processo criminal.

As medidas protetivas de urgência representam uma das principais intervenções protetivas de prevenção terciária no âmbito do sistema de justiça.

No ano de 2023, tramitaram 540.255 medidas protetivas no Brasil, com índices de deferimento de 81,4%[47] e estudos demonstram que as medidas protetivas são efetivas para impedir a escalada da violência e o feminicídio. Nesse sentido, estudo do Distrito Federal documentou que quando há deferimento das medidas protetivas de urgência, em 88% dos casos não há novas comunicações de atos de violência doméstica entre as partes[48]. Na mesma linha, estudo realizado no Estado de São Paulo apontou

45. FÓRUM BRASILEIRO DE SEGURANÇA PÚBLICA. **Visível e Invisível**. 4ª Edição. 2023. Disponível em: https://forumseguranca.org.br/wp-content/uploads/2023/03/visiveleinvisivel-2023-infografico.pdf. Acesso em: 20 out. 2024.

46. Documentando a capacidade limitada de a intervenção punitiva prevenir a escalada concreta de um feminicídio, ver: ÁVILA, Thiago Pierobom de; MAGALHÃES, Thais Quezado Soares. Itinerários processuais anteriores ao feminicídio: os limites da prevenção terciária. **Revista Brasileira de Ciências Criminais**, v. 187, p. 355-395, 2022.

47. FÓRUM BRASILEIRO DE SEGURANÇA PÚBLICA. **Segurança em Números 2024**. 2024. Disponível em: https://forumseguranca.org.br/wp-content/uploads/2024/07/anuario-2024-infografico.pdf. Acesso em: 20 out. 2024.

48. DINIZ, Débora; GUMIERI, Sinara. Implementação de medidas protetivas da Lei Maria da Penha no Distrito Federal entre 2006 e 2012. In: PARESCHI, Ana Carolina Cambreses; ENGEL, Cíntia Liara; BAPTISTA, Gustavo Camilo (Org.). **Direitos humanos, grupos vulneráveis e segurança pública**. Brasília: Ministério da Justiça e Cidadania, 2016, p. 219.

que em 97% dos casos de feminicídio tentado ou consumado, as vítimas não tinham sequer solicitado medidas protetivas[49].

O deferimento da medida faz a mulher sentir-se acolhida e respaldada em seu reconhecimento da violência sofrida, o que eleva a sua sensação pessoal de estar protegida[50]. Estudos indicam que o deferimento das medidas protetivas eleva não somente a confiança da mulher no sistema de justiça, o que pode fomentar futuros acionamentos em caso de reiteração, como também o seu fortalecimento emocional para eventual rompimento da relação abusiva[51]. É essencial que o deferimento das medidas protetivas de urgência esteja associado a um conjunto de políticas públicas de proteção que façam com que a ordem judicial se torne realidade na vida da mulher e impacto positivamente para evitar a escalada da violência. Deve-se recordar que o sistema de justiça não é o único eixo da articulação das políticas de proteção, mas um dos integrantes da rede de garantia de direitos, dentro de uma relação de horizontalidade e complementariedade.

Esta abordagem holística tem como diretriz primária a Convenção Interamericana para Prevenir, Punir e Erradicar a Violência contra a Mulher, conhecida como Convenção de Belém do Pará (promulgada no Brasil pelo Decreto n. 1973/1996), a qual estabelece em seu art. 7º, que os Estados signatários possuem o dever de "agir com o devido zelo para prevenir, investigar e punira violência contra a mulher" (alínea "b") e "adotar medidas jurídicas que exijam do agressor que se abstenha de perseguir, intimidar e ameaçar a mulher ou de fazer uso de qualquer método

49. SCARANCE FERNANDES, Valéria Diez (Coord.). **Raio X do Feminicídio em São Paulo: é possível evitar a morte.** 2018. Disponível em: https://mpsp.mp.br/documents/20122/1217560/RaioXFeminicidioC.PDF Acesso em: 08 dez. 2023.

50. AZEVEDO, Rodrigo Ghringhelli et al. Aplicação de medidas protetivas para mulheres em situação de violência nas cidades de Porto Alegre (RS), Belo Horizonte (MG) e Recife (PE). In: PARESCHI, Ana Carolina Cambreses; ENGEL, Cíntia Liara; BAPTISTA, Gustavo Camilo (Org.). **Direitos humanos, grupos vulneráveis e segurança pública.** Brasília: Ministério da Justiça e Cidadania, 2016, p. 289.

51. BUZAWA, Eve S. et al. **Responding to domestic violence**: the integration of criminal justice and human services. 5ª ed. Thousand Oaks: SAGE, 2017, p. 228.

que danifique ou ponha em perigo sua vida ou integridade ou danifique sua propriedade" (alínea "d").

A Corte Interamericana de Direitos Humanos já decidiu que as políticas públicas de prevenção das violências contra as mulheres sejam integrais, abrangendo a prevenção de fatores de risco para mulheres em contextos específicos[52]:

> A esse respeito, a Corte estabeleceu que os Estados devem adotar medidas abrangentes para cumprir a devida diligência. Em particular, devem dispor de um quadro jurídico adequado para a proteção, da sua aplicação efetiva e de políticas e práticas de prevenção que permitam tomar medidas eficazes face às queixas. A estratégia de prevenção deve ser abrangente, ou seja, deve prevenir os fatores de risco e, ao mesmo tempo, fortalecer as instituições para que possam dar uma resposta efetiva.

As Diretrizes Interamericanas para a Promoção de Políticas Públicas de Prevenção em Geral e de Proteção em Particular avançaram no reconhecimento de certas ações mínimas dos Estados, dentre as quais podem ser citadas[53]:

> A Corte se referiu às diretrizes desenvolvidas pela Relatoria Especial sobre violência contra as mulheres das Nações Unidas, que listam uma série de medidas conducentes ao cumprimento de suas obrigações internacionais de devida diligência em termos de prevenção, a saber: ratificação de instrumentos internacionais de direitos humanos; garantias constitucionais sobre a igualdade das mulheres; a existência de leis nacionais e sanções administrativas que proporcionem reparação adequada às mulheres vítimas de violência; políticas ou planos de ação que abordem a questão da violência contra a mulher; sensibilização do sistema de justiça criminal e da polícia para as questões

52. Corte IDH. **Caso V.R.P., V.P.C. et al. Vs. Nicarágua,** Preliminares, Mérito, Reparações e Custas. Sentença de 8 de março de 2018. Série C n. 350, parágrafo 153, trad. nossa.

53. Corte IDH. **Caso López Soto et al. Vs. Venezuela,** Mérito, Reparações e Custas. Sentença de 26 de setembro de 2018. Série C n.º 362, parágrafo 132, trad. nossa

> de género, acessibilidade e disponibilidade de serviços de apoio; medidas de sensibilização e alteração das políticas discriminatórias no domínio da educação e dos meios de comunicação social;

No Brasil, a partir da década de 2000, ocorreu um fenômeno de "institucionalidade de gênero" com a criação da Secretaria de Políticas para as Mulheres – SPM, marco fundamental para o fortalecimento das políticas públicas transversais destinadas à promoção de mudanças culturais tendentes à equidade de gênero e prevenção da violência às mulheres. A SPM articulou a aprovação de três planos nacionais de políticas para as mulheres (2004, 2009 e 2012)[54]. A Política nacional de enfrentamento à violência contra a mulher, de 2011, prevê quatro eixos de atuação: prevenção, enfrentamento e combate, assistência e acesso e garantia de direitos. Estas ações devem ser realizadas por meio de uma rede de atendimento, que perpassa áreas como a saúde, a educação, a segurança pública, a assistência social, entre outras esferas, buscando dar conta da complexidade da violência contra as mulheres. Conforme a Lei Maria da Penha, em seu art. 8º, inciso I, estas ações devem ser marcadas pela "a integração operacional do Poder Judiciário, do Ministério Público e da Defensoria Pública com as áreas de segurança pública, assistência social, saúde, educação, trabalho e habitação". É essencial que a articulação do trabalho em rede seja marcada pelas diretrizes de intersetorialidade (construção compartilhada), corresponsabilidade, interdependência (nós da rede), horizontalidade (cogestão), democracia (abertura ao controle social), cooperação articulada (solidariedade), finalidade comum (promoção dos direitos das

---

54. Sobre o tema, ver: PASINATO, Wania; ÁVILA, Thiago Pierobom de. Falando de prevenção no Brasil e na Austrália: Abordagens primária, secundária e terciária. In: ÁVILA, Thiago Pierobom de; YAMAMOTO, Aline; FARIA, Cristina Elsner; MCCULLOCH, Jude; CARRINGTON, Kerry (Orgs.). **Reflections on prevention policies for gender-based violence against women and girls**: Debates in Brazil and Australia. Brasília: UN Women, MPDFT, 2021, cap. 1.6. ÁVILA, Thiago Pierobom de; MEDEIROS, Marcela Novais; CHAGAS, Cátia Betânia; VIEIRA, Elaine Novaes; MAGALHÃES, Thais Quezado Soares; PASSETO, Andrea Simoni de Zappa. Políticas públicas de prevenção ao feminicídio e interseccionalidades. **Revista Brasileira de Políticas Públicas, Brasília**, v. 10, n. 2 p. 375-407, 2020.

mulheres) e criatividade coletiva (inovação na superação das dificuldades) e transversalidade da perspectiva de gênero.

Dentre as principais políticas públicas associadas à efetividade das medidas protetivas de urgência estão os centros integrados de serviços às mulheres (*v.g.*, os Centros de Referência e Atendimento à Mulher e a Casa da Mulher Brasileira), programas reflexivos para homens autores de violência, programas da Polícia Militar ou da Guarda Municipal destinados a realizar visitas periódicas às vítimas e aos supostos agressores, como o Programa Guardiã Maria da Penha em São Paulo criado em 2014 e as "Patrulhas Maria da Penha" em outros Estados, o monitoramento eletrônico (tornozeleira), bem como dispositivos de socorro para situações de emergência às mulheres ("botão do pânico"). Um dos principais instrumentos para a articulação do trabalho em rede, com foco no atendimento imediato das necessidades da mulher, tem sido o formulário de avaliação de risco, associado a protocolos de gestão do risco, construídos de forma intersetorial e com uma perspectiva de gênero transversal aos diversos serviços.

Deve-se registrar que o dever de engajamento da intervenção judicial com as políticas públicas de prevenção alcança todos os intervenientes, como a juíza (LMP, art. 23, inciso I), Ministério Público (art. 26, inciso I), autoridade policial (art. 12-B, § 3º), equipes multidisciplinares (art. 30) e a defensora da mulher (LC 80/1994, art. 89, X).

3

AVALIAÇÃO DE RISCO

3.1. PRINCÍPIOS PARA A INTERVENÇÃO PROFISSIONAL

A violência contra mulheres e seus dependentes envolve uma abordagem específica para que se tenha êxito na intervenção, prevenção do agravamento da violência e do feminicídio. Embora estudos clássicos da área da violência comprovem que não há um tipo de personalidade da vítima de violência[1], há elementos que se repetem em dinâmicas relacionais violentas. Autores de violência em regra são homens comuns e contam com o apoio da rede social na qual estão inseridos. Por sua vez, mulheres em situação de violência tendem a apresentam alternância nos comportamentos de noticiar a violência e se retratar, em razão de diversos fatores. Ainda que tenham consciência da relação violenta, muitas permanecem na relação simplesmente porque não têm como subsistir, ou porque acreditam na mudança do parceiro ou não sabem como deixar essa relação e ao mesmo tempo permanecer em segurança

1. A respeito ver: WALKER, Leonore E. **The battered woman**. Nova Iorque: Harpers & Row, 1979; e ROOT, M.P. P. Reconstruting the impact of trauma on personality. In. L. Brown & M. Balou (Eds). **Personality and psychopathology**: feminist reappraisal. Nova Iorque: Guilford, 1992, p. 220-265.

Além de se entender que a violência não é uma escolha pessoal, que a mulher está submetida a uma relação da qual não consegue se libertar, é necessário atuar com conhecimento e técnica para que a intervenção não importe em revitimização ou exponha a vítima a um agravamento do risco. A qualidade dos atendimentos é tão importante quanto o acesso aos serviços ofertados, sendo a especialização e revisão de princípios norteadores das práticas profissionais fundamentais para melhoria dos serviços ofertados a esse grupo.

Os princípios básicos que regem a intervenção são os seguintes[2]:

- Princípio de Segurança
- Princípio de Defesa de Direitos
- Princípio de Respeito
- Princípio de Confidencialidade
- Princípio de Empowerment
- Princípio de Cooperação
- Princípio de Responsabilização

Princípio da Segurança: a segurança da vítima e seus dependentes deve ser prioridade da atuação. Deve-se considerar o impacto da violência para filhos e filhas, bem como incluir na proteção as vítimas colaterais em razão do risco a que podem estar submetidas, tais como testemunhas, rede de apoio à vítima, seu novo parceiro e outros. Além disso, quando a vítima noticia a violência, "os familiares e amigos/as podem ser instrumentalizados pelo agressor para continuar a exercer o controlo sobre a vítima"[3].

Princípio da Defesa de Direitos: profissionais devem ter conhecimento específico para orientar e encaminhar a vítima, a

2. A respeito ver: AMCV. **Manual para Profissionais:** Avaliação e Gestão de Risco em Rede. Lisboa: AMCV, 2013, p. 28. Disponível em: https://www.pgdlisboa.pt/docpgd/files/1436798180_gestao_risco_emar.pdf. Acesso em: 25 fev. 2024.

3. AMCV. **Manual para Profissionais:** Avaliação e Gestão de Risco em Rede. Lisboa: AMCV, 2013, p. 28.

fim de que seus direitos sejam resguardados. Além das medidas urgentes, podem ser adotadas estratégias nos âmbitos de direito de família, área criminal, trabalhista e outras que tenham por finalidade minimizar o prejuízo sofrido pela vítima, garantir sua segurança e de seus filhos, bem como assegurar sua retomada de vida.

Princípio do Respeito: compreende a não revitimização e o respeito à pessoa da vítima, levando-se em conta sua origem, formação sociocultural, religião, tempo para tomada de decisões e outros aspectos. A legislação brasileira traz paradigmas para a atuação profissional na Lei Mari Ferrer, em que se proíbe que fatos estranhos ao objeto do julgamento ou íntimos e desnecessários sejam trazidos na investigação criminal ou julgamento. Além disso, o Protocolo para Julgamento com Perspectiva de Gênero, embora dirigido ao Poder Judiciário, traz importantes anotações quanto ao impacto de estereótipos no atendimento de vítimas[4-5].

Princípio da Confidencialidade: somente os fatos necessários e que não importem em indevida exposição da vítima e seus dependentes devem ser trazidos ao processo. Para que exista uma relação de confiança entre a vítima e os profissionais, ela deve ser orientada quanto à necessidade de prestar depoimento ou revelar fatos para que obtenha a proteção. Além disso, todos os procedimentos devem ser esclarecidos previamente, tal como a gravação de um depoimento realizado por videoconferência.

Princípio do *Empowerment*: as medidas adotadas devem ter por objetivo dar voz e fortalecer a vítima, para que, além da libertação da violência, ela possa assumir o protagonismo de sua própria vida, identificando suas necessidades e habilidades pessoais. Trata-se de uma providência para o futuro, que devolve à vítima o controle sobre a própria vida e autonomia, mediante orientação profissional e favorece um papel ativo na assistência

---

4. Aprofundaremos essa análise na seção 6.7, adiante.
5. BRASIL. **Protocolo para julgamento com perspectiva de gênero.** Brasília: CNJ, 2021. Disponível em: https://www.cnj.jus.br/wp-content/uploads/2021/10/protocolo-para-julgamento-com-perspectiva-de-genero-cnj-24-03-2022.pdf

recebida. Nesse contexto, o Estado deve reconhecer e proteger a independência das mulheres para tomarem suas próprias decisões, de forma informada e esclarecida, sem qualquer forma de pressionamento ou ingerência indevida. Portanto, exige-se o esclarecimento à mulher sobre suas opções e a construção conjunta de respostas aos seus problemas, empoderando a mulher para que se torne protagonista de sua história.

Princípio da Cooperação: as medidas devem envolver uma atuação articulada e em rede, com cooperação entre instituições, serviços, organizações e sociedade civil para que todos os direitos e a segurança da vítima sejam preservados. Este princípio vem expresso na diretriz de integração operacional entre todas as instituições do sistema de justiça com a rede de proteção, cf. art. 8º, inciso I, da Lei Maria da Penha, um verdadeiro dever de cooperação interinstitucional e de articulação em rede para a proteção às mulheres.

Princípio da Responsabilidade (*accountability* institucional): consiste no monitoramento dos serviços de atendimento à vítima, objetivando não só a responsabilização no caso de omissão ou conduta irregular, como também o aperfeiçoamento contínuo dos profissionais. Além da capacitação, esse princípio envolve a adoção de protocolos e de controle da atuação. Este princípio é uma derivação do dever que todos os órgãos públicos possuem de prestarem contas à sociedade quanto à efetividade de suas ações e estarem abertos ao controle democrático e pelas demais instituições estatais de promoção de *accountability*.

Princípio da Interseccionalidade: a proteção às mulheres deve considerar que as mulheres não são todas iguais, há subgrupos de mulheres que experimentam outras formas de discriminação, as quais devem ser igualmente combatidas para a proteção integral. Deve-se ter especial atenção à sobreposição de discriminações de natureza étnico-racial (mulheres negras, indígenas, ciganas), classe social (situação de pobreza), de idade, orientação sexual ou identidade de gênero, procedência rural (campos, florestas, ribeirinhas, quilombolas), religião, nacionalidade (imigrantes), ausência de escolarização e outras. O princípio da interseccionalidade exige compreender os efeitos dessas múltiplas discriminações experimentadas pelas mulheres e oferecer atenção diferenciada com sensibilidade de gênero e interseccional, de forma que as respostas atendam às necessidades específicas dessas mulheres. Portanto, exige enfoques de sensibilidade racial, intercultural e intergeracional.

A atuação de profissionais que atuam junto às vítimas deve se pautar por esses princípios básicos, que funcionam não só como norte para o acolhimento e verificação de risco, mas também para a decisão judicial.

3.2. POR QUE EXISTE A AVALIAÇÃO DE RISCO?

A avaliação de risco é uma metodologia imprescindível para o enfrentamento a violência contra mulher com enfoque na proteção das vítimas. A violência praticada contra mulheres é totalmente diferente de outras formas de violência e, por isso, precisa ser dimensionada por uma metodologia específica. Nos processos por crimes comuns, como os crimes patrimoniais, para se aferir a periculosidade de uma pessoa adota-se um padrão de verificação de antecedentes criminais, residência fixa, trabalho lícito e família constituída. Esse padrão não serve para a violência contra a mulher, pois em regra agressores ostentam um *status* de bons cidadãos sem prévios comportamentos criminais. Além disso, ao contrário do que acontece em outras formas de violência, a vítima muitas vezes não percebe que é vítima, protege o agressor e deixa de colaborar facilmente com o processo.

Em razão dessas peculiaridades, mundialmente, foram desenvolvidos e validados instrumentos de avaliação de risco, com a identificação de fatores de risco e fatores de proteção, avaliação e gestão de risco, assim como estratégias para a construção de planos de segurança, intervenções particularizadas de gestão do risco identificado.

Essas abordagens baseadas nos riscos de violência têm se mostrado relevantes tanto em ambientes assistenciais quanto jurídicos criminais por favorecerem a coleta robusta de dados com foco nas necessidades individuais das vítimas. CAMPBELL, FRENCH e GENDREAU[6] destacam que no âmbito da Justiça, a avaliação de risco é útil para embasamento de tomada de decisão quanto às medidas protetivas de urgência. Além disso, a avaliação de risco constitui importante mecanismo para tomada de consciência dos riscos pela vítima, favorecendo a mobilização de recursos pessoais em prol da sua proteção[7].

A avaliação e gestão de risco são processos contínuos, em que se verificam fatores que podem aumentar ou diminuir a probabilidade de reincidência, agravamento da violência ou morte, seguindo-se a adoção de providências específicas para o caso concreto. Em síntese, "enquanto a avaliação de risco se centra na recolha de informação junto da vítima/sobrevivente, ou/e do agressor e/ou de outros intervenientes-chave e na análise da presença de fatores de risco, o processo de gestão de risco baseia-se numa resposta global de intervenção face ao risco identificado"[8].

MARCELA NOVAIS MEDEIROS e MARCELO TAVARES referem a avaliação de risco como estratégia complementar a outras ações realizadas junto a vítimas e autores de violência, como por exemplo, o registro da ocorrência policial. Compreende técnicas de predição da violência e, embora não seja "determinística" (pois não é possível afirmar com certeza se haverá ou não reincidência), possibilita "identificar características pessoais associadas a grupos que tenham maior propensão de cometer determinados atos violentos"[9]. Também favorece a identificação de fatores

---

6. CAMPBELL, Mary Ann; FRENCH, Sheilla; GENDREAU, Paul. The prediction of violence in adult offenders: A meta-analytic comparison of instruments and methods of assessment. **Criminal Justice and Behavior**, 36(6), p. 567- 590, 2009.

7. TAVARES, Marcelo; MEDEIROS, Marcela Novais. Avaliação psicológica no contexto forense. In: HUTZ, Claudio Simon et al. (Org.). **Avaliação psicológica no contexto forense**. Porto Alegre: Artmed, 2020, p. 309-327.

8. TAVARES, Marcelo; MEDEIROS, Marcela Novais. Avaliação psicológica no contexto forense. In: HUTZ, Claudio Simon et al. (Org.). **Avaliação psicológica no contexto forense**. Porto Alegre: Artmed, 2020, p. 47.

9. TAVARES, Marcelo; MEDEIROS, Marcela Novais. Avaliação psicológica no contexto forense. In: HUTZ, Claudio Simon et al. (Org.). **Avaliação psicológica no contexto forense**. Porto Alegre: Artmed, 2020.

pessoais da vítima e de seu contexto relacional e social que a tornam mais vulnerável a sofrer novas violências.

Em síntese, o processo de avaliação de risco facilita a coleta de dados sobre agressor, vítima e dinâmica relacional com foco na redução de danos e prevenção de reincidência. O resultado da avaliação de risco permite identificar os níveis de risco, como por exemplo, médio, elevado ou extremo. A identificação dos níveis de riscos deve estar associada a ações de gestão de risco para seu manejo adequado.

Embora existam diversos instrumentos de avaliação de risco, verifica-se que há certo consenso a respeito de quais fatores de risco devem ser considerados[10]. Apesar das peculiaridades de cada cultura e de cada localidade, há alguns fatores de risco e de proteção que se repetem e são adotados em quase todos os instrumentos. Ao lado desses fatores, há aqueles mais específicos relacionados às características de uma determinada comunidade.

Os conceitos básicos são os seguintes:

> **AVALIAÇÃO DE RISCO**: identificação de fatores de risco e de proteção, com base na palavra da vítima, outras fontes de informação (como prontuários de saúde ou depoimentos de familiares ou amigos) e na avaliação profissional, para se determinar o grau de perigo, a possibilidade de reincidência e orientar a tomada de decisões.
>
> **GESTÃO DO RISCO:** intervenção individualizada para o caso concreto, levando-se em conta as informações colhidas na avaliação de risco, para a proteção da vítima e dependentes, por meio de estratégias e planos de segurança, bem como a contenção e responsabilização dos agressores[11].

10. DUTTON, Donald G.; KROPP, P. Randall. A review of domestic violence risk instruments. **Trauma, Violence, & Abuse**, 1(2), 2000, p. 171-181.

11. TAVARES, Marcelo; MEDEIROS, Marcela Novais. Avaliação psicológica no contexto forense. In: HUTZ, Claudio Simon et al. (Org.). **Avaliação psicológica no contexto forense.** Porto Alegre: Artmed, 2020, p. 48. European Institute for Gender Equality (EIGE). **A guide to risk assessment and risk management of intimate partner violence against women for police**. Luxemburgo: EIGE, 2019.

FATORES DE RISCO: indicadores de perigo baseados na história pessoal ou características dos envolvidos, comportamentos de violência ou controle na relação e situação atual. Podem estar relacionados à possibilidade de recidiva, de agravamento da violência, ou feminicídio.

FATORES DE PROTEÇÃO: fatores que podem diminuir ou eliminar o risco relacionado à pessoa da vítima, rede de apoio, características dos envolvidos ou ações específicas.

3.3. CONSIDERAÇÕES GERAIS SOBRE OS FATORES DE RISCO

É possível identificar elementos que se repetem com regularidade em contexto de violência doméstica contra mulheres. Tais elementos são chamados de fatores de risco e atuam como elementos precipitadores que aumentam a probabilidade de ocorrer um evento negativo. São características individuais, relacionais ou sociais cuja presença elevam a possibilidade de ocorrência ou recidiva de violência[12].

Estudos desenvolvidos internacionalmente distinguem os fatores de risco para feminicídio e recidiva. Elementos que contribuem para recidiva são aqueles relacionados à maior propensão para ocorrência de violência doméstica:[13]

- Baixa autoestima;
- Violência doméstica na família de origem;
- Dependência emocional do parceiro;
- Uso de álcool ou outras substâncias;
- Não reconhecimento dos abusos cometidos;
- Desigualdade de gênero na família;

12. European Institute for Gender Equality (EIGE). **A guide to risk assessment and risk management of intimate partner violence against women for police**. Luxemburgo: EIGE, 2019
13. TAVARES, Marcelo; MEDEIROS, Marcela Novais. Avaliação psicológica no contexto forense. In: HUTZ, Claudio Simon et al. (Org.). **Avaliação psicológica no contexto forense**. Porto Alegre: Artmed, 2020, p. 316.

- Dependência financeira do companheiro;
- Falta de acesso a serviços de proteção, tratamento e suporte social.

Os fatores de risco de feminicídios por outro lado, são aqueles elementos que possibilitam a compreensão do escalonamento e agravamento de violências em dinâmicas relacionais violentas. Marcela Medeiros e Marcelo Tavares[14] mencionam que os fatores de risco de feminicídio podem ser relacionados à vítima, ao autor e ao contexto relacional ou fatores gerais. Segue abaixo, síntese dos principais fatores de risco listados pela literatura com breve ponderação de sua ação.

Fatores de risco gerais	
Fatores de risco comum a outros atos violentos, que devem ser analisados quanto ao início e tipo de crime.	
• História criminal • Crimes contra pessoa • Descumprimento de medidas protetivas de urgência	• Quanto mais precoce o início dos atos delitivos, maior a probabilidade de ser intenso e estabilizado no repertorio de comportamentos. • Crimes envolvendo violência interpessoal (contra desconhecidos, familiares ou parceira íntima) têm maior relevância para predição de violência doméstica do que de outras violências interpessoais[15]. Um homem que já cometeu crimes contra familiares, ex-parceiras íntimas, ou pessoas desconhecidas, tem mais chance de reincidir em violências contra a parceira íntima e a cometer violências mais graves[16].

14. TAVARES, Marcelo; MEDEIROS, Marcela Novais. Avaliação psicológica no contexto forense. In: HUTZ, Claudio Simon et al. (Org.). **Avaliação psicológica no contexto forense.** Porto Alegre: Artmed, 2020, p. 317.

15. HERMOSO, María del Rocio Gómez; VICENTE, José Manuel Muñoz; MEZQUITA, Blanca Gómez; MARTINS, Rebeca Gómes; DE LA CALLE, Nuria Mateos. **Guía de buenas prácticas para la evaluación psicológica forense del riesgo de violencia contra la mujer en las relaciones de pareja (VCMP).** Madri: Colegio Oficial de Psicólogos de Madrid, 2012.

16. ALMEIDA, Iris Sofia Balbino de. **Avaliação de risco de feminicídio: poder e controlo nas dinâmicas das relações íntimas.** Tese (Doutorado em Psicologia) – Departamento de Psicologia Social e das Organizações, Instituto Universitário de Lisboa, Lisboa, 2012. Disponível em: https://repositorio.iscte-iul.pt/ bitstream/10071/5893/4/phd_ines_balbino_almeida.pdf.

<table>
<tr><td></td><td>• A violação de ordens judiciais, com foco na proteção da vítima sinalizam que o agressor não está disposto a acatar as ordens do tribunal[17] .</td></tr>
<tr><td colspan="2">Fatores de risco relacionados à vítima</td></tr>
<tr><td colspan="2">São elementos que deixam a vítima mais vulnerável a permanecerem em dinâmicas relacionais violentas e/ou dificultam acesso a elementos protetivos que poderiam minimizar riscos.</td></tr>
<tr><td>• Deficiência física/sensorial/mental
• Gestante/puérpera
• Idade jovem (18 e 50 anos)
• Grande diferença etária com o autor
• Filhos de relação anterior
• Raça/cor negra
• Percepção do perigo de ser morta ou gravemente ferida</td><td>• Alguns fatores de risco estão associados à limitação no desempenho físico e/ou cognitivos, como situações de deficiência, gestação e puerpério. Enquanto outros têm como pano de fundo preponderante as desigualdades de gênero.
• Mulheres jovens e que possuem grande diferença etária com o autor [18], sinalizam risco elevado de violências graves ou letais em virtude da diferença de amadurecimento cognitivo e econômica. No caso de mulheres mais velhas que o autor, a vulnerabilidade está associada a maior dificuldade de reinserção no mercado de trabalho e início de novos relacionamentos amorosos em virtude das prescrições de gênero[19]. Quando há filhos de outros relacionamentos, esse pode ser mais um elemento dificultador para a construção de alternativas para saída e contribua para conflitos com o autor devido a ciúmes.</td></tr>
</table>

17. MEDEIROS, Marcela Novais. **Avaliação de risco em casos de violência contra a mulher perpetrada por parceiro íntimo.** 2015. Tese (Doutorado) – Programa de Pós-Graduação em Psicologia Clínica e Cultura, Instituto de Psicologia, Universidade de Brasília, Brasília, 2015.

18. CAMPBELL, Jacquelyn C.; WEBSTER, Daniel W.; GLASS, Nancy. The Danger Assessment: validations of a lethality risk assessment instrument for intimate partner femicide. **Journal of Interpersonal Violence**, Thousand Oaks, v. 24, n. 4, p. 653-674, 2009. BREITMAN, N.; SHACKELFORD, T. K.; BLOCK, C. R. Couple age discrepancy and risk of intimate partner homicide. **Violence and Victims**, Nova Iorque, v. 19, p. 321- 342, 2004.

19. ÁVILA, Thiago Pierobom; MEDEIROS, Marcela Novais; CHAGAS, Cátia Betânia; VIEIRA, Elaine Novaes; MAGALHÃES, Thais Quezado Soares; PASSETO, Andrea Simoni Zappa. Better Prevention of Femicide: Evidence from Brazil. **International Journal for Crime Justice and Social Democracy**, v. 10, p. 174-188, 2021

	• Para que a percepção da mulher contribua adequadamente com o processo de avaliação de riscos, os profissionais devem também levar em que mulheres com sintomas de Transtorno de Estresse Pós-Traumático tendem a superestimarem seu risco, enquanto mulheres que fazem uso abusivo de álcool tendem a subestimá-lo[20].
Fatores de risco relacionados ao autor	
São fatores ligados ao temperamento, socialização e funcionamento psicológico do autor das violências que estão associados ao cometimento de violências mais graves.	
• Impulsividade • Comportamento de destruir objetos • Uso da violência e coerção para resolver conflitos • História de violência em outra relação íntima • Estilo de apego inseguro • Comportamento excessivamente ciumento e controlador • Situação laboral instável • Uso abusivo de substâncias (drogas ilícitas) • Tentativa de suicídio • Ameaças de homicídio seguido de suicídio • Transtornos mentais	• Quanto ao temperamento, a impulsividade e agressividade manifestada, por exemplo, pela destruição de objetivos e uso da violência e coerção em relacionamentos interpessoais de forma geral e em relações afetivo conjugais são importantes preditores. Pessoas com traço temperamental de agressividade elevada tendem a ter baixo limiar de reatividade a estímulos do ambiente, são mais suscetíveis a reagir com raiva e irritabilidade, bem como mais propensos a avaliar o ambiente como ameaçador[21]. • História de violência na família de origem do homem é elemento do âmbito da socialização que representa risco devido a transmissão transgeracional da violência[22].

20. CATTANEO, Lauren Bennett, BELL, Margret E., GOODMAN, Lisa A.; DUTTON, Mary Ann. Intimate partner violence victims' accuracy in assessing their risk of re-abuse. **Journal of Family Violence**, v. 22, p. 429-440, 2007.

21. HERMOSO, María del Rocio Gómez; VICENTE, José Manuel Muñoz; MEZQUITA, Blanca Gómez; MARTINS, Rebeca Gómes; DE LA CALLE, Nuria Mateos. **Guía de buenas prácticas para la evaluación psicológica forense del riesgo de violencia contra la mujer en las relaciones de pareja (VCMP)**. Madri: Colegio Oficial de Psicólogos de Madrid, 2012.

22. HERMOSO, María del Rocio Gómez; VICENTE, José Manuel Muñoz; MEZQUITA, Blanca Gómez; MARTINS, Rebeca Gómes; DE LA CALLE, Nuria Mateos. **Guía de buenas prácticas para la evaluación psicológica forense del riesgo de violencia contra la mujer en las relaciones de pareja (VCMP)**. Madri: Colegio Oficial de Psicólogos de Madrid, 2012.

	• O estilo de apego é estabelecido através da relação com da criança com seu cuidador principal e influência na forma de relacionar-se na vida adulta. Quando o apego é inseguro, o sujeito tende a ter medo do abandono, baixa alta estima, poucos recursos para lidar com estressores, dificuldade no manejo da raiva [23]. • Ciúmes excessivos e comportamentos de controle representam risco grave mesmo na ausências de muitos outros fatores de risco[24]. • A situação laboral instável deve ser analisada pela perspectiva de que o estressor econômico pode aumentar a violência como forma de resgatar poder e controle, mesmo na ausência do exercício do papel de provedor conforme prescrições de gênero. Para além disso, pode ser indicativos de aspectos temperamentais e psicológicos que dificultam a permanência do sujeito no trabalho, tais como agressividade ou uso abusivo de álcool ou outras drogas[25] • O uso abusivo é indicador indireto. Frequentemente está associado a violências físicas que são fatores de risco diretos para feminicídio[26]

23. ECHEBURÚA, E.; GUERRICAECHEVARRÍA, C. **Abuso sexual en la infancia: víctimas y agresores.** Barcelona: Ariel, 2005.
24. NICHOLLS, Tonia L.; PRITCHARD, Michelle M.; REEVES, Kim A; HILTERMAN, Edward. Risk assessment in intimate partner violence: a systematic review of contemporary approaches. **Partner Abuse**, 4(1), p. 76-168, 2013.
25. TAVARES, Marcelo; MEDEIROS, Marcela Novais. Avaliação psicológica no contexto forense. In: HUTZ, Claudio Simon et al. (Org.). **Avaliação psicológica no contexto forense.** Porto Alegre: Artmed, 2020, p. 309-327.
26. CAMPBELL, Jacquelyn C. et al. Risk factors for femicide in abuse relationships: results of a multisite case control study. **American Journal of Public Health,** Washington, DC, v. 93, n. 7, p. 1089-1097, 2003.

	• A suspeita da presença desse fator de risco requer análise exaustiva e especializada por profissional com conhecimento em psicopatologia [27]. • Um homem que comete violência contra sua parceira legitimado pela desigualdade de gênero, pode se tornar mais violento caso apresente determinados sintomas ou quadros com descompensação. As condições que estão mais associadas à violência são: perturbação obsessiva/possessividade ou ciúme patológico; perturbações do sono (por vezes sob tratamento médico); depressão; psicoses; transtornos de personalidade bipolar, narcisista, borderline, dependente; ideação com ou sem planos ou tentativas de suicido e/ou de homicídio[28]. Durante a avaliação da saúde mental deve ser descartada a possibilidade de simulação (fingir sintomas inexistentes) ou dissimulação (negar ou minimizar sintomas existentes).
Fatores de risco relacionados ao contexto socioambiental e relacional	
• Violências prévias físicas ou de outra natureza na relação íntima • Episódios de violências físicas graves (tentativa de envenenamento, tentativa de estrangulamento ou outra que poderiam deixar ferimentos graves ou resultar em morte)	• Violência física prévia é fator de risco primário para ocorrência de feminicídio[29]. Contudo, sua ausência não significa risco. Violências psicológicas, como ameaças de morte, stalking, dentre outras, ou sexuais também estão associadas a risco aumentado.

27. HERMOSO, María del Rocio Gómez; VICENTE, José Manuel Muñoz; MEZQUITA, Blanca Gómez; MARTINS, Rebeca Gómes; DE LA CALLE, Nuria Mateos. **Guía de buenas prácticas para la evaluación psicológica forense del riesgo de violencia contra la mujer en las relaciones de pareja (VCMP).** Madri: Colegio Oficial de Psicólogos de Madrid, 2012.
28. AMCV. **Manual para Profissionais**: Avaliação e Gestão de Risco em Rede. Lisboa: AMCV, 2013; HERMOSO, María del Rocio Gómez; VICENTE, José Manuel Muñoz; MEZQUITA, Blanca Gómez; MARTINS, Rebeca Gómes; DE LA CALLE, Nuria Mateos. **Guía de buenas prácticas para la evaluación psicológica forense del riesgo de violencia contra la mujer en las relaciones de pareja (VCMP).** Madri: Colegio Oficial de Psicólogos de Madrid, 2012.
29. CAMPBELL, Jacquelyn C. et al. Risk factors for femicide in abuse relationships: results of a multisite case control study. **American Journal of Public Health,** Washington, DC, v. 93, n. 7, p. 1089-1097, 2003.

• Violência sexual • Episódios de ameaças de morte • Episódios de agressão durante a gravidez ou pós parto • Stalking (padrão repetido de assédio, perseguição) • Fácil acesso à arma de fogo • Violência com uso de arma branca ou arma de fogo • Escalonamento da violência • Tentativa de separação • Novos relacionamentos amorosos • Isolamento social da mulher junto ao seu companheiro • Coabitação	• O grau de severidade das violências prévias deve ser analisado como foco na intencionalidade de causar dano. No caso de violências físicas, deve ser analisado o tipo de instrumento, uso de arma e lesões provocadas. No caso de violências psicológicas, deve ser analisada a crueldade e humilhação relacionados[30]. • A cronicidade também deve ser verificada por meio da identificação do escalonamento. Embora nem sempre haja o escalonamento, é importante lembrar que o melhor predito para o futuro é o passado [31]. • Violência sexual, especialmente com uso de violência física sinaliza maior risco de letalidade[32]. Agressores sexuais tendem a ter mais comportamentos violentos envolvendo violência física grave nesse grupo[33]. • A separação está relacionada maior risco especialmente, se acompanhado de coabitação e comportamento controlador, ciúmes excessivos, dependência emocional, novos relacionamentos amorosos[34].

30. HERMOSO, María del Rocio Gómez; VICENTE, José Manuel Muñoz; MEZQUITA, Blanca Gómez; MARTINS, Rebeca Gómes; DE LA CALLE, Nuria Mateos. **Guía de buenas prácticas para la evaluación psicológica forense del riesgo de violencia contra la mujer en las relaciones de pareja (VCMP)**. Madri: Colegio Oficial de Psicólogos de Madrid, 2012. TAVARES, Marcelo; MEDEIROS, Marcela Novais. Avaliação psicológica no contexto forense. In: HUTZ, Claudio Simon et al. (Org.). **Avaliação psicológica no contexto forense**. Porto Alegre: Artmed, 2020.
31. REDONDO, S. Individuos, sociedades y oportunidades en la explicación y prevención del delito: Modelo del Triple Riesgo Delictivo. **Revista Española de Investigación Criminológica**, v. 6, n. 7, 2008.
32. MEDEIROS, Marcela Novais. **Avaliação de risco em casos de violência contra a mulher perpetrada por parceiro íntimo.** Tese (Doutorado) – Programa de Pós-Graduação em Psicologia Clínica e Cultura, Instituto de Psicologia, Universidade de Brasília, Brasília, 2015.
33. MCFARLANE, J. M. et al. Stalking and intimate partner femicide. **Homicide Studies**, Thousand Oaks, v. 3, n. 4, p. 300-316, 1999.
34. DOBASH, R. EMERSON; DOBASH, RUSSELL P.; CAVANAGH, KATE; LEWIS, RUTH. Not an ordinary killer – Just an ordinary guy: when men murder an intimate woman partner. **Violence Against Women**, v. 10, n. 6, p. 577-605, 2004

	• Isolamento da mulher e isolamento do homem ocorrem com frequência em relações marcadas pelo ciúme excessivo e controle[35]. E essa condição de isolamento dificulta a intervenção de terceiros, como familiares, na situação de violência, favorecendo a escalada. • A coabitação sem casamento formal facilita o acesso à vítima e a possibilidade de meios diversos, como instrumentos perfurocortantes, no ato violento. Para além disso, Relações sem casamento formal costumam ser mais tênues e instáveis, com maior possibilidade de rupturas e associadas a outros contextos de risco como filhos de relação anterior, homens e mulheres jovens, com recursos financeiros mais escassos[36].

Os fatores de risco de violência doméstica podem estar relacionados à vítima, ao ofensor ou ao histórico relacional. A quase totalidade dos autores de violência não têm doença mental e o consumo de álcool e drogas apenas potencializa o padrão de violência já presente no autor da violência, em regra incorporado por exemplos ao longo da vida.

O modelo ecológico de violência, também chamado de modelo ecológico feminista, indica os quatro fatores de influência sobre pessoas autoras de violência:

35. CASTANHO, António. **Análise Retrospectiva de Homicídios ocorridos em Relações de Intimidade.** Lisboa: Ministério da Administração Interna, 2013.

36. ALMEIDA, Iris Sofia Balbino de. **Avaliação de risco de feminicídio: poder e controlo nas dinâmicas das relações íntimas.** Tese (Doutorado em Psicologia) – Departamento de Psicologia Social e das Organizações, Instituto Universitário de Lisboa, Lisboa, 2012. Disponível em: https://repositorio.iscte-iul.pt/ bitstream/10071/5893/4/phd_ines_balbino_almeida.pdf.

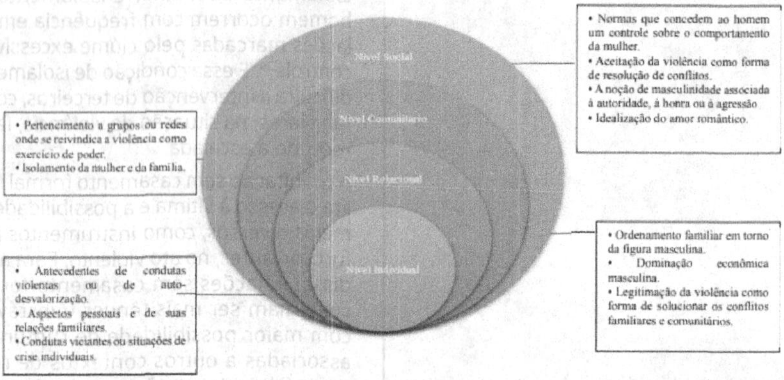

Fonte: ONU Mulheres[37]

Há fatores de risco que requerem um olhar minucioso do sistema de justiça por serem elementos fortemente impactados pelas decisões judiciais no processo de gestão de riscos. Tais fatores são tratados a seguir.

3.4. SEGUE: FATORES DE RISCO MAIS RELEVANTES

3.4.1. Separação recente

De todos os fatores, o rompimento recente de uma relação afetiva é o fator de risco de maior perigo para as mulheres. A Pesquisa Raio X do Feminicídio em São Paulo[38], referida no Protocolo para Julgamento com Perspectiva de Gênero do CNJ[39], revelou que em quase metade dos casos de feminicídio tentado ou

37. ONU Mulheres. **Modelo de protocolo latino-americano de investigação das mortes violentas de mulheres por razões de gênero (femicídio/feminicídio)**. 2014, Figura 4.

38. SCARANCE FERNANDES, Valéria Diez (Coord.). **Raio X do Feminicídio em São Paulo: é possível evitar a morte.** 2018. Disponível em: https://mpsp.mp.br/documents/20122/1217560/RaioXFeminicidioC.PDF Acesso em: 08 dez. 2023.

39. Consta do Protocolo: "Pesquisa realizada pelo Ministério Público do Estado de São Paulo demonstrou que, em 97% dos feminicídios ocorridos em São Paulo, em 2017, a mulher não estava sob a proteção de medidas protetivas. Isto comprova que a concessão da medida protetiva de urgência é capaz de diminuir drasticamente o número de feminicídios". (CNJ. **Protocolo para Julgamento com Perspectiva de Gênero,** 2021, p. 84).

consumado o crime ocorreu em razão da separação, seguindo-se comportamentos de posse, ciúmes, machismo[40]:

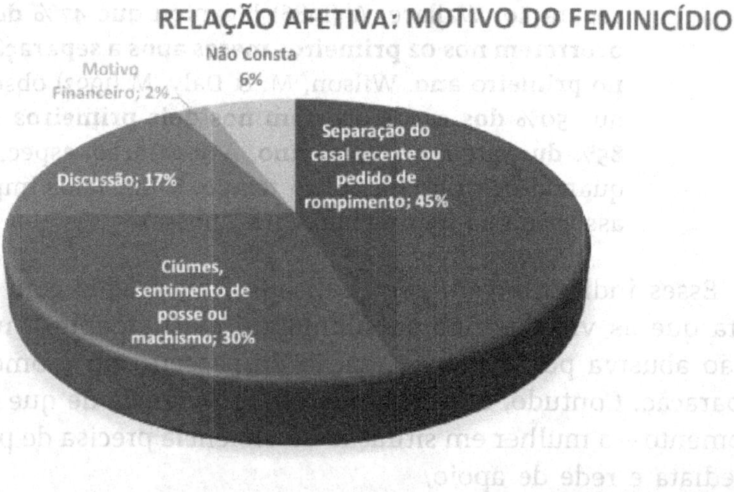

Fonte: Pesquisa Raio X do Feminicídio em São Paulo: é possível evitar a morte de mulheres.

Internacionalmente, a separação real ou potencial também é apontada como o "ponto de viragem" para a escalada de violência ou morte e está presente em 45% dos homicídios femininos[41].

O período mais crítico corresponde aos 02 primeiros meses após separação[42], mas há risco potencial até 01 ano do rompimento, em que ocorrem aproximadamente 90% das mortes. Conforme consta do Modelo de Protocolo latino-americano da ONU Mulheres[43]:

---

40. A respeito ver também: DISTRITO FEDERAL. **Guia para Avaliação de Risco para o Sistema de Justiça**. Brasília: Ministério Público do Distrito Federal e Territórios, 2018. Disponível em: https://www.mpdft.mp.br/portal/pdf/imprensa/cartilhas/Guia_avaliacao_risco_sistema_justica_MPDFT.pdf. Acesso em: 26 fev. 2024.

41. AMCV. **Manual para Profissionais**: Avaliação e Gestão de Risco em Rede. Lisboa: AMCV, 2013, p. 59.

42. CAMPBELL, Jacquelyn C. et al. Risk factors for femicide in abuse relationships: results of a multisite case control study. **American Journal of Public Health,** Washington, DC, v. 93, n. 7, p. 1089-1097, 2003. AMCV. **Manual para Profissionais**: Avaliação e Gestão de Risco em Rede. Lisboa: AMCV, 2013, p. 59.

43. ONU MULHERES. **Modelo de Protocolo latino-americano de investigação das mortes violentas de mulheres por razões de gênero (femicídio/feminicídio).** 2016, p. 85.

> Stout, K (1993) descobriu que 52% dos feminicídios ocorreram após a separação. Outros trabalhos também destacaram a relação do feminicídio com o tempo transcorrido desde a separação. Wallace, A (1986) levantou **que 47% dos casos ocorrerem nos 02 primeiros meses após a separação e 91% no primeiro ano**. Wilson, M. & Daly, M (1993) observaram que **50% dos casos ocorrem nos dois primeiros meses e 85% durante o primeiro ano.** A separação, especialmente quando ocorrida há pouco tempo, é um fator importante associado ao feminicídio. (grifo nosso)

Esses índices devem ser analisados/divulgados com cautela para que as vítimas não se submetam eternamente a uma relação abusiva por medo da reação do parceiro no momento da separação. Contudo, é importante ter consciência de que – neste momento – a mulher em situação de violência precisa de proteção imediata e rede de apoio.

A conduta do autor após a separação deve ser analisada. O risco é maior nos casos em que o agressor foi violento com mulher e pessoas que a ajudavam[44] , iniciou comportamentos de *stalking*[45], conseguiu localizar a vítima que tentou ter seu paradeiro oculto[46] ou se a mulher iniciou novo relacionamento[47].

3.4.2. Perseguição

A conduta conhecida como "stalking" ou perseguição recebeu em 2021 tipificação no Brasil, passando a configurar o crime

---

44. SOARES, Bárbara M. **Enfrentando a violência contra a mulher**: orientações práticas para profissionais e voluntários(as). Brasília: Secretaria Especial de Políticas para as Mulheres da Presidência da República, 2005.

45. ALMEIDA, Iris Sofia Balbino de. **Avaliação de risco de feminicídio: poder e controlo nas dinâmicas das relações íntimas**. Tese (Doutorado em Psicologia) – Departamento de Psicologia Social e das Organizações, Instituto Universitário de Lisboa, Lisboa, 2012.

46. HERMOSO, María del Rocio Gómez; VICENTE, José Manuel Muñoz; MEZQUITA, Blanca Gómez; MARTINS, Rebeca Gómes; DE LA CALLE, Nuria Mateos. **Guía de buenas prácticas para la evaluación psicológica forense del riesgo de violencia contra la mujer en las relaciones de pareja (VCMP)**. Madri: Colegio Oficial de Psicólogos de Madrid, 2012.

47. WALKER, Leonor E.A. **The battered woman syndrome**. 3ª ed. Nova Iorque: Spring Publishing Company, 1999.

previsto no art. 147-A do Código Penal[48] e consiste em "perseguir alguém, reiteradamente e por qualquer meio, ameaçando-lhe a integridade física ou psicológica, restringindo-lhe a capacidade de locomoção ou, de qualquer forma, invadindo ou perturbando sua esfera de liberdade ou privacidade".

Além de configurar crime, a perseguição reiterada a uma mulher em situação de violência, em especial quando ocorre após o rompimento da relação ou quando a vítima rejeita a aproximação do agente, configura um importante fator de risco. Estatísticas apontam que a taxa de feminicídios "em casos de stalking é **5 vezes mais alta**"[49].

Esses comportamentos normalmente consistem em vigilância, seguir a vítima nos locais em que costuma estar, telefonemas constantes, envio de mensagens (inclusive via *pix*, quando a vítima bloqueia o agressor), criação de perfis falsos para manter contato com a vítima, envio de presentes indesejados ou objetos. A perseguição pode atingir também pessoas próximas à vítima, que lhe ofereceram ajuda ou apoio no momento do rompimento da relação.

Além do risco à integridade física, há um impacto psicológico para a vítima. conforme estudo realizado na Escócia por Katy Proctor, professora de Criminologia da Universidade Glasgow Caledonian[50]:

> Segundo a pesquisa, as vítimas de *stalking* tiveram um impacto em todos os aspectos de suas vidas, desde sua saúde física e mental até o emprego e a vida social. Como consequências mais comuns, aponta que as vítimas relataram

48. A pena prevista para o crime é de 06 meses a 2 anos de prisão, com aumento de metade se é cometido contra "contra mulher por razões da condição de sexo feminino, nos termos do § 2º-A do art. 121 deste Código" (art. 147-A, § 1º, II, CP).

49. AMCV. **Manual para Profissionais**: Avaliação e Gestão de Risco em Rede. Lisboa: AMCV, 2013, p. 59.

50. *Apud* FERNANDES, Valéria Diez Scarance; CUNHA, Rogério Sanches. **Novo crime de stalking**: perseguição anterior, lesão à saúde e risco de morte. 2021. Disponível em: https://www.conjur.com.br/2021-abr-13/valeria-scarance-crime-stalking/. Acesso em: 07 mar. 2024.

tentativas de suicídio, ansiedade, depressão, perda de confiança e sentimento de isolamento. Alguns mudaram de emprego e mudaram de casa.

3.4.3. Arma de fogo

Estudos de Jaqueline Campbell apontam que a existência de intimidação pretérita com arma de fogo potencializa em **20 vezes o risco de morte** e a simples existência de arma de fogo em casa aumenta em **6 vezes o risco de morte da mulher**[51].

A presença de arma de fogo é referida internacionalmente como um dos fatores que potencializa de forma impactante o risco para a mulher. Embora as armas mais comuns para a prática de feminicídio sejam objetos "caseiros" como a arma branca, pedaços de madeira, ferramentas e outros[52], a existência de arma de fogo aumenta o risco em razão da facilidade de cometer o crime, já que não é necessário dominar a vítima para atingi-la, e do seu poder vulnerante.

Há uma associação entre o uso de arma como forma de intimidação e demonstração de poder. Nas palavras de Débora Diniz e Giselle Carino, há gênero na política de armas, um "objeto de desejo dos homens", como instrumento de guerra e poder dos homens latino-americanos[53]:

> Propriedade não é apenas o território da casa a ser protegido do malfeitor – propriedade é tudo aquilo sob o domínio de homens que já matam as mulheres com armas, mesmo

---

51. CAMPBELL, Jacquelyn C.; WEBSTER, Daniel W.; GLASS, Nancy. The Danger Assessment: validations of a lethality risk assessment instrument for intimate partner femicide. **Journal of Interpersonal Violence**, Thousand Oaks, v. 24, n. 4, p. 653-674, 2009.

52. A pesquisa Raio X do Feminicídio em São Paulo apontou que em 58% dos casos foram usadas armas brancas, 17% armas de fogo, 11% instrumentos domésticos, 10% uso das mãos e 4% outros objetos. SCARANCE FERNANDES, Valéria Diez (Coord.). **Raio X do Feminicídio em São Paulo: é possível evitar a morte**. 2018. Disponível em: https://mpsp.mp.br/documents/20122/1217560/RaioXFeminicidioC.PDF Acesso em: 08 dez. 2023.

53. DINIZ, Débora; CARINO, Giselle. Armas matam mulheres. **El País**, 2019. Disponível em: https://brasil.elpais.com/brasil/2019/01/16/opinion/1547636987_572077.html. Acesso em: 10 mar. 2024.

> antes de a posse ser reconhecida como um direito. Se, hoje, há casos em que as mulheres sobrevivem à tentativa de feminicídio é, em larga medida, porque o instrumento de violência foi a força física ou outros instrumentos com mais baixa letalidade, como facas ou cordas. **Em caso de uso de armas, as chances de uma mulher sobreviver são muito mais raras.** (grifo nosso)

3.4.4. Descumprimento de medidas protetivas

Embora as medidas protetivas em regra evitem a morte e evolução da violência, se houver descumprimento das medidas o risco de morte é potencialmente maior, ainda que esse descumprimento ocorra por meio de uma aproximação em tese "pacífica", como comparecer à residência da vítima ou enviar mensagens.

Muitos autores de violência modificam temporariamente o seu comportamento violento como forma de reduzir a vigilância da vítima e tentar uma reaproximação. Outros, adotam estratégias como apelar para o sentimento de compaixão, usar os filhos ou criar uma situação para aproximação. São inúmeros os relatos de feminicídio em que o agente retomou o contato com a vítima para tratar de algo relacionado aos filhos, questões financeiras ou pediu ajuda para uma questão pessoal.

O fato de o agente não se submeter sequer a uma ordem judicial e persistir em seu comportamento de aproximação ou intimidação revela a ausência de consciência quanto à violência, ainda maior se ele mencionar a ameaça de suicidar-se.

Em 2024, com a Lei n. 14.994, houve aumento da pena do crime do art. 24-A para 02 a 05 anos de prisão e nossos Tribunais têm reiteradamente reconhecido a gravidade do descumprimento de medidas protetivas de urgência como um fator de risco apto, inclusive, a justificar a decretação da prisão preventiva nos termos do art. 313, III, CPP.

O Supremo Tribunal Federal decidiu que "o fundado receio de recidiva criminosa e a necessidade de resguardar a integridade física da vítima justificam a imposição da segregação cautelar"

(STF, HC 215.570/SP[54]). Na mesma linha, o Superior Tribunal de Justiça tem entendimento firme de que "o descumprimento de medida protetiva anteriormente fixada com amparo na Lei n. 11.340/06 explicita a insuficiência da cautela, justificando, portanto, a decretação da prisão nos termos do art. 313, inciso III, do Código de Processo Penal"[55].

Ainda que a vítima, iludida pela mudança temporária do parceiro, tenha permitido uma reaproximação, tal fator não exclui o risco de morte. As discussões quanto ao dolo do agente no caso de permissão da vítima dizem respeito ao tipo penal do art. 24-A da Lei Maria da Penha e não ao perigo dessa conduta.

Exemplo desse risco foi o feminicídio praticado contra a Juíza Viviane Amaral em 2020, brutalmente assassinada pelo ex-marido na presença das filhas. A vítima tinha medidas protetivas, mas havia dispensado a escolta e levou as filhas para passar o Natal com o genitor, quando o crime foi praticado[56].

3.4.5. Escalada de violência

Em relação à violência em si como fator de risco, o histórico de violência prévia, a conduta do agente de tentar asfixiar (ou apertar o pescoço da vítima), a necessidade de hospitalização ou atendimento médico da vítima indicam um risco mais elevado para a vítima.

---

54. STF, HC 215.570/SP, rel. Min. Alexandre de Moraes, Primeira Turma, j. 13/06/2022, DJe 15/06/2022.

55. STJ, AgRg RHC 144.955/DF, rel. Min. Reynaldo Soares da Fonseca, Quinta Turma, j. 20/04/2021, DJe 26/04/2021.

56. O autor do crime foi condenado a 45 anos de prisão. A respeito ver: G1. **Ex-marido que matou juíza a facadas na frente das filhas é condenado a 45 anos de prisão**. 2022. Disponível em: https://g1.globo.com/rj/rio-de-janeiro/noticia/2022/11/11/ex-marido-que-matou-juiza-a-facadas-na-frente-das-filhas-e-condenado.ghtml. Acesso em 10 mar. 2023.

Além disso, há um fator de grande importância para se dimensionar a violência: uma modificação no "padrão" nos últimos 6 meses, com a grande intensificação da violência. Segundo estudos, há um maior de risco de feminicídio nessas circunstâncias, pois "investigações apontam para uma taxa de homicídios **5 vezes superior quando existe escalada de violência**"[57].

Essa "escalada" não tem uma regra específica, mas normalmente corresponde a agressões mais severas, atos de crueldade, ameaças com armas de fogo ou armas branca, necessidade de atendimento da vítima, privação da liberdade da vítima e outros aspectos.

Trata-se de um fator de risco mencionado em vários instrumentos e de grande relevância, como assenta Marcela Medeiros[58]:

> A escalada da violência é uma dimensão fundamental [...] A violência física aumentada é uma variável apontada como fator de risco de homicídio (Campbell et al., 2003). O escalonamento da violência, independentemente do tipo, é fator de risco para femicídio (Walker, 1999).

3.4.6. Histórico prévio de violência na família

> "Meu pai batia na minha mãe e ameaçava a gente de morte"
>
> "Eu não gostava quando meu pai bebia e pegava o pescoço da minha mãe" (relatos de agressores)[59]

---

57. *Apud* AMCV. **Manual para Profissionais**: Avaliação e Gestão de Risco em Rede. Lisboa: AMCV, 2013, p. 60.

58. MEDEIROS, Marcela Novais. **Avaliação de risco em casos de violência contra a mulher perpetrada por parceiro íntimo**. 2015. Tese (Doutorado) – Programa de Pós-Graduação em Psicologia Clínica e Cultura, Instituto de Psicologia, Universidade de Brasília, Brasília, 2015.

59. Relatos de agressores referidos por: SCHNEIDER, And'gelica Miritua; ORMEÑO, Gabriela Reys; PADILHA, Maria da Graça Saldanha. Violência entre parceiros íntimos: características comportamentais do agressor em cárcere. In: HABIGZANG, Luísa Fernanda et al. (Orgs.). **A outra face da violência: agressores em múltiplos contextos**. Curitiba: Juruá, 2016, p. 146.

O histórico de violência na família tem sido apontado como um fator de risco relevante, compreendendo tanto os abusos físicos infantis como prática pedagógica como a violência contra mulheres da família (transgeracional)[60]:

> O papel do ambiente social na aquisição, manutenção e modificação das respostas agressivas é de extrema importância, pois a criança tende a imitar o modelo, ocorrendo um aumento na frequência da violência quando o modelo apresentado é do mesmo sexo (Bandura, 1973; Goulart & Wagner, 2013). **Os homens reproduzem de forma ativa as agressões sofridas na infância** evidenciando-se que o modelo familiar é fundamental na formação e inter-relação do sujeito. Os agressores reproduzem violência porque não aprenderam repertórios alternativos, sadios na resolução de conflitos. Neste sentido, quanto maior a exposição à violência na interação familiar durante a infância, maiores são os fatores de risco que favorecem a VPI (violência entre parceiros íntimos). (grifo nosso)

O aprendizado familiar, ou histórico de violência nas relações íntimas, é citado como fator de risco nos principais instrumentos produzidos no mundo e referido em inúmeros estudos como fator preponderante para o comportamento agressivo.

3.4.7. Ciúmes excessivo e comportamento controlador

Diversos estudos destacam que o fato de o homem apresentar ciúmes excessivos e comportamentos de controle representa risco grave[61]. O controle constitui tentativa de reestabelecimento

60. SCHNEIDER, And´gelica Miritua; ORMEÑO, Gabriela Reys; PADILHA, Maria da Graça Saldanha. Violência entre parceiros íntimos: características comportamentais do agressor em cárcere. In: HABIGZANG, Luísa Fernanda et al. (Orgs.). **A outra face da violência: agressores em múltiplos contextos**. Curitiba: Juruá, 2016, p. 144.

61. CAMPBELL, Mary Ann; FRENCH, Sheilla; GENDREAU, Paul. The prediction of violence in adult offenders: A meta-analytic comparison of instruments and methods of assessment. **Criminal Justice and Behavior**, 36(6), p. 567- 590, 2009. CASTANHO, António. **Análise Retrospectiva de Homicídios ocorridos em Relações de Intimidade**. Lisboa: Ministério da Administração Interna, 2013. NICHOLLS, Tonia L.; PRITCHARD, Michelle M.; REEVES, Kim

de poder perdido ou ameaçado[62]. A violência contra a mulher tem suas raízes em um sentimento de posse e superioridade do agressor em relação à vítima. Desta forma, a existência de um comportamento controlador que impeça a vítima de exercer suas relações pessoais, trabalhar, vestir-se ou viver livremente indica um importante fator de risco.

Marcela Medeiros ressalta que o controle é um fator de risco de violência grave e "conforme aponta Soares [...], envolve o monitoramento das atividades da mulher e o seu isolamento de familiares, de amigos e de colegas. Esse fator pode ser agravado, se o homem tiver algum recurso especial contra a mulher, como por exemplo, ser policial ou ter amigo policial"[63].

Em estudo recente realizado no Distrito Federal, revelou que este fator de risco esteve presente em mais de 80% dos feminicídios consumados analisados[64]. Níveis elevados de ciúmes mobilizam o sujeito em torno do controle da fidelidade e sua atividade, julgamento da realidade e tomada de decisões ficam prejudicadas, podendo ter como consequência comportamentos inadequados e com maior violência[65]. Expressões de ciúmes excessivo podem estar relacionados à psicopatologia, como transtorno delirante com conteúdo persecutório. Todavia, na grande

A.; HILTERMAN, Edward. Risk assessment in intimate partner violence: a systematic review of contemporary approaches. **Partner Abuse**, 4(1), p. 76-168, 2013.

62. CASTANHO, António. **Análise Retrospectiva de Homicídios ocorridos em Relações de Intimidade**. Lisboa: Ministério da Administração Interna, 2013.

63. MEDEIROS, Marcela Novais. **Avaliação de risco em casos de violência contra a mulher perpetrada por parceiro íntimo**. 2015. Tese (Doutorado) – Programa de Pós-Graduação em Psicologia Clínica e Cultura, Instituto de Psicologia, Universidade de Brasília, Brasília, 2015.

64. ÁVILA, Thiago Pierobom de; MEDEIROS, Marcela Novais; CHAGAS, Cátia Betânia; VIEIRA, Elaine Novaes. Fatores de risco de feminicídio no Distrito Federal. **Revista Brasileira de Ciências Criminais**, São Paulo, v. 180, p. 297-328, 2021. Disponível em: https://www.academia.edu/49252744 Acesso em: 26 dez. 2024.

65. HERMOSO, María del Rocio Gómez; VICENTE, José Manuel Muñoz; MEZQUITA, Blanca Gómez; MARTINS, Rebeca Gómes; DE LA CALLE, Nuria Mateos. **Guía de buenas prácticas para la evaluación psicológica forense del riesgo de violencia contra la mujer en las relaciones de pareja (VCMP)**. Madri: Colegio Oficial de Psicólogos de Madrid, 2012.

maioria dos casos, somente tem relação com medo de perder poder e controle sob os corpos femininos.

3.4.8. Abuso de álcool e outras drogas

Há vários mitos que cercam os autores da violência, como o de que a violência é causada pelo consumo de álcool e drogas. Muitas mulheres referem que seus parceiros "só ficam violentos quando bebem", como se o álcool tivesse o poder de transformar um homem calmo em violento (note-se que os agressores, sob efeito de álcool, apenas praticam violência dentro de casa e não em relação a outros homens).

Essas substâncias "reduzem a inibição, comprometem a capacidade de julgamento, provocam instabilidade no controle emocional e do humor entre outros"[66], o que faz com que o agressor que já carrega dentro de si um padrão violento se torne mais violento. Contudo, "os efeitos biológicos não são determinantes exclusivos para a conduta agressiva, uma vez que, nem todos com problemas de dependência química se comportam de forma agressiva quando sob o efeito de algum tipo de droga"[67].

O abuso no consumo dessas substâncias pode dar origem a psicoses temporárias, quando o risco de feminicídio **é 4 vezes maior**[68]. Além disso, "a probabilidade de perpetuação da violência de homens contra mulheres sob efeito de bebida alcóolica é **quatro vezes maior** quando o homem utilizou álcool ou ambos os parceiros, comparado a casais que não utilizam qualquer tipo

---

66. SCHNEIDER, And'gelica Miritua; ORMEÑO, Gabriela Reys; PADILHA, Maria da Graça Saldanha. Violência entre parceiros íntimos: características comportamentais do agressor em cárcere. In: HABIGZANG, Luísa Fernanda et al. (Orgs.). **A outra face da violência: agressores em múltiplos contextos**. Curitiba: Juruá, 2016, p. 148.
67. SCHNEIDER, And'gelica Miritua; ORMEÑO, Gabriela Reys; PADILHA, Maria da Graça Saldanha. Violência entre parceiros íntimos: características comportamentais do agressor em cárcere. In: HABIGZANG, Luísa Fernanda et al. (Orgs.). **A outra face da violência: agressores em múltiplos contextos**. Curitiba: Juruá, 2016, p. 148.
68. AMCV. **Manual para Profissionais**: Avaliação e Gestão de Risco em Rede. Lisboa: AMCV, 2013, p. 60.

de droga[69]. Para compreensão do efeito do uso das substâncias no risco deve ser considerado o padrão de consumo, a farmacocinética da substância utilizada e psicopatologia associada Anfetaminas estão associadas a maior risco que maconha, enquanto substâncias ilícitas estão associadas a maior letalidade do que abuso de álcool. Há maior risco quando o abuso de substâncias está associado à psicopatologia prévia ou quadros de alucinação ou paranóia desencadeados pelo uso de substâncias[70].

3.4.9. Ameaça de se suicidar

> "um sujeito suicida deve também ser considerado um potencial homicida, já que desenvolve igualmente um quadro de ideação homicida" [71].

Há indicadores psicopatológicos que surgem com mais frequência nos casos de violências severas ou letais, como "perturbação obsessiva/possessividade ou ciúme patológico; perturbações do sono (por vezes sob tratamento médico); depressão; psicoses, muitas vezes acompanhadas de ideação, planos ou tentativas de suicido e/ou de homicídio"[72].

A ideação suicida por parte do agressor, ou a ameaça a matar os filhos do casal e depois suicidar-se, constitui um fator de risco de grande relevância, já que o autor da violência demonstra não ter mecanismos para lidar ou aceitar a separação.

---

69. SCHNEIDER, And´gelica Miritua; ORMEÑO, Gabriela Reys; PADILHA, Maria da Graça Saldanha. Violência entre parceiros íntimos: características comportamentais do agressor em cárcere. In: HABIGZANG, Luísa Fernanda et al. (Orgs.). **A outra face da violência: agressores em múltiplos contextos**. Curitiba: Juruá, 2016, p. 148.

70. HERMOSO, María del Rocio Gómez; VICENTE, José Manuel Muñoz; MEZQUITA, Blanca Gómez; MARTINS, Rebeca Gómes; DE LA CALLE, Nuria Mateos. **Guía de buenas prácticas para la evaluación psicológica forense del riesgo de violencia contra la mujer en las relaciones de pareja (VCMP)**. Madri: Colegio Oficial de Psicólogos de Madrid, 2012.

71. AMCV. **Manual para Profissionais:** Avaliação e Gestão de Risco em Rede. Lisboa: AMCV, 2013, p. 60.

72. AMCV. **Manual para Profissionais:** Avaliação e Gestão de Risco em Rede. Lisboa: AMCV, 2013, p. 60.

Jacquelyn Campbell refere que aproximadamente um terço dos casos de feminicídio em seus estudos envolvia "homicidas-suicidas", razão pela qual há um aumento de risco se o homem é um potencial suicida[73].

Estudos apontam que "as ameaças de suicídio têm sido referidas como um potencial indicador de homicídio em casos de violência doméstica, quer de crianças ou de outros elementos familiares". Assim, "um sujeito suicida deve também ser considerado um potencial homicida, já que desenvolve igualmente um quadro de ideação homicida"[74].

3.5. FATORES DE PROTEÇÃO

Embora os fatores de proteção não constem expressamente do Formulário Nacional para Avaliação de Risco adotado no Brasil, é importante levar em conta indicadores que podem – estrategicamente – eliminar ou reduzir o risco de morte de mulheres. Eles costumam ser considerados na fase de avaliação qualitativa do risco, um segundo momento, após o preenchimento de questões objetivas quanto a presença ou ausência de fatores de risco, no qual o profissional faz o julgamento global quanto à situação de risco, abrangendo os fatores de proteção, a combinação específica dos fatores de risco identificados ou mesmo outros fatores de risco que não constam do formulário, mas são destacados pela literatura.

---

73. CAMPBELL, Jacquelyn et al. Assessing Risk Factors for Intimate Partner Homicide. **NIJ Journal**, n. 250, 2003. Disponível em: https://www.ojp.gov/pdffiles1/jr000250e.pdf. Acesso em: 10 mar. 2024.

74. AMCV. **Manual para Profissionais**: Avaliação e Gestão de Risco em Rede. Lisboa: AMCV, 2013, p. 60.

Os principais fatores de proteção para as vítimas são os seguintes:

Fatores de proteção	Breve explicação
Rompimento do silêncio e/ou isolamento	A vítima que se mantém em silêncio e/ou se isola está em constante estado de risco. A revelação do fato e a busca por ajuda fazem com que a vítima tenha suporte, saiba como agir e quem procurar no momento da violência. Registra-se que, em determinados contextos, a denúncia da violência pode imediatamente significar um incremento do risco, um gatilho para a escalada da violência, sendo essencial que a denúncia esteja acompanhada de estratégias de proteção.
Afastamento do agressor	Embora muitas mulheres optem por manter a relação, o afastamento do agressor é fundamental para que a vítima se mantenha em segurança. Enquanto estiverem convivendo de forma íntima, o risco está presente (salvo se o agressor tiver frequentado um programa específico e não houver outros fatores de risco).
Medidas protetivas	O deferimento de medidas protetivas sinaliza ao ofensor que o Estado está acompanhando a situação, que a continuidade de seu comportamento violento poderá ter consequências. Estatisticamente, a medida protetiva tem potencial de inibir a escalada da violência.
Monitoramento eletrônico	A fiscalização eletrônica por dispositivo portável, em especial quando é colocado no agressor, faz com que exista um maior controle e segurança quanto à aproximação em relação à ofendida[75].
Rede de suporte	A rede de suporte, além de amparar materialmente a vítima, é fundamental para que não se sinta isolada. Auxilia a que a mulher tenha apoio para não precisar retornar à convivência com o ofensor.
Recursos financeiros	A autonomia financeira e a existência de um local para ir são determinantes quando a vítima decide buscar ajuda.
Engajamento do agressor em programas de intervenção específicos para a violência de gênero	Homens autores de violência reproduzem comportamentos apreendidos. Assim, o encaminhamento do agressor a um programa de intervenção específico lhe traz a oportunidade de refletir sobre comportamentos que antes eram normalizados. Pesquisas internacionais indicam que estes programas têm potencial de reduzir a prática de novos comportamentos agressivos, ou de reduzir sua frequência ou intensidade[76].

75. Com a Lei n. 14.994/2024, durante a fase de execução da pena, ao usufruir qualquer benefício que importe em saída do estabelecimento, o condenado deverá ser fiscalizado por monitoração eletrônica (art. 146-E, Lei de Execução Penal).

76. KELLY, Liz; WESTMARLAND, Nicole. **Domestic violence perpetrators programs: Project Mirabal final report.** Londres e Durham: London Metropolitan University, Durham University, 2015.

3.6. METODOLOGIAS PARA AVALIAÇÃO DE RISCO

Existem diferentes metodologias orientadas ao risco nas relações de intimidade. Dentre elas é possível dividir em abordagens: avaliações não estruturadas, avaliações estruturadas e avaliações semiestruturadas[77].

Nas avaliações não estruturadas, não há protocolos ou diretrizes formais para embasar o julgamento do risco[78]. Cada profissional faz seu julgamento a partir de intuição ou experiência com casos anteriores. Não há processo formal de coleta de dados, nem instruções formais quanto ao manejo de casos.

As avaliações estruturadas são aquelas cuja metodologia envolve protocolos e/ou instrumentos, seja questionários, escalas, *checklists*, formulários. Nessa abordagem são utilizados modelos estatísticos para prever a probabilidade de reincidência de violência. Essa previsão é feita a partir da identificação de itens preditores, a saber fatores de risco, e de seus pesos identificados por modelo estatístico[79]. O avaliador deverá identificar se cada fator de risco está presente ou ausente, somar a quantidade de positivos para obtenção de um score. A classificação depende de julgamento estatísticos previamente estabelecidos por meio de fórmulas que fazem a previsão da probabilidade de ocorrência de violências

As avaliações semiestruturadas são intermediárias, pois englobam protocolos construídos com base em evidências científicas, mas seus resultados não são baseados exclusivamente em modelo estatístico, podendo usar ou não escore para classificação

77. MEDEIROS, Marcela Novais; TAVARES, Marcelo. Avaliação de risco em caso de violência contra a mulher perpetrada por parceiro íntimo. *In*: HUTZ, Claudio Simon; BANDEIRA, Denise; TRENTINI, Clarissa Marceli; ROVINSKI, Sônia Liane; LAGO, Vivian de Medeiros (Org.). **Avaliação psicológica no contexto forense**. Porto Alegre: Artmed, 2020, p.311.

78. NICHOLLS, Tonia L.; PRITCHARD, Michelle M.; REEVES, Kim A.; HILTERMAN, Edward. Risk assessment in intimate partner violence: a systematic review of contemporary approaches. **Partner Abuse**, 4(1), p. 76-168, 2013.

79. TAVARES, Marcelo; MEDEIROS, Marcela Novais. Avaliação psicológica no contexto forense. In: HUTZ, Claudio Simon et al. (Org.). **Avaliação psicológica no contexto forense**. Porto Alegre: Artmed, 2020, p.311.

em níveis de risco[80]. Envolve a previsão de quais fatores de risco devem ser investigados, bem como orientações objetivas quanto a classificação de risco. Pode ser do tipo questionário, guia, formulário ou entrevista semiestruturada.

Desde a década de 1980, diversos instrumentos padronizados de avaliação de risco de violência contra a mulher cometida pelo parceiro íntimo foram construídos com objetivo de classificar níveis de risco, a partir de uma avaliação estruturada com uso ou não do julgamento do avaliador. Nos Estados Unidos da América, há (dentre outros) o *Danger Assessment (DA)*, desenvolvido por JACQUELYN CAMPBELL em 1986, com 20 questionamentos para se determinar o risco de feminicídio, e o BIG 26, criado pelo *Domestic Abuse Intervention Programme (DAIP)*, de Minnesota, EUA, com 26 questionamentos. Ao final desse capítulo, consta o instrumento desenvolvido por CAMPBELL para consulta.

Na Europa, há quatro importantes instrumentos de avaliação de risco validados cientificamente: *SARA – Spousal Assault Risk Assessment*, com 20 questões que determinam o grau de risco para mulheres, crianças e integrantes da família; *DASH – Domestic Abuse, Stalking and Harassment and Honour Based Violence*, que além de identificar o risco providencia recursos e suporte, encaminhando a vítima; o formulário desenvolvido pela *Respect*[81]; e a Ficha de Risco de Violência Doméstica – RVD utilizada em Portugal[82]. O modelo português teve especial influência na criação do primeiro modelo de avaliação de risco do CNMP (FRIDA) e do FoNAR do CNJ, que foram a base para a criação do atual FoNAR,

80. KROPP, P. Randall; HART, Stephen D. The spousal assault risk assessment (SARA) guide: reliability and validity in adult male offenders. **Law and Human Behavior**, 24(1), p. 101-118, 2000.

81. CAMPBELL, Jacquelyn C. **Danger Assessment.** Versão adaptada ao português brasileiro por Manders, Vertamatti & Evans, 2020. Disponível em: https://www.dangerassessment.org/uploads/AVALIA%C3%87%C3%83O%20DE%20RISCO%20_DA_New%20Scoring_2019_Brazilian_Translation_FINAL.pdf. Acesso em: 12 out. 2023.

82. Ver: MPDFT. **Documentos sobre avaliação de risco no sistema português**, 2015. Disponível em: https://www.mpdft.mp.br/portal/index.php/ncleos-sectionmenu-308/209-nucleo-de-genero/8739-documentos-sistema-portugues

previsto na Resolução Conjunta n. 05/2020 do CNJ e CNMP, em vigor no Brasil.

O FoNAR é um exemplo de abordagem semiestruturada que requer a análise de fatores de risco específicos descritos na literatura, mas a classificação em níveis de risco não é baseada em um escore final. Até o momento não foram realizados estudos que ofereceram esse escore para classificação em níveis de risco, dependendo exclusivamente do julgamento e da apreciação do avaliador.

Cada tipo de metodologia possui suas vantagens. As estruturadas exigem menor treinamento do avaliador. As semiestruturadas facilitam a inclusão de aspectos específicos do contexto. Ambas são mais confiáveis do que a avaliação não estruturada.

Independentemente do tipo de abordagem utilizada, é importante que haja o monitoramento sistemático, pois o risco é dinâmico. A frequência das reavaliações deve ser individualizada de acordo com o nível de risco previamente identificado.

3.7. FORMULÁRIO NACIONAL DE AVALIAÇÃO DE RISCO

O Formulário Nacional de Avaliação de Risco – FoNAR foi aprovado pela Resolução Conjunta CNJ e CNMP n. 05/2020 e se tornou obrigatório pela Lei n. 14.149/2021[83]. Dessa forma, a avaliação e gestão de risco no Brasil foi institucionalizada no âmbito do Sistema de Justiça e incorporada na legislação nacional.

Embora no Brasil o instrumento seja inédito, ao redor do mundo, há décadas as autoridades utilizam instrumentos validados cientificamente para avaliar e monitorar o risco de morte. Alguns dos instrumentos estão atrelados a legislações nacionais. Outros foram implementados por meio de documentos ou planos de ação políticos. Outros não estiveram atrelados a planos nacionais, mas foram fortemente divulgados. Dessas ferramentas

83. BRASIL. **Lei n. 14.149**, de 05 de maio de 2021. Disponível em: <http://www.planalto.gov.br/ccivil_03/_Ato2019-2022/2021/Lei/L14149.htm>. Acesso em: 16 jul. 2021.

mais conhecidas são: *Danger Assessment (DA)*, elaborado por JACQUELYN CAMPBELL em 1986; BIG 26, elaborado por *Domestic Abuse Intervention Programs (DAIP); Spousal Assault Risk Assessment – SARA; Domestic Abuse, Stalking and Harassment and Honour Based Violence* (DASH); e a Ficha RDV em Portugal[84].

A avaliação de risco contempla um processo dinâmico, que tem por finalidade não só proteger a vítima como monitorar alterações de comportamento dos agressores que possam importar em aumento de risco para a mulher.

Em Portugal, o manual desenvolvido pela Associação de Mulheres contra a Violência – AMCV refere que se trata de um processo de gestão de informação, dinâmico e contínuo, que contempla as seguintes fases[85]:

- IDENTIFICAÇÃO de fatores de risco (sinais e indicadores de violência);
- AVALIAÇÃO DE RISCO mediante instrumentos "adequados que permitam determinar a natureza do risco e estimar a possibilidade de reiteração e/ou de escalada da violência;"
- GESTÃO DE RISCO com estratégias para se evitar a reincidência ou agravamento da violência, como os planos de segurança;
- MONITORAMENTO em período estabelecido conforme as circunstâncias do caso concreto, pois "o risco de cada situação deve ser reavaliado de forma regular e sempre que haja qualquer tipo de alteração das condições anteriores."

No Brasil, alguns estados, como Distrito Federal, São Paulo e Rio Grande do Sul já trabalhavam com modelos de avaliação de

84. MEDEIROS, Marcela Novais. **Avaliação de risco em casos de violência contra a mulher perpetrada por parceiro íntimo**. 2015. Tese (Doutorado) – Programa de Pós-Graduação em Psicologia Clínica e Cultura, Instituto de Psicologia, Universidade de Brasília, Brasília, 2015.

85. AMCV. **Manual para Profissionais:** Avaliação e Gestão de Risco em Rede. Lisboa: AMCV, 2013.

risco durante o ano 2016[86], época em que circularam diretrizes para a utilização deste tipo de instrumental[87]. O CNMP criou em 2018 uma proposta de modelo de avaliação de risco denominada FRIDA. Todavia, o CNJ não aderiu a este modelo, criando em 2019 a primeira versão do FoNAR, a partir de uma adaptação do modelo em uso no Distrito Federal. Finalmente, em 2020, CNJ e CNMP convergiram na criação de um modelo único de FoNAR, através da já referida Resolução Conjunta n. 05/2020, o que traz o relevante aspecto de ser um documento único e com os mesmos critérios para todos os órgãos. Posteriormente, a aplicação do FoNAR foi reforçada com a edição da Lei n. 14.149/2021, que estabelece o seguinte:

> Art. 2º. [...]
>
> § 1º O Formulário Nacional de Avaliação de Risco tem por objetivo identificar os fatores que indicam o risco de a mulher vir a sofrer qualquer forma de violência no âmbito das relações domésticas, **para subsidiar a atuação dos órgãos de segurança pública, do Ministério Público, do Poder Judiciário e dos órgãos e das entidades da rede de proteção na gestão do risco identificado, devendo ser preservado**, em qualquer hipótese, o sigilo das informações (grifo nosso).

O formulário deverá ser preenchido pela Polícia Civil, preferencialmente, no momento do registro do boletim de ocorrência. Caso não ocorra, poderá ser aplicado pelo Ministério Público ou Poder Judiciário no primeiro atendimento à vítima (art. 2º, § 2º). Não há vedação ao preenchimento do formulário pela rede de

86. Sobre o modelo de avaliação de risco do DF de 2016, ver: https://www.mpdft.mp.br/portal/pdf/nucleos/nucleo_genero/Questionário_de_avaliação_de_risco_completo.pdf

87. BRASIL; COPEVID; EUROSOCIAL. **Diretrizes nacionais de investigação criminal com perspectiva de gênero:** Princípios para atuação com perspectiva de gênero para o ministério público e a segurança pública do Brasil. Madri: EuroSociAL, 2016. Disponível em: https://www.mpdft.mp.br/portal/pdf/nucleos/nucleo_genero/Diretrizes_Nacionais.pdf Acesso em: 08 jan. 2024. ONU MULHERES; BRASIL. **Diretrizes nacionais feminicídio**: investigar, processar e julgar com perspectiva de gênero as mortes violentas de mulheres. Brasília: ONU, SPM/PR e Senasp/MJ, 2016. Disponível em: https://www.onumulheres.org.br/wp-content/uploads/2016/04/diretrizes_feminicidio_FINAL.pdf

atendimento por entidades públicas ou privadas que atuam no enfrentamento à violência contra a mulher (art. 2º, § 3º).

Tal como consta da lei, o formulário tem por finalidade subsidiar a atuação de autoridades públicas e entidades da rede na gestão de risco. Trata-se de um relevante instrumento para fundamentar a decisão judicial de medidas protetivas, bem como amparar as autoridades na condução do processo. A ausência de formulário, contudo, não pode ser usada como fundamento para o indeferimento de medidas protetivas de urgência. O objetivo do instrumento é garantir uma proteção mais adequada à vítima e não dificultar o acesso à justiça.

O FoNAR, reproduzido ao final, é composto de duas partes, uma com questões fechadas, de resposta objetiva, quanto à presença de determinados fatores de risco já selecionados, e outra de avaliação qualitativa por profissional qualificado, permitindo tanto uma avaliação global quanto ao significado da combinação específica dos fatores de risco identificados na primeira parte, bem como a consideração de outros fatores de risco extra catálogo, bem como de fatores de proteção que possam diminuir o risco.

Em alguns instrumentos internacionais, o quantitativo de respostas positivas ao catálogo objetivo de fatores de risco possui correspondência com uma escala de metrificação do risco (usualmente em baixo, médio e alto). No Brasil, diante da ausência de pesquisas validando a capacidade preditiva do instrumento, optou-se por não incluir uma tabela de metrificação do risco. Todavia, a ausência da indicação de uma correspondência entre pontos e nível de risco não deve impedir que os profissionais especializados efetivamente avaliem e graduem o nível de risco do caso concreto, considerando as peculiaridades regionais e a capacidade de resposta pela rede local. Graduar o risco é essencial para orientar as ações de gestão do risco identificado, permitindo que casos de risco mais elevado tenham uma intervenção diferenciada dos casos de risco ordinário, separando o joio do trigo, conforme a capacidade de resposta da rede de serviços.

A primeira parte do FoNAR é subdividida é quatro seções, relacionadas aos tipos de fatores de risco:

- HISTÓRICO DE VIOLÊNCIA: emprego de arma de fogo ou arma branca; atos de violência praticados (queimadura, enforcamento, tiro, facada, paulada, socos, chutes e outros), necessidade de atendimento médico/internação em razão das agressões, atos sexuais forçados, ameaça, comportamentos de controle, ciúmes excessivos e outros comportamentos, medida protetiva anterior e eventual descumprimento, aumento de ameaças ou violência nos últimos meses;
- INFORMAÇÕES SOBRE O AGRESSOR/A: uso de álcool ou drogas; doença mental comprovada por avaliação médica; ideação suicida; dificuldades financeiras ou dificuldade de se manter no emprego; uso de arma em fatos anteriores ou fácil acesso a arma; ameaça/violência contra filhos, familiares, colegas de trabalho, outras pessoas ou animais;
- INFORMAÇÕES SOBRE A VÍTIMA: separação recente; existência de filhos, idade e a informação quanto à deficiência; existência de conflitos familiares quanto à guarda ou pensão; se os filhos já presenciaram agressão; violência durante gravidez; se a vítima está grávida; novo relacionamento da vítima; deficiência da vítima e raça da vítima;
- INFORMAÇÕES GERAIS RELEVANTES: a vítima mora em bairro, comunidade ou local com risco de violência; se a moradia é própria, alugada ou mora "de favor"; se depende financeiramente do agressor; necessidade de abrigamento temporário.

Ao final, há um campo para que o profissional descreva a forma como a vítima respondeu ao formulário.

Como já dito, na segunda parte do FoNAR há uma sequência de questões qualitativas, seguidas de campo para que o profissional consigne suas impressões pessoais e indique sua avaliação geral do risco. Esse campo final é muito importante, podendo constar dados como o fato de a vítima aparentar ferimentos, tristeza, temor e insegurança. São situações usualmente indicadas pela literatura como fatores de risco que não constam do catálogo do FoNAR: grande diferença de idade entre ofensor e vítima; ofensor possui envolvimento com o crime organizado; ofensor militar ou profissional de segurança pública ou privada; vítima possui idade avançada; vítima em situação de migração, e outros.

Até o momento não foram realizados estudos que ofereceram esse escore para classificação em níveis de risco, devendo o avaliador usar seu conhecimento especializado para fazer a classificação final. Apesar de não haver hierarquia entre os fatores de risco, há indicadores que devem ser objeto de atenção, pois já sinalizam um risco mais elevado de prática de feminicídios, tais como: existência de arma branca ou arma de fogo no contexto da violência; asfixia ou enforcamento; aumento da intensidade da violência nos últimos meses; separação recente; descumprimento de medidas protetivas; comportamentos de controle e perseguição; ameaça de suicídio pelo agressor[88].

O contexto de o FoNAR ter nascido da junção de dois outros instrumentos acabou por lhe trazer alguns problemas, como a repetição de fatores de risco, ou a fusão de vários fatores de risco em uma mesma questão. O atual modelo não indica claramente qual marcação deveria ser considerada como fator de risco, nem como realizar a eventual contagem de quantos fatores de risco estão presentes no caso concreto. Para superar este problema, no Distrito Federal optou-se por criar uma adaptação de diagramação do FoNAR, separando-se questões com dois fatores de risco, agrupando questões com o mesmo fator de risco, já sinalizando qual marcação corresponde à presença do fator de risco. Recomendamos a leitura desta versão adaptada, por seu caráter especialmente didático. Ademais, o modelo adaptado do Distrito Federal traz um roteiro explicativo sobre o que significa a avaliação de risco e como realizá-la. Consta do documento o seguinte[89]:

> Independentemente do preenchimento deste formulário ou de suas respostas, as medidas protetivas de urgência

88. A respeito, ver o cap. 3.4 desta obra.

89. DISTRITO FEDERAL. **Formulário Nacional de Avaliação de Risco**: versão adaptada ao Distrito Federal. Brasília: MPDFT et al., 2021. Disponível em: https://www.mpdft.mp.br/portal/pdf/nucleos/nucleo_genero/publicacoes/Formulario_de_Avaliacao_de_Risco_v13.pdf

requeridas pela vítima devem ser apreciadas e a persecução criminal deve ter continuidade. Poucas respostas positivas não significam desnecessidade de intervenções de proteção pelo Sistema de Justiça. Especial atenção deve ser dada para não se subestimar a violência psicológica, que muitas vezes não possui tipos penais adequados para retratar sua gravidade, todavia possui grave impacto no adoecimento orgânico e mental de mulheres e na fragilização dos vínculos familiares e comunitários. Avaliar risco significa investigar fatores de risco com objetivo de orientar decisões de modo a reduzir ou eliminar o risco de ocorrer novas violências. A avaliação dos dados da Parte I deste formulário é qualitativa e requer o julgamento do avaliador. Quanto maior o número de respostas positivas nos Blocos I, II e III, maior o risco de violência grave potencialmente letal. As respostas do Bloco IV não configuram fatores de risco de feminicídio ou lesão agravada e não devem ser contabilizados, apesar de fornecerem informações importantes para a compreensão dos fatos. As informações quantitativas da Parte I devem ser complementadas com a avaliação estruturada da Parte II. O avaliador deve utilizar sua experiência e julgamento para avaliar se há fatores de risco que no caso avaliado representam sozinhos o aumento do risco. Exemplos de fatores de risco, descritos na literatura (Nicolls et al., 2013)1 como itens que costumam representar risco independente de outros elementos são: histórico de violências, uso de faca ou arma de fogo, agressões físicas graves e ciúme excessivo (itens 1-A, 2-B, 3 e 6a, 6b e 6c). A questão 19 pode ser considerada uma modalidade de agressão física grave (2-B). A partir da identificação dos fatores de risco objetivos (Parte I) e de sua avaliação estruturada (Parte II), deve ser selecionado o tipo de intervenção adequada para a gestão individualizada destes riscos, conforme diretrizes da Parte III. A critério do profissional, deve-se avaliar o encaminhamento do formulário aos destinatários dos encaminhamentos de proteção, preservado o sigilo perante terceiros. A avaliação realizada por meio desse formulário constitui um recorte do fenômeno. Essa avaliação inicial não é definitiva. O risco pode alterar-se ao longo do tempo. Por isso, outras avaliações devem ser realizadas nos diversos serviços que compõem a rede de enfrentamento à violência doméstica e familiar contra a mulher. A análise dos encaminhamentos de proteção deve ser feita no Judiciário, ao se deferir as medidas protetivas de urgência, no Ministério Público ou Defensoria Pública com a chegada dos autos de Medida Protetiva de Urgência, bem como por toda a rede. Os Blocos I, II e III da Parte I contam como fatores de risco de violência grave potencialmente letal. Deve ser considerado como fator de risco qualquer resposta nos parênteses sombreados. Cada quadro corresponde a um único fator de risco, de forma que várias marcações em um único quadro (ex: 2-A) contam apenas um ponto. As marcações NÃO SEI devem ensejar um aprofundamento da investigação na Parte II do formulário. Atentar que na questão 1 há dois quadros e cada qual indica fatores de risco distintos, assim como as questões 2-A e 2-B representam fatores de risco distintos. Quando duas questões estão no mesmo quadro, elas configuram o mesmo fator de risco e devem ser contadas uma única vez, como no caso das questões: 2-B e 3; 5 e 6; 19 e 20; 22 e 22-B. Na questão 13, as duas primeiras marcações (usou ou ameaçou usar arma de fogo) já estão computadas nas questões 1-A e 2.l, portanto não devem ser computadas novamente. Na questão 16-A, apenas a marcação de filhos de outro relacionamento deve ser considerada como fator de risco. Na questão 23, as opções "preta", "parda" e "indígena" devem ser computadas. Anote a seguir a pontuação identificada.

O FONAVID possui dois enunciados relacionados à aplicação do FoNAR:

ENUNCIADO FONAVID 54: As Medidas Protetivas de Urgência deverão ser analisadas independentemente do preenchimento do Formulário Nacional de Avaliação de Risco, o qual deverá ser aplicado, preferencialmente, pela Polícia Civil, no momento do registro da ocorrência policial, visando a celeridade dos encaminhamentos da vítima para a rede de proteção. (APROVADO NO XI FONAVID – São Paulo).

ENUNCIADO FONAVID 55: Em caso de não aplicação do Formulário Nacional de Avaliação de Risco pela Polícia

> Civil no momento do registro da ocorrência policial, a aplicação será realizada pela equipe técnica de atendimento multidisciplinar ou servidor capacitado do juízo preferencialmente antes de qualquer audiência. (APROVADO NO XI FONAVID – São Paulo).

Importante mencionar que FoNAR surgiu para melhorar e não para burocratizar o deferimento de medidas protetivas. Assim, caso não tenha havido o preenchimento pela Polícia Civil, este não pode ser um obstáculo para retardar ou impedir o deferimento das medidas protetivas. A avaliação de risco deverá ser feita pelo Juízo, com base no depoimento da vítima, circunstâncias dos autos ou mesmo providenciando-se a avaliação pela Equipe Técnica do JVDF.

Segue adiante o modelo de FoNAR constante da Resolução Conjunta n. 05/2020 do CNJ e CNMP.

FORMULÁRIO NACIONAL DE AVALIAÇÃO DE RISCO
VIOLÊNCIA DOMÉSTICA E FAMILIAR CONTRA A MULHER

PARTE I

IDENTIFICAÇÃO DAS PARTES

Órgão de Registro: ______________________________

Nome da vítima: ______________________________ Idade: ______

Escolaridade: ______________________________

Nacionalidade: ______________________________

Nome do(a) agressor(a): ______________________________ Idade: ______

Escolaridade: ______________________________

Nacionalidade: ______________________________

Vínculo entre a vítima e o(a) agressor(a): ______________________________

Data: ________/________/________

BLOCO I - SOBRE O HISTÓRICO DE VIOLÊNCIA

1. O(A) agressor(a) já ameaçou você ou algum familiar com a finalidade de atingi-la?

( ) Sim, utilizando arma de fogo

( ) Sim, utilizando faca
( ) Sim, de outra forma
( ) Não

2. O(A) agressor(a) já praticou alguma(s) dessas agressões físicas contra você?
( ) Queimadura
( ) Enforcamento
( ) Sufocamento
( ) Estrangulamento
( ) Tiro
( ) Afogamento
( ) Facada
( ) Paulada
( ) Soco
( ) Chute
( ) Tapa
( ) Empurrão
( ) Puxão de Cabelo
( ) Outra. Especificar: ______________________________
( ) Nenhuma agressão física

3. Você necessitou de atendimento médico e/ou internação após algumas dessas agressões?
( ) Sim, atendimento médico
( ) Sim, internação
( ) Não

4. O(A) agressor(a) já obrigou você a ter relações sexuais ou praticar atos sexuais contra a sua vontade?
( ) Sim
( ) Não
( ) Não sei

5 O(A) agressor(a) persegue você, demonstra ciúme excessivo, tenta controlar sua vida e as coisas que você faz? (aonde você vai, com quem conversa, o tipo de roupa que usa etc.)
( ) Sim
( ) Não
( ) Não sei

6. O(A) agressor(a) já teve algum destes comportamentos?

( ) Disse algo parecido com a frase: "se não for minha, não será de mais ninguém"

( ) Perturbou, perseguiu ou vigiou você nos locais que frequenta

( ) Proibiu você de visitar familiares ou amigos

( ) Proibiu você de trabalhar ou estudar

( ) Fez telefonemas, enviou mensagens pelo celular ou e-mails de forma insistente

( ) Impediu você de ter acesso a dinheiro, conta bancária ou outros bens (como documentos pessoais, carro)

( ) Teve outros comportamentos de ciúme excessivo e de controle sobre você

( ) Nenhum dos comportamentos acima listados

7.a Você já registrou ocorrência policial ou formulou pedido de medida protetiva de urgência envolvendo esse(a) mesmo(a) agressor(a)?

( ) Sim

( ) Não

7.b O(A) agressor(a) já descumpriu medida protetiva anteriormente?

( ) Sim

( ) Não

( ) Não sei

8. As agressões ou ameaças do(a) agressor(a) contra você se tornaram mais frequentes ou mais graves nos últimos meses?

( ) Sim

( ) Não

( ) Não sei

BLOCO II - SOBRE O(A) AGRESSOR(A)

9. O(A) agressor(a) faz uso abusivo de álcool ou de drogas ou medicamentos?

( ) Sim, de álcool

( ) Sim, de drogas

( ) Sim, de medicamentos

( ) Não

( ) Não sei

10. O(A) agressor(a) tem alguma doença mental comprovada por avaliação médica?

( ) Sim e faz uso de medicação

( ) Sim e não faz uso de medicação

( ) Não
( ) Não sei

11. O(A) agressor(a) já tentou suicídio ou falou em suicidar-se?
( ) Sim
( ) Não
( ) Não sei

12. O(A) agressor(a) está com dificuldades financeiras, está desempregado ou tem dificuldade de se manter no emprego?
( ) Sim
( ) Não
( ) Não sei

13. O(A) agressor(a) já usou, ameaçou usar arma de fogo contra você ou tem fácil acesso a uma arma?
( ) Sim, usou
( ) Sim, ameaçou usar
( ) Tem fácil acesso
( ) Não
( ) Não sei

14. O(A) agressor(a) já ameaçou ou agrediu seus filhos, outros familiares, amigos, colegas de trabalho, pessoas desconhecidas ou animais?
( ) Sim, filhos
( ) Sim, outros familiares
( ) Sim, amigos
( ) Sim, colegas de trabalho
( ) Sim, outras pessoas
( ) Sim, animais
( ) Não
( ) Não sei

BLOCO III - SOBRE VOCÊ

15. Você se separou recentemente do(a) agressor(a), tentou ou manifestou intenção de se separar?
( ) Sim
( ) Não

16.a. Você tem filhos?
( ) Sim, com o(a) agressor(a). Quantos? ____________________
( ) Sim, de outro relacionamento. Quantos? __________________
( ) Não

16.b. Qual a faixa etária de seus filhos? Se tiver mais de um filho, pode assinalar mais de uma opção:
( ) 0 a 11 anos
( ) 12 a 17 anos
( ) A partir de 18 anos

16.c. Algum de seus filhos é pessoa com deficiência?
( ) Sim
( ) Não

17. Estão vivendo algum conflito com relação à guarda dos filhos, visitas ou pagamento de pensão pelo agressor?
( ) Sim
( ) Não
( ) Não sei

18. Seu(s) filho(s) já presenciaram ato(s) de violência do(a) agressor(a) contra você?
( ) Sim
( ) Não

19. Você sofreu algum tipo de violência durante a gravidez ou nos três meses posteriores ao parto?
( ) Sim
( ) Não

20. Você está grávida ou teve bebê nos últimos 18 meses?
( ) Sim
( ) Não

21. Se você está em um novo relacionamento, as ameaças ou as agressões físicas aumentaram em razão disso?
( ) Sim
( ) Não

22. Você possui alguma deficiência ou doença degenerativa que acarretam condição limitante ou de vulnerabilidade física ou mental?

( ) Sim. Qual(is)? ______________________________

( ) Não

23. Com qual cor/raça você se identifica:

( ) Branca

( ) Preta

( ) Parda

( ) Amarela/oriental

( ) Indígena

BLOCO IV - OUTRAS INFORMAÇÕES IMPORTANTES

24. Você considera que mora em bairro, comunidade, área rural ou local de risco de violência?

( ) Sim

( ) Não

( ) Não sei

25. Qual sua situação de moradia?

( ) Própria

( ) Alugada

( ) Cedida ou "de favor". Por quem? _______

26. Você se considera dependente financeiramente do(a) agressor(a)?

( ) Sim

( ) Não

27. Você quer e aceita abrigamento temporário?

( ) Sim

( ) Não

Declaro, para os fins de direito, que as informações supra são verídicas e foram prestadas por mim,____ ________

Assinatura da Vítima/terceiro comunicante:______________________________________

PARA PREENCHIMENTO PELO PROFISSIONAL:

( ) Vítima respondeu a este formulário sem ajuda profissional

( ) Vítima respondeu a este formulário com auxílio profissional
( ) Vítima não teve condições de responder a este formulário
( ) Vítima recusou-se a preencher o formulário
( ) Terceiro comunicante respondeu a este formulário.

PARTE II

(PREENCHIMENTO EXCLUSIVO POR PROFISSIONAL CAPACITADO)

Durante o atendimento, a vítima demonstra percepção de risco sobre sua situação? A percepção é de existência ou inexistência do risco? (por exemplo, ela diz que o agressor pode matá-la, ou ela justifica o comportamento do agressor ou naturaliza o comportamento violento?). Anote a percepção e explique.

____
____
____

Existem outras informações relevantes com relação ao contexto ou situação da vítima e que possam indicar risco de novas agressões? (Por exemplo, a vítima tem novo(a) companheiro(a) ou tomou decisões que anunciam um rompimento definitivo com o agressor (pretende mudar de casa, bairro, cidade). Anote e explique.

____
____
____

Como a vítima se apresenta física e emocionalmente? (Tem sinais de esgotamento emocional, está tomando medicação controlada, necessita de acompanhamento psicológico e/ou psiquiátrico?) Descreva.

____
____
____

Existe o risco de a vítima tentar suicídio ou existem informações de que tenha tentado se matar?

____
____
____

A vítima ainda reside com o(a) agressor(a) ou ele tem acesso fácil à sua residência? Explique a situação.

____

____

____

Descreva, de forma sucinta, outras circunstâncias que chamaram sua atenção e que poderão representar risco de novas agressões, a serem observadas no fluxo de atendimento.

____

____

____

Quais são os encaminhamentos sugeridos para a vítima?

____

____

____

A vítima concordou com os encaminhamentos?

Sim ( )

Não ( ). Por quê?__________________________________

4

PRINCÍPIOS DO PROCESSO PROTETIVO

No âmbito da Lei Maria da Penha há dois tipos de procedimentos: procedimento criminal e o procedimento protetivo.

O procedimento criminal tem por finalidade a apuração do fato tipificado como infração penal e eventual imposição de pena, garantindo-se uma persecução penal sem revitimização à mulher e respeitando-se o devido processo legal ao investigado/acusado. Por sua vez, o procedimento protetivo que será abordado nesta obra tem por finalidade a proteção da mulher e/ou dependentes diante de uma situação de risco.

Os dois procedimentos são independentes, têm natureza jurídica e objetivos distintos. Também é possível a existência de ações cíveis e de família concomitantes aos processos criminal ou protetivo; a resolução destas questões, como a partilha de bens, regulamentação de guarda, definição de pensão alimentícia, pode ter um efeito relevante da redução de fatores de risco, portanto, promovendo a proteção à mulher. Nessa linha, a Recomendação Geral n. 33 do Comitê CEDAW estabelece que "a desigualdade na família sustenta todos os outros aspectos da discriminação contra as mulheres e é muitas vezes justificado em nome da ideologia, tradição e cultura", recomendando-se que sejam adotados "mecanismos judiciais ou quase judiciais de família sensíveis a gênero que tratem de questões como o estabelecimento de propriedade, direito à terra, herança, dissolução do matrimônio e guarda dos filhos"[1]

O processo protetivo tem natureza civil (ou *sui generis*) e é autônomo em relação ao procedimento criminal ou qualquer outro procedimento[2].

Desde o surgimento da Lei Maria da Penha, havia entendimento doutrinário e jurisprudencial pela autonomia das medidas protetivas, mas persistiam decisões que vinculavam a proteção a um procedimento. Era muito comum que, arquivado o inquérito ou absolvido o réu por falta de provas, por exemplo, as medidas protetivas fossem revogadas.

Com o advento da Lei n. 14.550/2023, a autonomia das medidas protetivas passou a constar expressamente do ordenamento jurídico. Pela letra da lei, não há necessidade de registro prévio de boletim de ocorrência, da tipificação da violência como crime ou da instauração de um processo civil ou criminal prévios. Essa autonomia garante uma proteção mais rápida e efetiva para mulheres e seus dependentes, como preceitua o art. 19, §§ 1º a 6º, da Lei Maria da Penha, em consonância com as Convenções Internacionais.

Em 13 de novembro de 2024, o E. STJ fixou esse importante entendimento na Tese 1.249 que trata da natureza jurídica das medidas protetivas como tutela inibitória, sem prazo determinado (citada ao final)

A Convenção CEDAW prevê no art. 2º, letra "c", "a proteção jurídica dos direitos da mulher numa base de igualdade com os do homem e garantir, por meio dos tribunais nacionais competentes

1. BRASIL. **Decreto n. 4377**, de 13 de setembro de 2002. Promulga a Convenção sobre a Eliminação de Todas as Formas de Discriminação contra a Mulher, de 1979. Disponível em: https://www.planalto.gov.br/ccivil_03/decreto/2002/D4377.htm.
2. ÁVILA, Thiago Pierobom de. Medidas Protetivas da Lei Maria da Penha: natureza jurídica e parâmetros decisórios. **Revista Brasileira de Ciências Criminais**, v. 157, p. 131-172, 2019. Disponível em: https://www.academia.edu/39986181. Acesso em: 08 dez 2023.

e de outras instituições públicas, a proteção efetiva da mulher contra todo ato de discriminação"[3].

Na mesma linha, a Convenção de Belém do Pará prevê que os Estados-Partes devem[4]:

> Art. 7º c) incorporar na sua legislação interna normas penais, civis, administrativas e de outra natureza, que sejam necessárias para prevenir, punir e erradicar a violência contra a mulher, bem como adotar as medidas administrativas adequadas que forem aplicáveis
>
> Art. 7º f) estabelecer procedimentos jurídicos justos e eficazes para a mulher sujeitada a violência, inclusive, entre outros, medidas de proteção, juízo oportuno e efetivo acesso a tais processos

O processo protetivo tem início com o requerimento das medidas protetivas e só se encerra quando se constata por decisão judicial que não existe mais situação de risco.

A decisão judicial no procedimento de medidas protetivas deve estar atrelada unicamente ao risco. Esse aspecto é muito importante: as medidas protetivas somente são concedidas e revogadas por decisão judicial. Não existe revogação automática, nem revogação "implícita" pela reconciliação da vítima com o agente ou aproximação dos envolvidos. O estabelecimento da medida protetiva com um prazo de vigência predeterminado também viola a teleologia protetiva da Lei Maria da Penha, pois não é possível ao magistrado ter certeza que após determinado prazo a situação de risco cessará. Por esse motivo, o STJ firmou na Tese 1.249 o entendimento de que a medida protetiva tem

---

3. BRASIL. **Decreto n. 4377**, de 13 de setembro de 2002. Promulga a Convenção sobre a Eliminação de Todas as Formas de Discriminação contra a Mulher, de 1979. Disponível em: https://www.planalto.gov.br/ccivil_03/decreto/2002/D4377.htm.

4. BRASIL. **Decreto n. 1973**, de 1° de agosto de 1996. Promulga a Convenção Interamericana para Prevenir, Punir e Erradicar a Violência contra a Mulher, concluída em Belém do Pará, em 9 de junho de 1994. Disponível em: https://www.planalto.gov.br/ccivil_03/decreto/1996/d1973.htm

natureza jurídica de tutela inibitória e deve ser deferida por prazo indeterminado, vinculada apenas ao perigo.

Em razão da vulnerabilidade da mulher em situação de violência e eventualmente da sua ausência de percepção quanto ao risco, é muito comum que mulheres retomem o relacionamento com o agente, por acreditarem em uma mudança temporária. Mas o risco está sempre presente e o Estado possui o dever de evitar a escalada da violência, com a verificação da situação de risco antes que se revogue qualquer proteção.

Trata-se de juízo de "cognição sumária", uma avaliação simplificada e ágil da autoridade judiciária, com base no depoimento da vítima perante a autoridade policial (caso exista em inquérito em andamento) ou declarações da vítima perante qualquer autoridade, órgão ou mesmo declarações de próprio punho.

A decisão judicial não faz coisa julgada material e, a todo momento, pode haver revogação, substituição ou deferimento de outras medidas protetivas. Por esse motivo, o procedimento só se encerra quando se constata a cessação de qualquer risco para a mulher e dependentes.

Com base nas disposições da Lei Maria da Penha, entendemos que há alguns princípios que devem nortear a decisão judicial e o processo protetivo, tratados a seguir.

JURISPRUDÊNCIA

STJ - Tema 1.249

I) Natureza jurídica das medidas protetivas de urgência previstas na Lei Maria da Penha; II) (im)possibilidade de fixação, pelo magistrado, de prazo predeterminado de vigência da medida.

I - As medidas protetivas de urgência (MPUs) têm natureza jurídica de tutela inibitória e sua vigência não se subordina à existência (atual ou vindoura) de boletim de ocorrência, inquérito policial, processo cível ou criminal.

II - A duração das MPUs vincula-se à persistência da situação de risco à mulher, razão pela qual devem ser fixadas por prazo temporalmente indeterminado;

III - Eventual reconhecimento de causa de extinção de punibilidade, arquivamento do inquérito policial ou absolvição do acusado não origina, necessariamente, a extinção da medida protetiva de urgência, máxime pela possibilidade de persistência da situação de risco ensejadora da concessão da medida.

IV - Não se submetem a prazo obrigatório de revisão periódica, mas devem ser reavaliadas pelo magistrado, de ofício ou a pedido do interessado, quando constatado concretamente o esvaziamento da situação de risco. A revogação deve sempre ser precedida de contraditório, com as oitivas da vítima e do suposto agressor.

(STJ, RESP 2.070.717/MG, rel. p/ ac. Min. Rogério Schietti Cruz, Terceira Seção, j. 13/11/2024)

4.1. PRINCÍPIO DA PERSPECTIVA DE GÊNERO (PRINCÍPIO PRÓ-MULHER)

> Art. 4º Na interpretação desta Lei, serão considerados os **fins sociais** a que ela se destina e, especialmente, as **condições peculiares das mulheres** em situação de violência doméstica e familiar.
>
> Art. 5º Para os efeitos desta Lei, configura violência doméstica e familiar contra a mulher qualquer ação ou omissão **baseada no gênero** que lhe cause morte, lesão, sofrimento físico, sexual ou psicológico e dano moral ou patrimonial: [...]

Este é um princípio reitor de todo o sistema da Lei Maria da Penha, que tem como ponto de partida o reconhecimento das relações assimétricas de poder entre homens e mulheres, fruto de um sistema sociocultural de normalização de dominação masculina. A perspectiva de gênero é uma diretriz que informa toda a atividade hermenêutica jurídica, ao permitir o reconhecimento de novos fatos (as micro violências historicamente normalizadas), novos valores (a diretriz política de inaceitabilidade dessas violências às mulheres) e, portanto, exigir a construção de novas normas jurídicas (um processo de concretização da norma jurídica mediante a diretriz de efetividade na promoção da equidade de gênero). Nesse sentido, a decisão de apreciação do requerimento de medida protetiva de urgência deve incorporar a perspectiva de gênero ao não desvalorizar as narrativas de violências física, psicológica, sexual, patrimonial e moral experimentadas pelas mulheres (independentemente de gravidade criminal), considerando o direito das mulheres a uma vida livre de todas as formas de violência (CBP, art. 3 e 6.a).

Na teoria dos direitos humanos existe o princípio *pro-persona*, que estabelece que deve ser aplicada a solução (interpretação) mais favorável à efetividade dos direitos humanos da pessoa em risco de sofrer a violação de direitos. Nesse sentido, Cançado

Trindade afirmava que "as normas jurídicas do direito dos direitos humanos devem ser interpretadas e aplicadas sempre tendo em vista as necessidades urgentes de proteção das vítimas"[5]. Isso significa que, na dúvida ou conflito de normas, deve-se escolher a interpretação que melhor proteja os direitos da pessoa– gerando um dever de controle de convencionalidade e de realização de interpretação conforme ao viés vitimocêntrico. Sobre o tema, afirma Castilla[6]:

> O princípio *pro homine*, que aqui chamaremos de *princípio pro persona* por ter um sentido mais amplo e com perspectiva de gênero, tem como objetivo recorrer à norma mais protetiva e/ou preferir a interpretação de maior alcance ao reconhecer ou garantir o exercício de um direito fundamental; ou ainda, de forma complementar, aplicar a norma e/ ou interpretação mais restritiva ao estabelecer limitações ou restrições ao exercício dos direitos humanos.

A partir da intersecção ente o princípio *pro persona* e a perspectiva de gênero é possível derivar o "princípio pró-mulher". No subsistema de proteção às mulheres, considerando que sãs as mulheres quem estão expostas a violações de direitos humanos derivados das desiguais relações de poder, o princípio *pro persona* se concretiza no princípio pró-mulher, que estabelece uma diretriz de proteção diferenciada às mulheres que foram vítimas, ou estão em potencial situação de violência. O princípio pró-mulher é uma diretriz interpretativa segundo a qual, diante de múltiplas normas ou interpretações possíveis, deve-se adotar aquela que mais favorece a promoção, proteção e efetivação dos direitos das mulheres, especialmente em contextos de desigualdade histórica, estrutural e interseccional. Um exemplo deste princípio é a forma de avaliação da prova para a concessão de

5. CANSADO TRINDADE, Antonio Augusto, *El derecho internacional de los derechos humanos en el siglo XXI*. Santiago do Chile: Jurídica de Chile, 2001, p. 48, trad. nossa.

6. CASTILLA, Karlos. El principio pro persona en la administración de justicia. *Cuestiones Constitucionales*, n. 20, p. 65-83, 2009, trad. nossa, grifos no original.

medidas protetivas, pois na dúvida deve-se conceder a proteção (como se verá adiante).

Nesse sentido, o art. 4º da LMP explicita a diretriz hermenêutica, indicando os valores sociais e os fatos a serem reconhecidos. E o caput do art. 5º introduz no Direito o conceito de "violência baseada no gênero", já referido em diversos diplomas internacionais (ver as Recomendações n. 19/1992, 33/2015 e 35/2017 do Comitê CEDAW da ONU).

Uma das consequências deste princípio é a exigência de tratamento respeitoso com perspectiva de gênero. Deve haver tratamento digno à mulher pelas instituições públicas em todas as fases, sem qualquer forma de revitimização. Deriva do direito de as mulheres ser "valorizadas e [tratada sem] padrões estereotipados de comportamento de comportamento e costumes sociais e culturais baseados em conceitos de inferioridade ou subordinação" (Convenção de Belém do Pará, art. 6.b) e na proibição de agentes estatais reproduzirem violências contra as mulheres (CBP, art. 7.a).

4.2. PRINCÍPIO DA PROTEÇÃO INTEGRAL

> Art. 8º A política pública que visa coibir a violência doméstica e familiar contra a mulher far-se-á por meio de um conjunto articulado de ações da União, dos Estados, do Distrito Federal e dos Municípios e de ações não-governamentais, tendo por diretrizes:
>
> I - a integração operacional do Poder Judiciário, do Ministério Público e da Defensoria Pública com as áreas de segurança pública, assistência social, saúde, educação, trabalho e habitação;

O princípio da proteção integral pode ser reconhecido a partir do reconhecimento do sistema de direitos humanos das mulheres como um conjunto interconectado e interdependente de direitos, que se torna único e inseparável. Considerando que a violência contra as mulheres é estrutural e multicausal, estando presente em todos os âmbitos da vida, são necessárias intervenções que atuem em todas as áreas de sua vida, como saúde, educação, assistência social, trabalho, habitação, segurança e justiça. Essa proteção não pode ser meramente superficial, deve ser integral, atendendo de forma completa a todas as necessidades da mulher. Como uma das derivações do princípio da proteção integral, deve-se reconhecer o dever estatal de articulação em rede, ou de coordenação intersetorial.

Dessa forma, a função jurisdicional não se esgota com a prolação da decisão concessiva da medida protetiva, há um dever de articulação em rede para a proteção integral, exigindo-se dos integrantes do sistema de justiça sua integração operacional com as demais áreas de proteção às mulheres. Isso significa que a proteção aos direitos das mulheres deve realizar-se, necessariamente, através de políticas públicas intersetoriais, cuja concretização exige a construção de protocolos de articulação para a atenção integral.

A Corte Interamericana de Direitos Humanos trabalha com o conceito de proteção integral contra a violação de direitos humanos, que abrange o dever de promover "o acompanhamento e a atenção adequada, integral, especializada e coordenada que deve ser prestada às referidas vítimas para alcançar a sua reintegração e reabilitação"[7]. Nesse sentido, já se decidiu que[8]:

> [...] os Estados devem adotar medidas integrais para cumprir a devida diligência em casos de violência contra as mulheres. Em particular, devem contar com um marco jurídico de proteção adequado, com uma aplicação efetiva do mesmo e com políticas de prevenção e práticas que permitam atuar de uma maneira eficaz perante as denúncias. A estratégia de prevenção deve ser integral, ou seja, deve prevenir os

---

7. Corte IDH. **Caso V.R.P., V.P.C. e outros Vs. Nicarágua**. Exceções Preliminares, Mérito, Reparações e Custas. Sentença de 8 de março de 2018. Série C No 350, § 394.

8. Corte IDH. **Caso González e outras ("Campo Algodonero") Vs. México**. Exceção Preliminar, Mérito, Reparações e Custas. Sentença de 16 de novembro de 2009. Série C No 205, § 258.

> fatores de risco e por sua vez fortalecer as instituições para que possam proporcionar uma resposta efetiva aos casos de violência contra a mulher. Além disso, os Estados devem adotar medidas preventivas em casos específicos nos quais é evidente que determinadas mulheres e meninas podem ser vítimas de violência. [...]

A Corte Interamericana de Direitos Humanos também trabalha com o conceito de medidas de reparação integral, que abrangem restituição, reabilitação, satisfação, garantias de não repetição, obrigação de investigação e punição e indenização. A atenção aos direitos das mulheres deve ser integral, abrangendo acolhimento humanizado, informação, orientação jurídica, oportunidade de participação no processo, proteção de reiteração de novas violências, sanção de violações de direitos e reparação em todas essas áreas, inclusive quanto às lesões ao seu projeto de vida em razão da prática da violência[9].

4.3. PRINCÍPIO DA PROTEÇÃO IMEDIATA

> Art. 18. Recebido o expediente com o pedido da ofendida, caberá ao juiz, no prazo de 48 (quarenta e oito) horas:
>
> I - conhecer do expediente e do pedido e decidir sobre as medidas protetivas de urgência; [...]
>
> Art. 19, § 1º As medidas protetivas de urgência poderão ser concedidas de imediato, independentemente de audiência das partes e de manifestação do Ministério Público, devendo este ser prontamente comunicado.

O princípio da proteção imediata é uma derivação do princípio da eficiência e celeridade (CF/1988, art. 37, caput e art. 5º, LXXVIII), qualificado com o dever de "agir com o devido zelo

9. Entendimento consolidado pela Corte IDH nos casos: **Caso Suárez Rosero Vs. Equador**. Mérito. Sentença de 12 de novembro de 1997. Série C n. 35, §§ 71 e 72; **Caso Anzualdo Castro Vs. Peru**. Exceção Preliminar, Mérito, Reparações e Custas. Sentença de 22 de setembro de 2009. Série C n. 202, § 156, e **Caso Ríos Avalos e outro Vs. Paraguai**. Mérito, Reparações e Custas. Sentença de 19 de agosto de 2021, §§ 166 e 167.

para prevenir, investigar e punir a violência contra a mulher", conforme o art. 7.b da Convenção de Belém do Pará, bem como no dever de "estabelecer procedimentos jurídicos justos e eficazes para a mulher sujeitada a violência, inclusive, entre outros, medidas de proteção, juízo oportuno e efetivo acesso a tais processos" (CBP, art. 7.f). Exige que as intervenções do Estado em situação de violência ou potencial violência sejam efetivas para fazer cessar a situação de risco.

O princípio da proteção imediata, que também poderia ser chamado de "princípio da urgência", estabelece que o procedimento para aplicação das medidas protetivas deve ser ágil e sem formalidades. A mulher possui capacidade postulatória direta, sem necessidade de advogados. A Delegacia de Polícia funciona como uma "extensão do cartório judicial", estando autorizada a receber o requerimento feito pela vítima ao juiz, com o dever de reencaminhamento no prazo máximo de 48 horas. A decisão judicial deve ser proferida no prazo máximo de 48 horas e, embora usualmente se recomende a prévia manifestação do Ministério Público para a decisão, neste contexto de urgência a decisão poderá ser dada imediatamente caso a vítima se encontre em uma situação de risco grave.

A vítima tem capacidade postulatória direta para o requerimento inicial da medida protetiva, mas é importante que tenha orientação jurídica e seja atendida pelo Ministério Público ou Defensoria Pública (para futuras ações civis de separação, divórcio).

Tendo em vista a possibilidade de escolha do foro pela vítima (foro de eleição, cf. LMP, art. 15), a autoridade judiciária não poderá negar a decisão judicial sob o argumento de que tramita em outro foro processo criminal ou civil relativo aos fatos. Nessa situação, o inquérito policial tramitará em um juízo e as medidas protetivas em outro.

O contraditório é diferido, ou postergado, assegurando-se ao autor da violência que, após tomar ciência da decisão judicial, possa solicitar sua revogação ou alteração, caso comprove que os requisitos legais não estavam presentes e não havia situação de risco.

4.4. PRINCÍPIO DA PROTEÇÃO ADEQUADA E ADAPTÁVEL

> Art. 19, § 2º As medidas protetivas de urgência serão aplicadas isolada ou cumulativamente, e poderão ser substituídas a qualquer tempo por outras de maior eficácia, sempre que os direitos reconhecidos nesta Lei forem ameaçados ou violados.

Os riscos experimentados pela mulher em situação de violência doméstica são diversos e dinâmicos. A resposta jurisdicional e de articulação de políticas públicas de proteção deve ser individualizada a esta necessidade de proteção à mulher. Por isso, o juiz pode aplicar uma ou mais medidas protetivas, e deverá haver um monitoramento da evolução da situação de risco, de forma a se permitir a substituição das medidas por novas que atendam à evolução da situação de risco.

Para poder ser adequada, a proteção deve ser adaptável às particularidades da situação concreta experimentada pela mulher em situação de violência. Cada mulher é única e sua situação absolutamente individual. Portanto, a resposta estatal deve ser individualizada às necessidades específicas da mulher em situação de violência. Ademais, a situação de risco não é estática, mas dinâmica. Portanto, a proteção deve ser revisável, ou seja, o juízo e a rede de serviços devem progressivamente adaptar a proteção à evolução da situação de risco. Essa plasticidade das medidas protetivas dialoga com a cláusula *rebus sic stantibus* prevista no art. 19, § 3º, que permite a concessão de novas medidas ou sua revogação parcial, adaptando o degradê de intervenções protetivas à evolução das necessidades da mulher.

Finalmente, a concretização da proteção adequada exige uma proteção coordenada, interdisciplinar e com a perspectiva intersetorial de políticas públicas, conforme a diretriz do art. 8º, inciso I, da LMP.

Nesse sentido, já afirmou a Comissão Interamericana de Direitos Humanos[10]:

> É fundamental que haja uma coordenação fluida e eficaz entre as autoridades estatais responsáveis pelo acompanhamento e supervisão das medidas de proteção e prevenção [...].
>
> Os Estados devem implementar um sistema de medidas de proteção que sejam flexíveis, eficazes e adaptáveis para denunciantes, sobreviventes e testemunhas, além de medidas para proteger sua privacidade, dignidade e integridade ao denunciar esses fatos e durante o processo penal.

4.5. PRINCÍPIO DA PROTEÇÃO ACESSÍVEL

O princípio da proteção acessível pode ser derivado do dever de devida diligência do Estado em proteger as mulheres em situação de violência, dever de não tolerância de práticas consuetudinárias que respaldem a tolerância da violência e o dever de proporcionar juízo oportuno e efetivo para a proteção às mulheres (Convenção de Belém do Pará, art. 7º, alíneas "b", "e" e "f"). Este é um dever do Estado, não da vítima. Portanto, o Estado deve criar mecanismos que facilitem o acesso à proteção pela mulher. Sobre esse tema, afirmou a Comissão Interamericana de Direitos Humanos[11]:

> Os Estados devem projetar e implementar recursos judiciais de natureza cautelar que sejam simples, rápidos e acessíveis, funcionando como um remédio adequado e eficaz para prevenir situações de violência contra as mulheres.

10. CIDH. *Violencia y discriminación contra mujeres, niñas y adolescentes: Buenas prácticas y desafíos en América Latina y en el Caribe. Anexo 1: Principales estándares y recomendaciones en materia de violencia y discriminación contra mujeres, niñas y adolescentes.* Washington DC: CIDH, 2019, §§ 72 e 96, trad. nossa.
11. CIDH. **Violencia y discriminación contra mujeres, niñas y adolescentes: Buenas prácticas y desafíos en América Latina y en el Caribe. Anexo 1: Principales estándares y recomendaciones en materia de violencia y discriminación contra mujeres, niñas y adolescentes**. Washington DC: CIDH, 2019, § 95, trad. nossa.

> Devem estabelecer procedimentos eficazes, tanto a nível administrativo quanto civil e penal, para garantir às mulheres o acesso à justiça quando seu direito à integridade física e psicológica for violado.

O dever estatal de facilitação do acesso à proteção pode ser reconhecido por um conjunto de disposições na LMP que inovaram ao permitir que a mulher faça a solicitação da MPU sem necessidade de assistência de advogado e que a autoridade policial possui o dever de questionar a mulher quanto ao seu interesse em receber as medidas protetivas, por ocasião do registro policial da violência (art. 12, III), transformando assim a Delegacia de Polícia em uma espécie de serventuária da justiça, na diversidade das opções de competência para a proteção (art. 15), na celeridade do processo decisório (art. 18) e no dever judicial de posterior encaminhamento da mulher à assistência judiciária (art. 9º, § 2º, III).

Essa diretriz de simplificação do acesso à justiça protetiva às mulheres deve permitir que sempre se favoreça a interpretação de que a mulher pode buscar auxílio em qualquer dos órgãos da rede de proteção e que cabe à rede se organizar em fluxos de referência e contrarreferência para ser efetiva em sua proteção. Ou seja, a mulher poderá solicitar a MPU em qualquer dos órgãos disponíveis (polícia, Defensoria Pública, Ministério Público, ou balcão da vara). Ademais, as notícias de descumprimento das medidas ou de evolução do risco devem ser monitoradas ativamente, e qualquer dos órgãos da rede deve prontamente comunicar os descumprimentos ao outro órgão responsável (como a patrulha policial de monitoramento das MPUs ou serviços de apoio psicossocial). Isso exige uma integração entre intervenções administrativas (pela rede de serviços) e judiciais, bem como da coordenação das intervenções cíveis e criminais, em uma perspectiva unitária de proteção integral.

4.6. PRINCÍPIO DA PROTEÇÃO PROSPECTIVA

> Art. 19.
>
> § 3º Poderá o juiz, a requerimento do Ministério Público ou a pedido da ofendida, **conceder novas medidas protetivas de urgência ou rever aquelas já concedidas, se entender necessário à proteção da ofendida, de seus familiares e de seu patrimônio**, ouvido o Ministério Público (grifo nosso).

Trata-se de uma "proteção prospectiva", que tem em conta o perigo futuro e não a gravidade em si do fato ocorrido. Esse olhar para o futuro transcende a análise da violência já praticada para considerar fatores de risco e proteção, como um prognóstico envolvendo o agressor, a vítima e seus dependentes. O foco não está na conduta do autor e na avaliação de sua periculosidade, mas na preservação da vítima a partir da avaliação do contexto de risco composto por elementos relacionados à vítima, ao autor e ao contexto do relacionamento.

Deve-se diferenciar o processo criminal, que é retrospectivo, do processo protetivo, que é prospectivo como salienta VALÉRIA SCARANCE[12]:

> Para se prevenir o feminicídio, sugere-se a adoção de um DIREITO PROTETIVO PROSPECTIVO, ou *prevenção prospectiva*. Há que se diferenciar o processo criminal e o processo protetivo. O processo criminal é retrospectivo e está vinculado ao fato ocorrido. Por sua vez, o processo protetivo diz respeito ao perigo futuro.
>
> Com a *prevenção prospectiva*, o que se propõe é um olhar para o futuro, direcionado às pessoas inseridas no contexto da violência e à possibilidade de reiteração do padrão. Essa proteção não exclui o processo criminal e não está a ele condicionada. Consiste em deferir medidas protetivas no momento em que a vítima procura ajuda.

12. SCARANCE FERNANDES, Valéria. **É possível prevenir o assassinato de mulheres?** São Paulo: Jornal Carta Forense, nov. 2014, p. B15.

A proteção prospectiva leva em conta a análise do risco, com base no Formulário Nacional de Avaliação de Risco, bem como fatores de proteção. Essa análise é contínua e só se encerra quando se constata a inexistência de perigo.

Segundo entendimento consolidado nos Tribunais, o risco compreende não só a integridade física, como também psicológica da vítima (ver abaixo).

JURISPRUDÊNCIA

STJ – "Demonstrada a necessidade das medidas protetivas em virtude do sofrimento psíquico impingido à vítima, destacados o medo e o desejo de se ver protegida do recorrente, que estaria agredindo-a psicologicamente. Nesse viés, realça-se que a Lei Maria da Penha é destinada também à salvaguarda da integridade psíquica e moral da mulher".

(STJ, RHC 108.350/RN, rel. Min. Ribeiro Dantas, Quinta Turma, j. 26/03/2019, DJe 01/04/2019).

4.7. PRINCÍPIO DA PRECAUÇÃO (*IN DUBIO PRO TUTELA*)

> Art. 19.
>
> § 4º As medidas protetivas de urgência serão concedidas em juízo de cognição sumária a partir do depoimento da ofendida perante a autoridade policial ou da apresentação de suas alegações escritas e **poderão ser indeferidas no caso de avaliação pela autoridade de inexistência de risco** à integridade física, psicológica, sexual, patrimonial ou moral da ofendida ou de seus dependentes.

A violência doméstica e familiar contra a mulher envolve uma situação de risco, seja imediato ou mediato. Ainda que não tenha ocorrido um ataque severo, físico, há possibilidade de feminicídio que se agrava em algumas circunstâncias, como a separação judicial, perseguição por parte do agente e outros fatores.

O objeto do julgamento da medida protetiva não é a prova cabal de um crime, mas a avaliação do risco. E o parâmetro dado pela lei é que apenas se indefere a proteção caso se considere que não há risco à mulher. Ou seja, caso exista alguma dúvida por parte da autoridade, esta deverá ser resolvida de forma a proteger a mulher e seus dependentes. É um juízo mediante cognição sumária, ou seja, não exauriente, fundamentando-se nas declarações da mulher quanto à existência de uma situação de violência doméstica. Se a narrativa pela mulher é crível, possui verossimilhança, considerando que a violência é cíclica e que toda mulher em situação de violência possui o direito fundamental de uma vida livre de violência, deve-se presumir que há um risco de continuidade ou agravamento da situação de violência, a exigir imediata proteção.

O juízo decisório das medidas protetivas de urgência guia-se pelo princípio da precaução, que se popularizou com os estudos sobre a sociedade do risco (Ulrich Beck), especialmente no âmbito do direito ambiental e do consumidor[13]. Isto porque, as "medidas fundadas na precaução não pressupõem que as práticas às quais reagem sejam perigosas, mas simplesmente que exista uma suspeita acerca da sua perigosidade. Diferentemente do conceito clássico de prevenção do perigo, no de precaução está em causa 'um cuidado antes do cuidado". Há um paradigma protetivo, assim sintetizado[14]:

> no âmbito da proteção à mulher em situação de violência doméstica, o paradigma decisório deve ser: *se não há certeza de que a mulher está protegida, então ela deve ser protegida*. Esse paradigma protetivo à luz das relações de gênero gera uma verdadeira inversão do ônus da prova, pois a alegação da situação de violência doméstica pela mulher gera sempre um início de prova suficiente a ensejar a proteção, à luz do princípio da precaução, cabendo ao requerido comprovar eventual a ausência de risco – se for o caso.

O Superior Tribunal de Justiça, em decisão paradigma, firmou entendimento de que há presunção de dano moral nos

13. BECK, Ulrich. **Sociedade do risco**: rumo a uma outra modernidade. São Paulo: Ed. 34, 2010.
14. ÁVILA, Thiago Pierobom de. Medidas Protetivas da Lei Maria da Penha: natureza jurídica e parâmetros decisórios. **Revista Brasileira de Ciências Criminais**, v. 157, p. 131-172, 2019. Disponível em: https://www.academia.edu/39986181. Acesso em: 08 dez 2023.

contextos de violência e a reparação ocorre *in re ipsa*, nos termos do art. 387, IV, CPP. Comprovada a violência, há a reparação do dano, pois "não se mostra razoável a exigência de instrução probatória acerca do dano psíquico, do grau de humilhação, da diminuição da autoestima etc., se a própria conduta criminosa empregada pelo agressor já está imbuída de desonra, descrédito e menosprezo à dignidade e ao valor da mulher como pessoa" (STJ, REsp 1675874/MS, rel. Min. Rogerio Schietti Cruz, 3ª Seção, j. 28/02/2018, DJe 08/03/2018).

O mesmo raciocínio existe em relação às medidas protetivas, já que a prática de violência traz imbuído o perigo para a mulher e dependentes. O perigo é presumido, posto que decorre da própria violência e da vulnerabilidade da mulher e apenas em situações específicas, devidamente fundamentadas, a proteção poderá ser afastada.

Com a Lei n. 14.550/2023, que inseriu o § 4º no art. 19 da Lei Maria da Penha, passou a constar expressamente a presunção de perigo para a vítima e dependentes. Operou-se uma inversão do raciocínio que até então era praticado: ao invés de justificar o perigo para o deferimento das medidas, a existência de perigo às mulheres que pedem proteção passa a ser uma presunção legal, devendo a autoridade justificar o indeferimento.

Esta previsão não fere a autonomia do Poder Judiciário pois "vincular autoridades judiciárias a uma interpretação ou fundamentação não é cenário novo no nosso direito", como ocorre nas Sumulas Vinculantes, repercussão geral e recursos repetitivos[15]. Trata-se de uma escolha política da sociedade brasileira em privilegiar a proteção sobre a desproteção, considerando-se a situação de violência doméstica e familiar contra a mulher intrinsicamente uma situação de risco.

15. SCARANCE FERNANDES, Valéria Diez; CUNHA, Rogério Sanches. **Lei n. 14.550/2023**: Altera a Lei Maria da Penha para garantir maior proteção da mulher vítima de violência doméstica e familiar. 2023. Disponível em: https://meusitejuridico.editorajuspodivm.com.br/2023/04/20/lei-14-550-2023-altera-a-lei-maria-da-penha-para-garantir-maior-protecao-da-mulher-vitima-de-violencia-domestica-e-familiar/. Acesso em: 12 dez. 2023.

4.8. PRINCÍPIO DA PROTEÇÃO AUTÔNOMA

> Art. 19.
>
> § 5º As medidas protetivas de urgência serão concedidas independentemente da tipificação penal da violência, do ajuizamento de ação penal ou cível, da existência de inquérito policial ou do registro de boletim de ocorrência.

As medidas protetivas têm autonomia material e instrumental, conforme consta do art. 19, § 5º, da Lei Maria da Penha e restou consolidado com a Tese 1.249 do STJ (citada ao final). Essa decisão do STJ está alinhada com as diretrizes da Comissão Interamericana de Direitos Humanos, que considera que[16]:

> De acordo com os estândares interamericanos nesta matéria, as medidas de proteção adotadas pelo Estado devem ser eficazes e efetivas para proteger a mulher, seus familiares e as testemunhas dos fatos, e devem ser adotadas de forma expedita, **sem a necessidade de a mulher iniciar procedimentos civis ou penais.**

Há autonomia material, pois as medidas protetivas independem da existência de um crime tipificado em lei. Para a proteção, é necessário que exista uma violência contra a mulher, que pode ou não configurar um crime. Cite-se como exemplo a violência psicológica de isolamento da mulher em situação de violência. Ainda que essa conduta não cause dano emocional, que é elementar do crime do art. 147-B CP, trata-se de uma forma de violência prevista no art. 7º, inciso II, da LMP, pelo que poderá haver deferimento de medidas protetivas pelo risco que decorre do próprio afastamento da vítima de sua base de apoio.

Outro exemplo é a violência patrimonial em que se reconheça ter havido extinção da punibilidade, com base na escusa

16. CIDH. **Violencia y discriminación contra mujeres, niñas y adolescentes: Buenas prácticas y desafíos en América Latina y en el Caribe. Anexo 1: Principales estándares y recomendaciones en materia de violencia y discriminación contra mujeres, niñas y adolescentes.** Washington DC: CIDH, 2019, § 96, trad. nossa, grifo nosso.

absolutória do art. 181 CP. Embora exista orientação do CNJ pela interpretação da referida norma à luz da convencionalidade[17], persistem entendimentos pela aplicação da escusa. Nesse caso, poderá haver o deferimento de medidas de proteção patrimonial para a mulher e seus dependentes.

A autonomia existe também em relação ao Direito Civil. As decisões na Vara de Família não vinculam a decisão sobre as medidas protetivas de urgência e os conceitos para efeito de proteção são mais amplos e menos formais. Assim, entende-se por "dependentes" qualquer pessoa que seja cuidada pela vítima e não apenas os filhos ou curatelados.

A autonomia procedimental diz respeito à própria natureza jurídica das medidas protetivas, que não têm função acessória em relação a outros processos. O procedimento é autônomo em relação a inquéritos e outras ações e, mesmo que arquivada a investigação ou absolvido o réu, a proteção deve persistir enquanto existir perigo.

Considerando este caráter autônomo da medida protetiva em relação à persecução penal, consideramos equivocadas algumas práticas comuns em alguns Estados, como revogar a medida protetiva após o arquivamento do inquérito ou trasladar peças da medida protetiva para o inquérito policial, para fins de acompanhamento, arquivando-se o expediente da medida protetiva logo após sua concessão. A este respeito, em novembro de 2024, o STJ firmou entendimento consolidado no Tema 1.249 de que eventual reconhecimento de causa de extinção de punibilidade, arquivamento do inquérito policial ou absolvição do acusado não origina, necessariamente, a extinção da medida protetiva de urgência, máxime pela possibilidade de persistência da situação de risco ensejadora da concessão da medida.

A medida protetiva é autônoma e possui natureza cível (ou *sui generis*) enquanto o inquérito possui natureza de procedimento de investigação criminal, de forma que a medida protetiva não

17. BRASIL. **Protocolo para julgamento com perspectiva de gênero.** Brasília: CNJ, 2021.

pode estar diretamente atrelada ao inquérito ou qualquer outro procedimento.

Enquanto a medida protetiva visa a avaliação e gestão do risco, portanto está mirando para a evolução futura do caso, o inquérito visa apurar a confirmação de uma notícia de crime, ou seja, um fato determinado no passado que configura em tese uma infração penal.

O inquérito tem finalidade e procedimento distintos das medidas protetivas. A investigação tem foco na justa causa como fundamento para uma acusação em juízo, cuja lógica guia-se pelo princípio *in dubio pro reo* (certamente a ser depurado de visões estereotipadas que diminuam a credibilidade do depoimento da mulher), enquanto a medida protetiva guia-se pelo princípio *in dubio pro tutela* (uma derivação do princípio pro-persona, ou aqui pro-mulher, na proteção de direitos humanos).

O inquérito apura um fato aparentemente típico, enquanto as medidas protetivas são independentes de qualquer tipificação criminal (STJ, Tese 1.249). Por isso, deverá seguir uma lógica sequencial de diligências determinadas na portaria inaugural pela autoridade policial ou em posteriores requisições ministeriais destinadas à confirmação da *notitia criminis*. O monitoramento das medidas, por sua vez, tem objetivo diverso da investigação, que poderá ser conturbada com as notícias de descumprimento, pedidos de revogação e necessidade de reavaliação periódica.

JURISPRUDÊNCIA

STJ – Tema 1.249

I) Natureza jurídica das medidas protetivas de urgência previstas na Lei Maria da Penha; II) (im)possibilidade de fixação, pelo magistrado, de prazo predeterminado de vigência da medida.

I - As medidas protetivas de urgência (MPUs) têm natureza jurídica de tutela inibitória e sua vigência não se subordina à existência (atual ou vindoura) de boletim de ocorrência, inquérito policial, processo cível ou criminal.

II - A duração das MPUs vincula-se à persistência da situação de risco à mulher, razão pela qual devem ser fixadas por prazo temporalmente indeterminado;

III - Eventual reconhecimento de causa de extinção de punibilidade, arquivamento do inquérito policial ou absolvição do acusado não origina, necessariamente, a extinção da medida protetiva de urgência, máxime pela possibilidade de persistência da situação de risco ensejadora da concessão da medida.

IV - Não se submetem a prazo obrigatório de revisão periódica, mas devem ser reavaliadas pelo magistrado, de ofício ou a pedido do interessado, quando constatado concretamente o esvaziamento da situação de risco. A revogação deve sempre ser precedida de contraditório, com as oitivas da vítima e do suposto agressor.

(STJ, RESP 2.070.717/MG, rel. p/ ac. Min. Rogério Schietti Cruz, Terceira Seção, j. 13/11/2024)

CNJ – PROTOCOLO PARA JULGAMENTO COM PERSPECTIVA DE GÊNERO 2021[18]

No final de 2021, o Conselho Nacional de Justiça – CNJ lançou o PROTOCOLO PARA JULGAMENTO COM PERSPECTIVA DE GÊNERO com a finalidade de orientar a magistratura no julgamento de processos. Em 15 de fevereiro de 2022, foi publicada a Recomendação n. 128 do CNJ para a adoção do documento pelo Poder Judiciário. Consta do Protocolo:

a.1. Medidas protetivas de urgência e Formulário Nacional de Avaliação de Risco

As medidas protetivas de urgência (MPUs), previstas nos artigos 22 e seguintes da Lei Maria da Penha (LMP) classificam-se como providências urgentes, em proteção da vítima de violência física, sexual, psicológica, moral ou patrimonial, em razão do gênero feminino, cometida no ambiente doméstico, familiar ou em relação íntima de afeto (...)

A autonomia das medidas protetivas de urgência viabiliza o seu deferimento tanto em processos específicos quanto como resposta a pedidos incidentais realizados em qualquer ação em curso no Poder Judiciário, ao se considerar que a lesão ou ameaça ao bem juridicamente protegido (vida e integridade física do gênero feminino) pode restar caracterizada em qualquer espécie de processo; entendimento diverso caracterizaria proteção insuficiente ao bem jurídico tutelado, o que não é admissível no ordenamento jurídico brasileiro (grifo nosso)

ENUNCIADOS

COPEVID

Enunciado n. 44 (05/2017):

Nos casos de violência prevista no artigo 7º da Lei Maria da Penha, sem correspondente de tipicidade criminal, mesmo havendo arquivamento ou sentença com trânsito em julgado, é possível a concessão ou manutenção de Medida Protetiva de Urgência, independentemente de ação penal atual ou potencial, a perdurar pelo período de tempo necessário à proteção efetiva da mulher.

18. BRASIL. **Protocolo para julgamento com perspectiva de gênero**. Brasília: CNJ, 2021., p. 84-85.

FONAVID

Enunciado n. 37: A concessão da medida protetiva de urgência não está condicionada à existência de fato que configure, em tese, ilícito penal.

Enunciado n. 45: As medidas protetivas de urgência previstas na Lei 11.340/2006 podem ser deferidas de forma autônoma, apenas com base na palavra da vítima, quando ausentes outros elementos probantes nos autos.

4.9. PRINCÍPIO DA PROTEÇÃO SUFICIENTE À SITUAÇÃO DE RISCO

> Art. 19.
>
> § 6º As medidas protetivas de urgência vigorarão enquanto persistir risco à integridade física, psicológica, sexual, patrimonial ou moral da ofendida ou de seus dependentes.

O princípio da duração razoável do processo molda o processo protetivo, mas com uma roupagem diversa: a proteção, para ser integral e efetiva, deve permanecer em vigor enquanto for necessária para garantir a segurança da vítima e dependentes. Segundo o § 6º do art. 19 da LMP, se ainda há risco, deve-se manter em vigor as medidas protetivas. Como o risco é uma possibilidade, a ausência de certeza na desnecessidade da proteção gera a necessidade de se manter a proteção (cf. § 4º).

A duração razoável do processo, que tem por base a regra da proporcionalidade, normalmente diz respeito à proibição de se retardar indevidamente o procedimento. Consta da Constituição Federal:

> Art. 5º.
>
> LXXVIII – a todos, no âmbito judicial e administrativo, são assegurados a razoável duração do processo e os meios que garantam a celeridade de sua tramitação.

A tramitação deve ser célere, em razão do princípio da proteção imediata, mas também deve se manter com a avaliação periódica do perigo, já que as medidas protetivas não têm um prazo definido em lei.

O princípio da duração razoável do processo, normalmente utilizado em favor de réus, também se aplica em prol de vítimas, conforme entendimento da Corte Interamericana de Direitos Humanos no caso Barbosa de Souza vs. Brasil[19]:

> A Corte indicou que o direito de acesso à justiça em casos de violações aos direitos humanos deve assegurar, em tempo razoável, o direito *das supostas vítimas ou de seus familiares* a que se faça todo o necessário para conhecer a verdade sobre o ocorrido e investigar, julgar e, se for o caso, sancionar os eventuais responsáveis. Outrossim, uma demora prolongada no processo pode chegar a constituir, por si mesma, uma violação às garantias judiciais. (grifo nosso).

Segundo a Corte, na avaliação do prazo razoável devem ser levados em conta os seguintes fatores: "a) a complexidade do assunto; b) a atividade processual do interessado; c) a conduta das autoridades judiciais, e d) *o prejuízo gerado na situação jurídica da suposta vítima*" (grifo nosso)[20].

Com o Tema 1.249, o STJ firmou entendimento de que a duração das medidas protetivas se vincula à persistência da situação de risco à mulher, razão pela qual devem ser fixadas por prazo temporalmente indeterminado.

---

19 Corte IDH. **Caso Barbosa de Souza e outros vs. Brasil**. Exceções preliminares, Mérito, Reparações e Custas. Sentença de 7 de setembro de 2021. Disponível em: https://www.corteidh.or.cr/docs/casos/articulos/seriec_435_por.pdf

20. Entendimento consolidado pela Corte IDH nos casos: **Caso Suárez Rosero vs. Equador**. Mérito. Sentença de 12 de novembro de 1997. Série C n. 35, §§ 71 e 72; **Caso Anzualdo Castro vs. Peru**. Exceção Preliminar, Mérito, Reparações e Custas. Sentença de 22 de setembro de 2009. Série C n. 202, § 156; e **Caso Ríos Avalos e outro vs. Paraguai**, supra, §§ 166 e 167.

5

PROTEÇÃO INTEGRAL AMPLIADA

5.1. PROTEÇÃO INTEGRAL DAS MULHERES NO ÂMBITO DA LEI MARIA DA PENHA

Estatísticas demonstram que as mulheres em situação de violência são resistentes em buscar ajuda: 45 % não adotaram nenhuma atitude após o episódio mais grave de violência, 17% buscaram ajuda na família, 15,6% pediram ajuda dos amigos, 14% registram o fato em uma Delegacia Especializada, 4,8% ligaram para a PM (190), 1,7% fizeram registro eletrônico (BOE) e 1,6% acionaram a Central de Atendimento à Mulher (180). Dentre os motivos para as mulheres não buscarem ajuda, 38% "resolveram sozinhas", 21% não acreditavam que a polícia pudesse resolver a situação e 14,4% não tinham "provas suficientes"[1].

Há muitos mitos que cercam a situação de violência, como a falsa noção de que a mulher deve "provar" a violência e de que as medidas protetivas não são efetivas. Na mesma linha, antes da Lei n. 14.550/2023, persistia no Sistema de Justiça o entendimento

1. FÓRUM BRASILEIRO DE SEGURANÇA PÚBLICA. **Visível e Invisível 4ª ed**, 2023. Disponível em: https://forumseguranca.org.br/wp-content/uploads/2023/03/visiveleinvisivel-2023--infografico.pdf. Acesso em: 18 mar 2024.

de que as medidas protetivas dependiam da configuração criminal do fato e de que a palavra da vítima deveria estar embasada em outras provas. Esses questionamentos restaram superados com a alteração do art. 19 da Lei Maria da Penha pela Lei n. 14.550/2023, estabelecendo a autonomia da proteção.

As medidas protetivas são de extrema importância como forma de prevenir a violência mais severa e evitar o feminicídio.

A Lei Maria da Penha trabalha com três eixos estruturantes: prevenção, proteção e responsabilização. A medida protetiva refere-se ao eixo protetivo, em uma perspectiva de prevenção terciária (resposta), pois enquanto a investigação criminal projeta-se para o passado, as estratégias de proteção à vítima projetam efeitos para o futuro e exigem uma nova lógica de intervenção de todas as instituições públicas, pautada no princípio da precaução.

O art. 5º da Lei Maria da Penha traz seu âmbito de aplicação: a violência doméstica, familiar e afetiva.

A relação doméstica abrange as pessoas que convivem permanentemente no espaço doméstico, mesmo que não tenham vínculo familiar, como é o caso da empregada doméstica, o co-locatário que reside conjuntamente (colega de "República" ou dormitório), ou ainda do hóspede esporadicamente agregado à convivência doméstica.

A relação familiar abrange pessoas conectadas pelos vínculos de família, como pais, avós, filhos, netos, tios, sobrinhos, primos, em linha consanguínea ou por afinidade (os parentes do companheiro, como o sogro ou enteado), bem como as relações familiares por manifestação de vontade, como é o caso do padrinho ou afilhado.

Finalmente, abrange as relações afetivas, mesmo que sem coabitação, como é o caso do namorado, noivo ou companheiro (com ou sem casamento civil). Entendemos que a relação afetiva não necessita ser estável ou duradoura, abrangendo também as relações afetivas eventuais, como é o caso de pessoas "ficantes". Essa relação afetiva pode ser atual ou pretérita, como no caso do ex-namorado.

Prevê a Súmula 600 do STJ que "para a configuração da violência doméstica e familiar prevista no artigo 5º da Lei n. 11.340/2006 (Lei Maria da Penha) não se exige a coabitação entre autor e vítima".

A relação afetiva unilateral – apenas desejada mas não iniciada – está abrangida pela lei, como é o caso da pessoa que persegue mulher com a intenção de que ela inicie relação efetiva (*stalker* romântico). Trata-se de uma situação de grande risco para a mulher e que justifica a proteção estatal. Nesse sentido[2]:

> Essa interpretação compreende, inclusive, **as relações afetivas unilaterais: quando há afeto não correspondido** (...) Embora alguns intérpretes afastem a incidência da lei, esse entendimento é equivocado. Não se exige relacionamento prévio e efetivo entre as partes, físico ou virtual, nem que a vítima tenha correspondido aos sentimentos do agente.
>
> Nos termos do art. 5º, I, basta a convivência atual ou pretérita, que pode ter acontecido em razão de troca de mensagens, amizade ou mesmo convivência profissional. O *afeto* que surge dessa convivência não precisa de reciprocidade. Em muitos casos de perseguição, há uma relação imaginária, que só existe na mentalidade do perseguidor.

Um segmento restritivo de aplicação da Lei Maria da Penha passou a entender que, para além desse âmbito de aplicação da lei, seria também necessário comprovar no caso concreto a existência de uma "violência baseada no gênero". E como a violência baseada no gênero é usualmente invisibilizada, porque culturalmente normalizada, em inúmeras situações passaram a recusar a aplicação da Lei Maria da Penha quando entendiam que algum outro fator incidia no caso como um "motivo determinante" diverso do gênero da vítima. Por exemplo, diversas decisões de tribunais recusaram aplicação da Lei Maria da Penha quando havia uma disputa patrimonial, se a vítima era idosa ou adolescente, se o

2. SCARANCE FERNANDES, Valéria Diez. **Lei Maria da Penha**: o processo no caminho da efetividade. 5ª. Ed. São Paulo: Juspodivm, 2024, p. 341.

ofensor estava embriagado ou sob efeito de drogas, ou se havia um conflito relacionado à criação dos filhos[3]. Essas decisões desconsideram que a violência contra a mulher nas relações de família é uma das manifestações mais evidentes da violência de gênero, por se tratar de uma violência estrutural nas relações sociais, e que conflitos colaterais não anulam esse quadro mais amplo de desigualdades, ao contrário, apenas o acentuam. Há, inclusive, diretrizes de direito internacional associado a violência intrafamiliar como forma de violência baseada no gênero, como é o caso das Recomendações do Comitê CEDAW n. 19/1992 e 35/2017. Como consequência, quando as mulheres registravam ocorrência policial e solicitavam as medidas protetivas, alguns profissionais do sistema de justiça negavam a concessão da proteção, ao argumento de que não haveria uma "violência baseada no gênero", portanto não se trataria de hipótese de aplicação da Lei Maria da Penha.

Este entendimento já estava sendo rechaçado pela jurisprudência da Corte Especial do STJ, que decidira: "O Superior Tribunal de Justiça entende ser presumida, pela Lei n. 11.340/2006, a hipossuficiência e a vulnerabilidade da mulher em contexto de violência doméstica e familiar. É desnecessária, portanto, a demonstração específica da subjugação feminina para que seja aplicado o sistema protetivo da Lei Maria da Penha" (STJ, AgRg MPUMP n. 6/DF, rel. min. Nancy Andrighi, Corte Especial, j. 18.5.2022, ver ementa integral adiante).

Para superar esses entendimentos restritivos e superar definitivamente a controvérsia, a Lei n. 14.550/2023 incluiu o art. 40-A na Lei Maria da Penha, com o seguinte teor:

> Art. 40-A. Esta Lei será aplicada a todas as situações previstas no seu art. 5º, independentemente da causa ou da motivação dos atos de violência e da condição do ofensor ou da ofendida.

---

3. Sobre o tema, ver: ÁVILA, Thiago Pierobom de; MEDEIROS, Marcela Novais; VIEIRA, Elaine Novaes. Feminicídios e relações de gênero: análise de conflitos não diretamente relacionados à manutenção do vínculo afetivo. **Revista Direitos Sociais e Políticas Públicas (UNIFAFIBE),** Bebedouro/SP, v. 9, n. 3, 2021, p. 691-727.

Com essa alteração busca eliminar essa divergência e estabelecer que causas imediatas, motivações e condições pessoais não excluem a aplicação da lei. O central para sua aplicação é a existência das relações indicadas no art. 5º: relação doméstica, familiar ou afetiva. Ao contrário, estes contextos colaterais podem tratar se de fatores de risco, como o uso abusivo de álcool ou conflitos relacionados à criação dos filhos.

Sobre esse tema, registramos o que constou da exposição de motivos da referida Lei n. 14.550/2023[4]:

> Dessa forma, seja como motivo principal, como pretexto ou como elemento contextual facilitador, a questão de gênero sempre está presente na violência contra vítima mulher, de modo explícito ou implícito, consciente ou inconsciente, na conduta do agressor e da vítima, mas também nas instituições. [...]
>
> Resta evidente, portanto, que a violência baseada no gênero permeia, e extrapola, os casos concretos, por ser um problema social. Nesse contexto, restringir o âmbito de aplicação da lei significa negar às mulheres, na realidade, o direito à proteção diferenciada. Significa praticamente esvaziar o sentido da Lei Maria da Penha, diploma nacional reconhecido em todo o mundo por sua qualidade. [...]
>
> As MPUs não são penas impostas aos agressores, mas sim garantias em favor das mulheres que se encontram em situação de violência ou de ameaça. Diante da necessidade de retomar essa garantia de proteção pessoal às mulheres que sofrem violência doméstica e familiar, apresenta-se esta proposta de alteração legislativa com o objetivo de explicitar o espírito da Lei Maria da Penha: todas as formas de violência contra as mulheres no contexto das relações domésticas, familiares e íntimas de afeto são manifestações de violência baseada no gênero, que invocam e legitimam a proteção diferenciada para as mulheres.

4. SENADO FEDERAL. **Projeto de Lei n. 1601, de 2022**. Autoria Senadora Simone Tebet. Disponível em: https://legis.senado.leg.br/sdleg-getter/documento?dm=9171804&ts=1675453653924&disposition=inline

Após a alteração legislativa, o STJ tem reiteradamente decidido que se aplica a LMP a todas as situações de violência contra a mulher nos três contextos previstos na lei (relação doméstica, familiar ou íntima de afeto), independentemente de discussões sobre vulnerabilidade concreta. Assim, reconheceu a aplicação da lei para:

- Violência de homem contra mulher, sem vínculo familiar, que conviviam sob o mesmo teto[5];
- Filho usuário de drogas contra a mãe[6];
- Ameaça contra tia-avó pelas sobrinhas-netas[7];
- Contra a mãe idosa[8];
- Contra a irmã[9];
- Ameaça contra tia-avó pelas sobrinhas-netas[10];
- Estupro contra namorada[11].

JURISPRUDÊNCIA

STJ – AGRAVO REGIMENTAL E PEDIDO DE RECONSIDERAÇÃO. NOTÍCIA CRIME OFERTADA CONTRA DESEMBARGADOR DO TRIBUNAL DE JUSTIÇA DO ESTADO DE SÃO PAULO E PROCURADOR DE JUSTIÇA DO ESTADO DE SÃO PAULO APOSENTADO. COMPETÊNCIA DO SUPERIOR TRIBUNAL DE JUSTIÇA. LEI MARIA DA PENHA. MEDIDAS PROTETIVAS DE URGÊNCIA. PREENCHIMENTO DOS REQUISITOS LEGAIS. *FUMUS BONI IURI* E *PERICULUM IN MORA*. LEI 11.340/2006. HIPÓTESE INCIDÊNCIA.

1- Notícia crime oferecida por S. P. M. C. e M. T. P. M. C. contra J. D. P. M. C., Desembargador do Tribunal de Justiça do Estado de São Paulo, e A. C., Procurador de

5. STJ, AREsp n. 2.497.157/GO, rel. Min. Daniela Teixeira, Quinta Turma, j. 5/11/2024.
6. STJ, AREsp n. 2.373.233/GO, rel. Min. Daniela Teixeira, Quinta Turma, j. 5/11/2024.
7. STJ, AgRg no REsp n. 2.170.560/PR, rel. Min. Joel Ilan Paciornik, Quinta Turma, j. 13/11/2024;
8. STJ, AgRg no AREsp n. 2.213.278/GO, rel. Min. Messod Azulay Neto, Quinta Turma, j. 12/3/2024; STJ, AgRg no REsp n. 2.058.209/SP, rel. Min. Rogerio Schietti Cruz, Sexta Turma, j. 12/12/2023.
9. STJ, AgRg no REsp n. 2.080.317/GO, rel. Min. Joel Ilan Paciornik, Quinta Turma, j. 4/3/2024; STJ, AgRg no REsp n. 2.095.805/PA, rel. Min. Reynaldo Soares da Fonseca, Quinta Turma, j. 17/10/2023.
10. STJ, AgRg no REsp n. 2.170.560/PR, rel. Min. Joel Ilan Paciornik, Quinta Turma, j. 13/11/2024.
11. STJ, AgRg no RHC n. 191.030/SP, rel. Min. Daniela Teixeira, Quinta Turma, j. 4/12/2024.

Justiça do Ministério Público de São Paulo, atualmente aposentado, narrando que, conforme ocorrência policial, compareceram à Delegacia da Mulher para comunicar que foram vítimas de agressões físicas e psicológicas praticadas pelos requeridos.

2- O propósito recursal consiste em dizer se é hígida a decisão que deferiu, em desfavor dos requeridos, a aplicação de medidas protetivas de urgência, com lastro nas agressões físicas e psicológicas narradas na notícia crime.

3- É possível aferir a competência desta Corte Superior para analisar a presente demanda, máxime porque, como é competente para apreciar as medidas protetivas postuladas contra J. D. P. M. C., detentor de foro por prerrogativa de função, tal atribuição se estende, por conexão, ao agravante.

4- A Lei n. 11.340/2006 criou a possibilidade de que mulheres, sob violência doméstica de gênero, pudessem valer-se de medidas protetivas de urgência, as quais decorrem, em grande medida, do direito personalíssimo de autodeterminação existencial e do princípio de dignidade humana.

5- Na hipótese dos autos, depreende-se *fumus boni iuris* do contexto inserido na notícia crime, em que as requerentes relacionam inúmeras agressões por elas sofridas, de cunho físico e moral, praticadas pelos requeridos, com a colação de documentos indiciários de prova.

6 - Revela-se, ainda, a existência do *periculum in mora*, em virtude de a situação emergencial envolver a tutela da integridade física e mental, além de outros direitos da personalidade de superlativa importância, como o próprio direito à vida, cuja violação é perpetrada por pessoas que integram a unida–e familiar.

7 - O afastamento do lar, bem como a proibição de aproximação e de contato com as requerentes, são medidas adequadas para assegurar a preservação dos respectivos direitos, somando-se a isso o fato de a requerente M. T. P. M. C. ser idosa, de modo que tal condição, acrescida da suposta existência de agressões físicas e verbais praticadas pelo requerido A. C. contra ela, justificam a manutenção do provimento cautelar.

8 - Presume-se a necessidade de fixação de alimentos provisórios em favor da requerente M. T. P. M. C., em razão de sua avançada idade (90 anos), e as possibilidades financeiras de seu cônjuge, A. C., procurador de justiça aposentado. Nessas circunstâncias, até que as partes encaminhem os aspectos cíveis de seu divórcio e alimentos, é razoável manter-se a referida medida protetiva de urgência, nos termos do art. 22, V, da Lei n. –1.340/2006.

9 - O Superior Tribunal de Justiça entende ser presumida, pela Lei n. 11.340/2006, a hipossuficiência e a vulnerabilidade da mulher em contexto de violência doméstica e familiar. É desnecessária, portanto, a demonstração específica da subjugação feminina para que seja aplicado o sistema protetivo da Lei Maria da Penha, pois a organização social brasileira ainda é fundada em um sistema hierárquico de poder baseado no gênero, situação que o referido diploma legal bus–a coibir.

10 - Para a incidência da Lei Maria da Penha, é necessário que a violência doméstica e familiar contra a mulher decorra: a) de ação ou omissão baseada no gênero; b) no âmbito da unidade doméstica, familiar ou relação de afeto; tendo como consequência: c) morte, lesão, sofrimento físico, sexual ou psicológico, dano moral ou patrimonial. Precedentes.

11 - Na hipótese dos autos, não apenas a agressão ocorreu em ambiente doméstico, mas também familiar e afetivo, entre pais e filhos, marido e mulher e entre irmãos, eliminando qualquer dúvida quanto à incidência do subsistema da Lei 1–.340/2006.

12 - As condutas descritas nos autos – a) bater a cabeça da vítima várias vezes contra a escada; b) xingar e agredir fisicamente a vítima após a descoberta de traição ao longo dos últimos 30 anos – são elementos próprios da estrutura de violência contra pessoas do sexo feminino. Demonstram, ainda, potencialmente, o *modus operandi* das agressões de gênero, a revelar o caráter especialíssimo do delito e a necessidade de imposição de medidas protetivas.

13 - Junta-se a isso o argumento de os requeridos se utilizarem das funções para exercer domínio sobre as requerentes, que não conseguem, sequer, registrar um boletim de ocorrência na autoridade policial competente, com a narrativa completa dos fatos–elencados.

14 - A palavra da vítima, em harmonia com os demais elementos presentes nos autos, possui relevante valor probatório, especialmente em crimes que envolvem violência doméstica e familiar contra a mulher. Precedente.

15 - Agravo regimental e pedido de reconsideração não providos.

(STJ, AgRg MPUMP n. 6/DF, rel. min. Nancy Andrighi, Corte Especial, j. 18.5.2022, DJe 20 maio 2022, grifo nosso).

Presunção de "vulnerabilidade" da mulher para justificar aplicação da Lei Maria da Penha

STJ – A própria Lei n. 11.340/2006, ao criar mecanismos específicos para coibir e prevenir a violência doméstica praticada contra a mulher, buscando a igualdade substantiva entre os gêneros, fundou-se justamente na indiscutível desproporcionalidade física existente entre os gêneros, no histórico discriminatório e na cultura vigente. Ou seja, a fragilidade da mulher, sua hipossuficiência ou vulnerabilidade, na verdade, são os fundamentos que levaram o legislador a conferir proteção especial à mulher e por isso têm-se como *presumidos* (Precedentes do STJ e do STF).

(STJ, AgRg AREsp n. 1.439.546/RJ, rel. min. Reynaldo Soares da Fonseca, 5ª Turma, DJe 5 ago. 2019, grifo nosso).

STJ – "Penal. Processo penal. Agravo regimental no recurso ordinário em habeas corpus. Lesão corporal em ambiente doméstico em tese cometida por filho contra mãe. Presunção de vulnerabilidade da mulher. Reconhecimento da competência do Juizado de Violência Doméstica e Familiar contra a Mulher. Incidência da Lei n. 11.340/2006. Exceção de incompetência nos próprios autos. Irregularidade no processamento. Inexistência. Análise pelo juízo excepto. Não demonstração de prejuízo. Ausência de novos argumentos aptos a alterar a decisão agravada. Agravo regimental desprovido".

(STJ, RHC 158.254/TJ, rel. Min. Messod Azulay Neto, Quinta Turma, j. 04 mar. 2024)

STJ – "AGRAVO REGIMENTAL NO RECURSO ESPECIAL. LESÃO CORPORAL. LEI N. 11.340/2006. DESNECESSIDADE DE AFERIÇÃO ACERCA DA MOTIVAÇÃO DA OFENSA. VIOLÊNCIA CONTRA A MULHER PRATICADA EM ÂMBITO DOMÉSTICO E FAMILIAR. AGRAVO REGIMENTAL NÃO PROVIDO.

1. A Lei Maria da Penha tutela a violência de gênero, assim entendido como uma construção social em que os papéis de gênero são tomados como um sistema de relações sociais estabelecidas entre homens e mulheres, estruturadas com base no modelo patriarcal e determinadas não pelo sexo biológico, mas pelo contexto social, político, econômico, nos mais variados campos de expressão de poder.

2. Dentro dessa perspectiva, consoante bem pontuado no "Protocolo para julgamento com perspectiva de gênero" – grupo de trabalho instituído pela Portaria CNJ n. 27, de 2 de fevereiro de 2021, "o conceito de gênero diz respeito a um conjunto de ideias socialmente construídas, atribuídas a determinado grupo. Essas ideias são cristalizadas no que se convencionou chamar 'estereótipos de gênero'".

3. A lei não reclama considerações sobre a motivação da conduta do agressor, mas tão somente que a vítima seja mulher e que a violência seja cometida em ambiente doméstico, familiar ou em relação de intimidade ou afeto entre agressor e agredida.

4. É dizer, para a incidência da Lei Maria da Penha, basta a comprovação de que a violência contra a mulher tenha sido exercida no âmbito da unidade doméstica, da família ou de qualquer relação íntima de afeto, na qual o agressor conviva ou tenha convivido com a ofendida.

5. No caso dos autos, a acusada haveria praticado lesão corporal contra sua mãe, no ambiente doméstico. A decisão está em conformidade com a jurisprudência consolidada desta Corte Superior, que entende que "o objeto de tutela da Lei 11.340/2006 é a mulher em situação de vulnerabilidade não só em relação ao cônjuge ou companheiro, mas também qualquer outro familiar ou pessoa que conviva com a vítima, independentemente do gênero do agressor" (HC n. 277.561/AL, Rel. Ministro Jorge Mussi, 5ª T., DJe 13/11/2014).

6. Agravo regimental não provido."

(STJ, AgRg no RESP 2.058.209/SP, rel. Min. Rogério Schietti, Sexta Turma, j. 12 dez. 2023)

Condição de mulher prevalece sobre a condição de criança para aplicação da LMP

STJ – "1. A condição de gênero feminino é suficiente para atrair a aplicabilidade da Lei Maria da Penha em casos de violência doméstica e familiar, prevalecendo sobre a questão etária.

2. A Lei Maria da Penha prevalece quando suas disposições conflitarem com as de estatutos específicos, como o da Criança e do Adolescente."

(STJ, REsp n. 2.015.598/PA, rel. Min. Ribeiro Dantas, Terceira Seção, j. 6/2/2025)

STJ – "é descabida a preponderância de um fator meramente etário, para afastar a competência da vara especializada e a incidência do subsistema da Lei Maria da

Penha, desconsiderando o que, na verdade, importa, é dizer, a violência praticada contra a mulher (de qualquer idade), no âmbito da unidade doméstica, da família ou em qualquer relação íntima de afeto".

(STJ, RHC n. 121.813/RJ, rel. Min. Rogerio Schietti Cruz, Sexta Turma, j. 20/10/2020).

5.2. PROTEÇÃO INTEGRAL DAS MULHERES ALÉM DOS ÂMBITOS DA LEI MARIA DA PENHA

Os âmbitos previstos no art. 5º da Lei Maria da Penha (afetivo, doméstico e familiar) correspondem a um recorte estratégico da violência de gênero para a atuação dos Juizados de Violência doméstica, mas não correspondem à integralidade da violência de gênero contra a mulher, que é muito mais ampla[12].

A violência de gênero pode acontecer em qualquer lugar: nas ruas, no local de trabalho, em estabelecimentos de ensino, no âmbito político, durante o parto etc. Defendemos que outras formas ou contextos de violência também autorizam o deferimento de medidas protetivas por qualquer Juízo que tenha conhecimento da violência de gênero, mediante requerimento do Ministério Público ou da vítima.

A proteção prevista na Lei Maria da Penha tem fundamento em Convenções Internacionais e, por isso, à luz da convencionalidade, não está restrita aos âmbitos afetivo, doméstico e familiar.

A Convenção CEDAW prevê no art. 2º, letra "c", "a proteção jurídica dos direitos da mulher numa base de igualdade com os do homem e garantir, por meio dos tribunais nacionais competentes e de outras instituições públicas, a proteção efetiva da mulher contra todo ato de discriminação"[13].

---

12. "A título de exemplo, a Lei de Proteção Integral para Prevenir, Sancionar e Erradicar a Violência contra as Mulheres na Argentina prevê, além das formas tradicionais de violência contra a mulher, as violências política, simbólica, institucional, contra a liberdade reprodutiva, obstétrica" (SCARANCE FERNANDES, Valéria Diez. **Lei Maria da Penha**: o processo no caminho da efetividade. 5ª ed. São Paulo: Juspodivm, 2024).

13. BRASIL. **Decreto n. 4377**, de 13 de setembro de 2002. Promulga a Convenção sobre a Eliminação de Todas as Formas de Discriminação contra a Mulher, de 1979. Disponível em: https://www.planalto.gov.br/ccivil_03/decreto/2002/D4377.htm.

Na mesma linha, a Convenção de Belém do Pará prevê que os Estados-Partes devem[14]:

> Art. 7º
>
> f) estabelecer procedimentos jurídicos justos e eficazes para a mulher sujeitada a violência, inclusive, entre outros, medidas de proteção, juízo oportuno e efetivo acesso a tais processos

Importante mencionar que a Convenção de Belém do Pará é mais ampla do que a Lei Maria da Penha e compreende as violências ocorridas na comunidade e perpetradas ou toleradas pelo Estado e seus agentes (art. 2º, letras "b" e "c"), praticadas por qualquer pessoa e independem do local onde ocorram.

Nesse instrumento, está prevista a violência contra a mulher no âmbito da comunidade **"e cometida por qualquer pessoa**, incluindo, entre outras formas, o estupro, abuso sexual, tortura, tráfico de mulheres, prostituição forçada, sequestro e assédio sexual no local de trabalho, bem como em instituições educacionais, serviços de saúde ou qualquer outro local" (art. 2º, "b"). Além disso, há a violência "perpetrada ou tolerada pelo Estado ou seus agentes, **onde quer que ocorra**" (art. 2º, "c") (grifo nosso).

Há uma diretriz de tratados internacionais de que haja uma proteção eficiente às mulheres tanto em relação às violências praticadas na esfera privada (a violência doméstica e familiar) como também quanto à violência na esfera pública e nas relações com o Estado. O controle de convencionalidade exige uma releitura das normas jurídicas infraconstitucionais para assegurar o cumprimento destes mandados convencionais de proteção. Ou seja, não faz sentido o Estado ser eficiente em proteger as mulheres nas violências derivadas das relações domésticas e deixar de protegê-las nas violências nos contextos comunitários ou de

14. BRASIL. **Decreto n. 1973,** de 1° de agosto de 1996. Promulga a Convenção Interamericana para Prevenir, Punir e Erradicar a Violência contra a Mulher, concluída em Belém do Pará, em 9 de junho de 1994. Disponível em: https://www.planalto.gov.br/ccivil_03/decreto/1996/d1973.htm

relações com o Estado. Assim, se há uma norma que estabelece uma proteção especial às mulheres nas relações intrafamiliares e um dever convencional de o Estado ser igualmente eficiente em proteger as mulheres nas demais esferas, a única solução que se compactua com o quadro convencional é estabelecer a necessária interpretação extensiva das normas protetivas, para que também promovam proteção nas demais esferas de relações.

O processo protetivo não se confunde com o processo criminal e tem por fundamento um bem maior da preservação da vida e integridade da vítima e sua família. Essa abrangência ficou evidenciada com as alterações introduzidas pela Lei n. 14.550/2023, que condicionou a proteção apenas e tão somente à existência de perigo.

No livro Lei Maria da Penha, VALÉRIA SCARANCE trata do sistema protetivo amplo, quando as medidas protetivas podem ser deferidas além do âmbito do Juizado de Violência Doméstica e Familiar, posicionamento que endossamos nesse livro[15]:

> A Lei n. 14.550/2023 trouxe uma mudança estrutural e de grande importância para as medidas protetivas: as medidas protetivas ganharam vida própria e se tornaram mais amplas do que a própria Lei Maria da Penha: podem ser aplicadas por qualquer autoridade judiciária diante de uma situação de risco. Em poucas palavras, o sistema protetivo da Lei Maria da Penha não está mais restrito aos Juizados de Violência Doméstica, nem aos âmbitos afetivo, doméstico e familiar.
>
> Na nova redação, o art. 19 da Lei Maria da Penha condiciona o deferimento das medidas unicamente à existência de risco para a integridade física, psicológica, sexual, patrimonial ou moral da vítima e dependentes. Não há referência direta ou indireta à necessidade de a violência acontecer nos âmbitos afetivo, doméstico ou familiar como "pré-requisito" para as medidas protetivas.

15. SCARANCE FERNANDES, Valéria Diez. **Lei Maria da Penha**: o processo penal no caminho da efetividade. 5ª ed. São Paulo: Juspodivm, 2024, Capítulo 5.1.2.

> Em razão da *novatio legis*, não houve ampliação da competência dos Juizados de Violência Doméstica e Familiar – ainda restritos ao âmbito privado: afetivo, doméstico e familiar - mas ampliação do SISTEMA PROTETIVO para toda e qualquer autoridade judiciária que se depare com uma situação de violência de gênero.
>
> O fato de uma norma estar no bojo de uma lei não restringe o seu alcance, nem define a extensão da norma, tal como ocorre com o art. 89 da Lei 9099/95 que tem maior amplitude do que Lei n. 9099/95 onde está inserido. O mesmo se dá com as medidas protetivas: estão inseridas na Lei Maria da Penha, mas são mais amplas do que a própria lei.

Para o requerimento de medida protetiva de urgência fora das situações previstas inicialmente na Lei Maria da Penha (violência doméstica, familiar e derivada de relação íntima de afeto), em princípio, entendemos que a competência para o processamento do pedido será do juízo criminal com competência para processar o respectivo crime ou alternativamente de um juízo cível por opção da vítima. Embora a Lei Maria da Penha não seja expressa a este respeito, a "mens legis" da proteção civil facultou à vítima a escolha do foro, podendo optar pelo local de seu domicílio, domicílio do agressor ou local do fato. Assim, para se alcançar maior efetividade, haverá também possibilidade de escolha não só do local, mas também do juízo civil ou criminal.

Essa prática, na verdade, já existia nas hipóteses em que vítimas postulavam a proteção incidental perante uma Vara de Família, por exemplo, ao invés da Vara Criminal ou Juizado da Mulher, como prevê a Lei Maria da Penha para os casos de sua competência.

Caso o pedido fora das hipóteses de aplicação da Lei Maria da Penha seja equivocadamente endereçado ao Juizado de Violência Doméstica e Familiar, deve haver a "aplicação da teoria do juízo imediato" para a concessão imediata da proteção no Juizado de Violência Doméstica e posterior redistribuição do processo, conforme entendimento adotado pelo Superior Tribunal de Justiça e pelos autores Alice Bianchini e Thiago Pierobom[16]. Não há prevenção para o processo criminal ou civil, que possuem regras específicas de competência.

5.3. PROJEÇÕES DA LEI MARIA DA PENHA PARA OUTRAS VÍTIMAS VULNERÁVEIS NÃO MULHERES

O foco central da Lei Maria da Penha é a proteção de mulheres em situação de violência doméstica e familiar. A especialização do Juizado da Mulher nessa temática é um aspecto central da efetividade do sistema protetivo, assegurando a adequada perspectiva de gênero pela especialização. Apesar deste foco, é possível realizar uma interpretação extensiva para a aplicação das disposições protetivas da Lei de forma analógica a outros grupos de pessoas vulneráveis, como crianças, pessoas idosas, com deficiência, LGBTI e outras. Isso porque, se também existe um dever de proteção a outros grupos vulneráveis e eventualmente não existe legislação que assegure a proteção adequada, cabe ao intérprete realizar o controle de convencionalidade quanto à omissão de proteção, para aplicar as normas protetivas existentes em outros âmbitos, naquilo que for cabível.

É verdade que usualmente os grupos vulneráveis já contam com estatutos específicos de proteção. Por exemplo, para crianças existe, além do Estatuto da Criança e Adolescente (Lei n. 8.069/1990), a lei do sistema de garantia de direitos da criança e do adolescente vítima ou testemunha de violência (Lei n. 13.431/2017) e a Lei Henry Borel – LHB para a violência doméstica e familiar (Lei n. 14.344/2022). Inclusive esta última legislação foi inspirada nas disposições da Lei Maria da Penha e determina expressamente a aplicação subsidiária daquela lei, naquilo que for aplicável (LHB, art. 33). Portanto, provavelmente haverá pouco

16. BIANCHINI, Alice; ÁVILA, Thiago Pierobom de. Lei n. 14.550/2023: Uma intepretação autêntica quanto ao dever estatal de proteção às mulheres. **Meu Site Jurídico**, 20 abr. 2023. Disponível em: https://meusitejuridico.editorajuspodivm.com.br/2023/04/20/lei-n-14-450-2023-uma-intepretacao-autentica-quanto-ao-dever-estatal-de-protecao-as-mulheres/

espaço para aplicação analógica da LMP aos meninos que sofrem violência doméstica, em razão da existência da LHB.

Todavia, para pessoas idosas e deficientes a situação é distinta. Há previsão de medidas de proteção no Estatuto da Pessoa Idosa, relacionadas ao apoio familiar, tratamentos de saúde, programas comunitários ou abrigamento (Lei n. 10.741/2003, art. 45). O Estatuto da Pessoa com Deficiência tem medidas de proteção relacionadas à curatela (Lei n. 13.146/2015, art. 87). Estas leis especializadas não têm normas semelhantes às da Lei Maria da Penha, relacionadas à proteção pessoal de ofensores domésticos e familiares, como a proibição de aproximação e contato, suspensão do porte de arma, afastamento do lar ou realização de programas educativos.

O art. 5º do Estatuto da Pessoa com Deficiência traz um conceito dos grupos vulneráveis:

> Art. 5º A pessoa com deficiência será protegida de toda forma de negligência, discriminação, exploração, violência, tortura, crueldade, opressão e tratamento desumano ou degradante.
>
> Parágrafo único. Para os fins da proteção mencionada no caput deste artigo, são considerados especialmente vulneráveis a criança, o adolescente, a mulher e o idoso, com deficiência.

Portanto, considerando que há um dever de proteção das pessoas vulneráveis, entendemos que as disposições protetivas da Lei Maria da Penha podem ser aplicadas por analogia nesses outros contextos. Exemplo: um idoso ou deficiente que sofre violência no contexto doméstico e familiar pode solicitar uma MPU, aplicando-se por analogia as disposições da LMP. Todavia, essa aplicação analógica é das medidas protetivas e não importa em deslocamento de competência para o Juizado da Mulher. Ou seja, a vara criminal (ou vara de família, conforme o caso), poderá aplicar por analogia as normas protetivas da LMP, concedendo a MPU.

Essa aplicação analógica não deve desnaturar a compreensão de que a causa da violência contra a mulher é substancialmente distinta das violências contra crianças, idosos ou deficientes. Está fundamentada na relação desigual de poder entre homens e mulheres e possui um alcance para a maioria da população, que é feminina. A violência baseada no gênero é distinta da violência derivada do etarismo ou do capacitismo. Apesar dessa diferença significativa na causa do problema, os mecanismos de proteção possuem uma convergência, podendo ser adaptados, naquilo que pertinente. Alguns mecanismos de proteção serão os mesmos, como o afastamento do lar, proibição de aproximação e contato. Outros precisarão de uma adaptação, como o caso dos programas reflexivos para autores de violência (que deverão ter um foco nas temáticas específicas).

Essas reflexões exigem mais duas análises: o caso da violência contra crianças e adolescentes e contra homens gays. Em relação à violência contra crianças e adolescentes, o STJ possui precedente entendendo que, nas comarcas em que não houver a criação de vara especializada em crimes contra crianças e adolescentes (ver infra)[17]. Essa decisão foi proferida em razão do que estabelece o art. 23, parágrafo único, da Lei n. 13.431/2017:

> Art. 23. Os órgãos responsáveis pela organização judiciária poderão criar juizados ou varas especializadas em crimes contra a criança e o adolescente.
>
> Parágrafo único. Até a implementação do disposto no caput deste artigo, o julgamento e a execução das causas decorrentes das práticas de violência ficarão, preferencialmente, a cargo dos juizados ou varas especializadas em violência doméstica e temas afins.

Nesse caso, não se trata propriamente de uma aplicação da LMP para crimes contra crianças e adolescentes, mas de uma aplicação da regra de competência da Lei n. 13.431/2017 para atribuir o julgamento dos crimes de violência doméstica e familiar

17. STJ, HC n. 728.173/RJ, rel. Min. Olindo Menezes (Convocado), 3ª Seção, j. 26/10/2022.

contra os meninos também ao Juizado da Mulher, com a aplicação da LHB. Registre-se que essa regra legal é criticável, pois retira a especialização do Juizado da Mulher; em razão do princípio da prioridade absoluta da proteção à infância e juventude, as mulheres perdem a preferência de julgamento em seu próprio juízo especializado. Além da sobrecarga de trabalho aos já abarrotados Juizados da Mulher.

De acordo com a decisão do STJ: (i) se na comarca há vara especializada em crimes contra crianças e adolescentes, essa competência prevalece sobre a do Juizado da Mulher (por ser, no caso da violência doméstica contra as meninas, uma espécie de especialização dentro da especialização); (ii) nas comarcas que não há vara especializada em crimes contra crianças e adolescentes, mas há Juizado da Mulher, os crimes contra as crianças e adolescentes serão julgados pelo Juizado da Mulher – os contra as meninas por aplicação direta da LMP, e o contra meninos por extensão da competência, não do estatuto jurídico, cf. Lei n. 13.431/2017; (iii) nas comarcas em que não há vara especializada em crimes contra crianças e adolescentes nem Juizado da Mulher, a competência para julgar esses crimes será da vara criminal.

Finalmente, em relação aos homens GBTI, o STF proferiu decisão entendendo que há um estado de omissão legislativa na proteção deste grupo vulnerável, e entendeu que é possível aplicar-se por analogia as normas protetivas da LMP para este grupo, no contexto de violências intrafamiliares (ver infra). Em nossa interpretação, a decisão do STF não importa em deslocamento de competência, nem em agravamento criminal, mas de aplicação analógica das normas protetivas (como as medidas protetivas de urgência). Ou seja, se um homem gay sofrer violência doméstica, ele poderá no registro da ocorrência policial solicitar MPU, que deverá ser processada segundo o rito expedito previsto na LMP.

Entendemos que houve um equívoco da parte do STF em indicar em sua decisão que seria possível aplicar a lei ao homem gay se ele estiver "na posição de subalternidade dentro da relação". Primeiramente porque não cabe realizar uma comparação de posições masculina (autoridade) e feminina (subalternidade) numa relação homossexual, já que ambos se inserem em um grupo socialmente discriminado, portanto mais vulnerável no contexto de violência. Em segundo lugar, porque o fato de experimentar uma violência já é, por si só, uma situação de vulnerabilidade que exige a proteção. Discutir vulnerabilidade concreta para fixar o estatuto protetivo gera um nível de insegurança jurídica não tolerável. O que deve sempre ser feito é a análise da suficiência das provas para a concessão ou não da proteção pleiteada.

JURISPRUDÊNCIA

Competência do Juizado da Mulher para julgar crimes contra crianças e adolescentes, na ausência de vara especializada

EMBARGOS DE DIVERGÊNCIA EM AGRAVO EM RECURSO ESPECIAL. DISSÍDIO JURISPRUDENCIAL ACERCA DA COMPETÊNCIA PARA PROCESSAR CRIME DE ESTUPRO PERPETRADO CONTRA CRIANÇA E ADOLESCENTE NO CONTEXTO DE VIOLÊNCIA DOMÉSTICA E FAMILIAR. CRITÉRIO ETÁRIO INAPTO A AFASTAR A COMPETÊNCIA ESTABELECIDA NA LEI N. 11.340/2006. ADVENTO DA LEI N. 13.431/2017. COMPETÊNCIA DA VARA ESPECIALIZADA EM CRIMES CONTRA CRIANÇA E ADOLESCENTE E, DE FORMA SUBSIDIÁRIA, DA VARA ESPECIALIZADA EM VIOLÊNCIA DOMÉSTICA. ACÓRDÃO DO TRIBUNAL A QUO RESTABELECIDO.

1. A Lei n. 11.340/2006 não estabeleceu nenhum critério etário para incidência das disposições contidas na referida norma, de modo que a idade da vítima, por si só, não é elemento apto a afastar a competência da vara especializada para processar os crimes perpetrados contra vítima mulher, seja criança ou adolescente, em contexto de violência doméstica e familiar.

2. A partir da entrada em vigor da Lei n. 13.431/2017, estabeleceu-se que as ações penais que apurem crimes envolvendo violência contra crianças e adolescentes devem tramitar nas varas especializadas previstas no caput do art. 23, no caso de não criação das referidas varas, devem transitar nos juizados ou varas especializados em violência doméstica, independentemente de considerações acerca da idade, do sexo da vítima ou da motivação da violência, conforme determina o parágrafo único do mesmo artigo. Assim, somente nas comarcas em que não houver varas especializadas em violência contra crianças e adolescentes ou juizados/varas de violência doméstica é que poderá a ação tramitar na vara criminal comum.

3. Embargos acolhidos para fixar a tese de que, após o advento do art. 23 da Lei n. 13.431/2017, nas comarcas em que não houver vara especializada em crimes contra a criança e o adolescente, compete à vara especializada em violência doméstica, onde houver, processar e julgar os casos envolvendo estupro de vulnerável cometido pelo pai (bem como pelo padrasto, companheiro, namorado ou similar) contra a filha (ou criança ou adolescente) no ambiente doméstico ou familiar. Restabelecido o acórdão exarado na Corte de origem.

4. A tese ora firmada terá sua aplicação modulada nos seguintes termos: a) nas comarcas em que não houver juizado ou vara especializada nos moldes do art. 23 da Lei 13.431/2017, as ações penais que tratam de crimes praticados com violência contra a criança e o adolescente, distribuídas até a data da publicação do acórdão deste julgamento (inclusive), tramitarão nas varas às quais foram distribuídas originalmente ou após determinação definitiva do Tribunal local ou superior, sejam elas juizados/varas de violência doméstica, sejam varas criminais comuns;
b) nas comarcas em que não houver juizado ou vara especializada nos moldes do art. 23 da Lei 13.431/2017, as ações penais que tratam de crimes praticados com violência contra a criança e o adolescente, distribuídas após a data da publicação do acórdão deste julgamento, deverão ser obrigatoriamente processadas nos juizados/varas de violência doméstica e, somente na ausência destas, nas varas criminais comuns.
(STJ, EAREsp n. 2.099.532/RJ, rel. Min. Sebastião Reis Júnior, 3ª S., j. 26/10/2022)

Extensão da LMP a homens GBTI+

Ementa: CONSTITUCIONAL. MANDADO DE INJUNÇÃO. LEI MARIA DA PENHA. VIOLÊNCIA DOMÉSTICA OU INTRAFAMILIAR. RELAÇÕES FAMILIARES HOMOAFETIVAS. HOMENS GBTI+. TRAVESTIS. TRANSEXUAIS. DIREITO FUNDAMENTAL À SEGURANÇA. PRINCÍPIO DA IGUALDADE. CONFIGURADA A OMISSÃO LEGISLATIVA DO CONGRESSO NACIONAL. ORDEM CONCEDIDA. I. CASO EM EXAME
[...] 5. Considerando que a Lei Maria da Penha foi editada para proteger a mulher contra violência doméstica, a partir da compreensão de subordinação cultural da mulher na sociedade, é possível estender a incidência da norma aos casais homoafetivos do sexo masculino, se estiverem presentes fatores contextuais que insiram o homem vítima da violência na posição de subalternidade dentro da relação. 6. A não incidência da Lei Maria da Penha aos casais homoafetivos masculinos e às mulheres travestis ou transexuais nas relações intrafamiliares pode gerar uma lacuna na proteção e punição contra a violência doméstica, já que esses acontecimentos permeiam a sociedade de forma atroz. Há, portanto, uma responsabilidade do Estado em garantir a proteção, no campo doméstico, a todos os tipos de entidades familiares. 7. Configurada a omissão legislativa, ante a ausência de norma que estenda a proteção da Lei Maria da Penha aos homens GBTI+, vítimas de violência doméstica, circunstância que tem inviabilizado a fruição do direito fundamental à segurança por este grupo social, considerada especialmente a proibição de proteção deficiente oriunda do princípio da proporcionalidade. IV. DISPOSITIVO 8. ORDEM CONCEDIDA para reconhecer a mora legislativa e determinar a incidência da norma protetiva da Lei Maria da Penha aos casais homoafetivos do sexo masculino e às mulheres travestis ou transexuais nas relações intrafamiliares.
(STF, MI 7452, rel. Min. Alexandre de Moraes, Pleno, j. 24/02/2025)

5.4. VÍTIMA MULHER

A Lei Maria da Penha tem aplicação para mulheres em situação de violência e, nos termos do art. 22, III, alínea "b", também para seus familiares e testemunhas, e, conforme o art. 19, § 4º, introduzido pela Lei n. 14.550/2023, protege também seus dependentes.

Para a proteção, não há necessidade de se comprovar a vulnerabilidade da mulher, que é presumida pela lei e decorre da própria violência. Assim, ainda que a vítima seja social e economicamente ativa, haverá incidência da lei para protegê-la.

O questionamento quanto à vulnerabilidade concreta da mulher restou superado após o *leadign case* de um processo de violência contra uma renomada atriz. O Tribunal de Justiça do Rio de Janeiro tinha afastado a incidência da Lei Maria da Penha, nos seguintes termos[18]:

> uma simples análise dos personagens do processo, ou mesmo da notoriedade de suas figuras públicas, já que ambos são atores renomados, nos leva a concluir que a indicada vítima, além de não conviver em relação de afetividade estável como o réu ora embargante, não pode ser considerada uma mulher hipossuficiente ou em situação de vulnerabilidade.

O Ministério Público interpôs Recurso Especial e o Superior Tribunal de Justiça decidiu que a vulnerabilidade da mulher em situação de violência é presumida. Consta da decisão:

> A situação de vulnerabilidade e fragilidade da mulher, envolvida em relacionamento íntimo de afeto, nas circunstâncias descritas pela lei de regência, se revela ipso facto. Com efeito, a presunção de hipossuficiência da mulher, a implicar a necessidade de o Estado oferecer proteção especial para reequilibrar a desproporcionalidade existente,

18. A decisão do TJ-RJ faz parte do acórdão: STJ, REsp 1.416.580/RJ, rel. Min. Laurita Vaz, Quinta Turma, j. 8/05/2014, DJe 16/05/2014.

> constitui-se em pressuposto de validade da própria lei. Vale ressaltar que, em nenhum momento, o legislador condicionou esse tratamento diferenciado à demonstração dessa presunção, que, aliás, é ínsita à condição da mulher na sociedade hodierna.
>
> (STJ, REsp n. 1.416.580/RJ, relatora Ministra Laurita Vaz, Quinta Turma, j. 1/4/2014, DJe de 15/4/2014).

Essa discussão sobre condições pessoais da mulher, ou de avaliação se a violência doméstica seria ou não uma violência baseada no gênero, restaram superadas com o advento do art. 40-A da LMP, introduzido pela Lei n. 14.550/2023, que estabelece que:

> Art. 40-A. Esta Lei será aplicada a todas as situações previstas no seu art. 5º, independentemente da causa ou da motivação dos atos de violência e da condição do ofensor ou da ofendida.

A proteção jurídica à mulher compreende as mulheres trans, ou seja, pessoas que foram designadas no nascimento como masculinas pela avaliação biológica, mas que se identificam como mulheres e constroem suas relações sociais a partir desta identidade. Trata-se de conceito jurídico e não biológico, posto que o critério determinante para a aplicação da lei é a identidade de gênero.

Embora a mulher trans possa alterar o nome ou o sexo administrativamente, não há exigência de prévia modificação de nome, anotação de sexo, nem cirurgia de redesignação sexual. Vale a autodeterminação da pessoa, que se identifica como mulher.

A autodeterminação quanto à identidade de gênero e a possibilidade de alterar nome e sexo em registro civil, sem necessidade de ingressar com ação, foi consolidada com o julgamento da ADI 4.275[19] e em seguida o CNJ publicou o Provimento n. 73 regulamentando o procedimento administrativo pelo qual os Cartórios de Registro de Pessoas ficam responsáveis por providenciar a

---

19. STF, RE 670.422, rel. Min. Dias Toffoli, Tribunal Pleno, j. 15/08/2018, DJe 10/3/2020.

alteração de nome e marcador de gênero nas certidões de nascimento[20].

Vale registrar que a Corte IDH reconheceu a necessidade de se aplicar as disposições protetivas da Convenção de Belém do Pará, sobre violência contra as mulheres, também às mulheres trans, no Caso Vicky Hernandez[21].

ENUNCIADOS – MULHERES TRANS

COPEVID – Enunciado n. 30 (001/2016): "A Lei Maria da Penha pode ser aplicada a mulheres transexuais e/ou travestis, independentemente de cirurgia de transgenitalização, alteração do nome ou sexo no documento civil". (Aprovado na I Reunião Ordinária do GNDH em 05/05/2016 e pelo Colegiado do CNPG em 15/06/2016).

FONAVID – ENUNCIADO 46: "A lei Maria da Penha se aplica às mulheres trans, independentemente de alteração registral do nome e de cirurgia de redesignação sexual, sempre que configuradas as hipóteses do artigo 5o, da Lei 11.340/2006". (APROVADO no IX FONAVID – Natal).

CONDEGE – Enunciado IV: "A transexual declarada judicialmente como mulher deve ser atendida pela Defensoria Pública com aplicação da Lei Maria da Penha".

JURISPRUDÊNCIA

STF - "ORDEM CONCEDIDA para reconhecer a mora legislativa e determinar a incidência da norma protetiva da Lei Maria da Penha aos casais homoafetivos do sexo masculino e às mulheres travestis ou transexuais nas relações intrafamiliares".

(STF, MI 7452, rel. Min. Alexandre de Moraes, Pleno, j. 24/02/2025)

MI 7452

Decisão: O Tribunal, por unanimidade, concedeu a ordem para **reconhecer a mora legislativa e determinar a incidência da norma protetiva da Lei Maria da Penha aos casais homoafetivos do sexo masculino e às mulheres travestis ou transexuais nas relações intrafamiliares**, nos termos do voto do Relator. Os Ministros Cristiano Zanin, André Mendonça e Edson Fachin acompanharam o Relator com ressalvas. Falou, pelas impetrantes, o Dr. Paulo Iotti. Plenário, Sessão Virtual de 14.2.2025 a 21.2.2025.

---

20. CNJ. **Provimento n. 73,** de 28 de junho de 2018. Disponível em: <https://www.cnj.jus.br/wp-content/uploads/2018/06/434a36c27d599882610e933b8505d0f0.pdf>. Acesso em: 14 abr 2021.

    Ver ainda: GHERI, Pamela Michelena de Marchi et al. **Guia para retificação de registro civil de pessoas não-cisgêneras.** Brasil: ANTRA, 2019. Disponível em: https://mpce.mp.br/wp-content/uploads/2022/08/Guia-para-Retificac%CC%A7a%CC%83o-Registro-Civil-de-Pessoas-na%CC%83o-cisge%CC%82neras.pdf

21. Corte IDH, Caso Vicky Hernandez e outras vs. Honduras, 2021.

5.5. DEPENDENTES DA VÍTIMA

O art. 22, inciso III, alíneas "a" e "b", da LMP, já previa a possibilidade de proteção não apenas à mulher, mas também a seus familiares e suas testemunhas. Com as alterações introduzidas pela Lei n. 14.550/2023, passou a constar expressamente que as medidas protetivas abrangem a vítima e seus dependentes (art. 19, parágrafos 4º e 6º).

Considera-se dependente a pessoa que está sob os cuidados da vítima, ainda que não exista uma decisão judicial ou legislação específica a respeito. Estão compreendidos no conceito de "dependentes" não só filhos e filhas, como também ascendentes, pessoas idosas ou doentes que em razão de seu vínculo com a ofendida estejam em situação de risco.

A proteção é importante, já que muitos agressores atacam parentes ou pessoas ligadas à vítima como forma de intimidação ou perpetuação da violência. Em casos mais graves, essas pessoas também são vítimas diretas e indiretas do crime de feminicídio, que pode ser evitado com o deferimento de medidas protetivas.

A pesquisa *Raio X do Feminicídio em São Paulo: é possível prevenir a morte de mulheres* revelou que, para cada 4 feminicídios, um deles atinge uma outra pessoa além da mulher: "em 26 % dos casos analisados há vítimas diretas ou indiretas que sofreram com a ação do agente. Essas pessoas são os filhos e filhas da vítima, suas mães, irmãs, irmãos, vizinhos, conhecidos, novos parceiros, pessoas que tentaram ajudar a mulher no momento da prática do crime"[22].

Nesse contexto, filhos e filhas representam a faceta mais vulnerável da violência contra a mulher. Ainda que não sejam atacados diretamente, o fato de estarem expostos aos atos violentos e a um padrão comportamental de violência de gênero faz

---

22. SCARANCE FERNANDES, Valéria Diez (Coord.). **Raio X do Feminicídio em São Paulo: é possível evitar a morte**. 2018. Disponível em: https://mpsp.mp.br/documents/20122/1217560/RaioXFeminicidioC.PDF Acesso em: 08 dez. 2023.

com que tenham consequências diretas para seu desenvolvimento e formação pessoal.

Daniela Reis e Silva ressalta que[23]

> O trauma na infância tem um impacto profundo no funcionamento emocional, comportamental, cognitivo, social e físico da criança. Verificam-se, nesta fase, respostas mentais e físicas ao trauma, incluindo hipersensibilidade fisiológica e dissociação. Uma vez que o cérebro em desenvolvimento organiza e interioriza nova informação de forma idiossincrática, existe uma maior probabilidade de desenvolvimento de sintomas neuropsiquiátricos após o trauma.

Importante alteração legislativa de 2023 prevê que não pode ser deferida guarda compartilhada quando "houver elementos que evidenciem a probabilidade de risco de violência doméstica ou familiar" (art. 1584, § 2º, Código Civil com a redação da Lei n. 14.713/2023).

Ademais, o Pacote Antifeminicídio também trouxe um olhar para os filhos da violência, estabelecendo que a condenação por crime contra a mulher – em relação afetiva, doméstica e familiar ou mediante menosprezo ou discriminação à mulher – importa em incapacidade para o exercício do poder familiar (art. 92, II, CP, alterado pela Lei n. 14.994/2024).

A proteção de filhos e filhas na Vara de Violência Doméstica e Familiar contra a mulher ocorrerá quando existir uma situação de violência contra a mulher que atinja também os filhos ou quando a proteção à mulher exigir a restrição de direitos quanto aos filhos. Podemos imaginar seis contextos:

- **Vítimas diretas:** o ofensor pratica a violência contra a mulher e diretamente contra as crianças ou adolescentes (Exemplo: ameaça matar a mulher e os filhos). Nesse caso, os filhos são

23. Silva, Daniela Reis e. **EMDR como possibilidade de psicoterapia para o luto**: um estudo de caso instrumental coletivo. Tese apresentada à Banca Examinadora da Pontifícia Universidade Católica de São Paulo, como exigência para obtenção do título de Doutora em Psicologia Cínica. São Paulo, 2019, p. 250.

vítimas diretas e podem ser objeto de proteção tanto pela Lei Maria da Penha como pela Lei Henry Borel.

• **Vítimas indiretas:** o ofensor pratica a violência contra a mulher na presença dos filhos, mas sem praticar o ato de violência diretamente contra os filhos (por exemplo, agressão física ou ameaça). Nessa situação, deve-se considerar que as crianças são vítimas indiretas, bem como são testemunhas, sendo titulares de um direito autônomo de proteção. Nesse sentido, a Lei do Depoimento Especial considera violência psicológica contra os filhos a exposição a um crime violento contra alguém da família ou rede de apoio, particularmente quando isto a torna testemunha (art. 4º, II, "c", Lei n. 13.431/2017).

• **Violência exclusiva contra a mulher:** é uma hipótese mais incomum, já que em regra os agressores não deixam de praticar violência em razão da presença de filhos e familiares da mulher. Nestes casos, ainda que os filhos não sejam vítimas diretas ou indiretas, é possível o deferimento de protetivas em relação a eles como forma de proteger a genitora ou evitar o agravamento do risco.

Imagine-se, por exemplo, um caso de *stalking* associado a graves ameaças à vida da mulher, em que ela precisa estar em endereço sigiloso, e o exercício do direito de visitação viesse colocá-la em risco. Ou ainda da necessidade de a mulher ter um afastamento momentâneo do companheiro abusivo e controlador para se reestruturar emocionalmente e não regressar ao ciclo de violência. Nesses contextos, a proteção à mulher também atende aos interesses de proteção das crianças, pois proteger a pessoa que presta cuidados às crianças é uma forma de também proteger as crianças[24]. Apesar disso, a concessão de medidas de regulamen-

24. O exemplo merece duas observações. Primeiro, se há uma grave situação de risco à mulher, provavelmente os filhos dela já estarão em uma situação de exposição à violência que os torne vítimas indiretas, quanto à violência psicológica. Segundo, não se está afirmando que as mulheres deveriam ser as cuidadoras primárias dos filhos, apenas se reconhece que essa é uma situação ordinária diante das atuais relações de gênero e, portanto, a mulher merece receber uma proteção especial nessa situação de sobrecarga nos cuidados domésticos dos filhos. Muitas vezes demandas por homens abusivos para exercerem a

tação de guarda, visitação e alimentos aos filhos é essencial para resolver a situação de violência contra a mulher, permitindo-lhe ter autonomia de sustento dos filhos e estabilidade relacional.

- **Violência vicária:** o ofensor pratica a violência contra a criança ou adolescente com a finalidade de atingir psicologicamente a mulher. Trata-se da denominada violência vicária. Por se tratar de forma de violência psicológica contra a mulher, deve-se entender que há aplicação da Lei Maria da Penha, bem como da Lei Henry Borel.

- **Violência exclusiva em relação aos filhos:** o ofensor pratica a violência exclusivamente contra a criança ou adolescente, sem conexão com ato de violência contra a mulher. Nesse caso, deve-se aplicar a Lei Henry Borel em juízo específico.

- **Violências em momentos distintos contra mulher e filhos:** em determinados momentos o ofensor pratica a violência exclusivamente contra a criança ou adolescente, e em outros contextos pratica a violência contra a mulher.

Nessa última situação, deve-se separar a avaliação em relação à tutela criminal e cível. Na perspectiva criminal, se não houver conexão probatória entre os dois crimes, os processos deverão ser separados, entre o juízo responsável pela aplicação da Lei Maria da Penha (violência contra a mulher) e o juízo responsável pela Lei Henry Borel (violência contra crianças e adolescentes). Todavia, em relação às medidas protetivas de urgência, o princípio da proteção integral exige que todos os problemas da mulher derivados da situação de violência sejam solucionados de forma única perante um mesmo juízo. Portanto, entendemos que os filhos podem ser alcançados por medidas de proteção deferidas pelo juizado da mulher, como forma de ela imediatamente resolver seus problemas com o agressor. Nesse contexto, o juizado da mulher deverá levar em consideração em sua decisão de proteção integral os episódios de violência contra os filhos, os quais são, inclusive, fatores de risco de violência contra a mulher.

guarda compartilhada de filhos consiste em uma estratégia de continuar aproximando-se das mulheres para continuar a manter controle sobre elas.

6

PROCESSO PROTETIVO

6.1. NOÇÕES GERAIS

Na Lei Maria da Penha há dois tipos de procedimentos: procedimento criminal e o procedimento protetivo. O procedimento criminal tem por finalidade a apuração do fato tipificado como infração penal e eventual imposição de pena, garantindo-se uma persecução penal sem revitimização. Por sua vez, o procedimento protetivo tem por finalidade a proteção da mulher e/ou dependentes diante de uma situação de risco. Os dois procedimentos são independentes, têm natureza, objeto e fundamentos distintos (ver gráfico ao final deste Capítulo).

O processo protetivo tem natureza civil (*ou sui generis)* e é autônomo em relação ao procedimento criminal ou qualquer outro procedimento (art. 19 da Lei Maria da Penha e Tema 1.249 STJ).

Desde o surgimento da Lei Maria da Penha, havia entendimento doutrinário e jurisprudencial pela autonomia das medidas protetivas, mas persistiam decisões que vinculavam a proteção a um procedimento criminal. Era muito comum que, arquivado o inquérito ou absolvido o réu por falta de provas, por exemplo, as medidas protetivas fossem automaticamente revogadas. Esse entendimento tornou-se inadmissível após o advento da Lei n. 14.550/2023.

Embora o procedimento protetivo da Lei Maria da Penha seja precursor em nosso ordenamento e não se enquadre em nenhum procedimento anteriormente previsto, há uma tendência no Direito de se olhar o novo sob a lente do sistema antigo, como se todos os procedimentos tivessem que se adequar obrigatoriamente a um modelo preexistente. Esse tipo de raciocínio tem gerado uma excessiva burocratização nos processos protetivos e uma resistência em se desvincular a proteção da apuração criminal.

Em 2004, quando Antonio Scarance Fernandes apresentou no Largo São Francisco sua tese Procedimento no Processo Penal, já salientava que "às vezes, uma mesma denominação é atribuída, em momentos diferentes, a procedimentos diversos". Cita que, na Itália, antes do Código de Processo Penal de 1988, "procedimento especial era um tipo de procedimento cuja regulamentação divergia do esquema típico, sendo chamada pela doutrina de 'procedimento anormal' porque não adotava os princípios fundamentais de regulação do processo típico"[1].

Com a Lei n. 14.550/2023, a autonomia das medidas protetivas passou a constar expressamente do ordenamento. Pela letra da lei, não há necessidade de registro prévio de boletim de ocorrência, da tipificação da violência como crime ou da instauração de um processo civil ou criminal prévios. Essa autonomia garante uma proteção mais rápida e efetiva para mulheres e seus dependentes, como preceitua o art. 19, §§ 1º a 6º, da Lei Maria da Penha, em consonância com as Convenções Internacionais.

A Convenção CEDAW prevê no art. 2º, letra "c", "a proteção jurídica dos direitos da mulher numa base de igualdade com os do homem e garantir, por meio dos tribunais nacionais competentes

1. FERNANDES, Antonio Scarance. **Procedimento no Processo Penal**: noções, perspectivas simplificadoras e os rumos no Direito Brasileiro. Tese apresentada para Concurso de Professor Titular de Direito Processual Penal. São Paulo, 2004, p. 55.

e de outras instituições públicas, a proteção efetiva da mulher contra todo ato de discriminação"[2].

Na mesma linha, a Convenção de Belém do Pará prevê que os Estados-Partes devem[3]:

> Art. 7º c) incorporar na sua legislação interna normas penais, civis, administrativas e de outra natureza, que sejam necessárias para prevenir, punir e erradicar a violência contra a mulher, bem como adotar as medidas administrativas adequadas que forem aplicáveis.
>
> Art. 7º f) estabelecer procedimentos jurídicos justos e eficazes para a mulher sujeitada a violência, inclusive, entre outros, medidas de proteção, juízo oportuno e efetivo acesso a tais processos.

Embora o processo criminal esteja circunscrito aos âmbitos afetivo, doméstico e familiar, o processo protetivo da Lei Maria Penha é mais amplo e está fundado nas referidas Convenções Internacionais.

Trata-se de uma proteção abrangente, que compreende qualquer violência de gênero contra a mulher que se encontre em situação de risco, ainda que ocorra em outro contexto, como uma relação de trabalho, educacional ou de vizinhança[4].

Processo Criminal VDFM	Processo Protetivo VDFM
Tem como objeto central a apuração do crime	Tem como objeto central a proteção da mulher e seus dependentes

2. BRASIL. **Decreto n. 4377**, de 13 de setembro de 2002. Promulga a Convenção sobre a Eliminação de Todas as Formas de Discriminação contra a Mulher, de 1979. Disponível em: https://www.planalto.gov.br/ccivil_03/decreto/2002/D4377.htm.

3. BRASIL. **Decreto n. 1973**, de 1º de agosto de 1996. Promulga a Convenção Interamericana para Prevenir, Punir e Erradicar a Violência contra a Mulher, concluída em Belém do Pará, em 9 de junho de 1994. Disponível em: https://www.planalto.gov.br/ccivil_03/decreto/1996/d1973.htm

4. A respeito ver supra, cap. 5.2 desta obra.

Violência física, psicológica, patrimonial, sexual ou moral contra a mulher (art. 7º da Lei Maria da Penha)	Qualquer violência de gênero contra a mulher, já que o processo protetivo tem fundamento nas Convenções Internacionais e é mais amplo do que a Lei Maria da Penha5
O fato apurado deve estar previsto em lei como infração penal	O fato pode ser atípico (art. 19, § 5º, LMP)
Para o processo criminal, exige-se justa causa (certeza da existência do crime, indícios de autoridade e tipicidade em tese)	Basta a verossimilhança da palavra da vítima relatando a situação de violência, pois há presunção de perigo (art. 19, § 4º, LMP)
Competência do JVDF ou Juiz Criminal do local da consumação do crime (art. 70 CPP)	Há "foro de eleição" e a vítima pode optar por solicitar medidas no local do fato, de sua residência/domicílio ou do domicílio do agente perante uma autoridade civil ou criminal (art. 15 e art. 24-A, § 3º, da Lei Maria da Penha)
A sentença condenatória ou absolutória faz coisa julgada formal e material.	A decisão pode ser revista a todo momento (*rebus sic stantibus*).

6.2. INSTRUMENTALIDADE DO PROCESSO

As medidas protetivas podem importar em restrição a alguns direitos e à locomoção do agente, que se justificam em razão do perigo e da necessidade do caso concreto. Trata-se de uma restrição provisória, motivada pela urgência e não de uma decisão definitiva de privação de direitos. Ademais, trata-se de uma restrição meramente tangencial da liberdade de locomoção, pois o agente ainda pode exercer seu direito de liberdade em todos os demais locais não alcançados pela ordem judicial. Essa restrição meramente tangencial não desnatura a natureza não-criminal das medidas protetivas, configuradas como uma obrigação de não fazer diante do perigo de um ato jurídico ilícito

Nesse sentido, o STJ firmou o entendimento de que as medidas protetivas têm natureza de tutela inibitória, não possuem prazo determinado e estão vinculadas apenas ao perigo (Tema Repetitivo 1.249 STJ).

As linhas gerais do procedimento estão previstas na própria Lei Maria da Penha, que silenciou quanto aos atos processuais

5. Ver cap. 5.2.

que devem ser praticados após a decisão judicial. Essa omissão tem levado a vários entendimentos, alguns que transformam o procedimento protetivo em algo extremamente formal, citando-se o agressor para que oferte resposta e até se deferindo a dilação probatória.

Esse equívoco tem levado a uma excessiva burocratização do procedimento e até mesmo prejuízo para a proteção da mulher.

Todo processo – e em especial aquele que tem como objeto a prevenção de uma grave violência como é o processo protetivo – deve ter natureza instrumental, enquanto um meio para que se realize o direito, respeitadas as garantias individuais dos envolvidos.

Há muito, ANTONIO SCARANCE FERNANDES faz um estudo crítico do excessivo formalismo do processo brasileiro à luz da eficiência-garantismo, salientando a necessidade de simplificação procedimental em que "o empenho deve ser o de construir procedimentos adequados e aderentes à realidade subjacente e que simplifiquem o sistema criminal com respeito às garantias individuais"[6].

Em um país em que os procedimentos são inflexíveis, detalhados e formalistas, o apego exclusivo à forma, sem a análise do binômio eficiência-garantismo, pode levar à desproteção da mulher e seus dependentes.

Na jurisprudência do Superior Tribunal de Justiça tem-se observado uma flexibilização, exigindo-se a ocorrência de prejuízo para a decretação de qualquer nulidade – e não apenas nos casos de inobservância de formalidades secundárias.

Assim, decidiu o STJ que "o reconhecimento de nulidade processual, ainda que absoluta, depende da demonstração do efetivo prejuízo, por aplicação do princípio pas de nullité sans

6. FERNANDES, Antonio Scarance. **Procedimento no Processo Penal**: noções, perspectivas simplificadoras e os rumos no Direito Brasileiro. Tese apresentada para Concurso de Professor Titular de Direito Processual Penal. São Paulo, 2004, p. 61.

grief" (STJ, AgRg HC 846.487/RO, ver jurisprudência citada ao final do capítulo).

A Comissão Interamericana de Direitos Humanos indica a natureza especial dos recursos para a proteção judicial dos direitos humanos das mulheres, prevendo-se "a aplicação de medidas de proteção em consulta com as pessoas afetadas"[7]:

> Nesse sentido, tratando-se de ações de proteção de direitos fundamentais em casos urgentes, **o caráter ritual da prova não deve ser o mesmo exigido no processo ordinário**, uma vez que se trata de adotar em curto espaço de tempo as medidas necessárias à proteção imediata dos direitos ameaçados. Por exemplo, enquanto no direito penal a ameaça à vida só se constitui com o início da fase de execução do crime, em matéria cautelar a proteção do direito à vida deve incluir a proteção contra qualquer ato que ameace esse direito, independentemente da magnitude ou grau de probabilidade da ameaça, desde que seja verdadeira. (grifo nosso)

JURISPRUDÊNCIA

STJ - Tema Repetitivo 1.249

"I) Natureza jurídica das medidas protetivas de urgência previstas na Lei Maria da Penha; II) (im)possibilidade de fixação, pelo magistrado, de prazo predeterminado de vigência da medida.

I - As medidas protetivas de urgência (MPUs) têm natureza jurídica de tutela inibitória e sua vigência não se subordina à existência (atual ou vindoura) de boletim de ocorrência, inquérito policial, processo cível ou criminal".

(STJ, RESP 2.070.717/MG, rel. p/ ac. Min. Rogério Schietti Cruz, Terceira Seção, j. 13/11/2024)

Instrumentalidade das formas – ausência de nulidade sem prejuízo

STJ – "O reconhecimento de nulidade processual, ainda que absoluta, depende da demonstração do efetivo prejuízo, por aplicação do princípio pas de nullité sans grief"

7. CIDH. **Acceso a la justicia para las mujeres víctimas de violencia en las Américas**. 2007, p. 27, trad. nossa. Disponível em: https://www.cidh.oas.org/pdf%20files/Informe%20Acceso%20a%20la%20Justicia%20Espanol%2020507.pdf.

(STJ, AgRg HC 846.487/RO, rel. Min. Joel Ilan Paciornik, Quinta Turma, j. 04/03/2024, DJe 06/03/2024).

STJ – "A jurisprudência desta Corte é reiterada no sentido de que a decretação da nulidade processual, ainda que absoluta, depende da demonstração do efetivo prejuízo por aplicação do princípio do pas de nullité sans grief. No caso em análise, além de preclusa a questão, como consignado no acórdão recorrido, a defesa não logrou demonstrar qual o prejuízo experimentado em razão da alegada falta de intimação para se manifestar acerca do laudo pericial. 2. Agravo regimental desprovido". (STJ, AgRg AgRg AREsp 1709.692/SC, rel. Min. Joel Ilan Paciornik, Quinta Turma, j. 08/09/2020, DJe 15/09/2020).

6.3. PROCEDIMENTO PARA AS MEDIDAS PROTETIVAS (RITO)

A Lei Maria da Penha regulamentou parcialmente o procedimento para as medidas protetivas. Não há rigor formal na sua tramitação, que deve ser célere e ter por base provas pré-constituídas. Em linhas gerais, o procedimento é o seguinte:

Há quem defenda que deveria ser aplicado o mesmo procedimento do mandado de segurança à MPU. Ainda que a natureza jurídica da MPU se assemelhe aos *writs* constitucionais, no sentido de que há uma ordem judicial para cessão de violação de direitos fundamentais, há particularidades. Não é possível deferir a MPU e em seguida arquivar-se imediatamente o processo, porque não seria possível uma ordem eterna de proibição de aproximação e contexto (as medidas mais usuais). É necessário um procedimento de monitoramento das medidas deferidas, a reavaliação da evolução do risco e oportunamente a revogação da medida. Ademais, é essencial que o recurso contra eventual revogação da MPU permita um acesso imediato ao Tribunal, com possibilidade de decisão liminar, pois como o próprio nome já diz, a solicitação de proteção é caracterizada pela urgência.

Em verdade, as MPUs exigem um procedimento próprio, que seja adequado à dinâmica da violência doméstica e familiar. Ao invés de tentar aplicar por analogia um outro procedimento existente, é mais produtivo avaliar o que é realmente necessário para a proteção eficiente da mulher, assegurando-se os direitos básicos do suposto ofensor, para daí derivar a construção do procedimento protetivo necessário às especificidades deste contexto.

6.4. REQUERIMENTO

Possuem legitimidade ativa para formular o requerimento de medidas protetivas de urgência a própria vítima ou o Ministério Público (art. 19, *caput*, Lei Maria da Penha). Uma interpretação sistemática dos deveres de proteção pela autoridade policial permite a conclusão de que ela também tem o poder/dever de representar ao juiz pela concessão de proteção (art. 11, inciso I e art. 12-C Lei Maria da Penha).

O requerimento formulado pela vítima pode ocorrer perante a Delegacia de Polícia, perante o Ministério Público, ou ainda diretamente perante o Juizado de Violência Doméstica, sem a necessidade de intervenção de defensor constituído. Na primeira situação, a Delegacia de Polícia atua como uma espécie de colaborador do sistema de justiça, recebendo um pedido de proteção que, apesar de não ter natureza criminal, correlaciona-se com as funções policiais de promoção de segurança. Estas disposições criam para a autoridade policial o dever de sempre oferecer à mulher um formulário de requerimento das medidas protetivas de urgência quando houver situação de violência Mesmo que a mulher não deseje apresentar representação criminal à autoridade policial, ainda assim deve-se oferecer a possibilidade de requerer a medida protetiva de urgência. Também é possível o requerimento endereçado ao Juízo através de defensor constituído ou através da assistência da Defensoria Pública.

A legitimação autônoma do Ministério Público para o requerimento de medidas protetivas é relevante pois, em muitas situações, a vítima pode não ter a dimensão exata do risco a que está submetida, mas ainda assim há um dever estatal de proteção eficiente. Esse dever é especialmente qualificado quanto há crianças ou pessoas vulneráveis expostas à situação de violência.

Não há formalidade sacramental para o requerimento, basta que descreva a situação de violência contra a mulher e/ou seus dependentes e esteja acompanhado de um relato da vítima em declarações escritas ou depoimento (art. 19, § 4º), que serão analisadas em juízo de cognição sumária. Idealmente, deveria ser indagado à mulher especificamente quais das medidas protetivas elencadas nos artigos 22 a 24 ela necessita, oportunizando a possibilidade de justificar seu requerimento. Por exemplo, no caso de proibição de frequentar determinados lugares, é conveniente que a mulher individualize quais endereços gostaria que o ofensor não frequentasse e o porquê (escola, trabalho, residência de familiares etc.). Todavia, a não individualização de qual medida é solicitada ou sua justificação não podem ser empecilhos à concessão da proteção, diante do princípio da instrumentalidade das formas, sendo um dever das autoridades estatais avaliarem, à luz dos fatos narrados, quais são as medidas de proteção necessárias à mulher.

A violência pode ou não corresponder a um crime e não há necessidade de que se enquadre em uma das modalidades de violência previstas no art. 7º da Lei Maria da Penha, podendo contemplar, por exemplo, uma violência de gênero ocorrida no âmbito do trabalho da vítima ou em redes sociais.

Há presunção relativa do perigo na lei, que decorre da própria situação de vulnerabilidade da mulher em razão da violência, pois "o *standard* decisório é a verossimilhança da alegação da requerente, à luz do princípio da precaução, e gera um parâmetro decisório *in dubio pro tutela*"[8].

O requerimento deve ser endereçado à autoridade judiciária do domicílio/residência da vítima, do lugar do fato ou do domicílio do agressor, a critério da ofendida (art. 15 da Lei Maria da Penha).

JURISPRUDÊNCIA

Requerimento do Ministério Público e inclusão de medida protetiva pelo Tribunal

STJ – "AGRAVO REGIMENTAL EM HABEAS CORPUS. VIOLÊNCIA DOMÉSTICA. MEDIDAS PROTETIVAS. COMPARECIMENTO EM CURSO DE RECUPERAÇÃO E REEDUCAÇÃO. ADEQUAÇÃO AO CASO CONCRETO. NECESSIDADE DA OITIVA DA VÍTIMA DE VIOLÊNCIA DOMÉSTICA PARA REVOGAÇÃO DE MEDIDA PROTETIVA DE URGÊNCIA. RECURSO NÃO PROVIDO.

1. Possibilidade de inclusão de medida protetiva de urgência pelo Tribunal de origem, por requerimento do Ministério Público, quando se verificar que a medida é adequada ao caso concreto, especialmente porque não implica a antecipação da condenação ou a violação à presunção de inocência daquele que a recebe 2. Para a revogação das medidas cautelares aplicadas pelo juiz da causa, é necessário o conhecimento fático da situação atual e oitiva prévia da vítima, o que não se mostra viável em sede de habeas corpus. 3. Agravo regimental não provido".

(STJ, AgRg no HC n. 893.551/MG, rel. Min. Daniela Teixeira, Quinta Turma, j. 13/8/2024, DJe de 16/8/2024).

6.4.1. Capacidade postulatória da vítima

Por muito tempo, a vítima foi tratada como mero objeto ou meio de prova no processo, em especial no processo penal, o que

---

8. ÁVILA, Thiago Pierobom. **Curso de enfrentamento à violência doméstica e familiar contra a mulher**: proteção, persecução penal e atuação prática. Brasília: ESMPU, 2023, p. 78.

começou a mudar com a Lei n. 9.099/1995, que pela primeira vez trouxe a preocupação com a reparação dos prejuízos da vítima como uma das finalidades da intervenção penal, ao se criar a conciliação civil na audiência preliminar e a reparação do dano como condição para a suspensão condicional do processo.

O papel secundário que se atribuía à vítima no processo devia-se, em grande parte, a uma falsa noção de que a pessoa que sofre um crime busca reparação patrimonial ou vingança. Na verdade, vítimas buscam sobrevivência, na maioria dos casos desejam esquecer o fato e relutam em pedir a justa reparação do dano.

Precursor na temática no Brasil, ANTONIO SCARANCE FERNANDES já salientava em 1995 que, a partir dos textos normativos vigentes, importa dar interpretações que assegurem à vítima o gozo de seus direitos, pois[9]:

> não se pode manter mais uma visão meramente abstrata de vítima, considerada um mero sujeito passivo do delito, forçado a colaborar com a Justiça Criminal. É ela, antes de tudo, um sujeito de direitos que deve ter no processo meios de defendê-los de maneira concreta e eficaz, sejam direitos ligados a interesses civis e criminais, seja mesmo direito à tranquilidade, vida privada, à sua intimidade.

A vítima tem capacidade postulatória para solicitar, verbalmente ou por escrito, o deferimento de medidas protetivas para proteção própria e de seus dependentes. Não há necessidade de que esteja assistida por advogado, nem de que seja maior de 18 anos.

Nesse sentido, FREDIE DIDIER JR. e RAFAEL OLIVEIRA salientam que[10]:

---

9. SCARANCE FERNANDES, Antonio. O **papel da vítima no processo criminal**. São Paulo: Malheiros, 1995, p. 56.

10. DIDIER JR., Fredie; OLIVIERA, Rafael Alexandria de. A Lei Maria da Penha e o novo CPC. In: COSTA, Eduardo Fonseca da; SICA, Heitor Vitor Mendonça (Coords). **Repercussões do novo CPC**: Legislação processual extravagante. São Paulo: JusPodivm, 2016, p. 142.

> O pedido de concessão de medidas protetivas de urgência pode ser formulado diretamente pela suposta ofendida, que, para tanto, tem capacidade postulatória. Não é necessário, portanto, que esteja acompanhada de advogado ou defensor público (art. 27 da Lei Maria da Penha). A capacidade postulatória é concedida à mulher, neste caso, apenas para formular a demanda das medidas protetivas de urgência (arts. 22-24 da Lei Federal n. 11.340/06); não a tem, porém, para o acompanhamento do processo a partir daí.

A Lei Maria da Penha prevê que, ao comparecer na Delegacia de Polícia para registrar o boletim de ocorrência, a vítima pode solicitar verbalmente as medidas protetivas e o expediente é encaminhado para a autoridade judiciária em até 48 horas (art. 12 da Lei Maria da Penha).

Além dessa previsão, passou a constar da Lei Maria da Penha que o requerimento da vítima poderá constar de suas "alegações escritas" (art. 19, § 4º, da Lei Maria da Penha), analisadas em juízo de cognição sumária.

Caso o requerimento da vítima não esteja instruído com elementos necessários, ou seja, necessário complementar alguma informação, a autoridade judiciária poderá designar audiência para ouvi-la, ou ainda encaminhar a vítima para atendimento pelo Ministério Público ou Defensoria Pública.

Da mesma forma que ao réu é assegurado o direito de impetrar *habeas corpus* em razão do risco para sua liberdade de locomoção, para a vítima deve ser assegurado o direito de buscar proteção, diante do risco para sua integridade física ou psíquica.

VALÉRIA SCARANCE salienta que[11]:

> Para que o pedido formulado pela ofendida seja acolhido, algumas formalidades mínimas são necessárias. Tal como se exige no habeas corpus impetrado pelo próprio paciente, é necessário que as partes sejam identificadas, que o

11. SCARANCE FERNANDES, Valéria Diez. **Lei Maria da Penha**: o processo no caminho da efetividade. 5ª. Ed. São Paulo: Juspodivm, 2024.

requerimento descreva a violência e esteja assinado (não é possível pedido apócrifo ou anônimo). De acordo com a lei, o pedido deve especificar a qualificação da vítima e agressor (quando existente), descrição sucinta do fato e das medidas solicitadas pela vítima, mas se a ofendida não souber ou puder nomear as medidas, estas serão decididas de acordo com o caso concreto pela autoridade judiciária.

6.4.2. Destinatários da proteção

A destinatária imediata da proteção é a mulher em situação de violência doméstica. O art. 22, inciso III, alíneas "a" e "b", prevê a possibilidade de proibição de aproximação e contato "da ofendida, de seus familiares e das testemunhas", e o inciso IV permite intervenções relacionadas aos "dependentes menores". Finalmente, o art. 19, § 6º, da Lei Maria da Penha, introduzido pela Lei n. 14.550/2023, permite a proteção "da ofendida ou de seus dependentes".

Estas normas acolhem as diretrizes de direito internacional, que reconhecem três níveis de vitimização: direta, indireta e potencial. A vítima direta é quem sofre a violência inicial (a mulher em situação de violência). Vítimas indiretas correspondem aos familiares e pessoas próximas, que sofrem as consequências da violência de forma reflexa, em razão dos vínculos familiares. E vítimas potenciais são aquelas pessoas que podem vir a sofrer a violência em razão dos desdobramentos do processo, como é o caso das testemunhas, ou ainda de pessoas que estejam prestando apoio ou suporte à mulher. Exemplo: amiga da vítima a acolhe após a violência e passa a sofrer intimidações pelo agressor.

Com a alteração promovida pela Lei n. 14.550/2023, exclui-se a interpretação restritiva de que a Lei Maria da Penha não contemplava as vítimas indiretas da violência e, apenas excepcionalmente, aplicava-se aos filhos, filhas e testemunhas. Agora, todas as pessoas que guardam qualquer relação de dependência com a vítima estão protegidas.

Vale registrar que a Lei Henry Borel (Lei n. 14344/2022), específica para o contexto de violência doméstica e familiar contra crianças e adolescentes, acrescenta mais um possível destinatário de proteção, que é o noticiante ou denunciante da violência (arts. 23-24). Entendemos que é possível a aplicação analógica destas normas também no contexto de violência doméstica contra a mulher. Exemplo: síndico de condomínio denuncia a violência doméstica contra a mulher e passa a sofrer represálias pelo agressor.

Em relação à proteção de familiares e dependentes da mulher, há quatro situações que ensejam a proteção: (1) o histórico de violências atinge diretamente estas pessoas (exemplo: agressão à mulher e à criança); (2) os familiares estão expostos à situação de violência, o que configura forma de violência psicológica (exemplo: agredir a mulher na presença das crianças); (3) há fundado receio de que os familiares, ao prestarem apoio à mulher, venham a sofrer atos de violência pelo agressor (exemplo: pressões a familiares para que a vítima regresse à convivência); (4) ainda que não haja prévio histórico de violências contra o familiares ou dependente, o contato com o dependente colocaria em risco a mulher (exemplo: suspensão da visitação dos filhos comuns para assegurar que a mulher permaneça em endereço sigiloso, diante do grave histórico de violências e risco iminente de feminicídio).

Considerando que a decisão pela mulher de romper uma relação abusiva é complexa e muitas vezes permeada por "idas e vindas", conceder um tempo inicial para a mulher se reorganizar emocionalmente, sem contatos com o agressor em relação aos filhos comuns, pode ser uma estratégia relevante de proteção à mulher. Ademais, considerando a usual sobrecarga à mulher nos cuidados aos filhos e o risco de o ofensor constranger a mulher a permanecer na relação abusiva por intimidações endereçadas aos filhos ou familiares, acolher a mulher em sua demanda de proteção aos familiares e dependentes também é uma forma de proteger a mulher.

ENUNCIADO

COPEVID – Enunciado n. 60 (01/2023): "A palavra da mulher é prova suficiente para o deferimento da medida protetiva de urgência, nos termos do novo § 4º do art. 19 da Lei Maria da Penha, introduzido pela Lei n. 14.550/2023". (Aprovado na II Reunião Ordinária do GNDH, em 12 de maio de 2023).

JURISPRUDÊNCIA

Olhar diferenciado para a proteção da mulher

STJ – "O subsistema inerente à Lei Maria da Penha impõe do intérprete e aplicador do Direito um olhar diferenciado para a problemática da violência doméstica, com a perspectiva de que todo o complexo normativo ali positivado tem como mira a proteção da mulher vítima de violência de gênero no âmbito doméstico, familiar ou de uma relação íntima de afeto, como corolário do mandamento inscrito no art. 226, § 8º da Constituição da República".

(STJ, RHC 74.395/MG, rel. Min. Rogerio Schietti Cruz, Sexta Turma, j. 18/02/2020, DJe 21/02/2020).

STJ – "O Superior Tribunal de Justiça entende ser presumida, pela Lei n. 11.340/2006, a hipossuficiência e a vulnerabilidade da mulher em contexto de violência doméstica e familiar. É desnecessária, portanto, a demonstração específica da subjugação feminina para que seja aplicado o sistema protetivo da Lei Maria da Penha, pois a organização social brasileira ainda é fundada em um sistema hierárquico de poder baseado no gênero, situação que o referido diploma legal busca coibir".

(STJ, AgRg MPUMP 6/DF, rel. Min. Nancy Andrighi, Corte Especial, j. 18/05/2022, DJe 20/05/2022).

Palavra da vítima

STJ – "A palavra da vítima, em harmonia com os demais elementos presentes nos autos, possui relevante valor probatório, especialmente em crimes que envolvem violência doméstica e familiar contra a mulher".

(STJ, HC 461.478/PE, Rel. Min. Laurita Vaz, Sexta Turma, DJe 12/12/2018).

STJ – "Em se tratando de casos de violência doméstica em âmbito familiar contra a mulher, a palavra da vítima ganha especial relevo para o deferimento de medida protetiva de urgência, porquanto tais delitos são praticados, em regra, na esfera da convivência íntima e em situação de vulnerabilidade, sem que sejam presenciados por outras pessoas.

(STJ, RHC 34035/AL, rel. Min. Sebastião Reis Júnior, Sexta Turma, j. 05/11/2013, DJe 25/11/2013).

Preservação da integridade psíquica

STJ – "No caso, as instâncias de origem mantiveram as medidas protetivas de urgência, tendo em vista a existência de atritos entre as partes e confrontos que causaram temor e sofrimento psicológico à ofendida. Na mesma linha a manifestação da Procuradoria-Geral da República, para quem "a Decisão do Juízo de Primeiro Grau indicou dados objetivos que comprovam tanto a necessidade das duas Medidas Protetivas de Urgência impostas para garantir a integridade física e psicológica da Vítima quanto à adequação delas, tendo em vista o histórico de ameaças proferidas pelo ora Recorrente e o seu comportamento de, mesmo após a primeira determinação, permanecer durante o período noturno nas cercanias da residência de sua ex-companheira".

(STJ, AgRg RHC 164.383/SC, rel. Min. Antonio Saldanha Palheiro, Sexta Turma, j. 28/11/2022, DJe 30/11/2022).

STJ – "A definição do gênero sobre o qual baseada a conduta comissiva ou omissiva decorre do equivocado entendimento/motivação do sujeito ativo de possuir "direitos" sobre a mulher ou de que ela lhe pertence, evidenciando vulnerabilidade pela redução ou nulidade da autodeterminação, caracterizando-se, assim, conduta baseada no gênero para efeitos da Lei n. 11.340/2006. A decisão, hígida, não carece de reparação, demonstrada a necessidade das medidas protetivas em virtude do sofrimento psíquico impingido à vítima, destacados o medo e o desejo de se ver protegida do recorrente, que estaria agredindo-a psicologicamente. Nesse viés, realça-se que a Lei Maria da Penha é destinada também à salvaguarda da integridade psíquica e moral da mulher".

(STJ, RHC 108.350/RN, rel. Min. Ribeiro Dantas, Quinta Turma, j. 26/03/2019, DJe 01/04/2019).

Presunção do perigo e vulnerabilidade

TJMG –"A hipossuficiência e a vulnerabilidade da mulher em contexto de violência doméstica e familiar é presumida, conforme precedentes dos Tribunais Superiores, sendo desnecessária a demonstração específica do contexto de gênero, situação que se reflete, inclusive, no art. 40-A, recentemente acrescentado à Lei 11.340/2006 - Nos crimes praticados em contexto de violência doméstica, geralmente no âmbito familiar, sem a presença de testemunhas, a palavra da vítima possui especial relevância probatória, não se exigindo, assim, prova robusta para respaldar a análise das medidas protetivas previstas no artigo 22 da Lei n. 11.340/06".

(TJ-MG, AI 1430760-07.2023.8.13.0000, rel. Des.(a) Maria das Graças Rocha Santos, 9ª Câmara Criminal Especializa, j. 31/01/2024, DJ 31/01/2024).

TJDF – "As medidas protetivas de urgência são requerimento de proteção à vítima, diante de uma situação de risco. Elas se fundamentam não em prova cabal de um crime, mas em indícios suficientes de uma situação de risco. Assim, elas se guiam pelo princípio da precaução e pela máxima efetividade dos direitos fundamentais.

(TJDFT, Processo 0747882-47.2020.8.07.0000, rel. Des. Robson Barbosa de Azevedo, 2ª Turma Criminal, j. 29/04/2021, DJe 11/05/2021).

6.4.2.1. *Violência Vicária*

Há violência vicária quando o agressor usa os filhos e filhas como um instrumento de perpetuação da violência contra a mulher, encontrando nos órfãos do feminicídio sua expressão máxima. Ainda sem previsão expressa no Brasil, essa violência já foi formalmente reconhecida na legislação da Espanha e do México.

Em 2021, a Lei Orgânica 08/2021 modificou da Lei de Proteção Integral da Mulher (Lei Orgânica n. 1/2004) da Espanha para constar a violência vicária[12]:

> Lei Orgânica n. 1/2004:
>
> Art. 1º. A presente lei tem por objeto atuar contra a violência que, como manifestação de discriminação, situação de desigualdade e das relações de poder dos homens sobre as mulheres, se exerce sobre estas por quem seja ou tenha sido seu cônjuge ou que tenha estado ligado a elas por relações similares de afeto, ainda que sem convivência.
>
> 4. A violência de gênero a que se refere esta lei também compreende a violência com o objetivo de causar prejuízo ou dano às mulheres que se exerça sobre seus familiares ou menores de idade por parte das pessoas indicadas no art. 1º.

Na Espanha, entre 2013 e 2022, 47 filhos e filhas foram assassinados pelos pais, sendo que 48% foram mortos quando estavam

12. Tradução livre: Versão original: "1. La presente Ley tiene por objeto actuar contra la violencia que, como manifestación de la discriminación, la situación de desigualdad y las relaciones de poder de los hombres sobre las mujeres, se ejerce sobre éstas por parte de quienes sean o hayan sido sus cónyuges o de quienes estén o hayan estado ligados a ellas por relaciones similares de afectividad, aun sin convivencia. 4. La violencia de género a que se refiere esta Ley también comprende la violencia que con el objetivo de causar perjuicio o daño a las mujeres se ejerza sobre sus familiares o allegados menores de edad por parte de las personas indicadas en el apartado primero".

sob cuidado exclusivo dos pais em regime de visitas ou custódia compartilhada e 65 das vítimas tinham entre 0 e 5 anos[13].

SÔNIA VACCARO refere que um abusador sabe que não tem direitos sobre a parceira, mas que conserva os poderes em relação aos seus filhos e que a vítima poderá se submeter para proteger os filhos, já que em apenas 5,2% houve a suspensão de visitas a agressores e em 3,1% a suspensão do poder familiar[14]:

> Os homens violentos estão usando as instituições para seguir maltratando. Entre essas instituições, a Justiça é sem dúvida a que possui mais força e poder hierárquico (...) O vínculo materno-filial é aproveitado pelo abusador no marco de uma justiça que o ampara, sabendo que a ameaça mais efetiva e que sempre está prese3nte em todos os casos de abusos contra a parceira é: te tirarei seus filhos.

No México, em 18 de janeiro de 2024, entrou em vigor um Decreto prevendo especificamente a violência vicária. Esse Decreto modificou a Lei Geral de Acesso das Mulheres a uma Vida Livre de Violência, os Códigos Civil e Penal, tipificando a violência vicária como qualquer ato ou omissão que, com o objetivo de causar dano às mulheres, dirige-se contra suas filhas e filhos ou pessoas agregadas[15].

No Brasil, a Lei Maria da Penha protege os "dependentes" da mulher em situação de violência (art. 19, com as alterações introduzidas pela Lei n. 14.550/2023). Além disso, pela Lei do Depoimento Especial, configura violência psicológica contra filhos e filhas o ato de violência praticado contra a genitora (art. 4º, II, Lei n. 13.431/2017).

---

13. *Apud* VACCARO, Sonia. **Violencia vicaria**: golpear donde más duele. Bilbao: Desclée De Brouwer, 2023, p. 48-51.
14. VACCARO, Sonia. **Violencia vicaria**: golpear donde más duele. Bilbao: Desclée De Brouwer, 2023.
15. MÉXICO. CANAL DEL CONGRESSO. Entra en vigor decreto por el que se tipifica la violencia vicaria. Disponível em: https://www.canaldelcongreso.gob.mx/noticias/17495/Entra_en_vigor_decreto_por_el_que_se_tipifica_la_violencia_vicaria . Acesso em: 10 mai 2024.

Apesar dessas previsões, mesmo nas situações em que a violência é praticada na frente de filhos e filhas, raramente se impõe medidas protetivas ou restrição aos direitos paternos, o que tem colocado em risco não só mulheres como muitas crianças.

Dados no Brasil apontam a gravidade desse quadro:

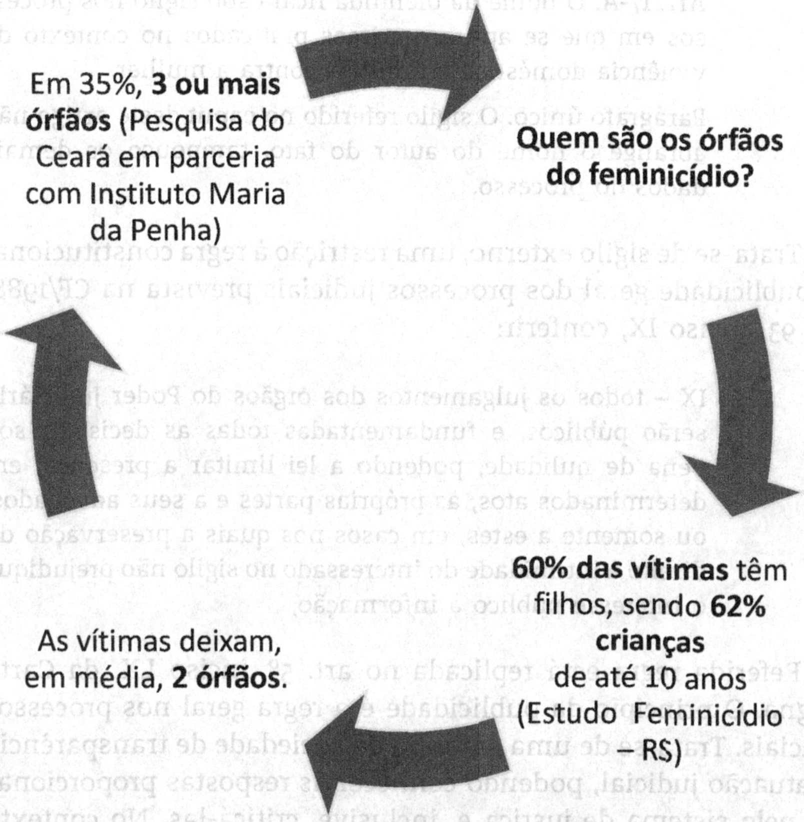

Fonte: RIVITTI, 2021[16]

16. *Apud* RIVITTI, Renata Lucia Mota Lima de Oliveira. **Os filhos da violência**: chega de invisibilidade. 2021. Disponível em: https://www.migalhas.com.br/coluna/migalhas-infancia-e--juventude/350195/os-filhos-da-violencia--chega-de-invisibilidade. Acesso em: 10 mai 2024.

6.5. SIGILO INTERNO E EXTERNO

A Lei n. 14.857/2024, com vigência a partir de 21 de novembro de 2024, inseriu o art. 17-A na Lei Maria da Penha, nos termos a seguir:

> Art. 17-A. O nome da ofendida ficará sob sigilo nos processos em que se apuram crimes praticados no contexto de violência doméstica e familiar contra a mulher.
>
> Parágrafo único. O sigilo referido no **caput** deste artigo não abrange o nome do autor do fato, tampouco os demais dados do processo.

Trata-se de sigilo externo, uma restrição à regra constitucional de publicidade geral dos processos judiciais prevista na CF/1988, art. 93, inciso IX, conferir:

> IX – todos os julgamentos dos órgãos do Poder Judiciário serão públicos, e fundamentadas todas as decisões, sob pena de nulidade, podendo a lei limitar a presença, em determinados atos, às próprias partes e a seus advogados, ou somente a estes, em casos nos quais a preservação do direito à intimidade do interessado no sigilo não prejudique o interesse público à informação;

Referida regra está replicada no art. 5º, inciso LX, da Carta Magna. O princípio da publicidade é a regra geral nos processos judiciais. Trata-se de uma garantia da sociedade de transparência na atuação judicial, podendo conhecer as respostas proporcionadas pelo sistema de justiça e, inclusive, criticá-las. No contexto de violência doméstica e familiar contra a mulher, a publicidade possui aspectos paradoxais. Por um lado, é de extrema importância que a sociedade conheça as respostas dadas pelo sistema de justiça, para fiscalizar quanto à correta aplicação da Lei Maria da Penha. Infelizmente, inúmeras pesquisas têm documentado resistência na aplicação da lei, apesar das diretrizes exaradas por órgãos de controle, como o CNJ e CNMP. Por exemplo, a Lei Mariana Ferrer, destinada a evitar a revitimização em audiência, apenas foi editada após a exposição pública de um ato de revitimização judicial. Ademais, quando o sistema de justiça atua corretamente protegendo a mulher e punindo o ofensor, a publicidade deste resultado é extremamente importante para desconstruir a normalidade histórica da tolerância à violência, atuando como um contradiscurso à racionalidade patriarcal e auxiliando na mudança dos valores sociais em direção à equidade de gênero. Assim, a publicidade do resultado do processo é absolutamente essencial à fiscalização do sistema de justiça e à desconstrução da tolerância à violência contra a mulher.

Há mais uma boa razão para a ausência de sigilo processual absoluto. É importante que as organizações integrantes da rede de proteção à mulher e as autoridades de polícia civil e militar, além da guarda municipal que atue em projetos de proteção de mulheres, onde houver, tenham fácil acesso a informações sobre a existência de medidas protetivas de urgência, se estão em vigor, se houve adequada intimação do ofensor. Essas informações podem ser essenciais para assegurar o efetivo cumprimento da medida, esclarecer uma situação de descumprimento da medida protetiva e para facilitar o acesso aos serviços de atenção.

Por outro lado, os processos de violência doméstica trazem informação sobre aspectos da vida privada das mulheres, que muitas vezes elas não desejam que sejam de conhecimento público para evitar a estigmatização associada. Infelizmente, a cultura sexista culpabiliza a mulher pelo fato de ter sofrido a violência, pois esta usualmente possui conotação disciplinar, o homem pratica a violência como punição porque a mulher não cumpriu com determinado estereótipo de gênero. Não raro, as mulheres resistem em denunciar exatamente para não se exporem publicamente como vítimas. Em alguns contextos, as violências praticadas são tão ofensivas que dar publicidade a elas significaria amplificar as ofensas praticadas.

Com a finalidade de alcançar um equilíbrio entre o interesse público de publicidade e a proteção da privacidade da mulher vitimada, o referido art. 17-A da LMP estabeleceu a regra de que o nome da mulher deverá permanecer em sigilo, sem prejuízo da divulgação do nome do réu e dos dados constantes dos processos, como os fatos e a resposta dada pela justiça.

Sobre o alcance desta regra do art. 17-A, há duas interpretações. Para THIMOTIE HEEMANN, haveria sigilo automático sobre o nome da vítima, o que exigiria a utilização de iniciais da vítima nas peças processuais ou de estratégias para sua desidentificação (como o uso da expressão "vítima A e vítima B")[17]. Outra corrente entende que, salvo situação específica que justifique a formalidade, não há necessidade de que na denúncia e peças processuais sejam colocadas apenas as "iniciais" do nome da vítima, pois nos crimes em contexto íntimo as identidades de autor e vítima já são conhecidas. A regra do art. 17-A teria a finalidade de proibir a divulgação do nome da vítima para além dos autos processuais, como forma de proteger sua intimidade, tal como ocorreu no conhecido processo do jogador Daniel Alves na Espanha. Ou seja, o art. 17-A traria uma regra ética de divulgação das informações processuais por terceiros (partes, imprensa). Milita em favor desta última corrente uma grave dificuldade técnica de operacionalizar o sigilo apenas sobre o nome da vítima e não as demais informações constantes dos autos, sem decretar sigilo sobre todo o processo, o que, por sua vez, traria problemas relacionados ao acesso às informações pela rede de proteção e ao interesse público de conhecimento dos fatos pela sociedade (finalidade de prevenção geral).

Embora o art. 17-A da LMP mencione "crimes", tem aplicação também para as medidas protetivas de urgência, que independem da tipificação criminal. Contudo, para evitar interpretações errôneas, melhor seria que o legislador referisse o sigilo para processos que apuram situações de violência e não crimes.

Vale repisar que não há interesse de sigilo em favor do ofensor, porque ele estaria "constrangido" por estar sendo acusado de ter praticado a violência. Para o suposto ofensor, a garantia constitucional da publicidade redobra sua relevância, no sentido

17. HEEMANN, Thimotie Aragon. Primeiras impressões acerca do novo artigo 17-A da Lei Maria da Penha: O sigilo do nome da mulher vítima de violência doméstica e seus consectários. **Jota**, 10/06/2024. Disponível em: https://www.jota.info/opiniao-e-analise/colunas/direito-dos-grupos-vulneraveis/primeiras-impressoes-acerca-do-novo-artigo-17-a-da-lei-maria-da-penha

de fiscalização pelo público quanto à correta aplicação da Lei Maria da Penha e de desconstrução da normalização histórica da violência contra a mulher. Nesse sentido, há entendimento do STJ de que este beneficia as vítimas e não os réus (conforme julgado citado a seguir).

Cumpre realizar mais uma análise: poderia a mulher renunciar ao sigilo de seu nome e divulgar publicamente os dados de seu processo? Pensamos que a resposta é positiva. Se o sigilo é destinado a proteger a privacidade da vítima e não do ofensor, parece claro que a vítima pode abrir mão desse direito que lhe é concedido. O que pode ser especialmente relevante para ela denunciar eventuais violações de direitos que considere estar continuando a sofrer, não apenas pelo ofensor, mas igualmente pelo sistema de justiça, com respostas que esteja replicando estereótipos de gênero. Em outros contextos, como o da campanha "Me too", é o fato de mulheres denunciarem publicamente as violências sofridas que permitiu que outras mulheres se encorajassem para realizar idêntica denúncia. Portanto, consideramos equivocado o posicionamento que mantenha o sigilo processual contra a manifestação de vontade pela mulher ou, ainda pior, que venha puni-la por denunciar a violência que está sofrendo no curso do processo. Este silenciamento judicial das mulheres configura uma grave violação de seus direitos humanos.

Além do sigilo externo (ao público), cumpre analisar se seria possível algum sigilo interno (para as partes). Muitos agressores conseguiam localizar as vítimas através dos dados escolares de seus filhos, o que motivou uma importante alteração na Lei Maria da Penha. Assim, prevê o art. 9º, §§ 7º e 8ºque:

> § 7º A mulher em situação de violência doméstica e familiar tem prioridade para matricular seus dependentes em instituição de educação básica mais próxima de seu domicílio, ou transferi-los para essa instituição, mediante a apresentação dos documentos comprobatórios do registro da ocorrência policial ou do processo de violência doméstica e familiar em curso.

> § 8º Serão sigilosos os dados da ofendida e de seus dependentes matriculados ou transferidos conforme o disposto no § 7º deste artigo, e o acesso às informações será reservado ao juiz, ao Ministério Público e aos órgãos competentes do poder público.

Verifica-se que, caso seja necessária a transferência escolar dos dependentes da mulher, os dados dela e de seus dependentes não deverão ser compartilhados com o ofensor. A razão é óbvia: se houve necessidade de mudança de endereço, o ofensor não pode ter acesso a essas informações, para não se comprometer a segurança da mulher. *Ubi eadem ratio ibi idem jus* (onde houver o mesmo fundamento haverá o mesmo direito): se em outros contextos (que não de pedido de prioridade para transferência escolar) houver mudança de endereço pela mulher e há necessidade de sua proteção, os dados de seu endereço devem se manter em sigilo nos autos.

Aqui há um dilema: a medida protetiva de proibição de endereço residial da ofendida usualmente exige que o ofensor seja comunicado quanto ao endereço da mulher para poder dele não se aproximar. Ou seja, a zona de exclusão deve ser clara para o ofensor. Nesses contextos, a mulher deverá ser previamente contatar para que informe se avaliar o que lhe é mais conveniente, manter o endereço em sigilo ou informar o endereço ao ofensor para que a ordem judicial explicitamente exclua um perímetro em torno de sua residência. A experiência indica que usualmente o não conhecimento do endereço pelo réu é a melhor solução.

JURISPRUDÊNCIA

Sigilo e preservação da vítima

STJ – "Muito embora o delito de divulgação de pornografia infantil possa causar repulsa à sociedade, não constitui violação ao direito de intimidade do réu a indicação, no sítio eletrônico da Justiça Federal, do nome de acusado maior de idade e da tipificação do delito pelo qual responde em ação penal, ainda que o processo tramite sob segredo de justiça. 2. A CF, em seu art. 5º, XXXIII e LX, erigiu como regra a publicidade dos atos processuais, sendo o sigilo a exceção, visto que o interesse individual não pode se sobrepor ao interesse público. Tal norma é secundada pelo disposto no art. 792, caput, do CPP. A restrição da publicidade somente é admitida quando presentes razões autorizadoras, consistentes na violação da intimidade ou se o interesse público o determinar. 3. Nessa mesma esteira, a Quarta Turma desta Corte, examinando o direito ao esquecimento em leading case de repercussão social (REsp 1.334.097/RJ, Rel. Ministro LUIS FELIPE SALOMÃO, QUARTA TURMA, julgado em 28/05/2013, DJe 10/09/2013), reconheceu ser "evidente o legítimo interesse público em que seja dada publicidade da resposta estatal ao fenômeno criminal". 4. Os dispositivos constantes nos arts. 1º e 2º da Resolução n. 121/2010 do CNJ, que definem os dados básicos dos processos judiciais passíveis de disponibilização na internet, assim como a possibilidade de restrição de divulgação de dados processuais em caso de sigilo ou segredo de justiça, não têm o condão de se sobrepor ao princípio constitucional da publicidade dos atos processuais (art. 5º, LV, da CF), nem tampouco podem prescindir da obrigatoriedade de fundamentação das decisões judiciais (art. 93, IX, da CF). 5. Assim sendo, eventual decretação de uma exceção que justificaria a imposição de sigilo absoluto aos dados básicos de um processo judicial não constitui direito subjetivo da parte envolvida em processo que tramita sob segredo de justiça, demandando, ao contrário, uma avaliação particular que delimite o grau de sigilo aconselhável em cada caso concreto, avaliação essa devidamente fundamentada em decisão judicial. 6. Nesse sentido, a mera repulsa que um delito possa causar à sociedade não constitui, por si só, fundamento suficiente para autorizar a decretação de sigilo absoluto sobre os dados básicos de um processo penal, sob pena de se ensejar a extensão de tal sigilo a toda e qualquer tipificação legal de delitos, com a consequente priorização do direito à intimidade do réu em detrimento do princípio da publicidade dos atos processuais. 7. Em se tratando de ação penal envolvendo delitos previstos no Estatuto da Criança e do Adolescente - ECA, é perfeitamente razoável a decisão judicial que restringe o segredo de justiça a algumas fases do processo com a finalidade de resguardar o direito à intimidade das crianças e adolescentes vítimas dos delitos, de forma a evitar o acesso irrestrito a material contendo pornografia infantil. 8. Recurso ordinário a que se nega provimento".

(STJ, RMS 49.920/SP, rel. Min. Reynaldo Soares da Fonseca, Quinta Turma, j. 02/08/2016, DJe 10/08/2016).

6.6. DECISÃO JUDICIAL

Caso as medidas protetivas tenham sido requeridas pela mulher perante a autoridade policial, elas devem ser encaminhadas ao juízo em até 48 horas (art. 12, inciso III, Lei Maria da Penha) e o juízo terá mais 48 horas para proferir sua decisão (art. 18, *caput*, Lei Maria da Penha). Apesar destes prazos máximos, entendemos que as diretrizes convencionais do dever de devida diligência reforçada na proteção contra a violência de gênero exigem que a tramitação ocorra da forma mais célere possível. Em alguns Estados, com a utilização de sistemas eletrônicos de tramitação processual, têm sido proferidas decisões em poucas horas após a formulação do requerimento. Por outro lado, pesquisa do CNJ documentou que em alguns Estados a maioria das medidas protetivas são decididas além do prazo legal de 48h após o recebimento do pedido, o que configura clara violação do dever de proteção[18].

As medidas protetivas devem ser concedidas de imediato pela autoridade judiciária logo após tomar conhecimento da situação de violência, de ofício ou mediante requerimento do Ministério Público ou da vítima (art. 19, *caput*, e § 1º, Lei Maria da Penha). A lei expressamente dispensa prévia oitiva do Ministério Público para a decisão, de forma a acelerar a proteção judicial.

Na Lei Maria da Penha há um rol não taxativo de medidas que podem ser fixadas de forma isolada ou concomitante, além de medidas protetivas inominadas (art. 22, § 1º[19]), deferidas pela autoridade diante de circunstâncias do caso concreto (como a proibição de divulgar fotos íntimas, de fazer referência à vítima em redes sociais, de manter contato com amigos ou pessoas conhecidas da vítima).

Além das medidas nominadas e inominadas, a autoridade judiciária poderá determinar a imposição de multa para descumprimento (art. 22, § 4º, Lei Maria da Penha)[20], solicitar concurso policial (art. 22, § 3º) e estabelecer outras providências, ainda que previstas em lei com natureza diversa, desde que necessárias, adequadas e proporcionais às circunstâncias do caso concreto. Isto porque "não viola o princípio da legalidade das penas o fato de a medida protetiva de urgência determinada consistir na proibição

---

18. CNJ; CEPIA; CONSÓRCIO LMP; INSTITUTO AVON. **Avaliação sobre a aplicação das medidas protetivas de urgência da Lei Maria da Penha**. Brasília: CNJ, 2022. Disponível em: https://www.cnj.jus.br/wp-content/uploads/2022/08/relatorio-avaliacao-medidas-protetivas-lei--maria-da-penha-23082022.pdf
19. O art. 22, § 1º, da Lei Maria Penha prevê que "as medidas referidas neste artigo não impedem a aplicação de outras previstas na legislação em vigor, sempre que a segurança da ofendida ou as circunstâncias o exigirem, devendo a providência ser comunicada ao Ministério Público"
20. Artigo 497 do Código de Processo Civil.

de condutas que seriam crimes em tese e às quais, portanto, já seriam cominadas sanções penais" (STJ AgRg HC n. 851.808/GO)[21].

Os aspectos fundamentais da decisão judicial de medidas protetivas estão elencados no art. 19 da Lei Maria da Penha, com as alterações introduzidas pela Lei n. 14.550/2023.

Em linhas gerais, a decisão judicial tem as seguintes características fundamentais:

- concessão imediata
- cognição sumária
- suficiência da palavra da vítima
- autonomia da proteção
- presunção do perigo
- caráter "rebus sic stantitus" da decisão

Não há vedação à autuação de ofício, em razão dos princípios da proteção integral e da precaução adotados pela Lei Maria da Penha[22], bem como pelo fato de que o processo protetivo não se confunde com o processo criminal. O juiz pode ainda conceder outras medidas diversas das que foram inicialmente solicitadas, por considerá-las mais adequadas à situação de perigo experimentada (*iura novit curia*).

Trata-se de um juízo de "cognição sumária" com base na palavra da vítima mulher que descreve uma situação de violência contra ela ou seus filhos. Não há dilação probatória, produção de prova testemunhal nem análise quanto à eventual configuração de um ilícito penal.

O relato da vítima não exige formalidades sacramentais. Poderá consistir em declarações perante a autoridade policial, Ministério Público ou qualquer autoridade, ou em alegações

21. A jurisprudência está citada ao final do Capítulo.

22. A respeito ver cap. 4 desta obra.

escritas da própria vítima, que tem capacidade postulatória para solicitar a proteção[23].

Em razão dos impactos do trauma para a memória, não há como se exigir da vítima um relato preciso, cronologicamente concatenado e sem quaisquer contradições quanto à situação de violência. Basta que a ofendida aponte condutas praticadas pelo agressor que correspondam a uma das modalidades de violência previstas na Lei Maria da Penha (art. 7º).

As medidas são autônomas e prescindem de tipificação criminal, registro de boletim de ocorrência ou existência de qualquer procedimento civil ou criminal anterior ou concomitante à proteção.

Trata-se de importante alteração introduzida pela Lei n. 14.550/2023 na Lei Maria da Penha:

> Art. 19
>
> § 4º As medidas protetivas de urgência serão concedidas em juízo de **cognição sumária a partir do depoimento da ofendida** perante a autoridade policial ou da apresentação de suas alegações escritas e poderão ser indeferidas no caso de avaliação pela autoridade de inexistência de risco à integridade física, psicológica, sexual, patrimonial ou moral da ofendida ou de seus dependentes. (Incluído pela Lei n. 14.550, de 2023)
>
> § 5º As medidas protetivas de urgência serão concedidas independentemente da tipificação penal da violência, do ajuizamento de ação penal ou cível, da existência de inquérito policial ou do registro de boletim de ocorrência.

Thiago Pierobom aponta que "o *standard* decisório é a verossimilhança da alegação da requerente, à luz do princípio da precaução e gera um parâmetro decisório *in dubio pro tutela*".

23. A respeito ver supra, cap. 6.4.1. desta obra.

Esse entendimento é muito importante, pois ainda há grande resistência em se deferir a proteção da mulher[24]:

> Diversos estudos documentam a resistência do sistema de justiça em conceder as medidas protetivas de urgência: muitas vezes exigem-se requisitos probatórios qualificados ou as medidas são deferidas apenas por dois ou três meses, sem qualquer estratégia de monitoramento. Esse problema passa, em grande medida, por uma equivocada dogmática sem perspectiva de gênero [...] O caráter de urgência e a necessidade da MPU estão relacionados a uma opção política que o Estado brasileiro realizou de ser eficiente em proteger as mulheres em situação de violência doméstica e familiar, o que significa que o parâmetro decisório aqui será o *in dubio pro tutela* (na dúvida, protege-se).

Havendo a narrativa da situação de violência doméstica, o programa normativo da Lei Maria da Penha presume a existência de perigo. Trata-se de uma opção política feita pela lei, diante do quadro epidêmico de violências contra as mulheres no Brasil. Para negar as medidas protetivas, a autoridade judiciária deverá justificar sua decisão indicando as razões pelas quais entende não haver qualquer risco para a mulher e/ou seus dependentes (art. 19, § 4º). Trata-se, portanto, de uma presunção relativa que tem como regra o deferimento da proteção.

O perigo não se restringe à possibilidade de violência física ou risco de feminicídio. Ainda que o agressor more em outra cidade, ou mesmo no exterior, haverá urgência nas medidas se em razão de sua conduta se a vítima e/ou dependentes sofrerem violência moral ou psicológica. Conforme entendimento do STJ, justifica-se a cautela em razão "do sofrimento psíquico impingido à vítima, destacados o medo e o desejo de se ver protegida do recorrente, que estaria agredindo-a psicologicamente"[25].

24. ÁVILA, Thiago Pierobom. **Curso de enfrentamento à violência doméstica e familiar contra a mulher**: proteção, persecução penal e atuação prática. Brasília: ESMPU, 2023, p. 77-78.

25. STJ, RHC 108350/RN (jurisprudência citada ao final do capítulo).

Conforme salienta Valéria Scarance na obra *Lei Maria da Penha: o processo no caminho da efetividade*[26]:

> No imaginário popular que por vezes habita o sistema de justiça, a violência contra mulheres corresponde às agressões físicas ou sexuais. Raramente se atenta para os danos causados pelas violências psicológica e patrimonial, que atingem de forma brutal as mulheres em situação de violência e seus filhos. O olhar deve ser amplo, para compreender todas as formas de violência, que são igualmente – ou mais danosas – do que a violência física.

Como parâmetro para a verificação do perigo e identificação das medidas protetivas cabíveis no caso concreto, deve-se adotar o Formulário Nacional para Avaliação de Risco, que compreende informações sobre o agressor, vítima e histórico de violência[27].

Além da decisão de concessão da medida protetiva, é importante que a autoridade judiciária faça os encaminhamentos de proteção necessários, nos termos do protocolo de gestão de risco que foi previamente pactuado com a rede local de atenção à mulher.

A autoridade judicial poderá determinar a inclusão da vítima em programa de assistência (LMP, art. 9º, § 1º), bem como determinar o atendimento médico da vítima pelo Sistema Único de Saúde, inclusive para cirurgia plástica reparadora, com prioridade. Mulheres em situação de violência sofrem grande impacto para sua saúde física e mental e muitas vezes são mutiladas pelos agressores, o que dificulta a superação da situação de violência.

A este respeito, a Lei n. 14.887, de 12 de junho de 2024, assegura o atendimento prioritário no Sistema Único de Saúde e prioridade para cirurgia plástica reparadora, em igualdade de condições:

---

26. SCARANCE FERNANDES, Valéria Diez. **Lei Maria da Penha**: o processo no caminho da efetividade. 5ª Ed. São Paulo: Juspodivm, 2024.

27. A respeito ver o Cap. 3 desta obra.

Lei Maria da Penha, com alterações da Lei n. 14.887/2024:

> Art. 9º: A assistência à mulher em situação de violência doméstica e familiar será prestada **em caráter prioritário no Sistema Único de Saúde (SUS)** e no Sistema Único de Segurança Pública (Susp), de forma articulada e conforme os princípios e as diretrizes previstos na Lei n. 8.742, de 7 de dezembro de 1993 (Lei Orgânica da Assistência Social), e em outras normas e políticas públicas de proteção, e emergencialmente, quando for o caso.

Lei n. 13.239, de 30 de dezembro de 2015, alterada pela Lei n. 14.887/2024:

> Art. 3º Os hospitais e os centros de saúde pública, ao receberem vítimas de violência, deverão informá-las da possibilidade de acesso gratuito à cirurgia plástica para reparação das lesões ou sequelas de agressão comprovada.
>
> [...]
>
> § 4º A mulher vítima de violência terá atendimento prioritário entre os casos de mesma gravidade.

ENUNCIADO

COPEVID – Enunciado n. 60 (01/2023): "A palavra da mulher é prova suficiente para o deferimento da medida protetiva de urgência, nos termos do novo § 4º do art. 19 da Lei Maria da Penha, introduzido pela Lei n. 14.550/2023". (Aprovado na II Reunião Ordinária do GNDH, em 12 de maio de 2023).

JURISPRUDÊNCIA

Desnecessidade de BO ou tipificação criminal para a concessão das medidas protetivas

STJ – "As medidas protetivas de urgência previstas na Lei Maria da Penha buscam preservar a integridade física e psíquica da vítima, prescindindo, assim, da existência de ação judicial ou inquérito policial. Considerando essas características, vê-se que as referidas medidas possuem natureza inibitória, pois têm como finalidade prevenir que a violência contra a mulher ocorra ou se perpetue"

(STJ, REsp n. 2.036.072/MG, rel. Min. Laurita Vaz, Sexta Turma, j. 22/8/2023, DJe de 30/8/2023).

STJ – "Assim, não se deve perquirir, neste primeiro momento, se há perfeita compatibilidade entre a conduta narrada pela vítima como praticada pelo agressor e alguma figura típica penal. Tampouco se deve exigir o registro de boletim de ocorrência, e menos ainda a existência de inquérito ou de ação cível ou penal. O que se busca é a celeridade da tutela estatal e, com ela, a efetividade da medida protetiva, que cumpre sua finalidade ao impedir a concretização da ameaça, a continuidade da prática ou o agravamento do ato lesivo contra a mulher".

(STJ, AgRg REsp n. 2.056.542/MG, rel. Min. Joel Ilan Paciornik, Quinta Turma, j. 5/9/2023, DJe 11/9/2023).

STJ – "As medidas protetivas de urgência são concedidas independentemente da tipificação penal da violência praticada, bem como do ajuizamento da respectiva ação penal, ou de inquérito policial e vigorarão enquanto persistir o risco à integridade física, psicológica, sexual, patrimonial ou moral da vítima, o que será avaliado pelo Juízo de origem, conforme determinado".

(STJ, AgRg EDcl RHC n. 184.081/SP, rel. Min. Rogerio Schietti Cruz, Sexta Turma, j. 3/10/2023, DJe 10/10/2023).

Cognição sumária pelo depoimento da vítima

STJ – "No caso, as medidas foram decretadas e mantidas pelo Tribunal de origem, em razão da periculosidade do recorrente, pois teria ameaçado a vítima pelo WhatsApp, nos termos da Lei n. 11.340/2006, em razão do fato de que o recorrente não aceita fim do relacionamento. Ainda, segundo registrado no acórdão, as declarações da vítima demonstram haver indícios de que houve violência doméstica contra a mulher e a existência de um risco à sua integridade física e psicológica".

(STJ, AgRg RHC n. 152.166/PR, rel. Min. Reynaldo Soares da Fonseca, Quinta Turma, j. 14/9/2021, DJe 20/9/2021).

STJ – "Apresentada fundamentação concreta pela decisão que fixou as medidas protetivas, evidenciada na necessidade de se resguardar a integridade física da vítima, mulher, da violência doméstica, considerando-se, para tanto, a existência de indícios suficientes da prática de lesão corporal, especialmente pelas declarações prestadas pela vítima, tendo em vista também que a ofendida vem sendo vítima de ameaças e agressões por parte do requerido, não há ilegalidade. A jurisprudência desta Corte Superior orienta que, em casos de violência doméstica, a palavra da vítima tem especial relevância, haja vista que em muitos casos ocorre em situações de clandestinidade".

(STJ, AgRg RHC n. 97.294/MG, rel. Min. Nefi Cordeiro, Sexta Turma, j. 9/10/2018, DJe 29/10/2018).

Medida protetiva em caso de violência psicológica

STJ – "Na hipótese, a fundamentação do decisum impugnado se afigura idôneo o deferimento das referidas medidas, haja vista que evidenciado o elevado risco à incolumidade da ofendida, tendo em vista que ela "declara sofrer violência psicológica e que o mesmo tentou agarrá-la e beijá-la à força", além do histórico de reiteração dos atos por parte do ora insurgente".

(STJ, AgRg EDcl RHC n. 184.081/SP, rel. Min Rogerio Schietti Cruz, Sexta Turma, j. 3/10/2023, DJe 10/10/2023).

STJ – "O decreto tem fundamentação considerada idônea à decretação da medida protetiva de urgência pois, como destacou o Juízo de origem, extrai-se dos autos que as partes mantiveram um relacionamento constituído através de escritura pública de constituição de sociedade de fato e, conforme informação prestada pela vítima, o recorrente, ex-companheiro da ofendida, não aceita o término do relacionamento e ameaça invadir seu apartamento, versão está corroborada pelas declarações do amigo da vítima. É pacífico o entendimento desta Corte no sentido de que constitui fundamento idôneo à decretação da custódia cautelar a necessidade de resguardar a integridade física e psicológica da vítima que se encontra em situação de violência doméstica, como é o presente caso, conforme art. 313, inc. III, do Código de Processo Penal... Tendo sido justificada a medida cautelar de não se aproximar da vítima em razão da ameaça de invadir sua residência, inexiste ilegalidade a ser reparada por essa Corte Superior.

(STJ, AgRg RHC n. 119.747/SP, rel. Min. Nefi Cordeiro, Sexta Turma, j. 11/2/2020, DJe 14/2/2020).

Medida protetiva para filhos da vítima

STJ – "No caso, as condutas delitivas foram praticadas quando da entrega da criança aos cuidados da mãe, tendo a infante, indefesa, presenciado o pai agredir sua genitora. Nesse contexto, a despeito do tempo decorrido até o momento, entendo que restabelecer o contato do agressor com a criança, sem aguardar a conclusão do relatório técnico psicossocial, com análise do contexto familiar e orientação adequada para possibilitar a visitação, coloca em risco a integridade física e psicológica da mãe agredida. Não há, pois, ilegalidade a ser sanada, estando a medida de acordo com o objetivo da lei, que é resguardar a integridade física e psicológica da vítima".

(STJ, AgRg HC n. 811.450/SP, rel. Min. Antonio Saldanha Palheiro, Sexta Turma, j. 19/6/2023, DJe 22/6/2023).

Medida inominada: proibição de divulgação de foto íntima e fixação de multa

STJ – "No caso, ´a Juíza singular deferiu, ex officio, a medida protetiva consistente no pagamento de multa no valor de R$ 100.000, 00 (cem mil reais), no caso de difamação ou divulgação de foto ou vídeo íntimo da ofendida´ (fl. 417). De todo modo, o art. 22, § 4.º, da Lei n. 11.340/2006, prevê que, para garantir a eficácia de medidas protetivas de urgência, o juiz poderá impor multa ao réu, bem como determinar as providências que julgar necessárias (aplicando, no que couber, a redação atual do art. 497, do Código de Processo Civil, que substituiu a redação não mais em vigor dos § § 5º e 6º, do art. 461, da Lei n. 5.869/1973). Assim, quanto ao ponto, não há descumprimento patente de preceito legal. Não viola o princípio da legalidade das penas o fato de a medida protetiva de urgência determinada consistir na proibição de condutas que seriam crimes em tese e às quais, portanto, já seriam cominadas sanções penais. As medidas protetivas de urgência são cautelares de natureza penal, sendo coerente com a sua função a circunstância de buscarem evitar condutas penalmente tipificadas tendentes a colocar em risco a vida e a integridade física e psíquica da vítima".

(STJ, AgRg HC n. 851.808/GO, rel. Min. Reynaldo Soares da Fonseca, Quinta Turma, j. 16/10/2023, DJe 18/10/2023).

Legitimidade de fixação de multa para eventual descumprimento de MPU

STJ – "O art. 22, § 4.º, da Lei n. 11.340/2006, prevê que, para garantir a eficácia de medidas protetivas de urgência, o juiz poderá impor multa ao réu, bem como determinar as providências que julgar necessárias (aplicando, no que couber, a redação atual do art. 497, do Código de Processo Civil, que substituiu a redação não mais em vigor dos § § 5º e 6º, do art. 461, da Lei n. 5.869/1973)".

(STJ, AgRg HC n. 851.808/GO, rel. Min. Reynaldo Soares da Fonseca, Quinta Turma, j. 16/10/2023).

Violência de Gênero no Trabalho

TRT 4ª Região – "ASSÉDIO SEXUAL. INVESTIDA COM CONOTAÇÃO SEXUAL. PERSPECTIVA DE GÊNERO. CONVENÇÃO SOBRE A ELIMINAÇÃO DE TODAS AS FORMAS DE DISCRIMINAÇÃO CONTRA AS MULHERES - CEDAW) E CONVENÇÃO INTERAMERICANA PARA PREVENIR, PUNIR E ERRADICAR A VIOLÊNCIA CONTRA A MULHER (CONVENÇÃO DE BELÉM DO PARÁ). INDENIZAÇÃO DEVIDA. 1. Nos termos da Constituição da República, a propriedade deve cumprir sua função social. Assim, a exploração de atividade econômica exige das empresas o respeito à dignidade humana da pessoa trabalhadora, compreendendo a criação e proteção de um ambiente de trabalho saudável e livre de atos insidiosos, como assédio sexual. 2. Assédio sexual praticado por colega contra trabalhadora. Consoante o art. 1º da Convenção Interamericana para Prevenir, Punir e Erradicar a Violência contra a Mulher, concluída em Belém do Pará, em 9 de junho de 1994, entende-se por violência contra a mulher qualquer ato ou conduta baseada no gênero, que cause morte, dano ou sofrimento físico, sexual ou psicológico à mulher, tanto na esfera pública como na esfera privada. Em conformidade com o art. 6º da Convenção de Belém do Pará, o direito de toda mulher a ser livre de violência abrange, entre outros, o direito da mulher a ser livre de todas as formas de discriminação. 3. Tratamento indevido, com conotação sexual, por parte de colega de trabalho. Violação de direitos fundamentais constitucionalmente assegurados, como a dignidade da pessoa humana, a imagem e a honra da trabalhadora, restando imperiosa a condenação da parte ré ao pagamento de indenização por assédio sexual em quantia apta a expressar o caráter pedagógico da reprimenda".

(TRT-4, ROT 00205599120195040028, Oitava Turma, j. 18/08/2022).

TRT 3ª Região – "ASSÉDIO SEXUAL - DANO MORAL - INDENIZAÇÃO. No âmbito do Direito do Trabalho, assédio sexual é todo comportamento de caráter sexual, praticado no trabalho ou em conexão com ele, sob a forma verbal ou não verbal, com ou sem contato físico, que tenha por objetivo levar a vítima a manter com o assediador relação de ordem íntima. A prática de tal, ordinariamente dirigida contra mulheres, perturba e constrange a trabalhadora, que se vê objetificada em virtude de predicados não relacionados com as atividades para as quais foi contratada, o que torna o ambiente hostil, intimidador e degradante, ofendendo sua dignidade. Por outro lado, a conduta desrespeitosa ou o alegado assédio sexual não podem ser presumidos, devendo ser devidamente provados para dar ensejo à responsabilização do empregador".
(TRT-3, ROT 00103679420215030016/MG, rel. Des. Marcus Moura Ferreira, Décima Turma, j. 14/03/2023, DJe 20/03/2023).

6.5.1. Competência

A Lei Maria da Prenha prevê o foro de eleição para o requerimento das medidas protetivas. Assim, a competência da autoridade judiciária será determinada pela escolha da vítima, em razão do disposto no art. 15 da Lei Maria da Penha, pelo qual, é competente "por opção da ofendida", o Juizado de seu domicílio/residência, do lugar do fato ou do domicílio do agressor.

Há, assim, três possibilidades:

Competência para as medidas protetivas (art. 15 Lei Maria da Penha)

- local do domicílio/residência da vítima
- lugar do fato
- local do domicílio do agressor

Caso a mulher não indique expressamente a opção legal, sugere-se a distribuição do requerimento no Juízo da residência da vítima, o que poderá facilitar o acompanhamento do caso não só pela vítima como pelo Setor Técnico do Juízo e a rede local de proteção, salvo se existir um motivo específico para a adoção de outro critério, como o fato de o agressor estar monitorando ou ameaçando a vítima no local onde mora.

Para elucidar a questão, imagine-se o seguinte exemplo: a mulher sofre a violência durante as férias do casal, em outro Estado da federação e, ao retornar de férias, ela solicita a medida protetiva na Delegacia de Polícia do local de sua residência; está implícito que a mulher optou pelo juízo do local da sua residência. A enumeração legal sinaliza no sentido de que o local da residência da vítima seria a opção preferencial, especialmente considerando a conveniência de integração da decisão com as ações de monitoramento pela rede local. Caso haja dúvidas quanto à opção da mulher, basta que se indague a ela expressamente, não sendo o caso de declínio automático da competência. Em nenhuma situação deve-se adiar a concessão imediata da proteção por controvérsias quanto à competência, especialmente à luz do princípio do juízo aparente e do dever de proteção eficiente.

Se no local onde a ofendida optou por solicitar a medida protetiva (do fato, residência/domicílio da vítima ou do agressor) não houver um Juizado de Violência Doméstica, o requerimento poderá ser feito perante uma autoridade civil ou criminal, a critério da vítima.

A Lei Maria da Penha estabelece que, enquanto não estruturados os Juizados de Violência Doméstica, as Varas Criminais acumulariam as competências civil e criminal (art. 33). Contudo, as alterações legislativas promovidas pelas Leis n. 13.641/2018 e 14.550/2023 explicitaram a possibilidade de deferimento de medidas protetivas por Juízes Cíveis (e não apenas Juizados de Violência Doméstica ou Juízes Criminais, como constava originalmente).

O art. 24-A da Lei Maria da Penha, introduzido pela Lei n. 13.461/2018, prevê expressamente "a competência civil ou criminal do juiz que deferiu as medidas protetivas" e a Lei n. 14.550/2023 incluiu o § 5º ao art. 19 da Lei Maria da Penha, para prever a autonomia das medidas protetivas ao dispor que "serão concedidas independentemente da tipificação penal da violência, do ajuizamento de ação penal ou cível, da existência de inquérito policial ou do registro de boletim de ocorrência".

Vale dizer: em regra, há competência civil e criminal dos Juizados de Violência Doméstica. Na sua ausência, as Varas Criminais devem julgar os crimes e as medidas protetivas podem ser deferidas tanto na Vara Criminal quanto na Vara Cível, preferindo-se a Vara Criminal caso exista um inquérito ou processo em andamento.

A competência para deferir medidas protetivas é ampla e compreende, além disso, qualquer Juízo ou Tribunal que tenha conhecimento da situação de violência, em razão do princípio da proteção imediata. A título de exemplo, em uma reclamação trabalhista movida perante a 3ª Vara do Trabalho de Ribeirão Preto determinou-se a remoção de pedagoga da Fundação Casa vítima de violência doméstica pelo ex-companheiro para outra unidade[28].

No momento do surgimento da Lei Maria da Penha, ainda havia o entendimento de que a melhor estratégia para prevenir a violência era o registro da ocorrência e a punição criminal, ao lado das medidas protetivas. Com o tempo, demonstrou-se que muitas mulheres em situação de violência não desejam preponderantemente um processo criminal, mas sim a proteção. Além disso, em muitos casos as mulheres perderam a proteção diante do insucesso de um procedimento criminal ou diante da prescrição.

A vinculação da proteção à existência de um processo criminal não é benéfica para as mulheres e não estava prevista no texto original da Lei Maria da Penha. Assim, a interpretação que concedia preponderância à persecução penal perdeu espaço para a autonomia da proteção, operando-se a paulatina libertação das medidas protetivas da investigação criminal da violência, inicialmente por decisões dos Tribunais Superiores e posteriormente pela Lei n. 14.550/2023.

No caso de medidas protetivas de urgência para situações não compreendidas expressamente na Lei Maria da Penha, como a violência contra a mulher nas relações de trabalho, educacionais, de vizinhança ou por desconhecidos) a competência será do juízo

28. Tribunal Superior do Trabalho. **Empregada pública consegue remoção para outra cidade após sofrer violência doméstica.** Disponível em: https://tst.jus.br/web/guest/-/empregada-p%C3%BAblica-consegue-remo%C3%A7%C3%A3o-para-outra-cidade-ap%C3%B3s-sofrer-viol%C3%AAncia-dom%C3%A9stica. Acesso em: 03 dez 2024.

cível ou, se houve um processo criminal em curso, também poderá este juízo conhecer do pedido.

Como já salientado nesta obra, as medidas protetivas regem-se por princípios e regras próprias, dentre eles o princípio da proteção integral, da precaução (*in dubio pro proteção*) e da presunção de perigo, que justificam a adoção de medidas urgentes pela autoridade civil ou criminal que tomar conhecimento da violência[29].

Essa conclusão tem levado o STJ a denominar o foro de eleição de "Juízo Imediato" e em data recente firmou entendimento pela possibilidade de deferimento de medidas protetivas por um juízo civil, enquanto não instalados os Juizados de Violência Doméstica, pois "deve-se proceder a uma interpretação teleológica do art. 33 da Lei Maria da Penha, permitindo-se ao Juízo Cível a concessão de medidas protetivas nessa hipótese, a fim de proteger o bem jurídico tutelado pela norma, que é justamente prevenir ou cessar a violência" (STJ, REsp 2.042.286/BA)[30]

Como já salientado, a concessão das medidas protetivas não gera prevenção para a investigação ou processo criminal, que é regido por normas próprias e deve tramitar no local onde se consumou ou deveria ter se consumado o crime (art. 70 CPP).

A "lógica" da competência territorial prevista no Código de Processo Penal, regida pelo local do resultado, tem por finalidade preservar e agilizar a produção de provas (CPP, art.70). Por sua vez, a competência para as medidas protetivas tem por finalidade proteger de modo mais eficiente a vítima.

A este respeito, bem decidiu o STJ que "o processamento da ação penal no domicílio da Vítima prejudicaria a busca da verdade real e dificultaria a elucidação e punição dos crimes" (STJ, CC 187.852/SP)[31], diante do comparecimento do réu à audiência no mesmo local de residência da vítima.

---

29. A respeito, ver cap. 4 desta obra.
30. Jurisprudência citada ao final do capítulo.
31. Jurisprudência citada ao final do capítulo.

Ante a natureza civil das medidas protetivas, em princípio, a competência para decisão será da autoridade judiciária de primeiro grau, ainda que o agente ocupe cargo público ou função eletiva. Todavia, também é admissível ao Tribunal que conhece de um processo criminal de competência originária conceder incidentalmente a medida protetiva, na mesma lógica da dualidade das competências cível e criminal.

De se ressaltar, ademais, que o simples fato de um agente ocupar cargo público não gera o foro privilegiado. Conforme decidiu o Plenário do STJ, no julgamento da Questão de Ordem na Ação Penal 937, "o foro por prerrogativa de função aplica-se apenas aos crimes cometidos durante o exercício do cargo e relacionados às funções desempenhadas" (STF, Pet 7990/DF)[32].

PROTOCOLO PARA JULGAMENTO COM PERSPECTIVA DE GÊNERO[33]

Resolução CNJ n. 492/2023

a.1. Medidas protetivas de urgência e Formulário Nacional de Avaliação de Risco
A autonomia das medidas protetivas de urgência viabiliza o seu deferimento tanto em processos específicos quanto como resposta a pedidos incidentais realizados em qualquer ação em curso no Poder Judiciário, ao se considerar que a lesão ou ameaça ao bem juridicamente protegido (vida e integridade física do gênero feminino) pode restar caracterizada em qualquer espécie de processo; entendimento diverso caracterizaria proteção insuficiente ao bem jurídico tutelado, o que não é admissível no ordenamento jurídico brasileiro.

ENUNCIADOS

FONAVID – Enunciado 62: "A competência para a apreciação da medida protetiva de urgência será determinada por opção da ofendida, em analogia ao artigo 15 da Lei 11.340/2006, e a interpretação deve observar os fins sociais a que se destina a lei

32. STF, Pet 7990/DF, rel. Min. Marco Aurélio, Tribunal Pleno, j. 17/02/2021, DJe 12/03/2021.

33. O Conselho Nacional de Justiça (CNJ) publicou o Protocolo de Julgamento com Perspectiva de Gênero após a condenação do Brasil pela Corte Interamericana de Direitos Humanos (Corte IDH) no caso Márcia Barbosa de Souza. Ver: BRASIL. **Protocolo para julgamento com perspectiva de gênero**. Brasília: CNJ, 2021. Corte IDH. **Caso Barbosa de Souza e outros vs. Brasil**. Exceções preliminares, Mérito, Reparações e Custas. Sentença de 7 de setembro de 2021. Disponível em: https://www.corteidh.or.cr/docs/casos/articulos/seriec_435_por.pdf

protetiva, assim como as condições peculiares da mulher em situação de violência doméstica, na forma do artigo 4º da Lei 11.340/2006, sem prejuízo de eventual apuração de ilícito penal, nos termos do art. 70 do CPP". (Aprovado por maioria XIV FONAVID – Belém/PA).

FONAVID – Enunciado 63: "Deferida a medida protetiva de urgência, o juiz ou a juíza poderá, a qualquer tempo, declinar, a pedido da ofendida, a competência para o foro de seu domicílio ou de sua residência, observadas as regras dos artigos 4º e 15 da Lei 11.340/2006, sem prejuízo da apuração do ilícito penal conforme artigo 70 do CPP". (Aprovado por unanimidade XIV FONAVID – Belém/PA).

JURISPRUDÊNCIA

Juízo Imediato e Ausência de prevenção para o processo criminal

STJ – "Independentemente do local onde tenham inicialmente ocorrido as supostas condutas criminosas que motivaram o pedido da vítima, o juízo do domicílio da mulher em situação de violência doméstica e familiar é competente para processar e julgar o pleito de medidas protetivas de urgência por aplicação do princípio do juízo imediato. A aplicação do princípio do juízo imediato na apreciação dos pedidos de medidas protetivas de urgência não entra em conflito com as demais disposições da Lei n. 11.343/06. Ao contrário, essa medida facilita o acesso da mulher vítima de violência doméstica a uma rápida prestação jurisdicional, que é o principal objetivo perseguido pelas normas processuais especiais que integram o microssistema de proteção de pessoas vulneráveis que já se delineia no ordenamento jurídico brasileiro"
"A competência para examinar as medidas protetivas de urgência atribuída ao juízo do domicílio da vítima não altera a competência do juízo natural para o julgamento de eventual ação penal por crimes praticados no contexto de violência doméstica e familiar contra a mulher, que deve ser definida conforme as regras gerais fixadas pelo Código de Processo Penal".

(STJ, CC 190.666/MG, rel. Min. Laurita Vaz, Terceira Seção, j. 08/02/2023, DJe 14/02/2023)

STJ – "1. A competência para examinar as medidas protetivas de urgência atribuída ao juízo do domicílio da vítima não altera a atribuição do juízo natural para o julgamento de eventual ação penal por crimes praticados no contexto de violência doméstica e familiar contra a criança ou adolescente, que deve ser definida conforme as regras gerais fixadas pelo Código de Processo Penal (CC n. 197.661/SC, relatora Ministra Laurita Vaz, Terceira Seção, julgado em 9/8/2023, DJe de 16/8/2023.). 2. A competência para a persecução penal é do juízo do local dos fatos, nos termos do art. 13 da Lei n. 11.343/2006, c/c o art. 70, caput, do Código de Processo Penal, não se alterando em razão de ter a vítima requerido, e obtido, medidas protetivas em juízo diverso. Precedentes: CC n. 190.666/MG, relatora Ministra Laurita Vaz, Terceira Seção, julgado em 8/2/2023, DJe de 14/2/2023 e CC n. 187.852/SP, relatora Ministra

Laurita Vaz, Terceira Seção, julgado em 9/11/2022, DJe de 18/11/2022. 3. Conflito conhecido para declarar competente o juízo do local dos fatos - Juízo do Juizado de Violência Doméstica e Familiar contra a Mulher do Gama/DF, ora suscitado".

(CC n. 207.303/MG, rel. Min. Og Fernandes, Terceira Seção, j. 23/10/2024, DJe de 28/10/2024)

Na ausência de Juizado, as medidas protetivas podem ser deferidas por Vara Cível

STJ – "Na hipótese de ainda não ter sido instalado o Juizado Especial de Violência Doméstica na respectiva comarca e não sendo caso de demandar junto ao Juízo Criminal, como no presente feito, em que se trata de ação de divórcio, o Juízo Cível será competente para processar e julgar a demanda, cabendo decidir sobre as medidas protetivas necessárias, adotando providências compatíveis com a jurisdição cível, a fim de garantir, por meio do mesmo Juízo, a integridade física, psíquica, sexual, moral e patrimonial da vítima, resguardando-se, assim, a finalidade da lei de regência. Com efeito, deve-se proceder a uma interpretação teleológica do art. 33 da Lei Maria da Penha, permitindo-se ao Juízo Cível a concessão de medidas protetivas nessa hipótese, a fim de proteger o bem jurídico tutelado pela norma, que é justamente prevenir ou cessar a violência praticada no âmbito doméstico e familiar contra a mulher, de maneira célere e uniforme.7. Recurso especial desprovido".

(STJ, REsp 2042.286/BA, rel. Min. Marco Aurélio Bellizze, Terceira Turma, j. 08/08/2023, DJe 15/08/2023, grifo nosso).

STJ – "A possibilidade de a ação penal ser proposta no domicílio da Vítima, embora aparente lhe ser benéfica, na verdade, lhe seria prejudicial. Basta ver que, iniciada a ação penal no domicílio da Vítima, o Réu-Agressor terá motivo para se deslocar até o local a fim de exercer seu direito de autodefesa, por exemplo, para ser interrogado ou acompanhar a audiência de instrução e julgamento, inclusive o depoimento da Vítima. O processamento da ação penal no domicílio da Vítima prejudicaria a busca da verdade real e dificultaria a elucidação e punição dos crimes. Para isso, o melhor local é o dos fatos, tanto que é a regra primeva de fixação de competência no Código de Processo Penal. Sem prejuízo da fixação da competência para a persecução penal, incumbe ao Juízo do domicílio da Vítima apreciar o pedido urgente de concessão de medidas protetivas, como ocorreu no caso concreto, sem que isso gere qualquer tipo de prevenção para a análise do feito criminal. Isso possibilita à Vítima obter a tutela jurisdicional com a rapidez e urgência necessárias, recebendo do Poder Judiciário, a proteção devida, em caráter imediato".

(STJ, CC 187.852/SP, rel. Min. Laurita Vaz, Terceira Seção, j. 09/11/2022, DJe 18/11/2022).

6.5.2. Afastamento do lar pela autoridade policial

Excepcionalmente, na falta de uma autoridade judicial nos Municípios que não forem sede de Comarca, poderá haver o afastamento do agressor do lar pelo Delegado de Polícia, mas tal medida deverá ser comunicada ao Juiz em 24 horas e, em igual prazo, mantida ou revogada pela autoridade judiciária (art. 12-C e § 1º, da Lei Maria da Penha). Caso haja o município seja sede da comarca (como é o caso das capitais e grandes cidades), não cabe a aplicação do dispositivo em referência, cabendo apenas à autoridade judicial decidir quanto ao pedido, em homenagem ao princípio da reserva de jurisdição.

Não se trata de uma decisão de mérito por parte da polícia, mas de uma pré-cautela, tal como ocorre com a prisão em flagrante, que deverá ser analisada pelo Juiz da Custódia no prazo de 24 horas. Assim como ocorre no flagrante, em que há a certeza visual do crime, pode excepcionalmente haver o afastamento do lar pela autoridade policial por ser o lar ou local de convivência um lugar de perigo para as mulheres, mas esta medida administrativa tem caráter provisório e está restrita ao disposto no art. 12-C da Lei Maria da Penha, não se admitindo interpretação extensiva. Ademais, a decisão precária pela autoridade policial é limitada ao afastamento do lar, não podendo abranger as demais medidas protetivas de urgência (como a proibição de aproximação e contato).

Questionou-se a constitucionalidade da referida disposição, mas o Supremo Tribunal Federal entendeu pela validade da norma, conforme jurisprudência abaixo mencionada.

JURISPRUDÊNCIA

STF – "DIGNIDADE DA PESSOA HUMANA E NECESSIDADE DE MEDIDAS EFICAZES PARA PREVENIR A VIOLÊNCIA CONTRA A MULHER. CONSTITUCIONALIDADE DE MEDIDA PROTETIVA DE URGÊNCIA CORRESPONDENTE AO AFASTAMENTO IMEDIATO DO AGRESSOR DO LOCAL DE CONVIVÊNCIA COM A OFENDIDA EXCEPCIONALMENTE SER CONCEDIDA POR DELEGADO DE POLÍCIA OU POLICIAL. IMPRESCINDIBILIDADE DE REFERENDO PELA AUTORIDADE JUDICIAL. LEGÍTIMA ATUAÇÃO DO APARATO DE SEGURANÇA PÚBLICA PARA RESGUARDAR DIREITOS DA VÍTIMA DE VIOLÊNCIA DOMÉSTICA E FAMILIAR. IMPROCEDÊNCIA.

1. A autorização excepcional para que delegados de polícia e policiais procedam na forma do art. 12-C II e III, E § 1º, da Lei n. 11.340/2006 (Lei Maria da Penha), com as alterações incluídas pela Lei n. 13.827/2019, é resposta legislativa adequada e necessária ao rompimento do ciclo de violência doméstica em suas fases mais agudas, amplamente justificável em razão da eventual impossibilidade de obtenção da tutela jurisdicional em tempo hábil.

2. Independentemente de ordem judicial ou prévio consentimento do seu morador, o artigo 5º, inciso XI, da Constituição Federal admite que qualquer do povo, e, com maior razão, os integrantes de carreira policial, ingressem em domicílio alheio nas hipóteses de flagrante delito ou para prestar socorro, incluída a hipótese de excepcional urgência identificada em um contexto de risco atual ou iminente à vida ou à integridade física ou psicológica da mulher em situação de violência doméstica e familiar, ou de seus dependentes.

3. Constitucionalidade na concessão excepcional de medida protetiva de afastamento imediato do agressor do local de convivência com a ofendida sob efeito de condição resolutiva.

4. A antecipação administrativa de medida protetiva de urgência para impedir que mulheres vítimas de violência doméstica e familiar permaneçam expostas às agressões e hostilidades ocorridas na privacidade do lar não subtrai a última palavra do Poder Judiciário, a quem se resguarda a prerrogativa de decidir sobre sua manutenção ou revogação, bem como sobre a supressão e reparação de eventuais excessos ou abusos. 4. Ação Direta de Inconstitucionalidade julgada improcedente".

(STF, ADI 6138/DF, rel. Min. Alexandre de Moraes, Tribunal Pleno, j. 23/03/2022, DJe 09/06/2022).

6.6. INTIMAÇÕES DA VÍTIMA, DO AUTOR DA VIOLÊNCIA E VISTA AO MINISTÉRIO PÚBLICO

No procedimento de medidas protetivas de urgência há contraditório postergado ou diferido: após a decisão judicial, o apontado autor da violência é intimado e poderá solicitar a revogação da medida perante o Juízo. A vítima também deverá ser intimada após a decisão para que tenha ciência e possa solicitar outras providências judiciais.

O Ministério Público deverá ter vista dos autos após a decisão e acompanhar o procedimento de medidas protetivas (art. 25 LMP), enquanto órgão essencial à função jurisdicional e responsável pela defesa da ordem jurídica e direitos das vítimas (art. 127 CF), competindo-lhe o dever de zelar pelos direitos previstos na Constituição Federal, promovendo as medidas necessária a sua garantia (art. 129, II, CF).

A atuação tem por finalidade assegurar a adequada proteção à mulher, podendo formular requerimentos adicionais, produzir prova para reiteração do pedido, recorrer, bem como realizar os encaminhamentos de proteção à rede de serviços (cf. LMP, art. 26, inciso I).

Como a decisão pode ser modificada a todo momento, não há preclusão para o agente nem para a vítima. Poderão ainda interpor recurso e, nesse caso, deverá observar o prazo legal, sob pena de não conhecimento do recurso.

No que tange ao apontado autor da violência, a intimação é necessária por dois motivos: a) para que cumpra as determinações, sob pena de configuração de crime de desobediência; b) para que tenha a oportunidade de trazer sua versão aos autos e, eventualmente, provoque a modificação ou reconsideração da decisão.

Essa fase de intimações permite um controle pelas partes e intervenientes em relação à decisão. Ainda que o pedido tenha sido integralmente deferido, é conveniente que o Ministério Público ou a assistência da vítima avaliem se eventualmente algum pedido relevante não foi realizado, para o fazerem ao juiz.

Por exemplo, é comum que a mulher solicite apenas a proibição de frequência à sua residência, mas não mencione a residência de seus genitores ou namorado, ainda que tenha sofrido ameaças ou violências nesses locais. Muitas mulheres também deixam de solicitar medidas protetivas em relação aos filhos expostos à situação de violência. Nesses casos, é conveniente acrescentar esta proibição. Isso porque, se o ofensor se aproximar da residência do namorado da vítima, quando ela está no local, a conduta não configurará o crime de descumprimento de medidas protetivas (Lei Maria da Penha, art. 24-A), apesar de, inegavelmente, se tratar de um ato de monitoramento, vigilância, portanto, um risco à segurança da mulher. Situação também usual é quando a vítima não faz a solicitação da medida protetiva de encaminhamento do agressor para programas reflexivos para homens autores de violência, mas se trata de caso de risco grave, com histórico de comportamentos de agressividade pelo ofensor.

Sobre o tema, afirma Thiago Pierobom[34]:

34. ÁVILA, Thiago Pierobom de. **Curso de enfrentamento à violência doméstica e familiar contra a mulher**: proteção, persecução penal e atuação prática. Brasília: ESMPU, 2023, p. 235.

> Outra análise relevante nesse momento processual é quanto à conveniência de se judicializar o requerimento de produção antecipada de provas, para a oitiva imediata da vítima ou de alguma testemunha. Como a comunicação da MPU é um dos primeiros momentos em que o sistema de justiça tem contato com o caso, é conveniente que ocorrências que exijam a realização da produção antecipada de provas não aguardem a chegada do IP, mas já avancem nesse momento. Essa é a situação de violência sexual contra crianças ou adolescentes ou da oitiva de crianças menores de 7 anos, cf. art. 11, § 1º, da Lei n. 13.431/2017. Em alguns casos de violência crônica e risco elevado, a literatura especializada também recomenda que mulheres adultas possam ser ouvidas em sede de produção antecipada de provas, aplicando-se analogicamente o procedimento da Lei n. 13.431/2017; este procedimento permitiria à mulher ser ouvida e não precisar rememorar dos fatos após um longo período de tempo, bem como possibilitaria uma prova de melhor qualidade, mais próxima dos fatos, tendo em vista que o transcurso do tempo, em contextos de violência crônica, usualmente levará a vítima a esquecer-se dos fatos ou confundi-los com outros episódios de violência. Após o ajuizamento da ação cautelar de produção antecipada de provas, convém se oficiar à Delegacia de Polícia para que se evite novas oitivas da vítima ou testemunha na esfera policial.

Não se trata de citação e concessão de prazo para "contestação", como têm entendido algumas autoridades judiciárias. As medidas protetivas têm natureza jurídica de tutela inibitória (STJ, Tema 1.249), de caráter célere e satisfativo, não se confundindo com um processo de conhecimento. Nesse sentido, o STJ tem decidido pela desnecessidade de se citar o réu para contestação (STJ, REsp 2.009.402/GO).

Outro aspecto importante é que a intimação pode efetivar-se por meios eletrônicos, nos termos da Resolução 354/2020 do CNJ[35], bem como por edital. Em nenhuma hipótese, a intimação poderá ser feita por intermédio da vítima (art. 21, parágrafo único).

35 CNJ. **Resolução n. 354**, de 19 de novembro de 2020. Disponível em: <https://atos.cnj.jus.br/files/original180544202011205fb8057889f2c.pdf>. Acesso em: 26 set. 2022.

Como não há preclusão *pro judicato*, é possível nessa fase um pedido de reconsideração a partir da juntada de novas provas. Para tanto, é conveniente que a assistência à vítima e o Ministério Público contatem a vítima para avaliar quanto à possibilidade de juntada de novas provas, que eventualmente não puderam ser apresentadas a autoridade judicial.

JURISPRUDÊNCIA

Desnecessidade de citação do agente (basta intimação)

STJ – "As medidas protetivas de urgência têm natureza de tutela provisória cautelar, visto que são concedidas em caráter não definitivo, a título precário, e em sede de cognição sumária. (...) Aplicada a cautelar inaudita altera pars, para garantia de sua eficácia, **o acusado será intimado de sua decretação**, facultando-lhe, a qualquer tempo, a apresentação de razões contrárias à manutenção da medida. Recurso especial conhecido e provido para **afastar a determinação de citação do requerido** para oferecimento de contestação à decretação das medidas protetivas de urgência previstas no art. 22, III, "a" e "b", da Lei n. 11.340/06, bem como para afastar os efeitos de revelia em caso de omissão, aplicando-se a disciplina disposta no CPP, ante o reconhecimento da natureza cautelar criminal dessas medidas".

(STJ, REsp n. 2.009.402/GO, rel. Min. Ribeiro Dantas, rel. p/ ac. Min. Joel Ilan Paciornik, Quinta Turma, j. 8/11/2022, DJe 18/11/2022, grifo nosso).

STJ – "Assim, conforme consignado pelo Ministério Público, a determinação de citação do suposto agressor a fim de dar-lhe ciência da aplicação de medida protetiva de urgência, bem como para, querendo, defender-se, sob pena de reconhecimento de sua revelia em caso de inércia, tal como determinado pelas instâncias ordinárias, além de desvirtuar por completo a sistemática da Lei Maria da Penha, a qual deve ser interpretada e aplicada com olhar diferenciado e protetivo em razão da problemática da violência doméstica e familiar contra a mulher, ofende diretamente o disposto nos arts. 18, 19, 21 e 22, inc. III, alíneas a e b, da Lei n. 11.340/2006 (e-STJ fls. 128). Ante o exposto, com fundamento no art. 932, inciso VIII, do CPC, e no art. 255, § 4°, inciso III, do RISTJ, e na Súmula 568/STJ, dou provimento ao recurso especial, para afastar a determinação de citação do suposto agressor para o oferecimento de contestação às medidas protetivas, bem como os efeitos da revelia em caso de inércia". (STJ, REsp 1.928.674/GO, rel. Min. Reynaldo Soares da Fonseca, DJ 20/04/2021).

Ausência de intimação formal e ciência das medidas

STJ – "MEDIDAS PROTETIVAS DE URGÊNCIA. DESCUMPRIMENTO. AUSÊNCIA DE INTIMAÇÃO. CIÊNCIA DO AGRAVANTE DAS MEDIDAS APLICADAS. PRISÃO PREVENTIVA. CABIMENTO. MAUS ANTECEDENTES. GARANTIA DE SEGURANÇA DA VÍTIMA.

MEDIDAS CAUTELARES ALTERNATIVAS. INSUFICIÊNCIA. AGRAVO DESPROVIDO (...) Hipótese na qual consta do auto de prisão em flagrante que o próprio agravante relatou 'que já tinha ciência da medida protetiva de urgência deferida em seu desfavor, pois a vítima tinha lhe dito, mas que não tinha sido intimado pelo oficial de justiça'. Ou seja, a despeito do não cumprimento do mandado de intimação, ele tinha conhecimento das medidas cautelares aplicadas. Não obstante, teria mandado uma mensagem ameaçando a vítima e, em seguida, se aproximado dela, insistindo que reatassem o relacionamento. Diante de sua recusa, em tese, ameaçou-a dizendo que 'já que você não quer voltar eu vou te matar' e 'onde você estiver eu vou atrás'".

(STJ, AgRg HC n. 749.511/SP, rel. Min. Reynaldo Soares da Fonseca, Quinta Turma, j. 2/8/2022, DJe 8/8/2022).

Intimação do requerido por telefone

STJ – "A intimação acerca das medidas protetivas de urgência realizada por telefone e certificada nos autos pelo Oficial de Justiça, na hipótese em que o réu oculta-se para não ser pessoalmente intimado, quando atinge a sua finalidade e demonstra a ciência inequívoca acerca das medidas deferidas em favor da vítima, não representa nulidade apenas por mera inobservância da instrumentalidade das formas. Na hipótese, a intimação atendeu ao seu objetivo, porquanto confirmada a efetiva comunicação, intuito final do procedimento, que corrobora sua legalidade em observância aos princípios de celeridade processual e da instrumentalidade das formas, não se vislumbrando nulidade pelo fato de ter sido praticado por telefone".

(STJ, AgRg HC 770.169/SP, rel. Min. Joel Ilan Paciornik, Quinta Turma, j. 27/03/2023, DJe 31/03/2023).

Intimação do requerido por meios eletrônicos

STJ – "Abstratamente, é possível imaginar-se a utilização do WhatsApp para fins de citação na esfera penal, com base no princípio *pas nullité sans grief*. De todo modo, para tanto, imperiosa a adoção de todos os cuidados possíveis para se comprovar a autenticidade não apenas do número telefônico com que o oficial de justiça realiza a conversa, mas também a identidade do destinatário das mensagens (...) No caso concreto, ao menos três elementos permitem concluir pela autenticidade do receptor das mensagens: (a) o número telefônico disponível para contato com o acusado; (b) a confirmação de sua identidade por telefone; e (c) a foto individual do denunciado, no aplicativo, que, inclusive, coincide com a foto de identificação civil também constante dos autos".

(STJ, AgRg RHC 141.245/DF, rel. Min. Ribeiro Dantas, Quinta Turma, j. 13/04/2021, DJe 16/04/2021).

STJ – "No caso concreto, ponderado o contexto excepcional de pandemia, havendo ainda norma do Tribunal *a quo* para regulamentar a citação em situações excepcionais (Portaria GC 155, de 9/9/2020, do TJDF), nota-se que não houve prejuízo processual objetivamente demonstrado que importe em nulidade do ato de citação por meio eletrônico (via conversa pelo aplicativo de celular "WhatsApp"), uma vez que os elementos necessários para o conhecimento da denúncia foram devidamente encaminhados ao denunciado e não há dúvidas quanto à sua ciência do ato da citação e do teor da acusação que recai contra si.3. A lei processual penal em vigor adota o princípio *pas de nullité sans grief* (art. 563 do CPP), segundo o qual somente se declara a nulidade caso, alegada oportunamente, haja demonstração ou comprovação de efetivo prejuízo à parte".

(STJ, HC 644.543/DF, rel. Min. Nefi Cordeiro, Sexta Turma, j. 09/03/2021, DJe 15/03/2021).

Intimação do requerido por edital

TJMG – "EMENTA: APELAÇÃO CRIMINAL – DESCUMPRIMENTO DE DECISÃO JUDICIAL QUE DEFERE MEDIDAS PROTETIVAS DE URGÊNCIA (ART. 24 -A DA LEI 11.340/06) – PRELIMINAR DE NULIDADE DA DECISÃO DE CONCESSÃO DAS MEDIDAS PROTETIVAS DE URGÊNCIA SEM PRAZO DETERMINADO – REJEIÇÃO – INTIMAÇÃO POR EDITAL – POSSIBILIDADE NO CASO CONCRETO – INSUCESSO DAS TENTATIVAS E ESGOTAMENTO DOS MEIOS DE INTIMAÇÃO PESSOAL – ABSOLVIÇÃO -IMPOSSIBILIDADE – AUTORIA, MATERIALIDADE E DOLO COMPROVADOS – FIXAÇÃO DOS HONORÁRIOS AO DEFENSOR DATIVO – NECESSIDADE.

– A Lei n. 11.340/2006 não estipula prazo mínimo ou máximo para a duração das medidas protetivas de urgência. Logo, elas devem perdurar enquanto a vítima de violência doméstica e familiar se encontrar em situação de dano ou perigo ou vulnerabilidade social, sexual, moral ou patrimonial. A decretação ou manutenção dessas medidas está vinculada, tão somente, a sua imprescindibilidade (necessidade e utilidade), que deverá ser aferida no caso concreto.

– Diante do insucesso das tentativas e do esgotamento dos meios de intimação pessoal do acusado acerca das medidas protetivas de urgência aplicadas em seu desfavor, a intimação editalícia é plenamente válida".

(TJMG, AC 1.0002.19.000028-7/001, rel. Des. Kárin Emmerich, 9ª Câmara Criminal Especializada, j. 15/06/2022, DJ 21/06/2022).

6.7. AUDIÊNCIA DE JUSTIFICAÇÃO (FACULTATIVA)

Em alguns casos poderá haver a realização de uma audiência de justificação no âmbito de uma medida protetiva de urgência.

Trata-se de uma situação excepcional em que, mesmo à luz do princípio da precaução e a avaliação do relato da violência à luz da diretriz pró-mulher, seja necessária a realização da audiência para solucionar uma dúvida muito relevante sobre o contexto de violência ou adotar providências mais efetivas e abrangentes.

Assim, se o deferimento da medida protetiva de urgência depender de algum esclarecimento fundamental para a compreensão da situação de violência ou, mesmo havendo deferimento da MPU, seja necessário adotar construção coletiva para a solução das questões correlatas à violência, como a guarda dos filhos ou arranjos para a visitação, desde que não importem em adiamento da proteção imediata. Poderá, ainda, ser designada audiência diante notícia de descumprimento da MPU, em contextos de menor gravidade, quando é conveniente a oitiva dos envolvidos para compreender as circunstâncias do descumprimento e reavaliar a situação de risco com a proximidade do contato com as partes – ou mesmo para uma eventual advertência ao ofensor. Sobre o tema[36]:

> A realização de audiência de justificação é recomendável [...]. Por exemplo, a regulamentação da forma de visitação aos filhos (em não sendo caso de sua suspensão) pode depender de considerar os horários de trabalho dos envolvidos ou a disponibilidade de familiares intermediarem a entrega da criança. Eventualmente a mulher pode ter interesse em se mudar para outro imóvel de propriedade do casal, desde que determinadas condições sejam respeitadas pelo ofensor. É ainda possível se realizar audiência de justificação para a hipótese de o sistema de justiça precisar ter contato mais próximo com a vítima, a fim de compreender melhor suas necessidades. Todavia, a possibilidade de realização de audiência de justificação não deve ser utilizada como estratégia para não se deferir a proteção urgente à mulher no prazo legal de 48 horas, conforme o regramento legal. [...] . Em caso de construção coletiva da solução ao caso em audiência, situação que se assemelha a uma forma de mediação cível, é conveniente que haja sensibilidade de gênero para compreender as eventuais pressões (culturais, sociais, familiares ou diretas pelo ofensor) a que a vítima esteja sendo exposta para realizar acordos, não se aceitando propostas que sejam claramente ruinosas à mulher.

36. ÁVILA, Thiago Pierobom de. **Curso de enfrentamento à violência doméstica e familiar contra a mulher**: proteção, persecução penal e atuação prática. Brasília: ESMPU, 2023, p. 238.

Vale registrar que essa audiência não é obrigatória no procedimento da MPU. Se o requerimento já é suficientemente claro quanto ao contexto de violência, justificando o deferimento imediato da medida, e não há questões urgentes que exijam alguma composição, o correto será o deferimento da medida e o avanço para a fase de monitoramento.

A realização de audiência de justificação, com a participação da mulher, deve sempre ser guiada pelo dever estatal de não produzir revitimização. Para tanto, deve-se assegurar que a mulher não tenha contato visual com o ofensor ou suas testemunhas no momento de espera da audiência (LMP, art. 10-A, § 1º, II); evitando-se sucessivas reinquirições ou questionamentos sobre vida privada (LMP, art. 10-A, § 1º, III e CPP, art. 400-A), quanto a aspectos privados não essenciais à solução do caso, que gerem constrangimento desnecessário; que ela tenha acesso à assistência jurídica antes da audiência (LMP, art. 27 e 28); e que os questionamentos sejam feitos à mulher de forma respeitosa, respeitando-se as diretrizes da Lei Mariana Ferrer de proteção à incolumidade psicológica da mulher, sem julgamento moral pelo fato de ter sofrido a violência, ou quanto ao seu comportamento social ou sexual prévio (STF, ADPF 1107). Deve-se assegurar um espaço protegido para a fala pela mulher, sem interrupções constantes, confrontação, pressionamento para falar ou recriminação pela eventual não colaboração. Há um dever do magistrado e do membro do Ministério Público de zelar por tais diretrizes de proteção da vítima, sob pena de responsabilização pessoal em nível administrativo, civil e criminal. Nesse sentido, há o crime de violência institucional previsto no art. 15-A da Lei n. 13.869/2019, introduzido pela Lei n. 14.321/2022.

Vale recordar que no Caso Márcia Barbosa de Sousa, o Brasil foi condenado pela Corte IDH exatamente pelo fato de permitir que o julgamento fosse enviesado por estereótipos de gênero durante as audiências e manifestações processuais[37].

37. Corte IDH, Caso Barbosa de Sousa e outros vs. Brasil, 2021.

Finalmente, eventuais acordos construídos nessa audiência, em relação a temas cíveis, devem sempre ser conduzidos com a devida perspectiva de gênero. Segmento do movimento feminista argumenta que soluções consensuais, valorizando o espaço de oitiva da mulher, podem ser efetivos para a resolução de controvérsias de natureza cível subjacentes à violência doméstica e familiar[38]. Esses espaços de consenso podem oferecer à mulher um espaço de fala e protagonismo na construção da solução de seus próprios problemas, como divisão de bens e visitas aos filhos (jamais um espaço para o Estado fomentar reconciliação afetiva do casal).

Entretanto, a aplicação deste paradigma conciliatório ou restaurativo no contexto da violência doméstica, ainda que limitado à esfera cível, suscita críticas relevantes[39]. A principal delas é a possível vulnerabilidade da mulher em razão das relações de gênero e da assimetria de poder[40]. A abordagem mediadora ou restaurativa, ainda que apenas em temas cíveis, pode ignorar o ciclo contínuo da violência e tratar os episódios como casos isolados, desconsiderando também vulnerabilidades interseccionais, como as vividas por mulheres negras. Há o risco de o ofensor não reconhecer sua responsabilidade, manipulando a vítima com pedidos de desculpas que integram o próprio ciclo de violência. Além disso, a comunidade ou mediadores podem reproduzir estereótipos de gênero, revitimizando a mulher. O confronto direto com o agressor pode causar sofrimento psicológico, e o contato pode ser usado por ele para obter informações ou pressionar a vítima a retomar a relação, especialmente quando ela tenta se

38. ROSENBLATT, Fernanda; MELLO, Marília Montenegro Pessoa de. O uso da justiça restaurativa em casos de violência de gênero contra a mulher: potencialidades e riscos. In: OLIVEIRA, Luciano et al. (Orgs.). **Para além do Código de Hamurabi: estudos sociojurídicos**. Recife: Alidi, 2015, p. 99-108.

39. A respeito ver o capítulo "Conciliação versus responsabilização do agressor" do livro Lei Maria da Penha : o Processo no Caminho da Efetividade (SCARANCE FERNANDES, Valéria D. , op. cit., p. 383-388).

40. ÁVILA, Thiago Pierobom de. Justiça restaurativa e violência doméstica: contribuição ao refinamento das garantias processuais de proteção às mulheres. **Cadernos do Programa de Pós-Graduação em Direito – PPGDIR./UFRGS**, v. 15, n. 2, 2020, p. 204-231.

libertar do ciclo de violência. Por fim, existe o risco de vícios na manifestação de vontade da mulher, comprometendo a legitimidade do processo restaurativo ou conciliatório. Muitas vezes, um olhar intimidante ou a própria presença do ofensor podem comprometer a livre manifestação de vontade pela mulher, em um contexto de prévia violência psicológica.

Para proteger as mulheres em intervenções conciliatórias de natureza civil, recomenda-se priorizar as necessidades da vítima, tomando cautelas para que não importem em constrangimento para restaurar a convivência com o ofensor.

JURISPRUDÊNCIA

Dever de não revitimização em audiência – proibição de questionamentos sobre modo de vida ou vivência sexual

STF – "EMENTA: ARGUIÇÃO DE DESCUMPRIMENTO DE PRECEITO FUNDAMENTAL. ALEGADA CONDUTA OMISSIVA E COMISSIVA DO PODER PÚBLICO NO COMBATE À VIOLÊNCIA CONTRA A MULHER. PROCESSOS DE APURAÇÃO E JULGAMENTO DE CRIMES CONTRA A DIGNIDADE SEXUAL. QUESTIONAMENTOS QUANTO AO MODO DE VIDA E À VIVÊNCIA SEXUAL PREGRESSA DA VÍTIMA. OFENSA AOS PRINCÍPIOS DA IGUALDADE E DA DIGNIDADE DA PESSOA HUMANA. ARGUIÇÃO JULGADA PROCEDENTE. 1. Ofende os princípios da igualdade e da dignidade da pessoa humana a perquirição da vítima, em processos apuratórios e julgamentos de crimes contra a dignidade sexual, quanto ao seu modo de vida e histórico de experiências sexuais. 2. A despeito da atuação dos Poderes da República, pela análise dos argumentos postos na presente arguição de descumprimento de preceito fundamental, é de se concluir necessário que este Supremo Tribunal, no exercício de sua competência constitucional, interprete os dispositivos impugnados pelo arguente conforme a Constituição da República, para conferir máxima efetividade aos direitos constitucionalmente postos e coibir a perpetuação de práticas que impliquem na revitimização de mulheres agredidas sexualmente. 3. Arguição julgada procedente para i) conferir interpretação conforme à Constituição à expressão "elementos alheios aos fatos objeto de apuração" posta no art. 400-A do Código de Processo Penal, para excluir a possibilidade de invocação, pelas partes ou procuradores, de elementos referentes à vivência sexual pregressa da vítima ou ao seu modo de vida em audiência de instrução e julgamento de crimes contra a dignidade sexual e de violência contra a mulher, sob pena de nulidade do ato ou do julgamento, nos termos dos arts. 563 a 573 do Código de Processo Penal; ii) fica vedado o reconhecimento da nulidade referida no item anterior na hipótese de a defesa invocar o modo de vida da vítima ou a questionar quanto a vivência sexual pregressa com essa finalidade, considerando a impossibilidade do acusado se beneficiar da própria torpeza; iii) conferir interpretação conforme ao art. 59 do Código Penal, para assentar ser vedado ao magistrado, na fixação da pena em crimes sexuais, valorar a vida sexual pregressa da vítima ou seu modo de vida e iv) assentar ser dever do magistrado julgador atuar no sentido de impedir essa prática inconstitucional, sob pena de responsabilização civil, administrativa e penal".

(STF, ADPF 1107, rel. Min. Cármen Lúcia, Pleno, j. 23-05-2024, DJe 26-08-2024)

6.8. FASE DE MONITORAMENTO DAS MEDIDAS PROTETIVAS

Após a decisão que concede as medidas protetivas e as respectivas intimações, inicia-se uma fase de monitoramento das medidas protetivas de urgência, no curso de sua vigência. Essa fase é essencial para preparar a fase seguinte, de decisão de reavaliação periódica quanto à manutenção, ao ajuste ou à revogação das medidas.

Essa fase de monitoramento está correlacionada à realização de avaliação de risco e implementação de protocolos de sua gestão, por todos os integrantes da rede de proteção. É possível que a própria magistrada, ao conceder a medida protetiva, já determine os encaminhamentos à rede (Lei Maria da Penha, art. 9º, §§ 1º e 2º, e art. 23, inciso I). Se não o fizer, caberá ao Ministério Público, enquanto fiscal dos encaminhamentos de proteção (Lei Maria da Penha, art. 26, inciso I e II). Também a equipe multidisciplinar do Juizado possui atribuição para esses encaminhamentos (Lei Maria da Penha, art. 30). Também há deveres de proteção imediata e de articulação com a rede de serviços para a autoridade policial (Lei Maria da Penha, art. 11, incisos). Há uma diretriz de "integração operacional" entre os diversos integrantes da rede e o sistema de justiça, indicada no art. 8º, inciso I, da Lei Maria da Penha.

Uma das principais estratégias de monitoramento quanto ao cumprimento das medidas protetivas de urgência são os serviços de segurança pública com enfoque preventivo, denominados "Guardiã Maria da Penha", "Patrulha", ou outros, realizados pela Guarda Municipal ou Polícia Militar. Eles consistem em visitas periódicas à mulher e eventualmente ao suposto ofensor, para construir um plano de segurança individualizado e assegurar que as medidas protetivas sejam efetivamente cumpridas.

VALÉRIA SCARANCE, uma das idealizadoras do Projeto Guardiã Maria da Penha em São Paulo, coordenou estudo junto ao Núcleo de Gênero – CAOCrim para aferir a efetividade programa Guardiã Maria da Penha, apurando-se que em apenas 0,2 dos casos houve prisão em flagrante após o início do projeto. Além disso, a quase totalidade das vítimas apresentou não apenas mais segurança, como melhora de sua qualidade de vida, como demonstra o seguinte gráfico:[41]

De que forma o projeto impactou sua vida	Respostas afirmativas	Índices
Sentiu-se mais segura	67	98,5%
Melhorou sua autoestima	52	76,5%
Passou a entender melhor seus direitos	50	73%
Voltou a conviver com familiares e amigos	41	60%
Antes se sentia culpada pela violência e agora entende que não tem culpa	37	54,4%
Por orientação da equipe, procurou atendimento médico psicológico ou assistência jurídica ou se vinculou a um serviço da rede?	33	48%
Voltou a estudar ou trabalhar	23	33%

Quando a mulher é encaminhada aos serviços da rede para a gestão do risco, caso haja um agravamento da situação de risco é essencial haver rotinas de referência e contrarreferência, para que o sistema de justiça receba a notícia e possa modular a intervenção jurisdicional para maximizar a proteção à mulher. É muito usual o recebimento periódico de relatórios de acompanhamento de caso de risco mais agravado.

41. Um dado relevante é que o Guardiã Maria da Penha melhorou a segurança e conscientização da população no entorno da vítima. A avaliação realizada junto aos coordenadores das Guardas Municipais nos municípios com Projeto Guardiã implementado revelou o impacto do projeto na sociedade, segundo a percepção da própria Guarda Municipal, de redução do número de ocorrência de violência em geral e de violência doméstica. A respeito ver: CNMP. **Correição Ordinária de Fomento à Resolutividade no Ministério Público do Estado de São Paulo**. 2023. Disponível em: https://www.cnmp.mp.br/portal/images/Corregedoria/Relatorios/2022-2023/MPSP---Relat%C3%B3rio_e_Proposi%C3%A7%C3%B5es.pdf. Acesso em: 10 nov. 2024.

Ante a grande quantidade de medidas protetivas que tramitam no país, totalizando mais de 540.000 medidas protetivas concedidas conforme Anuário de Segurança Pública 2024[42], provavelmente não será possível que a integralidade dos casos seja acompanhada pelos serviços de segurança pública ou em busca ativa pelos serviços da rede. A avaliação de risco será útil para selecionar quais casos necessitam desse acompanhamento mais próximo. Idealmente, todos os casos de risco grave necessitam de um acompanhamento mais ativo, com visitas e contatos periódicos. Para casos de risco leve, é razoável apenas realizar os encaminhamentos por demanda da mulher e aguardar eventual informação quanto à evolução da medida.

O acompanhamento da medida envolve a oitiva da vítima para se dimensionar a situação de perigo. Assim, "deve-se ouvir a ofendida quanto à situação atual, pois podem ter surgido novos fatos que justifiquem a manutenção da cautela, modificação das medidas em espécie ou mesmo a decretação da prisão preventiva. Esse entendimento, embora não conste expressamente da lei, foi firmado pelo STJ como um paradigma para o procedimento"[43].

A fase de monitoramento é muito importante para que exista a proteção integrada e integral da vítima, tendo em vista uma prospeção de eventual perigo identificada a partir da avaliação periódica e gestão do risco[44].

Também é possível que a própria mulher procure diretamente alguns dos órgãos do sistema de justiça e faça a comunicação de um descumprimento da medida protetiva de urgência. É essencial haver protocolos que assegurem à mulher o dever de atendimento imediato por estes órgãos, a redução a termo de suas novas declarações, um procedimento ativo por parte da

42. FÓRUM BRASILEIRO DE SEGURANÇA PÚBLICA. **Segurança em Números 2024**. 2024. Disponível em: https://apidspace.forumseguranca.org.br/server/api/core/bitstreams/c2423188-bd9c-4845-9e66-a330ab677b56/content. Acesso em: 10 nov 2024.

43. SCARANCE FERNANDES, Valéria Diez. **Lei Maria da Penha**: o processo no caminho da efetividade. 5ª. Ed. São Paulo: Juspodivm, 2024.

44. A respeito ver os princípios do processo protetivo supra no Capítulo 4 desta obra.

assistência jurídica à vítima e do Ministério Público na produção de prova complementar (oitiva de testemunhas, auto de constatação de mensagens constantes do aparelho telefônico da mulher ou terceiros, ou ainda da internet, obtenção de imagens de circuitos de segurança ou outros) para subsidiar a decisão de modulação das medidas protetivas, com o eventual agravamento das medidas ou a decretação da prisão preventiva.

Após o recebimento destes relatórios, caso se avalie a necessidade de ouvir ambas as partes para compreender melhor a dinâmica e melhor individualizar a resposta, é possível a realização de uma audiência de justificação (ver tópico anterior).

Essa fase de monitoramento das medidas protetivas pode evoluir para três situações: (i) o ofensor cumpre as medidas, até o ponto de a vítima não mais se sentir em risco, de forma que ela vem a pedir adiante a revogação da proteção; (ii) o ofensor descumpre a medida protetiva, sendo necessário um agravamento das condições impostas ou mesmo de sua situação cautelar criminal, com pedido de monitoramento eletrônico ou prisão preventiva, reiniciando-se a fase de monitoramento; (iii) apesar de não haver o descumprimento das medidas, avalia-se que persiste uma situação de risco, prorrogando-se a proteção e reiniciando-se a fase de monitoramento. O paradigma protetivo não permite ao juiz revogar as medidas protetivas sem esclarecer com a vítima as suas necessidades de proteção. Vejamos.

6.9. REAVALIAÇÃO PERIÓDICA DO RISCO (STJ, TEMA 1.249)

A decisão que concede ou revoga medidas protetivas não faz coisa julgada material e pode ser revista a todo momento diante da alteração da situação de risco.

Trata-se de decisão com caráter "rebus sic stantibus" que se vincula unicamente à existência de perigo para a vítima ou seus dependentes.

Prevê o art. 19, com as alterações introduzidas pela Lei n. 14.550/2023:

> Art. 19.
>
> § 2º As medidas protetivas de urgência serão aplicadas isolada ou cumulativamente, e poderão ser substituídas a qualquer tempo por outras de maior eficácia, sempre que os direitos reconhecidos nesta Lei forem ameaçados ou violados.
>
> § 3º Poderá o juiz, a requerimento do Ministério Público ou a pedido da ofendida, conceder novas medidas protetivas de urgência ou rever aquelas já concedidas, se entender necessário à proteção da ofendida, de seus familiares e de seu patrimônio, ouvido o Ministério Público

O perigo é presumido e a adequação da decisão às circunstâncias do caso deve levar em conta parâmetros fixados no Formulário Nacional de Avaliação de Risco, em especial a alteração da situação pretérita quanto aos fatores de risco e de proteção.

As medidas protetivas não devem ser deferidas com um prazo fatal de vigência. Até a revogação expressa, as medidas não perdem sua validade. Além disso, não podem ser revogadas sob o argumento de arquivamento do inquérito ou absolvição.

A alteração legislativa feita pela Lei n. 14.550/2023 ao incluir o § 6º do art. 19 estabelece que "As medidas protetivas de urgência vigorarão enquanto persistir risco à integridade física, psicológica, sexual, patrimonial ou moral da ofendida ou de seus dependentes". Em outras palavras, a decisão deve ser mantida em vigor enquanto há risco e apenas deve ser revogada quando houver a constatação da cessação da situação de risco.

Apesar da letra clara e cristalina da lei, persistiam entendimentos de que as medidas protetivas poderiam ser fixadas com um prazo fatal ou de que era necessário que a vítima comprovasse fatos novos para que as medidas fossem mantidas. Esses entendimentos caíram por terra diante do firme posicionamento do STJ no Tema 1.249, pelo qual a duração das MPUs vincula-se à persistência da situação de risco à mulher, razão pela qual devem ser fixadas por prazo temporalmente indeterminado e a revogação só pode ser determinada diante do esvaziamento da situação de risco.

A inexistência de um prazo fatal, determinado, não significa eternização das medidas protetivas, já que nenhuma restrição de direitos pode ser para sempre. Nossos Tribunais têm se orientado pela possibilidade de reavaliar as medidas protetivas após um período, tal como ocorre nos casos de prisão preventiva e medida de segurança, para se constatar a alteração ou cessação do risco.

Tendo em vista que a vítima deve ser consultada antes da revogação (entendimento do STJ citado ao final), o ideal é haver um contato pessoal com a mulher para que ela esclareça seu interesse atual na proteção. Mesmo que a vítima não tenha procurado espontaneamente o sistema de justiça e não tenha ocorrido o recebimento de informações pelos serviços da rede, esse contato com a mulher é relevante. Não se deve presumir ausência de perigo pelo fato de não se lograr contatar a mulher, devendo a situação ser analisada a partir do conjunto das informações disponíveis. Além disso, não se pode negligenciar que o Estado tem o dever agir com o devido zelo para prevenir a violência contra a mulher (Convenção de Belém do Pará, art. 7º, alínea "b").

A reavaliação das medidas pode ocorrer de ofício, a pedido do interessado ou em um prazo mínimo fixado autoridade judiciária, preferencialmente não inferior a 1 ano, quando há maior risco de morte por parte da vítima. Não deve servir como parâmetro temporal o art. 316, parágrafo único, do Código de Processo Penal, que estabelece a necessidade de se reavaliar a prisão preventiva a cada 90 dias, pois esse lapso, além de ínfimo para proteger mulheres, diz respeito a uma situação mais severa de privação da liberdade do réu que justifica a reanálise em menor tempo. Nas medidas protetivas, a prioridade é a proteção da mulher e de seus filhos e não a preservação dos direitos do agressor, que em regra sofrem poucas restrições em comparação com os grandes males causados por uma história de violência contra suas parceiras.

Estudos apontam que entre 85% e 91% dos feminicídios ocorreram no primeiro ano de separação, com maior risco nos primeiros meses[45]:

> Stout, K (1993) descobriu que 52% dos femicídios ocorrem após a separação. Outros trabalhos também destacaram a relação entre o femicídio com o tempo transcorrido desde a separação. Wallace, A. 1986) levantou que 47% dos casos ocorrem nos dois primeiros meses após a separação e 91% no primeiro ano. Wilson, M. & Daly, M. (1993) observaram que 50% dos casos ocorrem nos dois primeiros meses, e 85% durante o primeiro ano. A separação, especialmente quando ocorrida há pouco tempo, é um fator importante associado ao femicídio.

Em casos em que a violência já se arrasta por anos, é perfeitamente aceitável que a proteção também se estenda pelo período que for necessário à proteção da mulher. Sobre o tema, afirma Thiago Pierobom[46]:

> Se o ofensor deixa de praticar novos atos de violência doméstica durante a vigência da MPU, recém-deferida, isso não é argumento para a sua revogação, pois a finalidade da MPU é exatamente esta: evitar que o ofensor pratique novos episódios de violência e respaldar a pretensão da mulher de afastar de perto de si o ofensor.

45. ONU Mulheres. **Modelo de protocolo latino-americano de investigação das mortes violentas de mulheres por razões de gênero (femicídio/feminicídio)**. 2014, p. 86. Disponível em: https://www.onumulheres.org.br/wp-content/uploads/2015/05/protocolo_feminicidio_publicacao.pdf. Acesso em: 18 mar. 2024.

Estudo no DF documentou que o prazo médio entre o registro de uma ocorrência policial e a prática de um feminicídio é de um ano. Ver: ÁVILA, Thiago Pierobom de; MAGALHÃES, Thais Quezado Soares. Itinerários processuais anteriores ao feminicídio: os limites da prevenção terciária. **Revista Brasileira de Ciências Criminais**, São Paulo, n. 187, p. 355-395, jan. 2022. Disponível em: https://www.academia.edu/69245566. Acesso em: abr. 2023.

46. ÁVILA, Thiago Pierobom de. **Curso de enfrentamento à violência doméstica e familiar contra a mulher**: proteção, persecução penal e atuação prática. Brasília: ESMPU, 2023, p. 243.

A decisão deve estar fundada na oitiva da vítima, que sempre deve ser questionada quanto à situação atual antes de qualquer alteração das medidas de proteção.

JURISPRUDÊNCIA

Natureza Jurídica e Prazo de Vigência

STJ – Tema 1.249

"I) Natureza jurídica das medidas protetivas de urgência previstas na Lei Maria da Penha; II) (im)possibilidade de fixação, pelo magistrado, de prazo predeterminado de vigência da medida.

I - As medidas protetivas de urgência (MPUs) têm natureza jurídica de tutela inibitória e sua vigência não se subordina à existência (atual ou vindoura) de boletim de ocorrência, inquérito policial, processo cível ou criminal.

II - A duração das MPUs vincula-se à persistência da situação de risco à mulher, razão pela qual devem ser fixadas por prazo temporalmente indeterminado;

III - Eventual reconhecimento de causa de extinção de punibilidade, arquivamento do inquérito policial ou absolvição do acusado não origina, necessariamente, a extinção da medida protetiva de urgência, máxime pela possibilidade de persistência da situação de risco ensejadora da concessão da medida.

IV - Não se submetem a prazo obrigatório de revisão periódica, mas devem ser reavaliadas pelo magistrado, de ofício ou a pedido do interessado, quando constatado concretamente o esvaziamento da situação de risco. A revogação deve sempre ser precedida de contraditório, com as oitivas da vítima e do suposto agressor".

(STJ, REsp 2.070.717/MG, rel. p/ ac. Min. Rogério Schietti Cruz, Terceira Seção, j. 13/11/2024)

STJ – "PROCESSO PENAL. RECURSO ESPECIAL. LEI MARIA DA PENHA. MEDIDAS PROTETIVAS DE URGÊNCIA. NATUREZA JURÍDICA. ÍNDOLE CÍVEL, SATISFATIVA E INIBITÓRIA. ALTERAÇÕES PROMOVIDAS PELA LEI 14.550/2023 COM A INCLUSÃO DOS §§ 5º E 6º NO ART. 19 DA LEI 11.340/2006. VALIDADE DAS MEDIDAS PROTETIVAS NÃO SUJEITA A PRAZO DETERMINADO, GARANTINDO A PROTEÇÃO CONTÍNUA DA VÍTIMA. RECURSO ESPECIAL PARCIALMENTE PROVIDO.

1. A matéria sub examine versa sobre a imprescindibilidade de atribuir limite temporal à eficácia das medidas protetivas de urgência em prol da parte ofendida, sob a luz das recentes inovações legislativas.

2. As modificações implementadas pela Lei n. 14.550/2023, ao aditar os §§ 5º e 6º ao art. 19 da Lei Maria da Penha, redefinem a essência jurídica dessas medidas, enfatizando seu caráter inibitório e satisfativo, desvinculadas da tipificação penal específica ou da pendência de ação penal ou cível, ampliando assim a proteção à integridade física, psíquica, sexual, patrimonial e moral da vítima ou de seus dependentes, independentemente do registro formal de denúncia.

3. Este Superior Tribunal de Justiça, guiado pelo precedente do REsp. 2.036.072/MG, adota a interpretação de que a natureza jurídica das medidas protetivas se afasta da temporalidade fixa, primando pela salvaguarda ininterrupta da vítima enquanto perdurar a situação de risco.

4. A diferenciação das medidas protetivas da Lei Maria da Penha em relação às cautelares tradicionais, conforme delineado no art. 282 do CPP, reside na ausência de prazo de vigência predeterminado, subordinando-se sua manutenção à continuidade da ameaça à vítima, conforme a cláusula rebus sic stantibus.

5. Admite-se a possibilidade de determinação judicial de prazo para as medidas protetivas, desde que haja fundamentação adequada às circunstâncias do caso e previsão de revisão periódica, assegurando-se sempre a oportunidade de manifestação das partes antes de qualquer decisão sobre a cessação das medidas.

6. A jurisprudência desta Corte estabelece a necessidade de oitiva da vítima antes da revogação das medidas protetivas, conforme o AgRg no REsp 1.775.341/SP, para avaliação precisa da persistência do risco.

7. Tese fixada: A revogação ou modificação das medidas protetivas de urgência demanda comprovação concreta da mudança nas circunstâncias que ensejaram sua concessão, não sendo possível a extinção automática baseada em presunção temporal.

8. Recurso especial parcialmente provido para reiterar a validade das medidas protetivas de urgência por 90 dias, com ênfase na competência do juízo para reavaliar a necessidade de sua manutenção, garantindo a prévia manifestação das partes envolvidas".

(STJ, REsp 2.066.642/MG, rel. Min. Ribeiro Dantas, 5ª Turma, j. 15/08/2024, DJe 04/10/2024).

Reavaliação periódica

STJ – "Reconhecida a natureza jurídica de tutela inibitória, a única conclusão admissível é a de que as medidas protetivas têm validade enquanto perdurar a situação de perigo. A decisão judicial que as impõe submete-se à cláusula rebus sic stantibus, ou seja, para sua eventual revogação ou modificação, mister se faz que o Juízo se certifique de que houve a alteração do contexto fático e jurídico. Os referidos entendimentos se coadunam com o atual texto da Lei n. 11.340/06, conforme previsão expressa contida no art. 19, §§ 5º e 6º, acrescentados recentemente pela Lei n. 14.550/23". Não pode ser admitida a fixação de um prazo determinado para a vigência das medidas aplicadas (revogação automática), sem qualquer averiguação acerca da manutenção daquela situação de risco que justificou a imposição das medidas protetivas, expondo a mulher a novos ataques".

(STJ, REsp n. 2.036.072/MG, rel. Min. Laurita Vaz, Sexta Turma, j. 22/8/2023, DJe 30/8/2023).

Não utilização do prazo de 90 dias do art. 316 CPP como parâmetro

STJ – "A fim de evitar a inadequada perenização das medidas, nada impede que o juiz, caso entenda prudente, revise periodicamente a necessidade de manutenção das medidas protetivas impostas, garantida, sempre, a prévia manifestação das partes, consoante entendimento consolidado pela Terceira Seção desta Corte de Justiça (...) É descabida, no entanto, a fixação de um prazo geral para que essa reavaliação das medidas ocorra, devendo ser afastada a analogia com o prazo de 90 dias para revisão das prisões preventivas, que tutela extrema situação de privação de liberdade e pressupõe inquérito policial ou ação penal em curso, o que, como visto, não é o caso das medidas protetivas de urgência. Isso deve ficar a critério do Magistrado de primeiro grau, que levará em consideração as circunstâncias do caso concreto para estabelecer um prazo mais curto ou mais alongado, a partir da percepção do risco a que a Vítima está submetida e da natureza mais ou menos restritiva das medidas aplicadas ao caso concreto"

(STJ, REsp n. 2.036.072/MG, rel. Min. Laurita Vaz, Sexta Turma, j. 22/8/2023, DJe 30/8/2023, grifo nosso).

Manutenção quando há risco

STJ – "Hipótese em que o paciente objetiva a revogação de medidas protetivas de urgência deferidas e sucessivamente prorrogadas pelo Juízo singular, a despeito do arquivamento de inquérito policial instaurado para apurar potencial crime de ameaça, sob a alegação de ausência de risco concreto à ofendida. Não há que se falar em patente constrangimento ilegal quando apresentada fundamentação idônea para o deferimento das medidas protetivas de urgência, evidenciada no risco à incolumidade da ofendida. As instâncias ordinárias assinalaram que tramita ação judicial de reconhecimento e dissolução de união estável e a partilha de bens oferecida pela suposta vítima contra o potencial ofensor e apontaram a necessidade concreta de se evitar desentendimentos e ameaças ao longo do processo. Inexistindo manifesta teratologia ou ilegalidade, não coaduna com a estreita via do habeas corpus, em razão da exigência de revolvimento do conteúdo fático-probatório, a análise das peculiaridades do caso concreto para fins de aferição da adequação e necessidade na manutenção das medidas protetivas de urgência deferidas pelo Juízo singular".

(STJ, HC 762.530/RS, rel. Min. Ribeiro Dantas, rel. p/ ac. Min. Joel Ilan Paciornik, Quinta Turma, j. 06/12/2022, Dje 16/12/2022).

Razoabilidade da manutenção da vigência da MPU por 7 meses, mesmo sem IP

[...] 2. Há duas questões em discussão: (i) determinar se a manutenção das medidas protetivas, sem instauração de ação penal após sete meses dos fatos, configura constrangimento ilegal; (ii) definir se há elementos suficientes para revogar as medidas protetivas impostas ao recorrente. III. RAZÕES DE DECIDIR

[...] 5 A vulnerabilidade da mulher em situações de violência doméstica é presumida, justificando a aplicação de medidas protetivas de urgência para resguardar sua integridade física e psicológica.

6. A Lei Maria da Penha (Lei nº 11.340/2006) autoriza a imposição de medidas protetivas de urgência independentemente da instauração de ação penal ou conclusão de inquérito, com base no risco à segurança da vítima.

7. O prolongamento das medidas protetivas, mesmo após sete meses, não configura ilegalidade, pois o tempo de vigência deve ser compatível com o risco que a vítima ainda enfrenta, conforme avaliação do juízo de origem, que está próximo dos fatos.

8. A palavra da vítima tem especial relevância em casos de violência doméstica, sobretudo em contextos de violência psicológica, sendo desnecessária a produção de provas adicionais para a manutenção das medidas protetivas.

9. A jurisprudência do STJ e a Resolução 492/2023 do CNJ recomendam que a vítima seja ouvida antes da revogação ou alteração das medidas protetivas, garantindo sua segurança e integridade.

IV. DISPOSITIVO

10. Recurso não conhecido.

(STJ, AgRg no RHC n. 201.171/SP, rel. Min. Daniela Teixeira, Quinta Turma, j. 23/10/2024)

Impossibilidade de concessão por prazos curtos

TJDFT – "I - Conquanto não haja na legislação de regência prazo certo para a fixação de medidas protetivas, é preciso que o magistrado sopese as particularidades do caso concreto, não se mostrando razoável limitar o tempo de proteção que a Lei n. 11.340/06 (Lei Maria da Penha) pretendeu dispensar de forma integral às mulheres em situação de risco, no âmbito doméstico e familiar. II- Embora não haja uma regulamentação específica na Lei n. 11.340/06 sobre a permanência das medidas protetivas de urgência, impõe-se realizar uma intelecção compatível com os corolários da referida lei, a fim de salvaguardar seus objetivos fundamentais, tais como a repressão e prevenção das situações ocorridas no âmbito de violência doméstica e familiar. III- Malgrado inconteste a natureza provisória das medidas cautelares de urgência, não há como determinar prazo exíguo de 90 (noventa) dias para manutenção da medida. Mesmo que a Lei n. 11.340/06 não estipule prazo específico, tem-se que interpretar essa lacuna legislativa de modo teleológico, a fim de guardar proporcionalidade e razoabilidade com os fins propostos pela norma protetiva. IV- A interpretação que mais se coaduna com as medidas protetivas de urgência é aquela que, ao mesmo tempo em que cuida efetivamente da proteção daquele que se encontra em estado de vulnerabilidade, atenda às particularidades da situação concreta. V- Enquanto perdurar os motivos ensejadores da tutela protetiva, a medida de urgência imposta deve ser resguardada. VI - Reclamação parcialmente provida".

(TJDFT, Acórdão n. 1081290, 20170020219354RCC, rel. Des. Ana Maria Amarante, 1ª Turma Criminal, j. 8/3/2018, grifo nosso).

6.10. REVOGAÇÃO DAS MEDIDAS PROTETIVAS

As medidas protetivas previstas na Lei Maria da Penha são concedidas e revogadas *somente* por decisão judicial. Esse aspecto é muito importante, pois não existe revogação automática após decurso de prazo de vigência, nem revogação "implícita" pela reconciliação da vítima com o agente ou aproximação dos envolvidos.

Em razão das peculiaridades que cercam a violência de gênero, é muito comum que mulheres em situação de violência acreditem na mudança temporária do agressor ou permitam a reaproximação, já que o ciclo da violência e síndrome do desamparo aprendido podem alterar a percepção do risco por parte da vítima[47]. Essa situação não elimina e pode até potencializar o perigo.

Assim, por exemplo, o fato de a vítima encaminhar mensagem para o agressor ou de alguma forma permitir uma aproximação não afeta a validade das medidas protetivas. Há muitos de casos de feminicídio em que o autor da violência usa uma estratégia para aproximação, como o pagamento da pensão alimentícia, tratar de algo relacionado aos filhos ou até pedir ajuda para a vítima, apelando para sua compaixão.

Avery Neal refere que o abusador é "mestre em manipulação"[48]:

> Ele pode parecer magoado ou preocupado com seu bem-estar. Suas explicações parecem lógicas e sensatas, o que dificulta ainda mais para ver o que está realmente acontecendo. Ele está bem sintonizado com as fraquezas (da vítima) e sabe como usá-las para tirar vantagens. É especialista em distorcer as coisas para que tudo seja culpa sua (da vítima) e, como ele não se responsabiliza por si mesmo, é sempre a vítima.

47. A respeito ver a seção 2.1 desta obra.

48. NEAL, Avery. **Relações Destrutivas**. 2ª ed. trad. Sandra Martha Dolinsky. São Paulo: Gente, 2018, p. 54.

O fato de a vítima ceder à manipulação do agressor não elimina o perigo para ela e seus filhos. Se há situação de risco permanece o dever estatal de proteção.

Não se desconhece que, atualmente, o Superior Tribunal de Justiça tem entendimento pela atipicidade do crime de descumprimento de medidas protetivas se há consentimento da vítima, mas a proteção da vítima pela manutenção da vigência das medidas protetivas e a persecução criminal pelo crime de descumprimento são coisas distintas.

A proteção é prospectiva, tem como fundamento principal a palavra da vítima, independe da tipicidade ou procedimento criminal e existe em razão de um perigo presumido. A repressão criminal, por sua vez, está moldada pelo princípio da legalidade e pressupõe a produção de prova judicial de certeza do crime. Para a proteção, não há os mesmos rigores que se exige em um processo criminal.

Há autonomia das medidas protetivas em relação à apuração do crime do art. 24-A, posto que independem do registro de BO e da configuração criminal (art. 19, § 5º, Lei Maria da Penha).

Em qualquer situação, ouvir a vítima é fundamental antes de se revogar ou substituir a medida protetiva, para que se avalie as circunstâncias do caso concreto e a necessidade de se manter ou adequar a proteção. Muitas vezes será conveniente encaminhar a vítima a um acompanhamento psicossocial prévio ou orientação jurídica, para que ela possa externar uma decisão livre e informada. Ou seja, a manifestação de vontade efetivamente informada pela mulher exige a sua preparação, o que pode demandar um lapso temporal de aconselhamento e preparação para a manifestação.

Compete às autoridades – e não à vítima – verificar a existência e persistência de situação de risco, com base no Formulário Nacional de Avaliação de Risco e circunstâncias do caso concreto. A própria legitimidade autônoma do Ministério Público para o requerimento de medida protetiva (LMP, art. 19, *caput*) é indicativa de que haverá situações mais extremas em que será possível o requerimento de manutenção da MPU mesmo contra a manifestação de vontade pela mulher.

Por fim, consoante definiu o STJ no Tema 1.249, eventual reconhecimento de causa de extinção de punibilidade, arquivamento do inquérito policial ou absolvição do acusado não origina, necessariamente, a extinção da medida protetiva de urgência, máxime pela possibilidade de persistência da situação de risco ensejadora da concessão da medida e a revogação depende da constatação do esvaziamento da situação de risco, sempre ser precedida de contraditório, com as oitivas da vítima e do suposto agressor.

ENUNCIADOS

COPEVID – ENUNCIADO 63 (04/2023): "Para revogação das medidas protetivas de urgência é imprescindível o contato prévio com a vítima para se ter certeza de que as medidas de proteção não são mais necessárias para garantia de sua segurança física, psicológica, sexual, patrimonial ou moral". (Aprovado na II Reunião Ordinária do GNDH, em 12 de maio de 2023).

FONAVID – ENUNCIADO 42: "É cabível a intimação com hora certa de medidas protetivas de urgência, em analogia à citação com hora certa (art. 362, do CPP e art. 227 do CPC)". (APROVADO no IX FONAVID – Natal).

FONAVID – ENUNCIADO 43: "Esgotadas todas as possibilidades de intimação pessoal, será cabível a intimação por edital das decisões de medidas protetivas de urgência". (APROVADO no IX FONAVID – Natal).

FONAVID – ENUNCIADO 64: "O arquivamento do inquérito policial ou a absolvição do autor/autora do fato não é requisito determinante para a revogação das medidas protetivas de urgência, ante a sua natureza autônoma, observada a existência de fatores de risco que justifiquem a sua manutenção". (Aprovado por unanimidade XIV FONAVID – Belém/PA).

ENUNCIADOS FONAVID SOBRE MONITORAMENTO ELETRÔNICO

FONAVID – ENUNCIADO 36: "Poderá ser utilizado mecanismo compulsório de controle eletrônico em desfavor do autor de violência para a garantia do cumprimento das medidas protetivas de urgência".

FONAVID – ENUNCIADO 65: "Quando determinada a monitoração eletrônica como Medida Protetiva de Urgência, poderá a juíza ou o juiz determinar a expedição desde logo de mandado de condução coercitiva do autor do fato para a sua colocação, a fim de garantir a eficácia da medida". (Aprovado por maioria XIV FONAVID – Belém/PA).

JURISPRUDÊNCIA

Necessidade de ouvir a vítima

STJ – "A revogação de medidas protetivas de urgência exige a prévia oitiva da vítima para avaliação da cessação efetiva da situação de risco à sua integridade física, moral, psicológica, sexual e patrimonial".

(STJ, AgRg REsp n. 1.775.341/SP, rel. Min. Sebastião Reis Júnior, Terceira Seção, j. 12/4/2023, DJe 14/4/2023).

Reconciliação - irrelevância

STJ – "Se o descumprimento de medidas protetivas foi informado ao juízo pela própria vítima, infere-se que a aproximação do réu até esse momento não foi consentida, ficando afastada qualquer ilegalidade ou teratologia no ato judicial que manteve a condenação. A tese jurídica de superveniente atipicidade da conduta em razão da reconciliação do casal deve ser aduzida, se for o caso, na via adequada".
(STJ, AgRg HC n. 690.491/PR, rel. Min. João Otávio de Noronha, Quinta Turma, j. 7/12/2021, DJe 14/12/2021).

Arquivamento de IP – irrelevância

STJ – "Hipótese em que o paciente objetiva a revogação de medidas protetivas de urgência deferidas e sucessivamente prorrogadas pelo Juízo singular, a despeito do arquivamento de inquérito policial instaurado para apurar potencial crime de ameaça, sob a alegação de ausência de risco concreto à ofendida. Não há que se falar em patente constrangimento ilegal quando apresentada fundamentação idônea para o deferimento das medidas protetivas de urgência, evidenciada no risco à incolumidade da ofendida. As instâncias ordinárias assinalaram que tramita ação judicial de reconhecimento e dissolução de união estável e a partilha de bens oferecida pela suposta vítima contra o potencial ofensor e apontaram a necessidade concreta de se evitar desentendimentos e ameaças ao longo do processo.
(STJ, HC n. 762.530/RS, rel. Min. Ribeiro Dantas, rel. p/ ac. Min. Joel Ilan Paciornik, Quinta Turma, j. 6/12/2022, DJe 16/12/2022).

Reavaliação periódica

STJ – "Levando em conta a impossibilidade de duração ad eternum da medida protetiva imposta - o que não se confunde com a indeterminação do prazo da providência -, bem como a necessidade de que a proteção à vítima perdure enquanto persistir

o risco que se visa coibir - aferição que não pode ser realizada por esta Corte, na via exígua do writ -, é caso de se conceder a ordem de habeas corpus, ainda que em menor extensão, a fim de que, aplicando-se, por analogia, o disposto no art. 316, parágrafo único, do Código de Processo Penal, o Magistrado singular examine, periodicamente, a pertinência da preservação da cautela imposta, não sem antes ouvir as partes. Ordem parcialmente concedida para tornar por prazo indeterminado a medida protetiva de proibição de aproximação da vítima, revogando-se a definitividade estabelecida na sentença condenatória, devendo o Juízo de primeiro grau avaliar, a cada 90 dias e mediante a prévia oitiva das partes, a necessidade da manutenção da cautela".
(STJ, HC n. 605.113/SC, rel. Min. Antonio Saldanha Palheiro, Sexta Turma, j. 8/11/2022, DJe 11/11/2022).

Necessidade de ouvir a vítima antes da revogação

STJ – "A revogação de medidas protetivas de urgência exige a prévia oitiva da vítima para avaliação da cessação efetiva da situação de risco à sua integridade física, moral, psicológica, sexual e patrimonial. Tanto mais que assinala o Protocolo para o Julgamento com Perspectiva de Gênero, "as peculiares características das dinâmicas violentas, que, em regra, ocorrem no seio do lar ou na clandestinidade, determinam a concessão de especial valor à palavra da vítima" (CNJ, 2021, p. 85). [...], enquanto existir risco ao direito da mulher de viver sem violência, as restrições à liberdade de locomoção do apontado agente são justificadas e legítimas. O direito de alguém de não sofrer violência não é menos valioso do que o direito de alguém de ter liberdade de contato ou aproximação. Na ponderação dos valores não pode ser aniquilado o direito à segurança e à proteção da vítima (fls. 337/338). Antes do encerramento da cautelar protetiva, a defesa deve ser ouvida, notadamente para que a situação fática seja devidamente apresentada ao Juízo competente, que diante da relevância da palavra da vítima, verifique a necessidade de prorrogação/concessão das medidas, independente da extinção de punibilidade do autor".
(STJ, AgRg REsp n. 1.775.341/SP, rel. Min. Sebastião Reis Júnior, Terceira Seção, j. 12/4/2023, DJe 14/4/2023).

Solicitação de revogação das medidas por vítima vulnerável – manutenção

STJ – "A manifestação da vítima declarando o desinteresse na manutenção das medidas protetivas, por si só, não levaria ao afastamento das restrições impostas. No presente caso, o Magistrado de piso, ao se manifestar sobre o pedido da vítima para revogação das medidas protetivas, ressaltou que a ofendida é "altamente dependente do então companheiro, tanto economicamente quanto em relação aos cuidados com o filho dela, pessoa com deficiência, o que evidencia alto risco à segurança dela". Ressaltou, ainda, em sua decisão tratar-se de acusado que é policial militar reformado, cujo comportamento, segundo apurado, tem se mostrado agressivo e ameaçador à vítima. Diante do contexto de extrema vulnerabilidade da vítima e de razoabilidade na manutenção das medidas protetivas impostas, inviável a reforma do decidido pela instância ordinária, devendo o mérito da controvérsia ser julgado em ação originária, pois incabível, na via estreita do habeas corpus, a análise de questões que demandem o reexame do conjunto fático-probatório dos autos". (STJ, RHC n. 125.349/DF, rel. Min. Antonio Saldanha Palheiro, Sexta Turma, j. 23/6/2020, DJe 1/7/2020).

6.11. RECURSO CABÍVEL

No que tange ao recurso cabível das decisões de deferimento, indeferimento ou substituição das medidas protetivas, não há uniformidade na doutrina e jurisprudência. Cada Estado adotou um posicionamento específico, admitindo um ou mais recursos. Tem-se admitido recurso em sentido estrito, agravo de instrumento ou correição parcial em São Paulo[49], apelação criminal na Bahia e Amazonas[50], agravo de instrumento em Minas Gerais[51], ou a reclamação (em alguns Estados denominada de correição parcial) no Distrito Federal[52]. Entendemos que é importante que haja uniformidade no âmbito estadual (para permitir segurança jurídica). O "recurso ideal" deveria poder ser endereçado diretamente ao Tribunal com possibilidade de reapreciação imediata da decisão, diante do caráter urgente do pedido e considerar o caráter autônomo das medidas protetivas, independentes de procedimento criminal; neste contexto, o agravo de instrumento ou a reclamação/correição seriam instrumentos mais eficientes para uma tutela de urgência.

49. TJSP, Correição Parcial Criminal 2025826-57.2024.8.26.0000, rel. Des. Mens de Mello, 7ª Câmara de Direito Criminal, j. 09/04/2024.

50. TJBA, Apelação Criminal 0200956-18.2022.8.06.0099, juíza convocada Maria Regina Oliveira Câmara, 3ª Câmara Criminal, j. 06/02/2024. TJAM, Autos n. 4003504-55.2023.8.04.0000, rel. Des. Mirza Telma de Oliveira Cunha, Segunda Câmara Criminal.

51. TJMG, Habeas Corpus Criminal 1.0000.24.152231-7/000, rel. Des.(a) Maria das Graças Rocha Santos, 9ª Câmara Criminal Especializa, j. 10/04/2024. Também nesse sentido: "aquele se que sentir prejudicado pela decisão deve impetrar agravo de instrumento, na forma do Código Processo Civil, dirigido a uma das Câmaras do Tribunal de Justiça" (CUNHA, Rogério Sanches; PINTO, Ronaldo Batista. **Violência doméstica**: Lei Maria da Penha – 11.340/2006 comentada artigo por artigo. 13ª ed. São Paulo: JusPodivm, 2023, p. 135).

52. TJDFT, Acórdão 1656655, 07279908420228070000, rel. Des. Waldir Leôncio Lopes Júnior, Câmara Criminal, j. 25/1/2023, DJe 7/2/2023.

Especialmente após a alteração legislativa promovida pela Lei n. 14.550/2023, as medidas protetivas tornaram-se independentes de qualquer procedimento civil ou criminal e da tipificação da violência. Assim, ante a natureza eminentemente civil (não-criminal) das medidas e o fato de que as decisões não são definitivas nem com força de definitivas, pois podem ser alteradas a todo momento, entendemos que o recurso cabível é o agravo de instrumento. Diante da celeuma existente, entendemos conveniente a aplicação do princípio da fungibilidade dos recursos, desde que utilizado o mesmo prazo do recurso aceito pela jurisprudência, indicativo da boa-fé processual.

Nas hipóteses de desrespeito à letra expressa da lei, como a fixação de prazo para as medidas ou o indeferimento pela ausência de outras provas além da palavra da vítima, a decisão poderá ser impugnada por correição parcial ou reclamação (conforme previsão estadual).

JURISPRUDÊNCIA

Princípio da fungibilidade

STJ – "AGRAVO REGIMENTAL NO AGRAVO EM RECURSO ESPECIAL. MEDIDAS PROTETIVAS DE URGÊNCIA. CONTROVÉRSIA NA DOUTRINA E NA JURISPRUDÊNCIA ACERCA DO RECURSO CABÍVEL. APLICAÇÃO DO PRINCÍPIO DA FUNGIBILIDADE QUE SE IMPÕE. RECURSO DESPROVIDO. 1. De acordo com o art. 579 do Código de Processo Penal, "salvo a hipótese de má-fé, a parte não será prejudicada pela interposição de um recurso por outro". 2. "É consabido a divergência doutrinária em relação ao recurso cabível em face do deferimento de medidas protetivas constantes na Lei Maria da Penha, razão pela qual deve ser aplicado o princípio da fungibilidade, entendimento este assente nesta Corte Superior" (REsp n. 1.704.310/AM, Rel. Ministro JOEL ILAN PACIORNIK, DJ 29/11/2017). 3. Agravo regimental a que se nega provimento".

(STJ, AgRg AREsp 1.500.868/MG, rel. Min. Reynaldo Soares da Fonseca, Quinta Turma, j. 06/08/2019, DJe 22/08/2019).

TJSP – "Violência doméstica. Artigo 5º da Lei n. 11.340/06 – Deferimento de medidas protetivas de urgência. Recurso que almeja o afastamento da aplicação das medidas protetivas. Recurso conhecido. Aplicação do princípio da fungibilidade. Recurso improvido". (...) "O Recurso em Sentido Estrito não é o meio cabível para discutir sobre a concessão de medidas protetivas. (...) aplica-se o princípio da fungibilidade recursal, havendo de ser recebido o presente recurso como agravo de instrumento criminal".

(TJSP, RSE 0029237-72.2016.8.26.0114, rel. Des. Freitas Filho; Sétima Câmara de Direito Criminal, j. 26/07/2017).

TJSP – "Recurso em sentido estrito – Violência doméstica – Conhecimento como agravo de instrumento – Princípio da fungibilidade – Ameaça de mal injusto Indeferimento de medidas protetivas sem a realização de audiência de justificação – Decisão que se reforma – Audiência- tal que se mostra imprescindível – Recurso conhecido e provido. "Então, prudente que se conheça do reclamo como agravo de instrumento, tendo em vista os princípios que dizem com o acesso à jurisdição, duplo grau e instrumentalidade das formas com destaque para o princípio da fungibilidade recursal".

(TJSP, RSE 0088674-76.2015.8.26.0050, rel. Des. Ivan Sartori; Quarta Câmara de Direito Criminal; j. 17/10/2017).

TJMG – "Sem se firmar um posicionamento definitivo acerca do recurso cabível em casos de indeferimento das medidas cautelares de urgência previstas na Lei n. 11.340/06 – matéria alvo de manifesta divergência doutrinária -, mas considerando, no caso, que se fosse qualquer uma das possíveis hipóteses, isto é, agravo de instrumento, recurso em sentido estrito ou apelação, o reclamo estaria tempestivo, a insurgência recursal deve ser conhecida, forte no princípio da fungibilidade, e sob pena de, se assim não se fizer, tornar a decisão vergastada irrecorrível".

(TJMG, RSE 10499190013825001 Perdões, rel. Des. Wanderley Paiva, Primeira Câmara Criminal, j. 02/02/2021, DJ 10/02/2021).

TJDFT – "1. Em razão do princípio da fungibilidade, o recurso em sentido estrito interposto em face de decisão que revogou medidas protetivas pode ser conhecido como Reclamação Criminal, na forma do art. 232, do Regimento Interno do TJDFT. 2. É razoável e proporcional a decisão do Juízo de origem de determinação das medidas protetivas de proibição de contato quando há situação de animosidade entre o casal. 3. *In casu*, a vítima noticiou ter sido vítima de crimes de injúria, dano, lesão corporal e violência psicológica, todos em contexto de violência doméstica e familiar contra a mulher. 4. Mantém-se a decisão combatida, tendo em vista a situação de aversão entre o ex-casal, a fim de evitar contato pessoal suscetível de ocasionar prejuízo a ambos. 5. Ao se privilegiar os relatos da ofendida neste momento processual, o Poder Judiciário está exercendo a função primordial de prevenção de conflitos, a fim de evitar contato pessoal suscetível de ocasionar prejuízo ao ex-casal. 6. O deferimento das medidas protetivas não se presta para fins de instrução para condenar ou não, mas apenas para não ter acesso, contato e aproximação com a ofendida. 7. RECLAMAÇÃO JULGADA IMPROCEDENTE".

(TJDFT, Acórdão 1654118, 07191693120228070020, rel. Des. Robson Barbosa de Azevedo, 2ª Turma Criminal, j. 26/1/2023, DJe 3/2/2023).

Recurso de agravo de instrumento

TJSP – "Recurso em Sentido Estrito – Violência doméstica – Interposição contra indeferimento de medida protetiva de urgência – Situação não relacionada dentre as hipóteses de cabimento do Recurso em Sentido Estrito – Recebimento enquanto Agravo de Instrumento – Necessidade de elementos mínimos indicativos da necessidade da medida prejudicial ao agressor – Entendimento. Descabe cogitar-se de

Apelação eis que a decisão negando a concessão de medidas protetivas de urgência não pode ser tida como definitiva ou com força definitiva. O indeferimento desse tipo de pleito é momentâneo, podendo as medidas cautelares requeridas ser revistas a qualquer tempo (art. 19, § 2º e § 3º, da Lei n. 11.340/06). Não se pode olvidar, outrossim, que a situação não está relacionada dentre as hipóteses de cabimento do Recurso em Sentido Estrito, além do que, em se tratando de pedido de medidas cautelares, deve ser seguido o rito do CPC, pelo que se tem mais um motivo pelo qual o agravo de instrumento seria o recurso adequado à espécie".

(TJSP, RSE 9000002-18.2017.8.26.0001, rel., Des. Grassi Neto, Oitava Câmara de Direito Criminal, j. 22/02/2018, grifo nosso).

TJSP – "AGRAVO DE INSTRUMENTO. PROCESSO CAUTELAR. Medidas Protetivas. Lei Maria da Penha. Caráter Satisfativo da Tutela de Urgência. As medidas protetivas de natureza civil são independentes da persecução penal, ainda que processada pelo juízo criminal. A aplicação da medida protetiva não está condicionada, pela lei, à representação pela ofendida. Vítima não pode ser obrigada a, contra sua vontade, deflagrar ação penal e, ainda assim, faz jus à proteção conferida pela lei. A questão deve ser debatida no curso do processo cautelar, não se fazendo necessário seja rediscutida a matéria em ação autônoma. Confirmada a antecipação dos efeitos da tutela recursal. Recurso provido para aplicar as medidas protetivas pleiteadas".

(TJSP, rel. Des. Ana Lucia Romanhole Martucci, Araraquara, Sexta Câmara de Direito Privado, j. 31/07/2014, DJ 01/08/2014).

Habeas corpus substitutivo de recurso

STJ – "Diante da hipótese de habeas corpus substitutivo de recurso próprio, a impetração sequer deveria ser conhecida, segundo orientação jurisprudencial do Supremo Tribunal Federal – STF e do próprio Superior Tribunal de Justiça – STJ. Contudo, considerando as alegações expostas na inicial, razoável a análise do feito para verificar a existência de eventual constrangimento ilegal que justifique a concessão da ordem de ofício".

(STJ, HC 512.358/SP, rel. Min. Joel Ilan Paciornik, Quinta Turma, j. 20/08/2019, DJe 02/09/2019).

STJ – "O Superior Tribunal de Justiça, seguindo a posição sedimentada pelo Supremo Tribunal Federal, uniformizou o entendimento no sentido de ser inadmissível o conhecimento de habeas corpus substitutivo de recurso previsto para a espécie. Contudo, se constatada a existência de manifesta ilegalidade, é possível a concessão da ordem de ofício".

(STJ, HC 333.565/SP, rel. Min. Ericson Maranho, Des. Conv. TJ-SP, Sexta Turma, j. 13/10/2015, DJe 03/11/2015).

Suspensão dos prazos recursais durante o recesso forense – inaplicabilidade

STJ – "1. A suspensão dos prazos processuais no período de 20 de dezembro a 20 de janeiro, prevista no art. 798-A do CPP, não se aplica aos procedimentos regidos pela Lei n. 11.340/2006. 2. A interposição de recurso especial fora do prazo legal de 15 dias é intempestiva, mesmo durante o recesso forense, quando não há suspensão dos prazos."

(STJ, AgRg no AREsp n. 2.668.524/SP, rel. Min. Ribeiro Dantas, Quinta Turma, j. 26/11/2024)

ESQUEMA GRÁFICO

PROCEDIMENTO DE MEDIDAS PROTETIVAS

REQUERIMENTO

- formulado pela vítima em depoimento, alegações escritas ou requerimento da própria vítima, com ou sem advogado (art. 19, § 4º)
- requerimento em favor da vítima formulado pelo Ministério Público, Defensoria, representação policial ou outro órgão (arts. 18 e 27)

DECISÃO JUDICIAL CONCESSIVA em até 48 horas

- cognição sumária pelo depoimento da vítima (prova suficiente, nos termos da lei) (art. 19, § 4º)
- não há necessidade de que o fato esteja tipificado, nem de que exista BO ou qualquer procedimento civil ou criminal (art. 19, §5º)
- há presunção legal do perigo (art. 19, § 4º, parte final)
- não deve haver fixação de prazo fatal de vigência

INTIMAÇÃO DO AUTOR E DA VÍTIMA

- não se trata de citação, mas de intimação do agressor.
- a vítima não poderá entregar notificação para o agressor (art. 21)
- o contraditório é diferido, ou seja, após a decisão o autor da violência poderá solicitar a modificação ou revogação das medidas.
- a vítima também poderá solicitar a modificação da decisão (art. 19, § 3º)

VISTA AO MINISTÉRIO PÚBLICO

- o Ministério Público é intimado e se manifesta após a decisão
- poderá solicitar a complementação e substituição das medidas, bem como acompanhará o procedimento para salvaguardar a proteção da vítima (art. 26 LMP)

AUDIÊNCIA DE JUSTIFICAÇÃO (FACULTATIVA)

- Excepcional, apenas para esclarecer dúvidas relevantes, necessidades de proteção ou questões civis urgentes
- Não deve adiar a proteção imediata
- Centralidade na proteção à mulher e não revitimização

FASE DE MONITORAMENTO

- articulação do Juizado com os serviços da rede de proteção e recebimento periódico de relatórios e informações
- possibilidade de a mulher comunicar diretamente aos órgãos do sistema de justiça a alteração de sua situação de risco
- realização de audiência de justificação, se necessário
- possibilidade de agravamento ou redução do alcance das medidas, conforme a evolução da situação de risco

REAVALIAÇÃO PERIÓDICA

- a decisão não faz coisa julgada material e pode ser modificada a todo tempo (art. 19, § 2º)
- não há prazo definido, razão pela qual, deverá haver uma reavaliação periódica do caso.
- sugere-se o prazo inicial de reavaliação em um ano, compatível com estudos internacionais sobre o risco de feminicídio

DECISÃO JUDICIAL pela REVOGAÇÃO

- as medidas só são revogadas por uma decisão judicial, quando não há mais perigo para a vítima e seus dependentes (art. 19, § 6º e Tema 1249 STJ)
- não há revogação tácita por conduta da vítima, que deve ser ouvida antes da decisão judicial (entendimento do STJ).

7

DESCUMPRIMENTO DAS MEDIDAS PROTETIVAS

As medidas protetivas são deferidas e revogadas unicamente por decisão judicial. Após a intimação do autor da violência (ou ciência inequívoca), enquanto não houver decisão judicial expressa revogando as medidas, o desatendimento à ordem judicial configurará descumprimento.

A ordem é dirigida ao agressor e não à vítima, que – fragilizada pela situação de violência ou iludida pelas promessas do agressor – muitas vezes permite algum tipo de reaproximação. Assim, ainda que a vítima tenha permitido algum tipo de abordagem do autor da violência, esta situação não importa em revogação automática da medida nem livra o agressor das consequências do descumprimento.

Justamente porque a vítima pode estar em situação de perigo, mesmo na hipótese de prisão do agressor, deve-se evitar a aproximação. O Pacote Antifeminicídio alterou a Lei de Execução Penal para constar que o preso condenado por crime contra a mulher em razão da condição do sexo feminino não poderá usufruir de visita íntima (art. 41, § 2º, Lei de Execução Penal). Embora o dispositivo mencione o preso condenado, tem aplicação também ao preso provisório, já que o risco para a vítima não decorre da sentença, mas da situação de violência.

Ademais, não se deve permitir a visita íntima se o agressor estiver preso por outro motivo, se houver medida protetiva ou responder a processo por crime de violência doméstica e familiar. Assim, um preso por tráfico de drogas que responda a processo criminal ou tenha medida protetiva por violência praticada contra a parceira não poderá receber a visita dessa parceira. Essa providência é importante para evitar que continue a exercer controle, monitoramento ou perpetue a violência durante o período de encarceramento, constrangendo a parceira a ir visitá-lo ou mesmo trazer objetos para ele.

Em síntese, a desobediência à ordem judicial poderá importar em três consequências independentes entre si:

- Apuração do previsto no art. 24-A da Lei Maria da Penha;
- Fundamento para a decretação da prisão preventiva (art. 313 III, CPP e 20 da Lei Maria da Penha);
- Pagamento de multa, eventualmente prevista na ordem judicial.

Não há *bis in idem* pelo fato de o agente sofrer, concomitantemente, um processo/investigação criminal pelo crime do art. 24-A da Lei Maria da Penha, prisão preventiva pelo descumprimento da medida protetiva e sanção monetária, caso prevista em lei.

Esse questionamento chegou a existir, pois os Tribunais Superiores entendiam não haver crime de desobediência ante a previsão de "consequências processuais", como a prisão preventiva, mas restou superado com a criação do crime do art. 24-A da Lei Maria da Penha.

Há previsão expressa no crime do art. 24-A da Lei Maria da Penha que "o disposto neste artigo não exclui a aplicação de outras sanções cabíveis" (parágrafo terceiro).

7.1. CRIME DE DESCUMPRIMENTO DE MEDIDAS PROTETIVAS

> Art. 24-A. Descumprir decisão judicial que defere medidas protetivas de urgência previstas nesta Lei:
>
> Pena – reclusão, de 2 (dois) a 5 (cinco) anos, e multa.
>
> § 1º A configuração do crime independe da competência civil ou criminal do juiz que deferiu as medidas.
>
> § 2º Na hipótese de prisão em flagrante, apenas a autoridade judicial poderá conceder fiança.
>
> § 3º O disposto neste artigo não exclui a aplicação de outras sanções cabíveis.

O crime de descumprimento de medidas protetivas foi introduzido na Lei Maria da Penha pela Lei n. 13.641/2018 e recentemente modificado pelo Pacote Antifeminicídio (Lei n. 14.994/2024), com aumento da pena para 2 a 5 anos de reclusão e multa.

Foi necessário criar um tipo específico para deixar claro que a conduta do agente de desobedecer a ordem do juiz configura crime, ainda que sejam determinadas outras providências como prisão preventiva ou multa. Antes da criação do art. 24-A da Lei Maria da Penha, havia forte entendimento pelo afastamento do crime, o que gerava grande perigo para a vítima.

À época, THIAGO PIEROBOM ressaltava a importância da tipificação criminal para assegurar a proteção da mulher:

> "(...) caso a desobediência não seja considerada um crime, a polícia não poderá prender o agressor, mesmo que ele insista em permanecer no local, deverá tão somente documentar a situação (em uma ocorrência policial, por exemplo) e comunicar a situação ao juiz do processo, para que este, após alguns dias (e com alguma boa vontade, diante da eventual exigência de testemunhas) decrete a prisão preventiva do agressor. Aliás, se o fato for realmente atípico, até mesmo o registro de ocorrência pela polícia poderá eventualmente ser objeto de resistências, pois, afinal, não se trata de crime

e sim de um suposto "ônus processual" da própria vítima de comunicar os fatos ao juiz."[1]

Na mesma linha, salienta Valéria Scarance que "com a criação de um tipo penal específico, no bojo da Lei Maria da Penha, todas essas questões restaram superadas, já que a redação do novo dispositivo confere interpretação autêntica a vários aspectos antes discutidos pela doutrina e jurisprudência". Além disso, conclui a autora que dessa redação e da interpretação sistemática extrai-se o seguinte:

- o crime de descumprimento de medidas protetivas é um crime contra a mulher e não contra a administração da justiça;
- a competência para julgar esse crime é do Juizado de Violência Doméstica (art. 14 da Lei Maria da Penha) ou, alternativamente, de uma Vara Criminal (art. 33 da Lei Maria da Penha)
- há vedação expressa à aplicação da Lei n. 9099/95 (art. 41 da Lei Maria da Penha).
- o descumprimento de medida protetiva indica risco para a vítima e, assim, apenas a autoridade judicial pode conceder fiança. A fiança surge como medida excepcional, condicionada à inexistência de perigo (art. 24, § 2º)
- para evitar qualquer alegação de atipicidade, na linha do entendimento que se firmou anteriormente, consta parágrafo específico no sentido de que o crime é compatível com outras sanções previstas na Lei Maria da Penha (art. 24, § 3º).

Havia também divergência quanto à competência para julgar o fato. Argumentava-se que a vítima direta não era a mulher, mas a administração pública, razão pela qual seria competente o Juizado Especial Criminal, com aplicação dos institutos despenalizadores da Lei n. 9099/95. Com a criação de um crime no

1. Ávila, Thiago André Pierobom de. **A tipicidade da desobediência à ordem de medida protetiva de urgência**. Brasília: paper, 2014.

bojo da Lei Maria da Penha e a elevação da pena pelo Pacote Antifeminicídio, todas essas questões restaram superadas.

Quando o crime do art. 24-A da Lei Maria da Penha foi criado, tinha pena de três meses a dois anos, a mesma prevista para o crime do art. 359 do CP, relacionado à desobediência de ordem judicial. Com o advento do Pacote Antifeminicídio (Lei n. 14.994/2024), a mesma pena que agora é atribuída à lesão corporal em contexto violência doméstica e familiar, ou mediante menosprezo ou discriminação à mulher (art. 129, § 13º, Código Penal, com a redação da Lei n. 14.994/2024).

Sobre esse aumento, Valéria Scarance, Thimotie Aragon e Rogério Sanches salientam a necessidade de se observar a proporcionalidade da resposta estatal diante da conduta do agente. Há situações em que a conduta do agente configura evidente risco para mulher e autorizam inclusive a decretação da prisão preventiva. Mas, sob a mesma denominação de "descumprimento" há situações menos graves, como o envio de uma mensagem de texto ou um recado para tratar de questões pendentes, como alimentos e outros. Assim[2]:

> Sobre este ponto, chama a atenção a magnitude do aumento das penas promovido pelo legislador brasileiro (a pena mínima foi aumentada em oito vezes e a máxima para além do dobro), o que – por um lado – revela o reconhecimento de que o descumprimento de medidas protetivas pode configurar uma situação de risco de morte – e por outro, pode levar a uma aplicação de pena desproporcional em relação à gravidade concreta da conduta.
>
> Em situações de risco, mais graves, obviamente se justifica a imposição de uma pena mais severa. Contudo, assim como acontece em relação à ameaça, o legislador não previu uma pena proporcional para situações menos graves,

2. SCARANCE FERNANDES, Valéria Diez; HEEMANN, Thimotie Aragon; CUNHA, Rogério Sanches. **Novas medidas legislativas no enfrentamento à violência contra a mulher**: Análise da Lei 14.994/24. 2024. Disponível em: https://meusitejuridico.editorajuspodivm.com.br/2024/10/10/novas-medidas-legislativas-no-enfrentamento-a-violencia-contra-a-mulher-analise-da-lei-14-994-24/. Acesso em: 10 dez 2024.

> como o envio de uma mensagem de texto para a vítima sem qualquer conteúdo ameaçador ou intimidativo.
>
> Como no Brasil há uma tendência a se fixar a pena mínima, ou pouco acima do mínimo, sob a mesma situação haverá condutas desproporcionais, de casos de descumprimento de MPUs de maior gravidade (v.g., agressor que invade a casa da ofendida), daqueles que não guardam relação direta com a integridade da vítima (v.g., não comparecimento ao grupo reflexivo para homens autores de violência doméstica da comarca)

O fato de a vítima permitir a aproximação do agente não deve excluir, por si só, a configuração do crime. As medidas protetivas somente se revogam por decisão judicial e a reaproximação pode configurar uma situação de risco.

Em relação à configuração do crime no contexto de uma autorização da mulher para a reaproximação, afirma PIEROBOM[3]:

> Em relação ao consentimento para a autorização de reaproximação, há que se distinguir, inicialmente, entre uma autorização por livre manifestação de vontade e a ausência de oposição derivada do receio de novos atos de violência. Nesta segunda situação, obviamente não há consentimento válido. Na primeira situação, o correto seria o requerido solicitar à mulher que viesse a solicitar a revogação da MPU antes da reaproximação, até para que o sistema de justiça possa encaminhar a mulher a acompanhamento psicossocial para assegurar a efetiva ruptura do ciclo da violência; ou, ainda, o próprio requerido poderia produzir prova de que a requerente o está contatando sistematicamente, para então ele mesmo solicitar a revisão da decisão, por suposta desnecessidade da medida.
>
> Se o homem não faz essa solicitação, está assumindo o risco de que, caso haja novo ato de violência doméstica,

---

3. ÁVILA, Thiago Pierobom de. **Curso de enfrentamento à violência doméstica e familiar contra a mulher**: proteção, persecução penal e aspectos práticos. Brasília: ESMPU, 2023, p. 201.

seja acusado de descumprir a MPU. A situação é especialmente mais grave quando há um histórico de atos de violência doméstica que permitem concluir que há sério risco de feminicídio; ou, ainda, quando há crianças no núcleo familiar, e a ordem de MPU visa proteger também da exposição à violência doméstica contra sua genitora. Considerando que pode ocorrer o deferimento de MPU mediante requerimento do Ministério Público, independentemente do requerimento da vítima, é possível, nessas situações de interesse público no afastamento, reconhecer a existência do crime independentemente da vontade da mulher em autorizar a reaproximação.

ENUNCIADO

Competência para julgar crime do artigo 24-A LMP

FONAVID ENUNCIADO 48: "A competência para processar e julgar o crime de descumprimento de medidas protetivas de urgência previsto no art. 24-A da Lei Maria da Penha é dos Juizados de Violência Doméstica e Familiar contra a Mulher e, onde não houver, das Varas Criminais com competência cumulativa para processar e julgar as causas decorrentes da prática de violência doméstica e familiar contra a mulher". (APROVADO NO X FONAVID – Recife).

JURISPRUDÊNCIA

Desnecessidade de intimação formal quanto às medidas – basta ciência inequívoca

STJ – "MEDIDAS PROTETIVAS DE URGÊNCIA. DESCUMPRIMENTO. AUSÊNCIA DE INTIMAÇÃO. CIÊNCIA DO AGRAVANTE DAS MEDIDAS APLICADAS. PRISÃO PREVENTIVA. 1. Hipótese na qual consta do auto de prisão em flagrante que o próprio agravante relatou "que já tinha ciência da medida protetiva de urgência deferida em seu desfavor, pois a vítima tinha lhe dito, mas que não tinha sido intimado pelo oficial de justiça". Ou seja, a despeito do não cumprimento do mandado de intimação, ele tinha conhecimento das medidas cautelares aplicadas. Não obstante, teria mandado uma mensagem ameaçando a vítima e, em seguida, se aproximado dela, insistindo que reatassem o relacionamento".

(STJ, AgRg HC n. 749.511/SP, rel. Min. Reynaldo Soares da Fonseca, Quinta Turma, j. 2/8/2022, DJe 8/8/2022).

Consentimento da vítima – irrelevância

A questão foi submetida ao rito dos recursos repetitivos no STJ no REsp n. 2.036.760, mas a controvérsia foi cancelada em razão de decurso de prazo[4].

STJ – "Julgados recentes, sem eficácia vinculante, apontam na direção de que o consentimento da vítima não descaracteriza o crime do artigo 24-A da Lei n. 11.340/2006, pois o tipo penal exige apenas o descumprimento de decisão judicial que defere medidas protetivas de urgência previstas na Lei. Em outras palavras, a jurisprudência vem entendendo que a autorização da vítima para que o agressor volte a se aproximar fisicamente dela não se mostra apta a legitimar a desobediência da ordem legal. Sem prejuízo de entendimento diverso do relator, entendo que é o caso de submissão do recurso à sistemática dos repetitivos. Do exame dos autos extrai-se controvérsia jurídica multitudinária ainda não submetida ao rito dos recursos repetitivos, com relevante impacto jurídico, visto que o entendimento a ser assentado por esta Corte Superior balizará a escorreita interpretação do art. 24-A da Lei n. 11.340/2006, de modo a se resguardar os princípios da tipicidade e da ofensividade".

(STJ, REsp n. 2.036.760, rel. Min. Paulo de Tarso Sanseverino, DJe de 23/03/2023).

STJ – "É irrelevante, para fins de análise da custódia cautelar, a manifestação da ofendida sobre a revogação de medidas protetivas de urgência previamente fixadas em seu favor, notadamente quando a custódia é fundada na gravidade concreta da conduta. É dizer, não está na esfera de disponibilidade da vítima de violência doméstica a decisão acerca da manutenção da prisão preventiva do acusado, cuja competência para analisar sua necessidade e adequação é reservada ao Poder Judiciário".

(STJ, AgRg HC n. 768.265/MG, rel. Min. Rogerio Schietti Cruz, Sexta Turma, j. 19/12/2022, DJe 21/12/2022).

TJDFT – "O bem jurídico tutelado pelo crime do art. 24-A da Lei n. 11.340/06 (Descumprimento de Medidas Protetivas de Urgência) é a Administração da Justiça. Trata-se, portanto, de bem jurídico indisponível e, como tal, o consentimento da vítima na aproximação do agressor não afasta a tipicidade do fato".

(TJDFT, 0705602-68.2019.8.07.0009, rel. Des. J.J. COSTA CARVALHO, Primeira Turma Criminal, j. 13/02/2020, DJe 02/03/2020).

TJ-RO – "O consentimento da vítima em permitir que o infrator dela se aproxime, mesmo em vigor a medida protetiva em sentido contrário, não constitui causa su-

4. STJ, Controvérsia 504: "O consentimento da vítima tem o condão de afastar o dolo do crime de descumprimento de medidas protetivas de urgência, tipificado no art. 24-A da Lei n. 11.340/2006 (Lei Maria da Penha)". Disponível em: https://processo.stj.jus.br/repetitivos/temas_repetitivos/pesquisa.jsp. Acesso em: 10 set. 2023.

pralegal de exclusão de ilicitude ou culpabilidade, porquanto o bem jurídico tutelado pela norma do art. 24-A da Lei n. 11.340/06 não é a tranquilidade pessoal ou a integridade física da ofendida, mas sim a Administração da Justiça, sobre a qual é de total desinfluência a vontade da vítima. É de rigor a condenação do recorrido pelo crime de descumprimento de medida protetiva (art. 24-A da Lei n. 11.340/06) quando comprovadas a materialidade e a autoria delitiva, notadamente pela confissão judicial".

(TJ-RO, RO 0000546-06.2018.822.0012, j. 29/05/2019, DJ 12/06/2019).

TJ-AL – "O consentimento da vítima de violência doméstica, no sentido de que o agressor volte a se aproximar fisicamente, ou por qualquer outro meio indireto, não revoga a decisão de deferimento de medidas protetivas, tampouco afasta a tipicidade da conduta prevista no artigo 24-A da Lei n. 11.340/2006. Trata-se de crime formal, que se consuma com a simples realização da conduta enunciada no dispositivo. Além disso, o crime citado se classifica como delito contra a administração da Justiça, cujo bem jurídico tutelado é indisponível e para o qual subsiste o interesse público no cumprimento da ordem judicial, independentemente do arbítrio da ofendida. Ou seja, a vítima imediata desse tipo de crime é o próprio Estado, representado pela administração da Justiça. A ofendida, vítima de violência doméstica, é na verdade vítima mediata do delito, atingida de forma secundária pelo cometimento do crime".

(TJ-AL, AL 0700091-38.2019.8.02.0071, rel. Des. Sebastião Costa Filho, Câmara Criminal, j. 17/03/2021, DJ 21/03/2021).

Consentimento da vítima – ausência de exclusão da tipicidade

STJ – "Nos crimes de descumprimento de medidas protetivas em contexto de violência doméstica, o consentimento da vítima não afasta a tipicidade da conduta, pois o bem jurídico tutelado é a eficácia da ordem judicial, e não apenas a integridade da vítima".

(STJ, AREsp n. 2.739.525/SP, rel. Min. Daniela Teixeira, Quinta Turma, j. 10/12/2024)

Consentimento da vítima – se há intimidação não se exclui a tipicidade

STJ – "[...] 3. A Corte de origem manteve a condenação com base em provas de que o réu descumpriu medida protetiva e ameaçou a vítima, sua mãe, idosa de 82 anos.

II. Questão em discussão

4. A questão em discussão consiste em saber se o consentimento da vítima afasta a tipicidade do crime de descumprimento de medida protetiva e se a dosimetria da pena foi adequada.

III. Razões de decidir

5. O consentimento da vítima não foi considerado válido, pois estava prejudicado pela intimidação causada pelo réu, que tinha pleno conhecimento das medidas protetivas.

6. A condenação por ameaça foi mantida com base em depoimentos consistentes da vítima e testemunhas, que confirmaram o temor causado pelo réu. [...]

Tese de julgamento: 1. O consentimento da vítima não afasta a tipicidade do crime de descumprimento de medida protetiva quando há intimidação. [...]"

(STJ, AgRg no HC n. 860.073/SC, rel. Min. Ribeiro Dantas, Quinta Turma, j. 13/11/2024)

Consentimento da vítima – exclusão da tipicidade

Em que pese os autores desta obra não concordem com a tese, registra-se que o STJ possui precedentes entendendo que o consentimento pela mulher para a aproximação retiraria a lesão ao bem jurídico tutelado (em divergência com o precedente anteriormente citado). Conferir:

STJ – "1. O consentimento da vítima para aproximação do réu afasta eventual ameaça ou lesão ao bem jurídico tutelado pelo crime capitulado no art. 24-A, da Lei n. 11.340/2006. 2. No caso, restando incontroverso nos autos que a própria vítima permitiu a aproximação do réu, autorizando-o a residir com ela no mesmo lote residencial, em casas distintas, é de se reconhecer a atipicidade da conduta".

(STJ, AgRg AREsp n. 2.330.912/DF, rel. Min. Ribeiro Dantas, Quinta Turma, j. 22/8/2023).

STJ – "Esta Corte possui entendimento de que, em razão da intervenção mínima do direito penal, em observância aos critérios da fragmentariedade e subsidiariedade, o descumprimento das medidas protetivas, com o consentimento da vítima, afasta eventual lesão ao bem jurídico tutelado, tornando o fato atípico".

(STJ, AgRg no Resp n. 2.049.863/MG, rel. Min. Joel Ilan Paciornik, Quinta Turma, j. 30/10/2023).

Vítima que respondeu mensagens do agressor – irrelevância

TJ-RS – "Materialidade e autoria comprovadas, tendo o réu, quando do fato, descumprido as medidas protetivas de urgência deferidas, que determinavam que não se aproximasse ou mantivesse contato com a vítima. Relatos coerentes da vítima, desde a fase policial [...] O fato de a ofendida ter respondido as mensagens de texto enviadas pelo acusado não afasta o descumprimento ocorrido. Ademais, com a remessa das mensagens, o acusado já havia descumprido as medidas protetivas impostas, reiterando o descumprimento quando foi à residência da vítima e tentou forçar a entrada".

(TJ-RS, APR 70083929117, rel. Des. José Ricardo Coutinho Silva, Sexta Câmara Criminal, j. 08/10/2020, DJ 16/11/2020).

Reconciliação do casal - irrelevância

STJ - "O decreto prisional ostenta fundamentação que deve ser entendida como válida, evidenciada nas circunstâncias do delito, sendo ressaltado que, após o deferimento das medidas cautelares de urgência, o casal voltou a conviver maritalmente, oportunidade em que o recorrente voltou a praticar atos de violência doméstica contra a vítima. Consta ainda que, além de o paciente haver descumprido as medidas protetivas decretadas em favor de sua ex-companheira, a ameaçou, razão pela qual também está sendo processado".

(STJ, AgRg HC n. 721.386/SP, rel. Min. Olindo Menezes, Des. conv. TRF-1, Sexta Turma, j. 22/3/2022, DJe 25/3/2022).

TJ-SP - "Acusado intimado da decisão que concedeu as medidas protetivas de urgência à vítima, optando por descumpri-las. Crime autônomo previsto no artigo 24-A da Lei n. 11.340 de 2006. Eventual reconciliação entre réu e vítima é insuficiente a ensejar a absolvição".

(TJSP, Apelação Criminal 1500075-03.2019.8.26.0453, rel. Des. Cesar Augusto Andrade de Castro, j. 13/12/2019, DJ 13/12/2019).

TJDFT - "O bem jurídico tutelado no crime de descumprimento de medidas protetivas de urgência - art. 24-A da Lei n. 11.340/2006 - é a Administração da Justiça e, apenas indiretamente, a incolumidade da vítima. Trata-se, portanto, de bem indisponível. O consentimento da vítima na aproximação do agressor não afasta a tipicidade do fato".

(TJDFT, Acórdão 1189112, 20180810030367APR, relo. Des. Jair Soares, Segunda Turma Criminal, j. 25/7/2019, DJe 30/7/2019).

Violência ou ameaça - desnecessidade para a configuração do crime

STJ - "O delito do art. 24-A da Lei n. 11.340/2006 não prevê em seu preceito primário nenhuma forma de ameaça ou violência. A conduta coibida é o mero descumprimento de decisão judicial que fixa medidas protetivas de urgência previstas na referida lei".

(STJ, AgRg RHC n. 194.094/CE, rel. Min. Ribeiro Dantas, Quinta Turma, j. 20/5/2024)

7.2. PRISÃO PREVENTIVA

Havendo prisão em flagrante por descumprimento de medidas protetivas, a autoridade policial não poderá arbitrar fiança, o que só é permitido por decisão judicial (art. 24-A, § 2º, Lei Maria da Penha), se excepcionalmente não estiverem presentes requisitos da prisão preventiva, já que a conduta do agente de não acatar ordem judicial configura evidente situação de risco (FoNAR, 7.b).

Há duas possibilidades de decretação da prisão preventiva no contexto de VDFCM: a) nos termos do artigo 20 da Lei n. 11.340/2006; e b) nos termos do artigo 313, III, Código de Processo Penal, quando há descumprimento de medida protetiva.

A decisão deve ser proferida no prazo máximo de 24 horas, tendo em vista Recomendação n. 105 do CNJ, determinando a todas as autoridades judiciárias que atuem em Varas do Júri, Juizados e Varas com competência para aplicar a Lei Maria da Penha, na hipótese de descumprimento de medidas protetivas de urgência e no prazo máximo de 48 horas, a apreciação do cabimento da prisão preventiva para a garantia da execução das medidas protetivas de urgência (art. 313, III, Código de Processo Penal), além da possibilidade de monitoramento eletrônico.

O artigo 20 da Lei n. 11.340/2006, situado topograficamente dentre as medidas protetivas de urgência (Capítulo II), preceitua que:

> em qualquer fase do inquérito policial ou da instrução criminal, caberá a prisão preventiva do agressor, decretada pelo juiz, de ofício, a requerimento do Ministério Público ou mediante representação da autoridade policial.

Este dispositivo prevê a possibilidade de prisão no curso do inquérito, não se aplicando o entendimento doutrinário de que a decretação da prisão preventiva depende de denúncia concomitante. Nessa situação, decretada a prisão preventiva no curso do inquérito, este deverá ser concluído no prazo de 10 dias a partir da execução da ordem de prisão, e a denúncia ajuizada em mais 5 dias, nos termos dos arts. 10 e 46 do Código de Processo Penal.

No texto do artigo 20, da Lei n. 11.340/2006, não se condiciona a decretação da prisão ao descumprimento formal de medida protetiva.

Assim, diante de uma situação concreta de risco em que as medidas protetivas foram indevidamente revogadas, se surgiram fatos novos após a revogação ou, ainda, se está pendente a intimação do agressor da decisão de protetivas por estar em local incerto ou se oculta para não ser encontrado, este deverá ser o fundamento legal: necessidade da cautela para garantir a integridade da vítima ou seus.

A demora na tramitação do procedimento das medidas protetivas pode colocar a vítima em perigo e, em alguns casos, a prisão deve ser decretada para preservar a vítima e sua família.

O artigo 313, IV, do Código de Processo Penal previa a possibilidade de prisão preventiva nos crimes de "violência doméstica e familiar contra a mulher, nos termos da lei específica, para garantir a execução das medidas protetivas de urgência". Este dispositivo foi revogado e substituído pelo art. 313, III, do Código de Processo Penal, pelo qual a prisão preventiva pode ser decretada "se o crime envolver violência doméstica e familiar contra a mulher, criança, adolescente, idoso, enfermo ou pessoa com deficiência, para garantir a execução das medidas protetivas de urgência".

O artigo é mais amplo, compreendendo outros hipossuficientes (criança, adolescente, pessoa idosa, enfermo e pessoa com deficiência), chegando-se a cogitar de uma ampliação da competência do Juizado de Violência Doméstica para abranger crimes praticados contra eles. Na verdade, o que se criou foi a possibilidade de decretação da prisão preventiva, mas sem ampliação da competência do Juizado.

A fundamentação da prisão deve ser tríplice: "fática, referindo-se aos fatos que justificam a medida, legal, com a finalidade de assegurar a execução das medidas protetivas de urgência e constitucional, com a demonstração da necessidade concreta da prisão, visto que se trata de uma medida de *ultima ratio*"[5].

Um questionamento importante a respeito da decretação da prisão preventiva é se o simples descumprimento da medida autoriza a prisão, ou se devem estar presentes os requisitos do

---

5. GOMES, Luiz Flávio; BIANCHINI, Alice. Lei da violência contra a mulher: inaplicabilidade da lei dos juizados criminais. **Revista IOB de Direito Penal e Processual Penal**, São Paulo, ano VII, n. 40, p. 71, 2006.

artigo 312 do Código de Processo Penal. Comentando as alterações do sistema cautelar no Código de Processo Penal, ANTONIO SCARANCE FERNANDES refere:

> O inciso III permite prisão preventiva quando há descumprimento de medida de urgência em casos de violência doméstica e familiar. Suscita interessantes reflexões (....) Basta o descumprimento da medida de urgência para decretação da preventiva? O juiz deve assentar a prisão nesse descumprimento e em uma das hipóteses do artigo 312, enquadrando-se a situação possivelmente na necessidade de prisão para garantir a ordem pública a fim de evitar a reiteração criminosa ou para assegurar a aplicação da lei penal[6].

Adotam o posicionamento de que, além do descumprimento da medida protetiva, devem estar presentes os requisitos da prisão preventiva (art. 312 do Código de Processo Penal) os seguintes doutrinadores: STELA VALÉRIA SOARES DE FARIAS CAVALCANTI[7], ROGÉRIO SANCHES CUNHA e RONALDO BATISTA PINTO[8] e MARCELO LESSA BASTOS[9].

Em sentido contrário, MARIA BERENICE DIAS[10]:

> Exigir a presença de todos os pressupostos legais que já se encontravam na lei afastaria qualquer justificativa para a nova hipótese de prisão preventiva, tornando despicienda a alteração levada a efeito pela Lei Maria da Penha. Basta a

6 FERNANDES, Antonio Scarance. Medidas cautelares. **Boletim do Instituto Brasileiro de Ciências Criminais**, São Paulo, ano 18, n. 224, p. 6-7, 2011.

7 CAVALCANTI, Stela Valéria Soares de Farias. **Violência doméstica contra a mulher no Brasil:** análise da Lei "Maria da Penha", n. 11.340/06. Salvador: JusPodivm, 2012, p. 241.

8. CUNHA, Rogério Sanches; PINTO, Ronaldo Batista. **Violência doméstica**: Lei Maria da Penha – 11.340/2006 comentada artigo por artigo. 13ª ed. São Paulo: JusPodivm, 2023.

9. BASTOS, Marcelo Lessa. Violência doméstica e familiar contra a mulher: Lei "Maria da Penha": Alguns comentários. **Revista do Ministério Público**, Rio de Janeiro, n. 26, 2007. Disponível em: https://www.mprj.mp.br/documents/20184/2740997/Marcelo_Lessa_Bastos.pdf

10. DIAS, Maria Berenice. **A Lei Maria da Penha na justiça**: a efetividade da Lei 11.340/2006 de combate à violência doméstica. 2. ed. São Paulo: RT, 2010, p. 135.

> necessidade de assegurar a eficácia das medidas protetivas de urgência, se estas, por si só, se revelarem ineficazes para a tutela da mulher, para que o juiz decrete a prisão preventiva do agressor.

Nos Tribunais, prevalece o entendimento de que o *periculum libertatis* da prisão exige a conjugação do artigo 313, III e do artigo 312, ambos do Código de Processo Penal.

Nesta linha, o Superior Tribunal de Justiça decidiu que, conforme jurisprudência firmada pela Corte, "o descumprimento de medidas protetivas autoriza a decretação da prisão preventiva, desde que demonstrada a presença dos requisitos previstos no art. 312 daquele diploma" (STJ, HC 179.785/SC, rel. Min. Maria Thereza de Assis Moura, Sexta Turma, j. 31/05/2011, DJe 08/06/2011).

Na hipótese do artigo 313, III, do Código de Processo Penal o *periculum libertatis* resulta das circunstâncias em que se deu o descumprimento da medida protetiva, indicadoras de periculosidade do agente e da necessidade de custódia para a garantia da ordem pública. Assim, já se decidiu que, se o agente voltou a ameaçar a vítima, estando ciente das medidas protetivas, há necessidade da prisão para preservar a "integridade física e psíquica da ofendida e dos seus dois filhos, fazendo cessar a reiteração delitiva, que no caso não é mera presunção, mas risco concreto" (STJ, RHC 27.518/DF, rel. Min. Jorge Mussi, Quinta Turma, j. 17/06/2010, DJe 28/06/2010).

A análise da periculosidade não pode estar condicionada à vida pregressa do agente. Em regra, os autores de violência doméstica não ostentam antecedentes em sua vida pregressa, muitos trabalham regularmente e exercem atividades lícitas, são bons cidadãos, vizinhos e pais, como já salientado ao longo deste trabalho.

A violência é direcionada tão somente à parceira, que demora anos para relatar as agressões físicas ou desiste de prosseguir, por medo ou dependência emocional.

O Tribunal de Justiça do Distrito Federal entendeu pela manutenção da prisão em processo por lesão, injúria e ameaça, em razão da periculosidade do agente. Conforme a decisão, as "condições pessoais favoráveis do Paciente, tais como atividade lícita, residência fixa e primariedade, não obstam a sua prisão cautelar", se a prisão é necessária nos termos do artigo 312 do Código de Processo Penal (TJDFT, HC 2011.00.2.004020-8, rel. Min. João Timoteo de Oliveira, Segunda Turma, j. 31/03/2011, DJe 11/04/2011)[11].

A reiteração da violência contra a mulher gera danos para a vítima, para os filhos, para pessoas que convivem com a família e reafirma um modelo violento contra a mulher perante a sociedade. Trata-se do conceito de ordem pública a justificar a prisão como instrumento de preservação da sociedade.

Fabio Ramazzini Bechara refere esse conceito de ordem pública[12]:

> A ordem pública aqui é concebida como sinônimo de harmonia e pacificação, ou, ainda, instrumento de defesa social, ou mesmo núcleo essencial do direito à segurança (...). Quando se decreta a prisão para a garantia da ordem pública invoca-se o caráter coletivo que justifica a atuação estatal por intermédio do processo Penal. Trata-se de inequívoca hipótese de tutela coletiva, traduzida no risco que a liberdade representa à segurança social, risco esse caracterizado pela possibilidade fundada de que novos ilícitos venham a ser cometidos.

A violência doméstica normalmente ocorre dentro de casa, "entre quatro paredes". Nas raras hipóteses em que há testemunhas, estas não se dispõem a depor, movidas pelo senso comum de que se trata de uma questão familiar. Tribunais têm reconhecido o valor da palavra da vítima, tanto para a condenação, como para a decretação de uma custódia cautelar.

---

11 No mesmo sentido: TJDFT, RESE 2011.01.1.047928-7, Acórdão 512.338, rel. Des. George Lopes Leite, Primeira Turma, DJe 17/06/2011; TJDFT, HC 2011.00.2.008373-6, Acórdão 511.649, rel. Des. George Lopes Leite, Primeira Turma, DJe 14.06.2011.

12. BECHARA, Gávio Ramazzini. **Prisão Cautelar**. São Paulos: Malheiros, 2005, p. 155-157.

A previsão de pena inferior a 04 anos ou com detenção não impede a decretação da prisão, ante a regra específica do artigo 313, III, do Código de Processo Penal[13].

Contudo, um dos obstáculos à proteção tem sido o entendimento de alguns Tribunais de que a prisão preventiva não pode perdurar por tempo superior à pena que seria fixada na sentença. Ante a tendência de se aplicar a pena mínima, muitas vezes, agressores são colocados em liberdade sem se avaliar o risco concreto.

De se notar que com o Pacote Antifeminicídio, houve importante elevação das penas de algumas infrações penais no contexto de violência doméstica e familiar, o que permite que homens violentos fiquem mais tempo custodiados. Assim:

- Vias de fato – 45 dias a 9 meses de prisão (art. 21, § 2º, LCP)
- Ameaça – 2 meses a 1 ano (art. 147, § 1º, CP, ação penal pública incondicionada)
- Crimes contra a honra – penas em dobro (art. 141, § 3º, CP, embora a ação continue a ser privada)
- Lesão corporal – pena aumentada para 02 a 5 anos (art. 129, § 13, CP)
- Descumprimento de medida protetiva – pena aumentada para 02 a 05 anos (art. 24-A, LMP)
- Feminicídio – 20 a 40 anos (art. 121-A, CP)

A autoridade judiciária deverá analisar a necessidade de prisão a cada 90 dias, mantendo a cautela caso seja necessária, ex vi do artigo 316, parágrafo único, CPP:

---

13. Assim, decidiu o STJ que "a despeito de os crimes pelos quais responde o Paciente serem punidos com detenção, o próprio ordenamento jurídico – art. 313, inciso IV, do Código de Processo Penal, com a redação dada pela Lei n. 11.340/2006 – prevê a possibilidade de decretação de prisão preventiva nessas hipóteses, em circunstâncias especiais, com vistas a garantir a execução de medidas protetivas de urgência" (STJ, RHC 27837/MG, rel. Min. Laurita Vaz, Quinta Turma, j. 06/05/2010, DJe 31/05/2010).

> Art. 316. O juiz poderá, de ofício ou a pedido das partes, revogar a prisão preventiva se, no correr da investigação ou do processo, verificar a falta de motivo para que ela subsista, bem como novamente decretá-la, se sobrevierem razões que a justifiquem.
>
> Parágrafo único. Decretada a prisão preventiva, deverá o órgão emissor da decisão revisar a necessidade de sua manutenção **a cada 90 (noventa) dias**, mediante decisão fundamentada, de ofício, sob pena de tornar a prisão ilegal.

Caso o agressor seja colocado em liberdade, ante a expectativa de pena a ser imposta na sentença, devem ser impostas novas medidas para proteger a vítima, bem como adotadas cautelas para evitar a aproximação do agressor, como o monitoramento eletrônico.

Por exemplo, em São Paulo, há um projeto de monitoramento com tornozeleira eletrônica de agressores que forem soltos em audiências de custódia, em razão de termo de cooperação entre a Secretaria da Segurança Pública e o Tribunal de Justiça de São Paulo. O sistema foi instalado em 2023 e, dias após, houve a prisão de agressor que tentava se aproximar da vítima apesar das medidas de proteção fixadas na audiência[14]. O prazo desse monitoramento eletrônico deve ser o razoável para a proteção eficiente à mulher. Por exemplo, em caso submetido ao julgamento da Corte Especial do STJ, determinou-se em sede de medidas protetivas de urgência o afastamento de um desembargador do cargo e o monitoramento eletrônico pelo prazo de um ano[15].

Portanto, pode-se afirmar que há duas hipóteses de prisão preventiva no ordenamento: a prevista no art. 20 da Lei n. 11.340/2006 e a do artigo 313, III, do Código de Processo Penal, ambas a serem conjugadas com o art. 312 do CPP que representa,

---

14. UOL. **Homem é preso em São Paulo após tornozeleira apontar proximidade com vítima.** 2023. Disponível em: https://noticias.uol.com.br/cotidiano/ultimas-noticias/2023/09/16/homem-e-preso-em-sao-paulo-apos-tornozeleira-apontar-proximidade-com-vitima.htm. Acesso em: 20 set. 2023.
15. STJ, QO na Pet n. 15.819/DF, rel. Min. Antonio Carlos Ferreira, Corte Especial , j. 19/4/2023.

em última análise, um dever do Estado brasileiro de zelar de forma efetiva para evitar a reiteração de atos de violência contra a mulher, mediante a análise concreta da situação de risco e o prognóstico de efetividade de outras medidas menos gravosas.

Daremos três exemplos para ilustrar a situação.

Exemplo 1: mulher registra ocorrência policial por crime de injúria e vias de fato, afirmando que no momento de realizar o término de relação afetiva foi ofendida e empurrada. O ofensor não possui antecedentes criminais e o formulário de avaliação de risco não indica situação de risco elevado. A mulher solicita medida protetiva de proibição de aproximação e contato com ela, sem se opor ao contato dele com os filhos comuns. Nessa situação, é possível apenas o deferimento da medida protetiva de urgência de aproximação e contato com a mulher, com o monitoramento do caso para se avaliar o efetivo comprometimento do suposto ofensor com a ordem de proteção, além de demais estratégias de atenção integral à mulher. Como há filhos em comum, é conveniente estabelecer uma terceira pessoa, da confiança da mulher, para intermediar eventual contato do ofensor com o filho comum. Esse exemplo indica que nem todos os casos exigirão a prisão preventiva como única resposta.

Exemplo 2: No mesmo caso anterior, o filho do casal teve um acidente e precisou ser hospitalizado; nesse contexto, o suposto ofensor encaminha à mulher uma mensagem de texto solicitando informações sobre o estado de saúde do filho comum, em tom ríspido. Em que pese a conduta do ofensor configure formalmente um descumprimento da ordem judicial de proibição de contato, a situação excepcional aparentemente sinaliza que não haveria necessidade da decretação de sua prisão preventiva, bastando uma advertência formal de que, mesmo em situações de aparente emergência, deverá comunicar-se com a mulher através da pessoa designada para intermediar o diálogo. Esse exemplo indica que o descumprimento de medida protetiva não enseja automaticamente a decretação da prisão preventiva, havendo necessidade de avaliar a situação de risco de reiteração de violência contra a mulher.

Exemplo 3: A mulher registra uma primeira ocorrência policial informando que o ex-companheiro, que é primário, está reiteradamente a perseguindo há cerca de três meses, apesar de diversos de seus familiares já terem solicitado a ele para cessar com as condutas. Informa que no dia do registro da ocorrência policial ele, embriagado, invadiu o terreno de sua casa e ficou tentando arrombar a porta da casa com um machado na mão, enquanto a ameaçava de morte. Nessa situação, apesar de o ofensor ser pessoa primária e se tratar do primeiro registro de ocorrência policial, o histórico de comportamento persecutório aliado à gravidade concreta da conduta indicam que provavelmente apenas uma medida protetiva de urgência não será suficiente para proteger a mulher, sendo necessária a decretação da prisão preventiva. Esse exemplo indica que é possível a decretação da prisão preventiva mesmo que não haja prévia decretação de medida protetiva, diante da gravidade concreta da conduta e seu risco à ordem pública, com fundamento no art. 20 da LMP.

Questão relevante é relacionada à possibilidade ou não de o magistrado decretar a prisão preventiva de forma *ex officio* no contexto de violência doméstica e familiar. A regra geral do art. 282, § 2º, Código de Processo Penal é no sentido de que a atuação do magistrado depende sempre de requerimento das partes ou, no curso da investigação criminal, por representação da autoridade policial ou requerimento do Ministério Público. Todavia, o art. 20 da Lei Maria da Penha expressamente afirma a possibilidade de o juiz decretar a prisão preventiva *ex officio*, na fase de inquérito ou ação penal. Há duas correntes interpretativas: (i) considerando que o art. 20 da Lei Maria da Penha é anterior à reforma do sistema cautelar criminal pela Lei n. 12.403/2011 (posteriormente alterada pela Lei n. 13.964/2019), deve-se entender que a lei posterior revoga lei anterior; (ii) considerando que o art. 20 da Lei Maria da Penha é lei especial e há necessidade de um regime de proteção diferenciada à mulher em situação de violência, como a unidade da jurisdição cível e crime ou a integração jurisdicional com intervenções articuladas em rede, com instituições remetendo de ofício ao juiz informações sobre a evolução da situação de risco, o referido artigo permaneceria em vigor, com a possibilidade de o juiz decretar a prisão preventiva *ex officio* no subsistema da LMP. Essa segunda corrente é encapada, dentre outras, por Bianchini, Bazzo e Chakian[16]. De qualquer sorte, o STJ possui precedente de que, se na audiência de custódia o Ministério Público faz requerimento de concessão de medida protetiva de urgência, o juiz poderia decretar a prisão preventiva, pois teria havido o requerimento de uma intervenção judicial[17].

ENUNCIADOS

COPEVID – Enunciado 06: "Nos casos de violência doméstica e familiar contra mulher, criança, adolescente, idosa, enfermo ou pessoa com deficiência, é vedada a concessão de fiança pela Autoridade Policial, considerando trata-se de situação que autoriza a decretação da prisão preventiva, nos termos do art. 313, III, CPP".

FONAVID – Enunciado 29: "É possível a prisão cautelar do agressor independentemente de concessão ou descumprimento de medida protetiva, a fim de assegurar a integridade física e/ou psicológica da ofendida".

JURISPRUDÊNCIA

Impossibilidade de se vincular a prisão à "expectativa" da pena e regime

STF – "4. O entendimento no sentido da incompatibilidade da imposição ou da manutenção de prisão preventiva, no caso de réu condenado a pena a ser cumprida em regime inicial diverso do fechado tem sido flexibilizado em casos excepcionais, quando a medida extrema se revelar indispensável ante a demonstração concreta da insuficiência ou ineficácia das cautelares diversas, como na hipótese de violência de gênero. 5. Agravo regimental do Ministério Público Federal provido, para reformar a decisão agravada e negar seguimento ao habeas corpus".
(STF, HC 239090 AgR, rel. p/ ac. Min. André Mendonça, Segunda Turma, j. 29-04-2024, DJe- 28-06-2024)

STJ – "O argumento de desproporcionalidade da custódia cautelar à provável futura pena do agravante não comporta acolhimento, pois apenas a conclusão do processo

16. BIANCHINI, Alice; BAZZO, Mariana; CHAKIAN, Silvia. **Crimes contra Mulheres.** 5ª ed. São Paulo: Juspodivm, 2023, p. 146-169.

17. STJ, RHC n. 145.225/RO, rel. Min. Rogerio Schietti Cruz, 6ª Turma, j. 15/2/2022.

será capaz de revelar se o acusado será beneficiado com a fixação de regime prisional diverso do fechado, sendo inviável essa discussão neste momento processual". (STJ, AgRg HC n. 741.129/SP, rel. Min. Ribeiro Dantas, Quinta Turma, j. 2/8/2022, DJe 10/8/2022).

STJ – "A desproporcionalidade da constrição cautelar somente poderá ser aferida após a sentença, não cabendo, na via eleita, a antecipação da análise quanto à possibilidade de cumprimento de pena em regime menos gravoso que o fechado, caso seja proferido édito condenatório, porque exige produção de prova, o que não é permitido no procedimento do habeas corpus. Havendo a indicação de fundamentos concretos para justificar a custódia cautelar, não se revela cabível a aplicação de medidas cautelares alternativas à prisão, visto que insuficientes para resguardar a ordem pública".

(STJ, AgRg HC n. 725.221/SP, rel. Min. Olindo Menezes, Des. conv. TRF-1, Sexta Turma, j. 22/3/2022, DJe 25/3/2022).

STJ – "Não é possível a realização de uma prognose objetiva em relação ao futuro regime aplicado ao recorrente no caso de eventual condenação, mormente em razão dos elementos fáticos e probatórios a serem analisados pelo juízo sentenciante. Desse modo, somente a conclusão da instrução criminal será capaz de revelar qual será a pena adequada e o regime ideal para o seu cumprimento (HC n. 187.669/BA, Relator Ministro Napoleão Nunes Maia Filho, julgado em 24/5/2011, DJe 27/6/2011). Demonstrados os pressupostos e motivos autorizadores da custódia cautelar, elencados no art. 312 do CPP, não se vislumbra constrangimento ilegal a ser reparado de ofício por este Superior Tribunal de Justiça".

(STJ, HC 470.874/MG, rel. Min. Reynaldo Soares da Fonseca, Quinta Turma, j. 07/02/2019, DJe 14/02/2019).

TJ-GO – "Imperativa a manutenção da decisão que decretou a prisão preventiva, porquanto preenchidos os pressupostos e fundamentos legais ensejadores da medida extrema (CPP, arts. 312 e 313, III), estando o decreto de constrição da liberdade satisfatoriamente alicerçado em elementos concretos dos autos no sentido de que o paciente descumpriu as medidas protetivas de urgência que lhe foram estabelecidas (...) A hipotética pena e o seu regime de cumprimento não autorizam a concessão do benefício pleiteado quando vislumbrada, por ora, a necessidade da manutenção do decreto prisional".

(TJ-GO, HC 01113614020168090000, Rio Verde, rel. Des. Carmecy Rosa Maria A. de Oliveira, Segunda Câmara Criminal, j. 03/05/2016, DJ 18/05/2016).

TJ-MG – "Inviável conceder liberdade, in casu, com base na expectativa de pena futura, uma vez que não há como antever, neste momento, quais seriam os limites da provável sentença condenatória – Não há, nas hipóteses da prisão preventiva, prejuízo ao princípio da presunção de inocência, quando presentes os requisitos aos autorizadores da medida cautelar – Somente condições subjetivas favoráveis não permitem a revogação do decreto da prisão preventiva".

(TJ-MG, HC 10000171089147000/MG, rel. Des. Cássio Salomé, j. 31/01/2018, DJ 09/02/2018).

Crimes de VDFCM punidos com detenção (como a ameaça) admitem a prisão preventiva

STF – "Hipótese de paciente denunciado por crime de ameaça contra a sua ex-companheira, num contexto de violência doméstica e familiar contra a mulher. Os autos dão conta de que o paciente, inconformado com o término do relacionamento, ameaçou a vítima e seu atual companheiro, fazendo uso de arma de fogo. Ausência de teratologia, ilegalidade flagrante ou abuso de poder que justifique a imediata expedição de alvará de soltura em favor do paciente".

(STF, AgRg HC 173.639, rel. Min. Roberto Barroso, Primeira Turma, j. 27/04/2020; STF, AgRg HC 222.170, rel. Min. Roberto Barroso, Primeira Turma, j. 22/02/2023)

STJ – "A despeito de os crimes pelos quais responde o Paciente serem punidos com detenção, não se perca de vista que o próprio ordenamento jurídico - art. 313, inciso IV, do Código de Processo Penal, com a redação dada pela Lei n. 11.340/2006 - prevê a possibilidade de decretação de prisão preventiva mesmo diante de crimes apenados com detenção, em circunstâncias especiais, tais como a hipótese ora em apreço, com vistas a garantir a execução de medidas protetivas de urgência. Precedentes".

(STJ, HC n. 490.988/MS, rel. Min. Laurita Vaz, Sexta Turma, j. 27/8/2019, DJe 11/9/2019).

Possibilidade de juiz decretar prisão preventiva após requerimento de medidas protetivas pelo Ministério Público

STJ – "1. Infere-se dos autos que o MP requereu, durante a audiência de custódia, a conversão da prisão em flagrante em cautelares diversas, no entanto, o Magistrado decretou a cautelar máxima. [...] 4. A determinação do Magistrado, em sentido diverso do requerido pelo Ministério Público, pela autoridade policial ou pelo ofendido, não pode ser considerada como atuação ex officio, uma vez que lhe é permitido atuar conforme os ditames legais, desde que previamente provocado, no exercício de sua jurisdição. 5. Impor ou não cautelas pessoais, de fato, depende de prévia e indispensável provocação; contudo, a escolha de qual delas melhor se ajusta ao caso concreto há de ser feita pelo juiz da causa. Entender de forma diversa seria vincular a decisão do Poder Judiciário ao pedido formulado pelo Ministério Público, de modo a transformar o julgador em mero chancelador de suas manifestações, ou de lhe transferir a escolha do teor de uma decisão judicial".

(STJ, RHC n. 145.225/RO, rel. Min. Rogerio Schietti Cruz, Sexta Turma, j. 15/2/2022).

Antecedente por violência doméstica

STJ – "No caso, como visto, a prisão preventiva foi decretada em razão da periculosidade do paciente, reincidente - praticou crime anterior, em contexto de violência doméstica contra a vítima - sendo evidente o risco concreto de reiteração da conduta, porquanto teria descumprido medidas protetivas anteriormente fixadas pelo Juízo".

(STJ, AgRg no HC 740413/SP, rel. Min. Reynaldo Soares da Fonseca, Quinta Turma, j. 7/6/2022, DJe 13/6/2022).

STJ – "A decretação da prisão preventiva não se mostra desarrazoada ou ilegal, tendo sido amparada no risco concreto de reiteração delitiva, além da especial gravidade da conduta, a justificar a segregação cautelar para garantia da ordem pública. Além das intercorrências penais pela prática de furto qualificado, receptação e injúria, não é a primeira vez que o Paciente comete delitos ameaça e disparo de arma de fogo em contexto de violência doméstica, pois é acusado das mesmas infrações contra outra vítima".

(STJ, HC 458.835/GO, rel. Min. Laurita Vaz, Sexta Turma, j. 02/10/2018, DJe 19/10/2018).

Comportamento agressivo

STJ – "Na hipótese, a decretação da prisão preventiva está suficientemente fundamentada, nos exatos termos dos arts. 312 e 313 do Código de Processo Penal, pois foi amparada na necessidade de resguardar a integridade da Ofendida, na medida em que o Agravante descumpriu as medidas protetivas impostas em razão de violência anterior, bem como agiu agressivamente. Tais circunstâncias são aptas a justificar a segregação cautelar para garantia da ordem pública".

(STJ, AgRg HC n. 773.039/GO, rel. Min. Laurita Vaz, Sexta Turma, j. 12/12/2022, DJe 15/12/2022).

STJ – "O descumprimento de medida protetiva anteriormente fixada com amparo na Lei n. 11.340/06 explicita a insuficiência da cautela, justificando, portanto, a decretação da prisão nos termos do art. 313, inciso III, do Código de Processo Penal. No caso, a segregação cautelar foi decretada e mantida pelo Tribunal de origem em razão da periculosidade do paciente, evidenciada pelo efetivo risco de voltar a cometer delitos, visto que descumpriu medidas protetivas deferidas em favor da ofendida, indo até a casa dela, ingressando na residência e passando a ameaçá-la de morte".
(STJ, AgRg HC n. 766.065/SP, rel. Min. Reynaldo Soares da Fonseca, Quinta Turma, j. 13/9/2022, DJe 19/9/2022).

Comparecimento ao local de trabalho da vítima

STJ – "A agravante teve a prisão preventiva decretada com base em elementos concretos, haja vista que, após ter sido imposta medida protetiva em seu desfavor, determinando seu afastamento, teria retornado, em mais de uma oportunidade, ao local de trabalho da vítima e "na posse de 4 cachorros sem coleira" proferiu xingamentos, sendo ressaltado, ainda, que "os animais correm atrás dos clientes do estabelecimento e que a autora costuma riscar o carro da vítima e dos clientes". 2. Constitui fundamento idôneo à decretação da custódia cautelar a necessidade de resguardar a integridade física e psicológica da vítima que se encontra em situação de violência doméstica, como é o presente caso, conforme art. 313, III, do Código de Processo Penal".

(STJ, AgRg HC 815872/SP, rel. Min. Jesuíno Rissato, Des. conv. TJDFT, Sexta Turma, j. 27/4/2023, DJe de 2/5/2023).

Comparecimento ou invasão à residência da vítima

STJ – "Conforme consignado no decreto preventivo, ele, durante a vigência das medidas protetivas, teria tentado entrar em contato com a vítima por meio de celular e, posteriormente, teria se dirigido até a residência dela e a ameaçado".

(STJ, AgRg HC n. 741.129/SP, rel. Min. Ribeiro Dantas, Quinta Turma, j. 2/8/2022, DJe 10/8/2022).

STJ – "Consta dos autos que ele, não se conformando com término de relacionamento, teria invadido a casa da vítima e ateado fogo no local, causando a parcial destruição do imóvel, bem como a perda de móveis, roupas, dinheiro e documentos. 5. A conduta é agravada pelo fato de que praticada durante a vigência de medidas protetivas de urgência, fixadas um mês antes, havendo ainda outra comunicação de desrespeito às condições fixadas, o que demonstra a insuficiência da aplicação de providências menos gravosas do que a custódia cautelar".

(STJ, AgRg HC n. 802.174/RS, rel. Min. Reynaldo Soares da Fonseca, Quinta Turma, j. 7/3/2023, DJe 13/3/2023).

STJ – "O agravante teve a prisão preventiva decretada com base em elementos concretos, haja vista que, após ter sido imposta medida protetiva em seu desfavor, teria invadido a casa da vítima no dia seguinte à sua intimação, dizendo que "entra a hora que ele quiser"".

(STJ, AgRg HC n. 725.221/SP, rel. Min. Olindo Menezes, Des. conv. TRF-1, Sexta Turma, j. 22/3/2022, DJe 25/3/2022).

Primariedade e bons antecedentes: irrelevância

STJ – "A prisão preventiva encontra-se suficientemente justificada na necessidade de garantia da ordem pública, considerada a gravidade concreta do crime imputado, patente no modus operandi, uma vez que, em tese, o paciente teria feito ameaças a sua companheira, chegando a engatilhar arma de fogo de numeração suprimida na presença, inclusive, de duas crianças, uma delas seu filho, além de obrigar a vítima a permanecer trancada em seu local de trabalho, situação encerrada com a intervenção polícia. Eventuais condições subjetivas favoráveis, tais como primariedade, bons antecedentes, residência fixa e trabalho lícito, por si sós, não obstam a segregação cautelar, quando presentes os requisitos legais para a decretação da prisão preventiva".

(STJ, AgRg HC 644.101/PR, rel. Min. Reynaldo Soares da Fonseca, Quinta Turma, j. 02/03/2021, DJe 08/03/2021).

STJ – "A existência de condições pessoais favoráveis, tais como primariedade, bons antecedentes, ocupação lícita e residência fixa, não é apta a desconstituir a prisão processual, caso estejam presentes os requisitos de ordem objetiva e subjetiva que autorizem a imposição da medida extrema, como verificado na hipótese. Demonstrada pelas instâncias ordinárias, com expressa menção à situação concreta, a presença dos pressupostos da prisão preventiva, não é possível a aplicação de nenhuma das medidas cautelares alternativas à prisão, elencadas no art. 319 do Código de Processo Penal. 5. Recurso ordinário em habeas corpus desprovido".

(STJ, RHC 118.405/MS, rel. Min. Laurita Vaz, Sexta Turma, j. 03/03/2020, DJe 13/03/2020).

STJ – "O descumprimento de medida protetiva, anteriormente fixada com amparo na Lei n. 11.340/2006, explicita a insuficiência da cautela, justificando, portanto, a decretação da prisão nos termos do art. 313, inciso III, do Código de Processo Penal. Soma-se a isso, o fato de o réu ameaçar de morte reiteradamente sua ex--companheira, não se intimidando nem mesmo perante os polícias no momento da prisão, momento em que repetiu as ameaças. As condições subjetivas favoráveis do paciente, tais como primariedade, bons antecedentes e residência fixa, por si sós, não obstam a segregação cautelar, quando presentes os requisitos legais para a decretação da prisão preventiva".

(STJ, AgRg HC 584.066/SP, rel. Ministro Reynaldo Soares da Fonseca, Quinta Turma, j. 09/06/2020, DJe 18/06/2020).

Garantia da ordem pública

STJ – "A validade da segregação cautelar está condicionada à observância, em decisão devidamente fundamentada, aos requisitos insertos no art. 312 do Código de Processo Penal, revelando-se indispensável a demonstração de em que consiste o *periculum libertatis*. No presente caso, o paciente descumpriu medidas protetivas ao se reaproximar da vítima e tentar manter contato telefônico, o que ensejou a decretação da prisão preventiva".

(STJ, HC 518.671/SP, rel. Min. Antonio Saldanha Palheiro, Sexta Turma, j. 27/08/2019, DJe 10/09/2019).

STJ – "A prisão preventiva está adequadamente motivada com base em elementos concretos extraídos dos autos, para garantia da ordem pública e da aplicação da lei penal, em razão do evidente risco à integridade física da vítima, uma vez que, aplicadas medidas protetivas, dentre elas a de não se aproximar da ex-esposa, o paciente as descumpriu, proferindo ameaças, fatos que ensejam a necessidade da custódia constritiva.

(STJ, HC 486.933/MG, rel. Min. Ribeiro Dantas, Quinta Turma, j. 21/02/2019, DJe 01/03/2019).

STJ – "No caso, a prisão preventiva está justificada, pois a decisão que a impôs fez referência ao descumprimento, pelo paciente, de medidas protetivas decretadas no contexto da Lei Maria da Penha, além de ameaças perpetradas pelo agente contra a vítima e seus familiares por meio de postagens em redes sociais. Dessarte, evidenciada a sua periculosidade e a necessidade da segregação como forma de acautelar a ordem pública".

(STJ, HC 412.849/GO, rel. Min. Antonio Saldanha Palheiro, Sexta Turma, j. 07/06/2018, DJe 18/06/2018).

STJ – "No caso dos autos, a prisão preventiva foi decretada somente após o descumprimento de medida protetiva anteriormente imposta pelo Juízo singular, tendo as instâncias ordinárias salientado, para além disso, que o modus operandi da conduta extravasa a normalidade do tipo penal, bem como que existe fundado receio de reiteração criminosa, dado o histórico de agressões e ameaças à vítima. O cenário delineado nos autos demonstra que a aplicação de medidas cautelares diversas da prisão seria insuficiente para a garantia da ordem pública".

(STJ, HC 275.590/BA, rel. Min. Laurita Vaz, Quinta Turma, j. 06/02/2014, DJe 26/02/2014).

Necessidade da prisão para a proteção da vítima

STJ – "As instâncias ordinárias assinalaram a necessidade da constrição cautelar do Paciente diante da necessidade de proteção à integridade física da Vítima, bem como para evitar a reiteração criminosa, considerando o descumprimento, pelo Acusado, das medidas protetivas de urgência fixadas com base na Lei Maria da Penha".

(STJ, HC 535.843/ES, rel. Min. Laurita Vaz, Sexta Turma, j. 26/11/2019, DJe 10/12/2019).

STJ – "No caso, o acusado descumpriu medida protetiva imposta nos autos, vez que continuou a enviar mensagens com ameaça de morte à ofendida, circunstância que denota a imprescindibilidade da custódia para acautelar a ordem pública e social. A necessidade de proteger a integridade física e psíquica da ofendida e de cessar a reiteração delitiva são indicativas do periculum libertatis exigido para a constrição processual".

(STJ, HC 532.065/BA, rel. Min. Jorge Mussi, Quinta Turma, j. 17/12/2019, DJe 19/12/2019).

TJ-MG – "Em casos envolvendo violência doméstica deve se prestigiar a vítima que se encontra em situação de desigualdade com o agressor. E, diante do caráter violento do paciente, impõe-se a manutenção da sua prisão preventiva, com o fim de resguardar a integridade física da ofendida".

(TJ-MG, HC 10000191707827000, rel. Des. Milton Lívio Salles, juiz conv., Sexta Câmara Criminal, j. 04/02/2020, DJ 06/02/2020).

Possibilidade de prisão preventiva mesmo sem prévia decretação de medidas protetivas de urgência

STF – "AGRAVO REGIMENTAL EM HABEAS CORPUS. LESÃO CORPORAL EM CONTEXTO DE VIOLÊNCIA DOMÉSTICA. PRISÃO PREVENTIVA. GARANTIA DA ORDEM PÚBLICA. MOTIVAÇÃO IDÔNEA. 1. O art. 313, III, do Código de Processo Penal estabelece que, presentes os requisitos do art. 312 do CPP, será admitida a decretação da prisão preventiva se o crime envolver violência doméstica e familiar contra a mulher, criança, adolescente, idoso, enfermo ou pessoa com deficiência, para garantir a execução das medidas protetivas de urgência. 2. No particular, o paciente, além de reincidente específico, "ostenta diversas anotações por crimes no âmbito da violência doméstica, denotando sua conduta voltada para a prática deste tipo de crime". 3. Na linha da jurisprudência desta SUPREMA CORTE, o prognóstico de recidiva criminosa e a necessidade de resguardar a integridade física da vítima justificam a manutenção da prisão preventiva. 4. Agravo Regimental a que se nega provimento".

(STF, AgRg HC 211.392, rel. Min. Alexandre de Moraes, Primeira Turma, j. 04/04/2022).

STJ – "1. É legal a decisão que decretou a prisão preventiva que, partindo da singularidade do caso concreto, assevera a necessidade de acautelamento da integridade, sobretudo física, da vítima, a qual, ao que consta dos autos, corre risco de sofrer novas agressões, em se considerando o histórico do Recorrente, pessoa violenta e dada ao consumo de drogas. 2. A despeito de os crimes pelos quais responde o Recorrente serem punidos com detenção, o próprio ordenamento jurídico – art. 313, inciso IV, do Código de Processo Penal, com a redação dada pela Lei n. 11.340/2006 – prevê a possibilidade de decretação de prisão preventiva nessas hipóteses, em circunstâncias especiais, com vistas a garantir a execução de medidas protetivas de urgência".

(STJ, RHC 46.362/MS, rel. Min. Laurita Vaz, Quinta Turma, j. 27/05/2014).

STJ – "No caso, o decreto prisional encontra-se devidamente fundamentado em dados extraídos dos autos, que evidenciam que a liberdade do ora paciente acarretaria risco à ordem pública, notadamente se considerada sua periculosidade concreta evidenciada pelo *modus operandi* da conduta, em tese, praticada, eis que "há fortes indícios do acusado ser pessoa extremamente agressiva, que teria praticado os atos contra a própria genitora, o que denota que vinha submetendo a vítima e seus familiares a uma rotina de constante violência e abusos, o que apenas torna mais imperiosa a necessidade de se acautelar a ordem social". Tais circunstâncias, a meu ver, indicam um maior desvalor da conduta perpetrada, fato que revela a indispensabilidade da imposição da medida extrema em razão da necessidade de acautelamento da ordem pública".

(STJ, HC 412.591/SP, rel. Min. Felix Fischer, Quinta Turma, j. 10/10/2017).

Possibilidade de prisão preventiva quando há reiteração de violências e o ofensor ainda não foi intimado da prévia medida protetiva de urgência

STJ – "3. Hipótese na qual consta do auto de prisão em flagrante que o próprio agravante relatou "que já tinha ciência da medida protetiva de urgência deferida em seu desfavor, pois a vítima tinha lhe dito, mas que não tinha sido intimado pelo oficial de justiça". 4. Ou seja, a despeito do não cumprimento do mandado de intimação, ele tinha conhecimento das medidas cautelares aplicadas. Não obstante, teria mandado uma mensagem ameaçando a vítima e, em seguida, se aproximado dela, insistindo que reatassem o relacionamento. Diante de sua recusa, em tese, ameaçou-a dizendo que "já que você não quer voltar eu vou te matar" e "onde você estiver eu vou atrás". 5. Ressalte-se que, conforme destacado pelas instâncias ordinárias, agressões e ameaças prévias motivaram o deferimento das medidas protetivas, o que indica a periculosidade do agravante, demonstra a verossimilhança das ameaças, bem como aponta a necessidade efetiva da prisão como forma de assegurar a segurança e integridade da vítima. 6. Os indícios de sua periculosidade são corroborados por seus maus antecedentes, eis que ostenta condenação pelo crime de tráfico ilícito de entorpecentes. Há elementos suficientes, portanto, para justificar a prisão, não havendo que se falar em constrangimento ilegal. 7. As circunstâncias que envolvem o fato demonstram que outras medidas previstas no art. 319 do Código de Processo Penal, são insuficientes para a consecução do efeito almejado. Ou seja, tendo sido exposta de forma fundamentada e concreta a necessidade da prisão, revela-se incabível sua substituição por outras medidas cautelares mais brandas".

(STJ, AgRg HC n. 749.511/SP, rel. Min. Reynaldo Soares da Fonseca, Quinta Turma, j. 2/8/2022).

8

MEDIDAS PROTETIVAS EM ESPÉCIE

A Lei Maria da Penha prevê medidas protetivas que obrigam o agressor (art. 22)[1] e medidas protetivas de urgência à vítima (arts. 23 e 24), de cunho pessoal ou real, pois destinadas à pessoa do agressor, da vítima e seus dependentes ou aos bens. Como já salientado, após a Lei n. 14.550/2023, as medidas não estão vinculadas a um inquérito ou processo criminal (art. 19 LMP).

As medidas protetivas são concedidas e revogadas somente por expressa decisão judicial, não há prazo de vigência das medidas e, além disso, podem ser substituídas ou modificadas a todo momento. A revogação só ocorre quando demonstrado que não há mais risco para a integridade da vítima e/ou dependentes.

Apesar da letra clara da Lei Maria da Penha, algumas autoridades entendiam que a medida protetiva poderia ter prazo determinado e a vítima deveria demonstrar a persistência do

1. Na Colômbia, as medidas de proteção às vítimas (não só as mulheres) buscam assegurar o comparecimento do réu e a indenização. Refere MARIA INÉS BAQUERO TORRES que se busca garantir o comparecimento da pessoa ao processo, chamada de cominação pessoal. Além disso, há medidas para garantir a indenização como embargo e sequestro de bens (GUZMÁN, Augusto J. Ilbáñez. Mecanismos de derecho interno e internacional de protección a la víctima: Globalización de los instrumentos penales. **Revista del Instituto de Ciencias Penales y Criminológicas**, Bogotá, v. XXI, n. 67, p. 124-125, 1999).

perigo. Esses entendimentos caíram por terra diante de recente decisão do STJ, que firmou entendimento no Tema 1.249, pelo qual a duração das medidas protetivas vincula-se unicamente à persistência da situação de risco à mulher, devem ser fixadas por prazo temporalmente indeterminado, não se submetem a prazo obrigatório de revisão periódica, devendo ser reavaliadas pelo magistrado, de ofício ou a pedido do interessado, quando constatado concretamente o esvaziamento da situação de risco.

Neste capítulo, são abordadas as medidas protetivas previstas na Lei Maria da Penha e as inominadas, que são deferidas em razão das circunstâncias do caso concreto, ainda que inexistente previsão expressa na lei.

8.1. MEDIDAS PROTETIVAS INOMINADAS

O art. 22 da Lei Maria da Penha indica que as medidas serão deferidas "entre outras", estabelecendo expressamente que a lista de medidas protetivas constantes de seus incisos não é exaustiva e podem ser deferidas outras medidas ali não expressamente previstas.

A autoridade judiciária poderá impor medidas inominadas, adequadas ao caso e necessárias para a preservação da vida, integridade física e – especialmente – psíquica da vítima. Trata-se do princípio da não taxatividade da tutela protetiva de urgência, destinada a assegurar o resultado útil do processo, que é a proteção eficiente à mulher diante de uma situação de risco de violência.

Cremos que é possível aplicar-se, por analogia, o art. 301 do CPC, que estabelece:

> Art. 301. A tutela de urgência de natureza cautelar pode ser efetivada mediante arresto, sequestro, arrolamento de bens, registro de protesto contra alienação de bem e *qualquer outra medida idônea para asseguração do direito.* (grifo nosso).

É comum que autores de violência ataquem aspectos fundamentais da vítima, como sua família, seu trabalho, sua autonomia. Para conseguir seu intento de atingir a vítima, muitos iniciam uma perseguição emocional ou virtual, postam fotos reais ou montagens, ou mesmo passam a se referir a vítima publicamente de forma jocosa ou pejorativa, de modo a produzir um clima de hostilidade em relação à ofendida, com reflexos diretos para seu trabalho e sua vida pessoal.

Nessa linha, tem-se decidido pela validade de determinações como proibição de fazer referência ao nome da vítima publicamente, de falar a respeito da vítima para pessoas integrantes de seu círculo de contatos, ou até condutas mais graves, como postar fotos intimas, dentre outras. Ainda que a conduta proibida como medida protetiva genérica seja tipificada como crime, não há *bis in idem*, já que a medida protetiva não é punitiva/retributiva, mas uma providência civil para a proteção da mulher. Não há, também, ofensa ao princípio da legalidade, conforme decidiu o STJ (julgado citado a seguir).

Outro exemplo dessa tutela não taxativa pode ser reconhecido na jurisprudência do STJ, que entende que a competência cível para a concessão da medida protetiva de urgência abrange a autorização de viagem do filho ao exterior com a vítima (julgado citado a seguir).

JURISPRUDÊNCIA

Medida protetiva de proibição de prática de condutas que seriam crimes

STJ – "Não viola o princípio da legalidade das penas o fato de a medida protetiva de urgência determinada consistir na proibição de condutas que seriam crimes em tese e às quais, portanto, já seriam cominadas sanções penais. As medidas protetivas de urgência são cautelares de natureza penal, sendo coerente com a sua função a circunstância de buscarem evitar condutas penalmente tipificadas tendentes a colocar em risco a vida e a integridade física e psíquica da vítima".

(STJ, AgRg HC n. 851.808/GO, rel. Min. Reynaldo Soares da Fonseca, Quinta Turma, j. 16/10/2023, DJe 18/10/2023).

Medida protetiva de proibição de publicações associada ao pagamento de multa

STJ – "No caso, "a Juíza singular deferiu, ex officio, a medida protetiva consistente no pagamento de multa no valor de R$ 100.000, 00 (cem mil reais), no caso de difamação ou divulgação de foto ou vídeo íntimo da ofendida" (fl. 417). De todo modo, o art. 22, § 4.º, da Lei n. 11.340/2006, prevê que, para garantir a eficácia de medidas protetivas de urgência, o juiz poderá impor multa ao réu, bem como determinar as providências que julgar necessárias (aplicando, no que couber, a redação atual do art. 497, do Código de Processo Civil, que substituiu a redação não mais em vigor dos § § 5º e 6º, do art. 461, da Lei n. 5.869/1973)".

(STJ, AgRg HC n. 851.808/GO, rel. Min. Reynaldo Soares da Fonseca, Quinta Turma, j. 16/10/2023, DJe 18/10/2023).

Competência do Juizado de VDFCM para deferir MPU de suprimento judicial de autorização paterna para viagem ao exterior

STJ – "RECURSO ESPECIAL. PEDIDO DE SUPRIMENTO JUDICIAL DE AUTORIZAÇÃO PATERNA PARA QUE A MÃE POSSA RETORNAR AO SEU PAÍS DE ORIGEM (BOLÍVIA) COM O SEU FILHO, REALIZADO NO BOJO DE MEDIDA PROTETIVA PREVISTA NA LEI N. 11.340/2006 (LEI MARIA DA PENHA). 1. COMPETÊNCIA HÍBRIDA E CUMULATIVA (CRIMINAL E CIVIL) DO JUIZADO ESPECIALIZADO DA VIOLÊNCIA DOMÉSTICA E FAMILIAR CONTRA A MULHER. AÇÃO CIVIL ADVINDA DO CONSTRANGIMENTO FÍSICO E MORAL SUPORTADO PELA MULHER NO ÂMBITO FAMILIAR E DOMÉSTICO. 2. DISCUSSÃO QUANTO AO MELHOR INTERESSE DA CRIANÇA. CAUSA DE PEDIR FUNDADA, NO CASO, DIRETAMENTE, NA VIOLÊNCIA DOMÉSTICA SOFRIDA PELA GENITORA. COMPETÊNCIA DO JUIZADO ESPECIALIZADO DA VIOLÊNCIA DOMÉSTICA E FAMILIAR CONTRA A MULHER 3. RECURSO ESPECIAL PROVIDO. 1. O art. 14 da Lei n. 11.340/2006 preconiza a competência cumulativa (criminal e civil) da Vara Especializada da Violência Doméstica e Familiar contra a Mulher para o julgamento e execução das causas advindas do constrangimento físico ou moral suportado pela mulher no âmbito doméstico e familiar. 1.1 A amplitude da competência conferida pela Lei n. 11.340/2006 à Vara Especializada tem por propósito justamente permitir ao mesmo magistrado o conhecimento da situação de violência doméstica e familiar contra a mulher, permitindo-lhe bem sopesar as repercussões jurídicas nas diversas ações civis e criminais advindas direta e indiretamente desse fato. Providência que a um só tempo facilita o acesso da mulher, vítima de violência familiar e doméstica, ao Poder Judiciário, e confere-lhe real proteção. 1.2. Para o estabelecimento da competência da Vara Especializada da Violência Doméstica e Familiar Contra a Mulher nas ações de natureza civil (notadamente, as relacionadas ao Direito de Família), imprescindível que a correlata ação decorra (tenha por fundamento) da prática de violência doméstica ou familiar contra a mulher, não se limitando, assim, apenas às medidas protetivas de urgência previstas nos arts. 22, incisos II, IV e V; 23, incisos III e IV; e 24, que assumem natureza civil. Tem-se, por relevante, ainda, para tal escopo, que, no momento do ajuizamento da ação de natureza cível, seja atual a situação de violência doméstica e familiar a que a demandante se encontre submetida, a ensejar, potencialmente, a adoção das medidas protetivas expressamente previstas na Lei n. 11.340/2006, sob pena de banalizar a competência das Varas Especializadas. 2. Em atenção à funcionalidade do sistema jurisdicional, a lei tem por propósito centralizar no Juízo Especializado de Violência Doméstica Contra a Mulher todas as ações criminais e civis que tenham por fundamento a violência doméstica contra a mulher, a fim de lhe conferir as melhores condições cognitivas para deliberar sobre todas as situações jurídicas daí decorrentes, inclusive, eventualmente, a dos filhos menores do casal, com esteio, nesse caso, nos princípios da proteção integral e do melhor interesse da criança e demais regras protetivas previstas no Estatuto da Criança e do Adolescente. 2.1 É direito da criança e do adolescente desenvolver-se em um ambiente familiar saudável e de respeito mútuo de todos os seus integrantes. A não observância desse direito, em tese, a coloca em risco, se não físico, psicológico, apto a comprometer, sensivelmente, seu desenvolvimento. Eventual exposição da criança à situação de violência doméstica perpetrada pelo pai contra a mãe é circunstância de suma importância que deve, necessariamente, ser levada em consideração para nortear as decisões que digam respeito aos interesses desse infante. No contexto de violência doméstica contra a mulher, é o juízo da correlata Vara Especializada que detém, inarredavelmente, os melhores subsídios cognitivos para preservar e garantir os prevalentes interesses da criança, em meio à relação conflituosa de seus pais. 3. Na espécie, a pretensão da genitora de retornar ao seu país de origem, com o filho – que pressupõe suprimento judicial da autorização paterna e a concessão de guarda unilateral à genitora, segundo o Juízo a quo – deu-se em plena vigência de medida protetiva de urgência destinada a neutralizar a situação de violência a que a demandante encontrava-se submetida. 4. Recurso Especial provido".

(STJ, REsp n. 1.550.166/DF, rel. Ministro Marco Aurélio Bellizze, 3ª Turma, j. 21/11/2017, DJe 18/12/2017).

STJ – "HABEAS CORPUS. PEDIDO DE SUPRIMENTO DE AUTORIZAÇÃO PATERNA PARA VIAGEM AO EXTERIOR, A FIM DE QUE AS PACIENTES, GENITORA E RESPECTIVA PROLE, VÍTIMAS DE VIOLÊNCIA DOMÉSTICA, RETORNEM AO PAÍS DE ORIGEM. PLEITO REALIZADO NO BOJO DE MEDIDA PROTETIVA PREVISTA NA LEI 11.340/2006 (LEI MARIA DA PENHA). COMPETÊNCIA CUMULATIVA (CRIMINAL E CIVIL) DO JUÍZO ESPECIALIZADO DA VARA DE VIOLÊNCIA DOMÉSTICA E FAMILIAR. DEFERIMENTO DA LIMINAR PARA DETERMINAR A URGENTE APRECIAÇÃO DO PEDIDO. POSTERIOR DEFERIMENTO, PELO JUÍZO SINGULAR COMPETENTE, DA VIAGEM DAS PACIENTES. PERDA DE OBJETO DO WRIT. 1. Compete ao Juízo da Vara Especializada de Violência Doméstica e Familiar contra a Mulher apreciar os pedidos de ampliação das medidas protetivas que se façam necessárias à plena garantia dos objetivos previstos na norma de proteção às vítimas de violência doméstica, inclusive as de natureza civil, relacionadas ao Direito de Família, e que envolvam os interesses dos filhos menores do casal. 2. A superveniente decisão do Juízo Especializado, apreciando e deferindo o pedido liminar de suprimento de autorização paterna para viagem ao exterior, atendendo liminar concedida neste writ em prol das pacientes, enseja a perda superveniente de objeto do habeas corpus impetrado nesta Corte. 3. Habeas corpus julgado prejudicado".

(STJ, HC n. 629.394/SP, rel. Min. Raul Araújo, 4ª Turma, j. 25/5/2021, DJe de 4/6/2021).

8.2. MEDIDAS PROTETIVAS QUE OBRIGAM O AGRESSOR

8.2.1. Suspensão da posse ou restrição ao porte de armas

> Art. 22. Constatada a prática de violência doméstica e familiar contra a mulher, nos termos desta Lei, o juiz poderá aplicar,

> de imediato, ao agressor, em conjunto ou separadamente, as seguintes medidas protetivas de urgência, entre outras: I - suspensão da posse ou restrição do porte de armas, com comunicação ao órgão competente, nos termos da Lei n. 10.826, de 22 de dezembro de 2003;

A existência de arma de fogo é um dos mais graves fatores de risco de morte para a mulher. Não à toa esta medida é a primeira de todas do rol do art. 22: trata-se da primeira intervenção, a mais urgente de todas. Nesse sentido[2]:

> Agressores com acesso a armas, especialmente armas de fogo, estão muito mais propensos a ferir gravemente ou matar uma vítima. Os estudos indicam que mulheres ameaçadas ou agredidas com arma têm 20 vezes mais probabilidade de serem mortas e que, quando existe arma em casa, as mulheres agredidas têm 6 vezes mais probabilidade de serem mortas. A utilização de uma arma no episódio prévio indica um elevado nível de risco. Este comportamento anterior é um preditor do comportamento futuro.

Por isso, há várias referências na Lei Maria da Penha e na legislação em geral quanto às providências que devem ser adotadas pelas autoridades:

2. AMCV. **Avaliação e Gestão de Risco em Rede. Manual para Profissionais.** Lisboa: AMCV, 2013, p. 60.

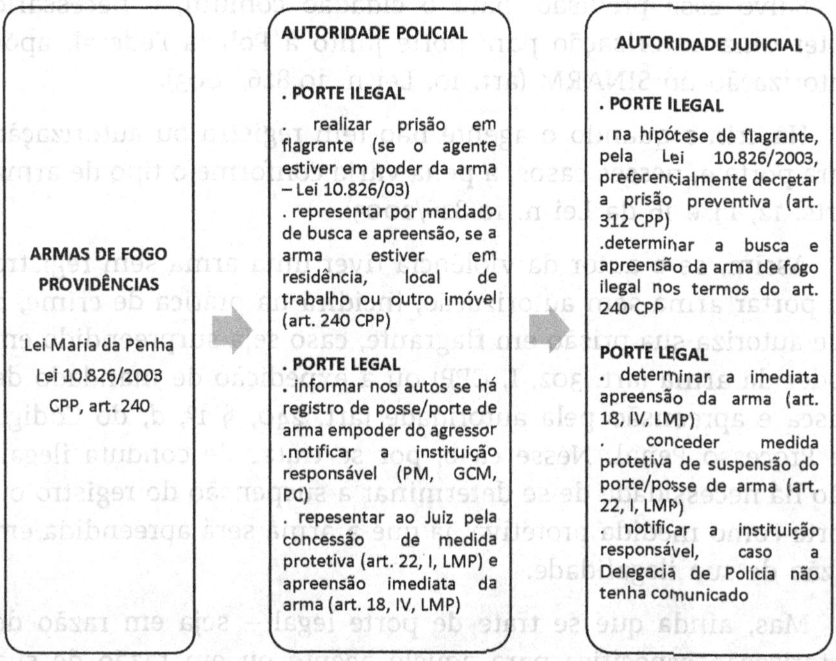

A notícia de que o autor de violência tem arma de fogo deve ensejar providências urgentes pela autoridade policial ou judiciária.

Inicialmente, é preciso verificar se a arma é "legal" ou "ilegal". Para ter uma arma, é preciso registrá-la junto ao SINARM, sendo que o registro autoriza o proprietário a manter o armamento exclusivamente no local de residência ou trabalho, caso seja o agente responsável pelo estabelecimento (arts. 3º e 5º da Lei n. 10.826/2003).

Para transitar com a arma, além do registro, é necessário haver a autorização para porte, já que a regra geral é de proibição de porte de arma no território nacional (art. 6º da Lei n. 10.826/2003). Há porte legal para integrantes de Forças Armadas, órgãos de Segurança Pública definidos no art. 144 da Constituição Federal), Guardas Municipais, membros do Poder Judiciário, Ministério Público e outros profissionais.

Salvo essa previsão, para o cidadão comum, é necessário obter uma autorização para porte junto à Polícia Federal, após autorização do SINARM (art. 10, Lei n. 10.826/2003).

Há crime quando o agente não tem registro ou autorização para porte e, nesses casos, a pena varia conforme o tipo de arma (arts. 12, 14 e 16 da Lei n. 10.826/2003).

Assim, se o autor da violência tiver uma arma sem registro ou portar arma sem autorização, incidirá na prática de crime, o que autoriza sua prisão em flagrante, caso seja surpreendido em poder da arma (art. 302, I, CPP) ou a expedição de mandado de busca e apreensão pela autoridade (art. 240, § 1º, *d*, do Código de Processo Penal. Nesse caso, por se tratar de conduta ilegal, não há necessidade de se determinar a suspensão do registro ou porte como medida protetiva, já que a arma será apreendida em razão de sua ilegalidade.

Mas, ainda que se trate de porte legal – seja em razão de autorização específica para aquele agente ou em razão de sua função, como um policial – a autoridade deverá determinar a adoção de providências para proteger a vítima.

Muitos agressores ostentam o perfil de "bons cidadãos", o que não elimina o risco para a vítima e a existência de arma de fogo aumenta em muito o risco de morte. Ainda que se trate de "arma legal", deverá ser determinada a apreensão imediata pela autoridade e o deferimento de medidas protetivas em favor da vítima (arts. 18, IV e 22, I, Lei Maria da Penha). Esta medida cautelar é muito importante para a efetividade da proteção da mulher.

A autorização de posse de arma não é um direito absoluto, mas condicionado pelo regramento legal. Nos termos do Regulamento do Estatuto do Desarmamento (Decreto n. 11.615/2023), a aquisição da arma de fogo permitida tem como pressuposto "comprovar idoneidade e inexistência de inquérito policial ou processo criminal" (art. 15, inciso IV). Se após a obtenção da autorização de posse houver indiciamento em inquérito policial, isso será causa de cassação administrativa do certificado de registro de arma de fogo (art. 28, § 2º), o que deve ser feito *ex officio* pelas autoridades administrativas, ou seja, o Delegado de Polícia responsável pela investigação criminal comunicará à Polícia Federal (responsável pelos registros no SINARM), a qual poderá suspender cautelarmente o certificado de registro da arma, com imediata apreensão administrativa da arma de fogo (art. 28, § 1º). O regramento é reforçado pela regra do art. 28, § 5º do referido Regulamento, que estabelece:

> Art. 28.
>
> § 5º Nos casos de ação penal ou de inquérito policial que envolva violência doméstica e familiar contra a mulher, a arma será apreendida imediatamente pela autoridade competente, nos termos do disposto no inciso IV do *caput* do art. 18 da Lei n. 11.340, de 7 de agosto de 2006.

Vale registrar que as providências indicadas no art. 18 da Lei Maria da Penha não são facultativas, são todas obrigatórias. Ao receber um requerimento de medidas protetivas, o juiz não pode deixar de conhecer do expediente e decidir, não pode deixar de comunicar o Ministério Público, não pode deixar de encaminhar a ofendida para a assistência judiciária. Da mesma forma, o juiz não pode deixar de determinar a apreensão imediata da arma de fogo. Trata-se de diligência vinculada, pois a existência de um procedimento de violência doméstica em curso faz automaticamente excluir o pressuposto da "idoneidade e inexistência de inquérito policial", que por sua vez automaticamente devem ensejar a perda da autorização de posse da arma de fogo.

Segundo nosso entendimento, também a autoridade policial possui o poder-dever de determinar imediatamente a apreensão da arma de fogo em poder do agente, pois o Estatuto do Desarmamento em seu art. 28, § 5º não menciona "autoridade judicial". Se a arma estiver em residência, será necessária ordem judicial (art. 5º, XI, Constituição Federal).

Há uma dupla competência/atribuição para se determinar a apreensão da arma de fogo, da autoridade administrativa e da judicial, diante do foco de proteção integral e urgente estabelecido pelo regramento constitucional e convencional para o contexto de violência doméstica e familiar contra a mulher.

A presença de arma de fogo no contexto da violência pode levar a um resultado mais gravoso, tornando-se prudente evitar que o agressor tenha à sua disposição instrumento capaz de matar a vítima. Assim, além de determinar a cautela, o juiz deverá ordenar a busca e apreensão da arma nos termos do artigo

Deferida a medida, há comunicação ao SINARM e à Polícia Federal (art. 10). Além disso, o juiz deverá comunicar o superior imediato do agressor integrante de forças armadas, guardas municipais, responsável por transporte de valores ou ocupante de outra função mencionada no artigo 6º da Lei n. 10.826/2003, o qual ficará responsável por cumprir a ordem judicial de restrição do porte de armas, sob pena de responder criminalmente (art. 22, § 2º, Lei Maria da Penha).

As providências deverão ser adotadas ainda que se trate de autores de violência que sejam policiais civis ou militares. Nesses casos, deve-se determinar a entrega do armamento de uso pessoal e institucional, resguardando-se – se o caso – o uso de armamento dentro das instituições para cumprimento das funções e exclusivamente durante o trabalho em recinto fechado.

O fato de o agente ser policial não inibe a prática do crime, ao contrário. Estudos indicam a elevada prevalência de episódios de violência doméstica e familiar praticados por policiais em comparação à população civil[3]. Há inúmeros relatos de feminicídios praticados por policiais contra suas parceiras e o fato de ser afetos ao uso de armas, bem como ao exercício de autoridade, pode aumentar ainda mais o risco de morte.

Por se tratar de medida protetiva, autônoma em relação a procedimento criminal, não haverá restituição da arma ao final de eventual procedimento criminal.

---

3. CARDOSO, Renata Braz das Neves. **Homens autores de violência contra parceiros íntimos: estudo com policiais militares do Distrito Federal**. Dissertação de Mestrado (Programa de Pós-Graduação em Desenvolvimento, Sociedade e Cooperação Internacional do Centro de Estudos Avançados Multidisciplinares) – Universidade de Brasília, Brasília, 2016.

A arma deverá permanecer apreendida enquanto houver risco para a vítima. Em caso de cassação definitiva do registro, o proprietário será notificado para, no prazo de 15 dias e sob pena de incorrer no crime de posse ou porte ilegal de arma, informar se deseja restituir a arma à Polícia Federal, mediante indenização, ou transferir a arma de fogo para terceiro (Decreto n. 11.615/2023, art. 28, § 6º). Caso se vislumbre possível indenização em favor da vítima em razão do episódio de violência (STJ, Tema Repetitivo 983), deve-se realizar o arresto do direito de propriedade sobre a arma de fogo em favor da mulher (CPP, art. 137), visando assegurar a efetividade da reparação à vítima.

JURISPRUDÊNCIA

Arma de fogo de uso funcional

STJ – "A manutenção de medida protetiva prevista no art. 22, inciso III, da Lei n. 11.340/06, consistente em restrição ao porte de arma de fogo de uso funcional, imposta em desfavor do paciente, policial militar, se justifica pelo fato de que estaria agredindo psicologicamente a vítima mediante o emprego do referido instrumento bélico. Destarte, não vislumbro, na hipótese e por ora, qualquer desproporcionalidade da medida. Habeas corpus não conhecido".

(STJ, HC 455.232/RJ, rel. Min. Felix Fischer, Quinta Turma, j. 06/11/2018, DJe 13/11/2018).

TJ-RJ – "JUÍZO DE PLANTÃO APLICOU MEDIDAS PROTETIVAS DE PROIBIÇÃO DE SE APROXIMAR E DE CONTATO COM A VÍTIMA, DE COMPARECIMENTO A PROGRAMAS DE RECUPERAÇÃO E DE REEDUCAÇÃO, ALÉM DE TER DETERMINADO A APREENSÃO DE ARMAS DE FOGO QUE ESTIVESSEM EM PODER DO PACIENTE, QUE É POLICIAL MILITAR REFORMADO - PEDIDO DE REVOGAÇÃO DAS MEDIDAS - NÃO ACOLHIMENTO. A lei maria da penha visa coibir e prevenir a violência doméstica contra a mulher em razão do gênero ou em situação de vulnerabilidade, conforme demonstrado, pelo menos por ora, no presente caso - os supostos delitos ainda colocam a vítima em situação de perigo ou ameaça, que justifica a manutenção de medidas protetivas em seu favor, principalmente a apreensão dos materiais bélicos de propriedade do paciente - integridade física e psicológica da vítima que devem ser resguardadas - presentes os requisitos próprios das cautelares consistentes em fumus boni iuris e periculum in mora".

(TJ-RJ, HC 00994772520228190000, rel. Des(a). Maria Sandra Rocha Kayat Direito, Primeira Câmara Criminal, j. 14/02/2023, DJ 15/02/2023).

TJDFT – "Havendo indícios mínimos da prática de fato típico em contexto de violência doméstica e de requerimento expresso da vítima pela suspensão da posse/porte de arma do agressor, que é policial militar, mantém-se a decisão do Juízo Reclamado que, nos autos da Medida Protetiva de Urgência, determinou motivadamente a suspensão da posse de arma do Reclamante. 2. A Lei Maria da Penha estabelece, entre as medidas protetivas de urgência, a suspensão da posse ou restrição do porte de armas, bem como autoriza a apreensão imediata da arma de fogo sob posse do agressor, consoante disposição dos artigos 18, inciso IV, e 22, inciso I. 3. Reclamação Criminal desprovida".

(TJDFT, 0751616-06.2020.8.07.0000, rel. Des. João Timóteo de Oliveira, Segunda Turma Criminal, j. 11/03/2021, DJe 22/03/2021).

Ausência de comprovação de uso profissional

TJDFT – "A Lei n. 11.340/2006 estabelece, entre as medidas protetivas de urgência, a suspensão da posse ou restrição do porte de armas, bem como autoriza a apreensão imediata da arma de fogo sob posse do agressor, consoante disposição dos artigos 18, inciso IV, e 22, inciso I. 3. Na espécie, não restou comprovada nos autos a alegação de que o paciente necessite das armas de fogo para exercer sua atividade profissional, além de que há informações de que os registros das armas de fogo do paciente estão vencidos. Diante de tais circunstâncias e tendo em vista que o rito célere do habeas corpus não admite dilação probatória, não se detecta nenhuma ilegalidade manifesta na decisão que aplicou ao paciente a medida protetiva de urgência consistente na suspensão da posse e do porte de arma de fogo. 4. Ordem denegada, mantendo a decisão que deferiu a medida protetiva de urgência de suspensão da posse e do porte de arma de fogo em desfavor do paciente".

(TJDFT, 0708472-79.2020.8.07.0000, rel. Des. Roberval Casemiro Belinati, Segunda Turma Criminal, j. 16/04/2020, DJe 28/04/2020).

Medida justificada pelas circunstâncias

TJ-RS – "MANDADO DE SEGURANÇA. VIOLÊNCIA DOMÉSTICA. MEDIDA PROTETIVA DE SUSPENSÃO DA POSSE E RESTRIÇÃO DO PORTE DE ARMA DE FOGO DO ACUSADO. AUSÊNCIA DE ILEGALIDADE OU ABUSO DE PODER NA CONDUTA DA AUTORIDADE COATORA. A decisão que determina a suspensão da posse e a restrição do porte de arma de fogo utilizada em serviço pelo agressor, fundamentada na Lei Maria da Penha, não apresenta qualquer ilegalidade ou abuso de poder a justificar a impetração de mandado de segurança. Nos casos envolvendo violência doméstica, a integridade física e psicológica da mulher se sobrepõe ao direito alegado pelo agressor. SEGURANÇA DENEGADA".

(TJ-RS, MS 70047751441, rel. Des. Catarina Rita Krieger Martins, Terceira Câmara Criminal, j. 03/04/2012, DJ 16/04/2012).

Perigo para a vítima em razão de arma de fogo

STJ – "No caso em análise as munições foram apreendidas na posse do paciente, no contexto de prática de violência doméstica (...) a Corte Estadual levou em consideração depoimento policial no sentido de que o ora paciente portava uma arma de fogo em frente à sua casa quando a viatura chegou, mas quando alcançado pelos policiais já havia se desvencilhado da mesma".

(STJ, HC 629.675, rel. Min. Joel Ilan Paciornik, Quinta Turma, j. 06/04/2021, DJe 13/04/2021).

STJ – "No caso, a segregação cautelar foi mantida pelo Tribunal estadual em razão da periculosidade do paciente, evidenciada gravidade concreta da ação (teria ido à residência da vítima (sua ex-esposa) e, exibindo uma arma de fogo de uso restrito e dito à filha do casal que iria matar a vítima) e pelo risco efetivo de reiteração, pois a ação imputada teria sido praticada após o deferimento de medida protetiva de se aproximar da vítima".

(STJ, HC 422.721/SP, rel. Min. Reynaldo Soares da Fonseca, Quinta Turma, j. 08/02/2018, DJe 22/02/2018).

Impossibilidade de restituição

TJMG – "REVOGAÇÃO DAS MEDIDAS - IMPOSSIBILIDADE - PERSISTÊNCIA DA SITUAÇÃO DE RISCO - RESTITUIÇÃO DE ARMA DE FOGO APREENDIDA - INVIABILIDADE - JULGAMENTO SOB A ÓTICA DO PROTOCOLO PARA JULGAMENTOS DE PERSPECTIVA DE GÊNERO - RECURSO DESPROVIDO (...) Persistindo a situação de risco à integridade física e psíquica da vítima, não há falar em revogação das medidas protetivas de urgência. Nos termos do artigo 18, inciso IV, da Lei n. 11.340/06, é plenamente possível que o magistrado determine a apreensão de arma de fogo, para fins de resguardar a integridade física e psicológica da vítima, tendo como objetivo prevenir que a arma seja utilizada contra a mulher, decisão esta que atende, inclusive, as diretrizes estabelecidas no Protocolo para julgamento com perspectiva de gênero, nos termos da Resolução n. 492/2023 do Conselho Nacional de Justiça – CNJ".

(TJ-MG, Apelação Criminal 3181117-41.2012.8.13.0024, Belo Horizonte, rel. Des.(a) Maria das Graças Rocha Santos, j. 05/06/2024, Nova Câmara Criminal Especializa, DJ 05/06/2024).

TJSP – "Apelação – Restituição de arma de fogo - Crimes em contexto de violência doméstica – Lei n. 11.340/06 – Inviabilidade – Fundado receio quanto ao uso do artefato bélico contra as ofendidas, havendo dúvidas, inclusive, quanto à aptidão do acusado para sua mantença – Persecução penal que, ademais, ainda não se encerrou - Objeto que ainda pode interessar ao processo – Inteligência do art. 118, do CPP - Recurso defensivo desprovido".

(TJ-SP, Apelação Criminal 0000590-57.2023.8.26.0038, Araras, rel. Des. Edison Brandão, 4ª Câmara de Direito Criminal, j. 17/11/2023, DJ 17/11/2023).

TJSP – "Pleito de devolução da arma de fogo apreendida por ocasião do flagrante – Regularidade do armamento que não impõe, ipso facto, sua devolução. Bem que interessa ao processo (CPP, arts. 118 e 120). Ameaça de morte com o emprego da arma de fogo – Crimes praticados no âmbito de incidência da Lei n. 11.340/06 (Lei

Maria da Penha). Alterações trazidas pela Lei n. 13.880/19. Norma cogente. Dever imposto ao Magistrado de "determinar a apreensão imediata de arma de fogo sob a posse do agressor" (LMP, art. 18, IV) – Réu, ademais, reincidente específico e que, a rigor, sequer cumpre os requisitos para a posse/porte de arma de fogo (art. 4º, I, da Lei n. 10.826/03) – Recurso desprovido".

(TJ-SP, APR 0001863-05.2020.8.26.0482, rel. Des. Gilberto Ferreira da Cruz, 15ª Câmara de Direito Criminal, j. 22/06/2020, DJ 22/06/2020).

8.2.2. Afastamento do lar, domicílio ou local de convivência com a ofendida

> Art. 22. Constatada a prática de violência doméstica e familiar contra a mulher, nos termos desta Lei, o juiz poderá aplicar, de imediato, ao agressor, em conjunto ou separadamente, as seguintes medidas protetivas de urgência, entre outras:
>
> II - afastamento do lar, domicílio ou local de convivência com a ofendida;

Para as mulheres e seus filhos, a casa não é o asilo inviolável, mas o lugar mais perigoso do mundo. Lá, acontecem as violências rotineiras, o controle, a humilhação, a agressão e a até a morte de mulheres. Tudo na presença dos filhos e filhos do casal, que também são vítimas dessa violência.

Podem ocorrer as seguintes situações:

- a violência acontece em imóvel pertencente exclusivamente à vítima
- a violência acontece em imóvel pertencente exclusivamente ao agressor ou alugado em seu nome.
- a violência acontece em imóvel do casal ou da família

Se o imóvel for exclusivo da vítima ou se estiver alugado em seu nome, a decisão de afastamento não envolverá maiores questionamentos, ainda que o agressor tenha bens pessoais no local, que poderão ser retirados com acompanhamento de Oficial de Justiça ou autoridade policial.

Na segunda hipótese, ainda que se trate de imóvel exclusivo do agressor ou de sua família, diante da situação de risco poderá ser determinado o afastamento com o concomitante encaminhamento da vítima para a equipe multidisciplinar do juízo e assistência jurídica já que a medida protetiva não transmite à vítima a propriedade do bem. Uma boa prática nessa situação é o encaminhamento da mulher para estudo psicossocial e a posterior a designação de audiência de justificação, com a finalidade de modular os efeitos da decisão de afastamento do lar, tendo em consideração a diretriz de efetividade na prevenção da reiteração da violência doméstica. Havendo filhos em comum, é possível ser pactuado que a vítima permaneça no imóvel na companhia dos filhos. É possível, ainda, a fixação de alimentos ou encaminhamento para auxilio-aluguel.

Caso o imóvel pertença ao casal ou à família (agressor e vítima irmãos, por exemplo), deve-se priorizar a proteção pessoal da ofendida em relação aos direitos patrimoniais. Assim, determinado o afastamento, a questão patrimonial deverá ser decidida na esfera cível. O STJ possui o entendimento de que, se houve concessão da MPU com o afastamento do suposto agressor do lar, não é cabível a fixação de meio-aluguel em favor do ofensor, diante das diretrizes constitucionais de prioridade na proteção contra a violência doméstica (CF/1988, art. 266, § 8º)[4].

Apesar de a Lei Maria da Penha ter sido publicada há 18 anos, ainda há resistência em se priorizar a integridade da vítima e seus filhos em relação aos direitos patrimoniais.

Essa resistência decorre da permanência de estereótipos no Sistema de Justiça de que a vítima busca ajuda com alguma finalidade ou "usa a lei" para conseguir proveito econômico. Na verdade, o que acontece é exatamente o contrário.

Em regra, a vítima é a parte economicamente mais fraca na relação, em razão dos impactos que a violência trouxe para sua saúde, seja em razão de ter priorizado a dedicação à família, filhos, ou simplesmente por receber menores salários pelo fato de ser mulher.

4. STJ, REsp n. 1.966.556/SP, rel. Min. Marco Aurélio Bellizze, Terceira Turma, j. 8/2/2022.

No Protocolo para Julgamento com Perspectiva de Gênero, salienta-se a divisão sexual do trabalho[5]:

> O conceito, também designado como divisão do trabalho baseado em critérios sexistas, é uma construção teórica nascida de lutas femininas de combate ao sistema de opressão de gênero, que permite enxergar como determinados tipos de trabalho são ideológica e artificialmente atribuídos aos diferentes gêneros.
>
> A divisão sexual do trabalho se organiza: (i) a partir da construção histórica, social e cultural do gênero com base na ideia essencialista de que existiram alguns tipos de trabalho "naturalmente" masculinos e trabalhos "naturalmente" femininos; e (ii) da construção de uma hierarquia ao valorizar o trabalho masculino em comparação ao feminino, ou seja, há uma diferenciação, mas também uma hierarquização.
>
> A divisão sexual do trabalho é simultaneamente fruto e reprodutora de desigualdades, reforçando-as no que se refere a estereótipos, assimetrias, hierarquias e desigualdades (materiais e simbólicas). A partir de uma perspectiva interseccional, é necessário relembrar que os papéis socialmente atribuídos variam de acordo com os marcadores sociais que incidem sobre as mulheres em sua diversidade, o que se reflete nas expectativas e oportunidades de trabalho. Sem prejuízo, é possível identificar alguns padrões – ainda que operem de maneiras distintas e que estejam em constante movimento.

A proteção da vítima e seus dependentes deve se sobrepor à questão patrimonial. Assim, pode ser determinado o afastamento ainda que o imóvel seja comum ou pertença ao agressor, relegando-se a discussão patrimonial para momento oportuno. Ainda, pode haver a designação de audiência de justificação, o

5. CNJ. **Protocolo para Julgamento com Perspectiva de Gênero**. 2021, p. 23-24. Disponível em: https://www.cnj.jus.br/wp-content/uploads/2021/10/protocolo-para-julgamento-com-perspectiva-de-genero-cnj-24-03-2022.pdf. Acesso em: 05 ago 2024.

que contribui para um conhecimento mais amplo da situação e permite adotar uma decisão dotada de efetividade.

Diante das alterações introduzidas no artigo 12 da Lei Maria da Penha, nos Municípios que não forem sede de Comarca (onde não há uma Vara Judicial) poderá ocorrer o afastamento do lar por decisão do Delegado de Polícia, diante de risco atual ou iminente à integridade física ou psíquica da vítima ou seus dependentes. Esse afastamento é temporário e deve ser comunicado ao juiz no prazo máximo de 24 horas, que decidirá no mesmo prazo sobre a manutenção ou revogação da medida (art. 12, II, § 1º). Não havendo Delegacia no local, a decisão poderá ser tomada por uma autoridade policial, adotando-se as medidas providências de comunicação à autoridade judiciária.

Esse dispositivo gerou inúmeras controvérsias. Por um lado, argumenta-se que traz agilidade à proteção da vítima, que muitas vezes tem de aguardar uma decisão judicial de deferimento de medidas protetivas. Por outro lado, argumenta-se que estar-se-ia conferindo poderes jurisdicionais a autoridades administrativas e as atribuições conferidas pela Lei Maria da Penha aos Delegados de Polícia já seriam suficientes para proteger vítimas e dependentes (arts. 11 e 12).

De qualquer modo, a redação final do dispositivo acabou esvaziando seu conteúdo, posto que somente terá aplicação em pequenos Municípios que não forem sede de Comarca.

O Supremo Tribunal Federal decidiu pela constitucionalidade do dispositivo, pois "a antecipação administrativa de medida protetiva de urgência para impedir que mulheres vítimas de violência doméstica e familiar permaneçam expostas às agressões e hostilidades ocorridas na privacidade do lar não subtrai a última palavra do Poder Judiciário" (STF, ADI 6138/DF, rel. Min. Alexandre de Moraes, Tribunal Pleno, j. 23/03/2022, DJe 09/06/2022, decisão citada na íntegra abaixo).

JURISPRUDÊNCIA

Constitucionalidade do afastamento por autoridade policial

STF – "DIGNIDADE DA PESSOA HUMANA E NECESSIDADE DE MEDIDAS EFICAZES PARA PREVENIR A VIOLÊNCIA CONTRA A MULHER. CONSTITUCIONALIDADE DE MEDIDA PROTETIVA DE URGÊNCIA CORRESPONDENTE AO AFASTAMENTO IMEDIATO DO AGRESSOR DO LOCAL DE CONVIVÊNCIA COM A OFENDIDA EXCEPCIONALMENTE SER CONCEDIDA POR DELEGADO DE POLÍCIA OU POLICIAL. IMPRESCINDIBILIDADE DE REFERENDO PELA AUTORIDADE JUDICIAL. LEGÍTIMA ATUAÇÃO DO APARATO DE SEGURANÇA PÚBLICA PARA RESGUARDAR DIREITOS DA VÍTIMA DE VIOLÊNCIA DOMÉSTICA E FAMILIAR. IMPROCEDÊNCIA.

1. A autorização excepcional para que delegados de polícia e policiais procedam na forma do art. 12-C II e III, E § 1º, da Lei n. 11.340/2006 (LEI MARIA DA PENHA), com as alterações incluídas pela Lei n. 13.827/2019, é resposta legislativa adequada e necessária ao rompimento do ciclo de violência doméstica em suas fases mais agudas, amplamente justificável em razão da eventual impossibilidade de obtenção da tutela jurisdicional em tempo hábil.

2. Independentemente de ordem judicial ou prévio consentimento do seu morador, o artigo 5º, inciso XI, da Constituição Federal admite que qualquer do povo, e, com maior razão, os integrantes de carreira policial, ingressem em domicílio alheio nas hipóteses de flagrante delito ou para prestar socorro, incluída a hipótese de excepcional urgência identificada em um contexto de risco atual ou iminente à vida ou à integridade física ou psicológica da mulher em situação de violência doméstica e familiar, ou de seus dependentes.

3. Constitucionalidade na concessão excepcional de medida protetiva de afastamento imediato do agressor do local de convivência com a ofendida sob efeito de condição resolutiva.

4. A antecipação administrativa de medida protetiva de urgência para impedir que mulheres vítimas de violência doméstica e familiar permaneçam expostas às agressões e hostilidades ocorridas na privacidade do lar não subtrai a última palavra do Poder Judiciário, a quem se resguarda a prerrogativa de decidir sobre sua manutenção ou revogação, bem como sobre a supressão e reparação de eventuais excessos ou abusos. 4. Ação Direta de Inconstitucionalidade julgada improcedente".

(STF, ADI 6138/DF, rel. Min. Alexandre de Moraes, Tribunal Pleno, j. 23/03/2022, DJ 09/06/2022).

Reaproximação permitida pela ofendida – validade da medida

STJ – "Já decidiu esta Corte que '[o] consentimento da vítima para aproximação do réu afasta eventual ameaça ou lesão ao bem jurídico tutelado pelo crime capitulado no art. 24-A, da Lei n. 11.340/2006' (AgRg no AREsp n. 2.330.912/DF, relator Ministro Ribeiro Dantas, Quinta Turma, julgado em 22/8/2023, DJe de 28/8/2023). Contudo, na espécie, não foi possível concluir, a partir da moldura fática delineada no acórdão da Corte local, que a vítima efetivamente autorizara a aproximação e a entrada do réu em sua residência. Ao contrário, destacou-se que o réu, mesmo ciente dos limites que lhe foram impostos e menos de um mês após sua intimação, foi até a residência da vítima e entrou no local; recusou-se a deixar o local quando solicitado; e saiu do recinto somente após a intervenção do filho da vítima. Posteriormente, em 20/9/2019, o réu novamente descumpriu as proibições que lhe foram impostas e telefonou para a vítima, xingando-a)".

(STJ, AgRg AREsp n. 2.419.685/DF, rel. Min. Antonio Saldanha Palheiro, Sexta Turma, j. 7/11/2023, DJe 13/11/2023).

Fundamentação da medida de afastamento do lar

STJ – "A manutenção da medida protetiva combatida encontra fundamento, precipuamente, na necessidade de garantia da segurança pessoal da ora recorrida, em razão, principalmente, da suposta ameaça de morte que estaria sofrendo. II – In casu, foram aplicadas ao recorrente as medidas protetivas de urgência previstas no art. 22, incisos II e III, da Lei n. 11.340/06 (Lei Maria da Penha), uma vez que teria praticado, em tese, o delito tipificado no art. 7º do mesmo diploma legal. III – Dessa forma, devidamente fundamentada a manutenção da medida protetiva ora imposta (afastamento do lar), pelo que não se vislumbra, na hipótese e por ora, configurado constrangimento ilegal. IV – Impossibilidade de análise do alegado excesso de prazo para instauração de inquérito policial, sob pena de supressão de instância (precedente). Recurso ordinário desprovido".

(STJ, RHC 41826/BA, rel. Min. Felix Fischer, Quinta Turma, j. 28/04/2015, DJe 21/05/2015).

TJ-AP – "Constatado que a medida cautelar de afastamento poderá trazer equilíbrio às partes, a evitar contendas maiores, capazes de gerar outras ameaças e até mesmo futuras agressões, mormente diante dos relatos da vítima, que assumem distinta importância em situações dessa espécie, deve ser mantida a decisão de primeira instância que a fixou".

(TJ-AP, AI 00002724320178030000, rel. juiz conv. Eduardo Freire Contreras, j. 30/05/2017).

TJ-AP – "AGRAVO DE INSTRUMENTO – VIOLÊNCIA DOMÉSTICA – MEDIDA PROTETIVA DE AFASTAMENTO DO LAR – IMPORTÂNCIA DA PALAVRA DA VÍTIMA – COAÇÃO PRESENTE – MEDIDA CAUTELAR DE AFASTAMENTO MANTIDA – RECURSO DESPROVIDO. 1) A palavra da vítima, pessoalmente declarada em Juízo, tem especial relevância em casos de violência doméstica. 2) O fato de a agravada, passados quase 03 (três) meses da decisão proferida ainda se sentir coagida diante das investidas do ora réu, permitem inferir que a medida protetiva deve permanecer em vigor. 3) Recurso desprovido".

(TJ-AP, AI 00002464520178030000, rel. Des. João Lages, j. 09/05/2017).

TJ-RS – "AGRAVO DE INSTRUMENTO. VIOLÊNCIA DOMÉSTICA E FAMILIAR CONTRA A MULHER. REVOGAÇÃO DE MEDIDA PROTETIVA DE AFASTAMENTO DO LAR. RES-

TABELECIMENTO. As medidas protetivas de urgência previstas na Lei n. 11.340/06 têm a finalidade de coibir a prática da violência doméstica e familiar contra a mulher, conceito que abrange não apenas a violência física, como também a violência psicológica e patrimonial (Lei n. 11.340/06, art. 7º). Estando caracterizada a prática de violência doméstica contra a mulher – segundo as declarações prestadas pela ofendida, que assumem especial relevo, em se tratando de fatos de tal natureza -, e não apontando o juízo a quo qualquer elemento novo apto a alterar a situação até então delineada nos autos, impõe-se a conclusão de que subsistem as razões que determinaram o deferimento da medida protetiva de afastamento do lar. AGRAVO PROVIDO".

(TJ-RS, AI 50934431220208217000, rel. Des. Honório Gonçalves da Silva Neto, Primeira Câmara Criminal, j. 08/04/2021, DJ 08/04/2021).

Impossibilidade de fixar meio-aluguel após conceder afastamento do lar em MPU

STJ – "Portanto, afigura-se descabido o arbitramento de aluguel, com base no disposto no art. 1.319 do CC/2002, em desfavor da coproprietária vítima de violência doméstica, que, em razão de medida protetiva de urgência decretada judicialmente, detém o uso e gozo exclusivo do imóvel de cotitularidade do agressor, seja pela desproporcionalidade constatada em cotejo com o art. 226, § 8º, da CF/1988, seja pela ausência de enriquecimento sem causa (art. 884 do CC/2002). Na hipótese, o Tribunal de origem decidiu em consonância com a referida tese, inexistindo, assim, reparo a ser realizado no acórdão recorrido".

(STJ, REsp n. 1.966.556/SP, rel. Min. Marco Aurélio Bellizze, Terceira Turma, j. 8/2/2022).

8.2.3. Proibição de aproximação da ofendida, de seus familiares e das testemunhas, fixando o limite mínimo de distância entre estes e o agressor

> Art. 22. Constatada a prática de violência doméstica e familiar contra a mulher, nos termos desta Lei, o juiz poderá aplicar, de imediato, ao agressor, em conjunto ou separadamente, as seguintes medidas protetivas de urgência, entre outras:
>
> III - proibição de determinadas condutas, entre as quais:
>
> a) aproximação da ofendida, de seus familiares e das testemunhas, fixando o limite mínimo de distância entre estes e o agressor;

A medida de proibição de aproximação da ofendida, familiares e testemunhas está entre as medidas mais solicitadas, bem como as mais deferidas, nos Juizados de Violência Doméstica e Familiar[6]. Ela possui grande efetividade na proteção da mulher, tratando-se de uma medida de prevenção situacional, evitando o gatilho de escalada da violência pelo agressor diante de confrontações e discussões. Em regra, esta medida evita novos ataques que podem resultar em graves lesões ou morte da vítima. Também possui o relevante efeito de proteger a incolumidade psicológica da mulher, diante de um contexto de perseguição.

A extensão da medida às testemunhas e aos familiares é muito importante para a efetividade da medida, pois não raras vezes o agressor tenta intimidar a vítima por interposta pessoa. Dentre as pessoas protegidas, além dos familiares, podem ser incluídos amigos e o namorado da vítima.

É importante que o limite de distanciamento seja sério e não banalize a efetividade da proteção. Estudos documentam que distâncias curtas, de poucos metros, banalizam o sentido da proteção e podem levar ao feminicídio[7]. O limite de distanciamento pode dificultar o cumprimento, dada a dificuldade de se verificar se, no caso concreto, o agente ultrapassou aquela metragem fixada pelo juízo. Uma solução para assegurar o distanciamento é a monitoração eletrônica, introduzida no Código de Processo Penal (art. 319, IX) pela Lei n. 12.403/2011.

Essa tecnologia, criada em 1983, nos Estados Unidos, "vem sendo difundida em vários outros países, como Inglaterra, Canadá, Austrália, Nova Zelândia, Suécia, Espanha, Portugal e Holanda"[8].

---

6. ÁVILA, Thiago Pierobom de; GARCIA, Mariana Badawi. Análise quanto aos diferentes padrões decisórios de medidas protetivas de urgência nos Juizados de Violência Doméstica do Distrito Federal. **Revista do MPDFT**, n. 12, p. 85-133, 2022.

7. Documentando caso em que se fixou a proibição de aproximação em 10 metros (ofensor e vítima residiam na mesma casa, em andares diferentes) e o caso evoluiu para feminicídio, ver: ÁVILA, Thiago Pierobom de; MAGALHÃES, Thais Quezado Soares. Itinerários processuais anteriores ao feminicídio: os limites da prevenção terciária. **Revista Brasileira de Ciências Criminais**, São Paulo, n. 187, 2022, p. 355-395.

8. SILVA, Marco Antonio Marques da; FREITAS, Jayme Walmer. **Código de processo penal comentado**. São Paulo: Saraiva, 2012, p. 517.

Na Espanha, a Lei n. 01/04 prevê a possibilidade de se utilizar instrumentos de tecnologia para garantir o cumprimento da proibição de aproximação da pessoa protegida e de frequência ao domicílio, trabalho ou lugar de frequência da vítima (artigo 64, 3). Em Portugal, também há possibilidade de se usar meios técnicos de controle à distância, como monitoração telemática posicional (art. 35 da Lei n. 112/2009). A Portaria 109/2005 prevê os meios de vigilância eletrônica para fiscalizar a obrigação de permanecer na habitação[9].

O monitoramento eletrônico está previsto expressamente como uma medida protetiva de urgência da Lei Maria da Penha (art. 22, § 5º), bem como uma medida cautelar criminal alternativa à prisão (CPP, art. 319, inciso IX). Antes, podia ser deferido como medida protetiva genérica aplicável aos casos mais graves, nos termos do Enunciado n. 65 do FONAVID.

Considerando que a própria Lei Maria da Penha previu as medidas protetivas de urgência, há que se entender que o monitoramento eletrônico não é a primeira solução para todos os casos, mas um escalonamento na resposta protetiva. Deve estar reservado àquelas situações de risco mais elevado, em que já se vislumbra de antemão que apenas as medidas protetivas de urgência de proibição de aproximação e contato não serão suficientes e, apesar de estarem presentes os requisitos da prisão preventiva, é possível avaliar que o monitoramento eletrônico seria suficiente à proteção, portanto, é possível evitar no caso concreto a prisão preventiva sem perspectiva de sacrifício significativo à proteção da mulher.

Em resumo, podemos indicar que casos de risco baixo devem ensejar a medida protetiva de proibição de aproximação e contato; casos de risco intermediário, em que se vislumbra a provável ineficácia da ordem de proibição de aproximação e contato, devem ensejar um monitoramento eletrônico associado às demais medidas protetivas; e casos de risco elevado, em que

---

9. SCARANCE FERNANDES, Valéria Diez. **Lei Maria da Penha**: o processo no caminho da efetividade. 5ª ed. São Paulo: Juspodivm, 2024, subseção 1.3.4.

se vislumbra que nem mesmo o monitoramento eletrônico seria suficiente para fazer cessar a escalada da violência, devem ensejar a prisão preventiva. Em regra, casos de descumprimento da medida protetiva deveriam ensejar um escalonamento da resposta cautelar, avaliando-se a prisão preventiva ou, no mínimo, um monitoramento eletrônico.

Caso não tenha havido suspensão de visitas aos filhos do casal, a entrega e recebimento dos filhos deverá ocorrer por meio de uma pessoa indicada pelo juiz, para evitar o contato pessoal entre o autor da violência e a vítima. Contudo, não se pode esquecer que muitas vezes o agressor usa os filhos como instrumento para atacar a parceira ou para dar continuidade à violência.

Um questionamento bastante comum consiste em saber qual a conduta a ser adotada se a vítima chega em um local onde estava o agressor. Como a medida protetiva é uma ordem direcionada ao autor da violência, é ele quem deve ser retirar do recinto, observando para que não seja desobedecida a ordem de distanciamento. O ideal nesses casos é a vítima solicitar apoio da equipe de segurança do local para que comuniquem ao ofensor que ele está descumprindo a medida protetiva, sob pena de acionamento da polícia para sua prisão em flagrante. Caso frequentem a mesma igreja, por exemplo, o agressor deverá ir para cultos em horários distintos da vítima. Ainda, caso trabalhem ou estudem no mesmo estabelecimento, sugere-se que o estabelecimento seja comunicado para que providencie a troca de turno do agressor. Uma boa prática nessas situações é a designação de audiência de justificação, para que se avalie com a vítima suas necessidades de proteção e se construa, em conjunto com o suposto ofensor, soluções que evitem o contato entre ambos e que sejam factíveis, ou seja, que sejam efetivas para evitar novos conflitos. Obviamente, essa audiência de justificação deverá primar pela segurança da mulher, como a ausência de contato visual com o ofensor, caso assim o deseje, bem como considerar a avaliação de eventual desequilíbrio de poder no curso das negociações e o dever estatal de promover a proteção integral à mulher.

Em decisão recente, o STJ decidiu que a medida protetiva não perde a validade, ainda que as partes tenham algum tipo de contato em razão da filha (julgado mencionado abaixo), mas o ideal é que a entrega dos filhos e questões relativas ao poder familiar ocorram por interposta pessoa ou por e-mail, para que tudo fique registrado.

ENUNCIADOS SOBRE MONITORAMENTO ELETRÔNICO

FONAVID ENUNCIADO 36: "Poderá ser utilizado mecanismo compulsório de controle eletrônico em desfavor do autor de violência para a garantia do cumprimento das medidas protetivas de urgência".

FONAVID ENUNCIADO 65: "Quando determinada a monitoração eletrônica como Medida Protetiva de Urgência, poderá a juíza ou o juiz determinar a expedição desde logo de mandado de condução coercitiva do autor do fato para a sua colocação, a fim de garantir a eficácia da medida".

PACOTE ANTIFEMINICÍDIO

LEP – "Art. 146-E. O condenado por crime contra a mulher por razões da condição do sexo feminino, nos termos do § 1o do art. 121-A do Decreto- Lei n. 2.848, de 7 de dezembro de 1940 (Código Penal), ao usufruir de qualquer benefício em que ocorra a sua saída de estabelecimento penal, será fiscalizado por meio de monitoração eletrônica."

JURISPRUDÊNCIA

Fundamentação da medida protetiva

STJ – "As medidas protetivas de urgência adotadas - proibição de aproximação e contato com a Vítima - possuem fundamentação idônea e são adequadas ao caso concreto, pois as instâncias ordinárias destacaram a sua necessidade para impedir o prosseguimento das práticas delitivas, em especial os atos de perturbação da tranquilidade contra a Vítima".

(STJ, AgRg HC n. 567.753/DF, rel. Min. Laurita Vaz, Sexta Turma, j. 8/9/2020, DJe 22/9/2020).

STJ – "A validade da imposição de medidas protetivas está condicionada à observância, em decisão devidamente fundamentada, dos requisitos insertos no Capítulo II da Lei n. 11.340/2006. No caso, o ora paciente agrediu e ameaçou a própria irmã, fatos que ensejaram corretamente a decretação de medidas protetivas como a proibição de aproximação menor de 200 metros da vítima a fim de resguardar sua integridade física. Na mesma linha a manifestação da Procuradoria-Geral da República, para quem "não se vislumbra ilegalidade da decisão que decretou a medida protetiva em desfavor do paciente. Isso porque, a decisão combatida destacou as reais circunstâncias do delito, suas consequências para a vítima, verificando-se a necessidade de garantir a ordem pública e a aplicação da lei penal".

(STJ, HC n. 726.601/CE, rel. Min. Antonio Saldanha Palheiro, Sexta Turma, j. 19/4/2022, DJe 26/4/2022).

STJ – "O habeas corpus não se presta para analisar pedido de revogação de medidas protetivas previstas no art. 22 da Lei n. 11.340/2006, quando tal providência implicar dilação probatória. Precedentes. Hipótese em que averiguar se o recorrente está impossibilitado de cumprir o afastamento mínimo de 200 metros da residência da vítima, por haver construído pousada há 7 metros de distância daquele local, demanda a incursão no acervo fático-probatório, o que é inviável na via estreita do writ, ainda mais quando o acórdão impugnado constatou que a aquisição daquele imóvel não precedeu a ordem judicial".

(STJ, RHC n. 50.189/GO, rel. Min. Gurgel de Faria, Quinta Turma, j. 18/8/2015, DJe 1/9/2015, grifo nosso).

Proteção de familiares e testemunhas

STJ – "A aplicação das medidas protetivas de urgência, dispostas no art. 22, incisos I, II e III, da Lei Maria da Penha, implica dupla tutela ao disponibilizar à ofendida meio célere de proteção própria, de familiares e de testemunhas".

(STJ, AgRg EDcl RHC n. 184.081/SP, rel. Min. Rogerio Schietti Cruz, Sexta Turma, j. 3/10/2023, DJe 10/10/2023).

STJ – "In casu, as medidas protetivas de urgência impostas ao ora agravante - afastamento do lar e proibição de aproximação e de contato com a ofendida, com familiares exclusivos dela e com testemunhas -, além de necessárias para assegurar a integridade física e psicológica da vítima, são adequadas, diante das circunstâncias do fato, tendo em conta o ora agravante, ao expulsar a ofendida de casa, teria a ameaçado, além do que teria o costume de, após consumir bebidas alcoólicas e drogas ilícitas, ofendê-la com palavras de baixo calão".

(STJ, AgRg RHC n. 141.732/MG, rel. Min. Ribeiro Dantas, Quinta Turma, j. 7/12/2021, DJe 13/12/2021, grifo nosso).

STJ – "Evidenciado que o recorrente, mesmo após cientificado da ordem judicial que o proibia de aproximar-se de sua ex-companheira e da genitora desta e de com elas manter qualquer tipo de contato, proferiu novas ameaças, resta clara a imprescindibilidade da custódia para acautelar a ordem pública e social. A necessidade de proteger a integridade física e psíquica das ofendidas e de cessar a reiteração delitiva, que no caso não é mera presunção, mas risco concreto, são indicativas do periculum libertatis exigido para a constrição processual".

(STJ, RHC n. 51.683/SP, rel. Min. Jorge Mussi, Quinta Turma, j. 18/12/2014, DJe 2/2/2015).

STJ – "Evidenciado que o recorrente, mesmo após cientificado da ordem judicial que o proibia de aproximar-se de sua ex-mulher e filhas e de com elas manter qualquer tipo de contato, retornou à sua antiga residência, onde ingressou violentamente, danificou bem lá existente e proferiu ameaças de morte contra a ex-companheira, ofendendo ainda sua honra e de suas filhas, resta clara a imprescindibilidade da custódia para acautelar a ordem pública e social".

(STJ, RHC n. 51.080/DF, rel. Min. Jorge Mussi, Quinta Turma, j. 18/11/2014, DJe 28/11/2014).

Direito a visitas não interfere na medida protetiva

STJ – "Extrai-se do decisum que renovou as medidas em apreço, que "as partes poderão se aproximar e ter contato, em razão das questões envolvendo a filha, mas o averiguado deverá ser ADVERTIDO que o contato com a ofendida deve se dar de forma excepcional, evitando qualquer tipo de postura, palavra ou gesto agressivo ou ameaçador", não havendo falar-se em prejuízo para o ora agravante. Inexiste ilegalidade no arquivamento de inquérito policial em razão da natureza satisfativa das medidas protetivas. Precedentes".

(STJ, AgRg RHC n. 183.512/SP, rel. Min. Jesuíno Rissato, Des. conv. TJDFT, Sexta Turma, j. 8/4/2024, DJe 11/4/2024).

8.2.4. Proibição de contato com a ofendida, seus familiares e testemunhas por qualquer meio de comunicação

> Art. 22. Constatada a prática de violência doméstica e familiar contra a mulher, nos termos desta Lei, o juiz poderá aplicar, de imediato, ao agressor, em conjunto ou separadamente, as seguintes medidas protetivas de urgência, entre outras:
>
> III - proibição de determinadas condutas, entre as quais:
>
> b) contato com a ofendida, seus familiares e testemunhas por qualquer meio de comunicação;

Em conjunto com a medida de proibição de aproximação, a proibição de contato é uma das mais comuns e eficazes para se proteger a mulher vítima de violência.

O contato diz respeito a qualquer conduta de interação e compreende a comunicação por palavras, por gesto, escrito, bem como redes sociais e internet (e-mail, mensagem, WhatsApp, grupos de relacionamento). Subterfúgios para a comunicação com a vítima não excluem a configuração do descumprimento a esta medida. Exemplos: fazer pix para a vítima indicando no campo observações uma mensagem à vítima; alterar a imagem de perfil de rede social (WhatsApp ou Instagram) com uma mensagem explicitamente direcionada à vítima.

Também é proibida a comunicação através de pessoa interposta. Exemplo: o requerido pede para um amigo comum encaminhar um recardo à vítima. Nessa situação, se o intermediário tinha conhecimento da proibição judicial e a comunicação não teve finalidade protetiva, mas abusiva, ele poderá ser responsabilizado como partícipe do crime de descumprimento da ordem judicial.

Entendemos que o contato dissimulado também pode configurar descumprimento da ordem judicial, especialmente quando ocorre num contexto de prévios contatos abusivos. Exemplo: o requerido faz publicação em sua rede social comentando situação específica que está vivenciando com a vítima (como a separação afetiva ou patrimonial, conflitos de visitação e guarda), onde informa as retaliações que irá perpetrar, sabendo que a vítima certamente tomará conhecimento das mensagens, por terem amigos em comum que visualizarão sua publicação.

Para a efetividade da prevenção, o agressor deve ser cientificado quanto à abrangência da proibição. Apesar de estar implícito na ordem judicial a vedação de procurar a vítima por meios indiretos, como mensagens de texto ou mensagens em redes de relacionamento, constitui uma boa prática haver um detalhamento dessas proibições.

É ainda possível haver uma modulação da proibição de contato com a vítima. Por exemplo, é possível que seja permitido o contato intermediado por pessoa de confiança da vítima, a fim de se discutir questões relacionadas à guarda e visitação dos filhos. Ou que se proíba o contato pessoal, permitindo-se apenas o contato por mensagens escritas (e-mail ou WhatsApp), já que as mensagens ficam registradas. Ou ainda que se permita o contato exclusivamente com a finalidade de se discutir questões relacionadas aos filhos, proibindo-se discussões relacionadas a outros temas (como uma eventual retomada da relação afetiva).

Essas soluções intermediárias podem ser úteis quando a vítima precisa manter algum tipo de diálogo para resolver questões pendentes, ou ainda como uma transição entre a proibição absoluta de contato e a posterior revogação da medida. A modulação da proibição deve ser feita à luz do caso concreto e das expectativas de proteção apresentadas pela mulher. Em nenhuma situação essas soluções intermediárias devem negligenciar o dever estatal de proteção eficiente.

A medida protetiva deve abranger filhos e filhas que estejam expostos à situação de violência, sempre que necessário à proteção dos filhos ou da própria mulher. Com a Lei n. 14.550/2023, passou a constar expressamente da Lei Maria da Penha que as medidas protetivas são destinadas também aos "dependentes da vítima" (art. 19, § 4º e 6º). Trata-se de lei nova e, assim, prevalece sobre o disposto no art. 22, IV.

Até então, a única possibilidade de restrição do contato do agressor com filhos menores era a "restrição ou suspensão de visitas aos dependentes menores, ouvida a equipe de atendimento multidisciplinar ou serviço similar" (art. 22, IV). Embora ainda seja possível a suspensão, com a nova redação do art. 19, não é mais necessário ouvir a Equipe Judicial para proteger dependentes e outras medidas podem ser determinadas. Mesmo antes da alteração já se entendia que a oitiva da equipe multidisciplinar poderia ser *a posteriori*, deferindo-se liminarmente a suspensão do contato com os filhos menores quando houvesse uma situação de risco.

Contudo, é necessário que a decisão mencione expressamente essas pessoas dependentes. Decisões genéricas como "proibição de contato com familiares da vítima" devem ser evitadas. Se necessário, deve-se intimar a mulher para que individualize em relação a quais familiares gostaria que fosse determinada a proibição de contato.

Para garantir a efetividade da medida protetiva em relação aos filhos e se evitar a violência vicária, sugere-se que a Vara de Família seja formalmente comunicada das medidas protetivas, bem como que na decisão judicial que defere a proteção se evitem fórmulas genéricas que condicionam a validade das medidas protetivas à definição da guarda e visitas nas Varas de Família. Enquanto houver perigo, deve-se priorizar a proteção das crianças aos direitos familiares de visita e convivência.

PACOTE ANTIFEMINICÍDIO

Efeitos da condenação

Art. 92, § 2º, CP – "a incapacidade para o exercício do poder familiar, da tutela ou da curatela nos crimes dolosos sujeitos à pena de reclusão cometidos contra outrem igualmente titular do mesmo poder familiar, contra filho, filha ou outro descendente, tutelado ou curatelado, bem como nos crimes cometidos contra a mulher por razões da condição do sexo feminino, nos termos do § 1o do art. 121-A deste Código".

JURISPRUDÊNCIA

STJ – "As medidas protetivas de urgência adotadas - proibição de aproximação e contato com a Vítima - possuem fundamentação idônea e são adequadas ao caso concreto, pois as instâncias ordinárias destacaram a sua necessidade para impedir o prosseguimento das práticas delitivas, em especial os atos de perturbação da tranquilidade contra a Vítima".

(STJ, AgRg HC n. 567.753/DF, rel. Min. Laurita Vaz, Sexta Turma, j. 8/9/2020, DJe 22/9/2020).

STJ – "Na hipótese, as instâncias ordinárias demonstraram a necessidade da medida extrema na medida em que o acusado descumpriu, de maneira reiterada, as medidas protetivas impostas em favor de sua ex-namorada de maneira, insistindo na importunação da vítima de maneira obstinada, via mensagens de texto por whatsapp, ligações telefônicas e até por meio de perfis falsos em rede social, evidenciando comportamento obsessivo capaz de oferecer risco concreto à integridade física e psicológica da ofendida. Ainda, conforme apontou o decisum, por mais de uma vez foram estabelecidas medidas protetivas buscando impedir qualquer tipo de contato entre o recorrente e a ofendida, inclusive por redes sociais ou aplicativos de mensagens, contudo o acusado demonstrou claro desprezo em relação às ordens judiciais. Prisão preventiva mantida com fundamento nos artigos 312 e 313, III, do CPP, em razão do descumprimento de medida protetiva e do risco de reiteração criminosa. Precedentes".

(STJ, AgRg RHC n. 144.883/MG, rel. Min. Reynaldo Soares da Fonseca, Quinta Turma, j. 13/4/2021, DJe 19/4/2021).

STJ – "No caso, as condutas delitivas foram praticadas quando da entrega da criança aos cuidados da mãe, tendo a infante, indefesa, presenciado o pai agredir sua genitora. Nesse contexto, a despeito do tempo decorrido até o momento, entendo que restabelecer o contato do agressor com a criança, sem aguardar a conclusão do relatório técnico psicossocial, com análise do contexto familiar e orientação adequada para possibilitar a visitação, coloca em risco a integridade física e psicológica da mãe agredida. Não há, pois, ilegalidade a ser sanada, estando a medida de acordo com o objetivo da lei, que é resguardar a integridade física e psicológica da vítima".

(STJ, AgRg HC n. 811.450/SP, rel. Min. Antonio Saldanha Palheiro, Sexta Turma, j. 19/6/2023, DJe 22/6/2023).

STJ – "A manutenção de medidas protetivas de urgência depende da subsistência dos motivos que evidenciaram a urgência e a necessidade de imposição da medida necessária à tutela do processo. No caso, foram impostas as medidas de proibição de contato do paciente com a ofendida e sua filha menor, tendo em vista a necessidade de diminuição de animosidade entre as partes e cessação de tentativa de comunicação do paciente com sua filha por meios que seriam prejudiciais à criança, além dos traços de perseguição evidenciados pelo comportamento do paciente. As manifestações da defesa e da genitora da criança estão ligadas à regulamentação do direito de visitação e convivência do paciente com sua filha, situação que não se coaduna com a finalidade constitucional do remédio heroico, uma vez que o objeto tutelado pelo habeas corpus é a liberdade de locomoção quando ameaçada por ilegalidade ou abuso de poder, sendo inviável o manejo desta ação para questões concernentes a direito de família, como parece ser o caso dos autos".

(STJ, HC n. 479.256/AM, rel. Min. Antonio Saldanha Palheiro, Sexta Turma, j. 26/11/2019, DJe 5/12/2019, grifo nosso).

STJ – "Evidenciado que o recorrente, mesmo após cientificado da ordem judicial que o proibia de aproximar-se da sua ex-esposa e de com ela manter qualquer tipo de contato, voltou a ameaçar gravemente a vítima e seus familiares próximos através de ligações e mensagens telefônicas sucessivas, demonstrada está a imprescindibilidade da sua custódia cautelar, especialmente para acautelar a ordem pública, protegendo a integridade física e psíquica da ofendida, da sua filha e de seus pais, fazendo cessar a reiteração delitiva, que no caso não é mera presunção, mas risco concreto".

(STJ, RHC n. 41.944/RS, rel. Min. Jorge Mussi, Quinta Turma, j. 5/11/2013, DJe 21/11/2013).

TJDFT – "Há plena confirmação de que o réu manteve contato por meio de mensagem, descumprindo medidas protetivas anteriormente deferidas, sendo que o ele tinha plena ciência das medidas impostas em favor da vítima e, analisando a situação em que houve descumprimento, as circunstâncias e o comportamento o réu demonstram a presença do dolo em sua atuação".

(TJDFT, 0709843-97.2019.8.07.0005, rel. Des. Robson Barbosa de Azevedo, Segunda Turma Criminal, j. 11/02/2021, DJe 24/02/2021).

TJDFT – "Na espécie, restou comprovado pelo depoimento da ofendida e das testemunhas ouvidas em Juízo que o apelante descumpriu medidas protetivas que

haviam sido deferidas em benefício da vítima ao efetuar ligações para a ofendida e comparecer ao trabalho desta. Assim, incabível a absolvição do réu".
(TJDFT, 0001231-20.2010.8.07.0009, rel. Des. Roberval Casemiro Belinati, Segunda Turma Criminal, j. 17/02/2011, DJe 02/03/2011).

8.2.5. Proibição de frequentação de determinados lugares a fim de preservar a integridade física e psicológica da ofendida

> Art. 22. Constatada a prática de violência doméstica e familiar contra a mulher, nos termos desta Lei, o juiz poderá aplicar, de imediato, ao agressor, em conjunto ou separadamente, as seguintes medidas protetivas de urgência, entre outras:
>
> III - proibição de determinadas condutas, entre as quais:
>
> c) frequentação de determinados lugares a fim de preservar a integridade física e psicológica da ofendida;

Essa medida protetiva proíbe o acusado de frequentar lugares específicos, em que a vítima exerce suas atividades. Em regra, a medida protetiva compreende a casa da vítima, de seus genitores, local de estudo, trabalho, igreja e local de lazer, mas pode também ser estendida à residência de testemunhas, vizinhos, de namorado, outros parentes e quaisquer pessoas que estejam em risco ou intimidadas pelo autor da violência, bem como outros lugares frequentados pela vítima. Evita-se assim que, por meio de perseguições, escândalos e novas agressões, o agente impeça a vítima de prosseguir com sua vida.

Seguir a vítima nos lugares onde costuma estar é uma forma de intimidação. Por medo, exposição, vergonha, a vítima pode deixar de sair de casa, abandonar estudos e emprego. Com essa conduta, ainda que a relação não exista mais, o agente continua a exercer controle psicológico sobre a vítima.

Nas relações íntimas, o agressor conhece a vítima, sua casa, o local de trabalho, seus amigos e sua rotina. Assim, aproveita-se desse conhecimento privilegiado para atacar a vítima justamente nos locais onde ela possui maior dificuldade de se defender.

A covardia do agressor, por vezes, manifesta-se pela prática de feminicídio, um crime atroz que marca o final de uma história de violência. A pesquisa Raio X do Feminicídio em São Paulo revelou que a maioria das mortes ocorre na casa da vítima, mas há também crimes no local de trabalho da vítima, no seu trajeto e em casa de terceiros (como amigos, amigas, namorado). Segue o gráfico:[10]

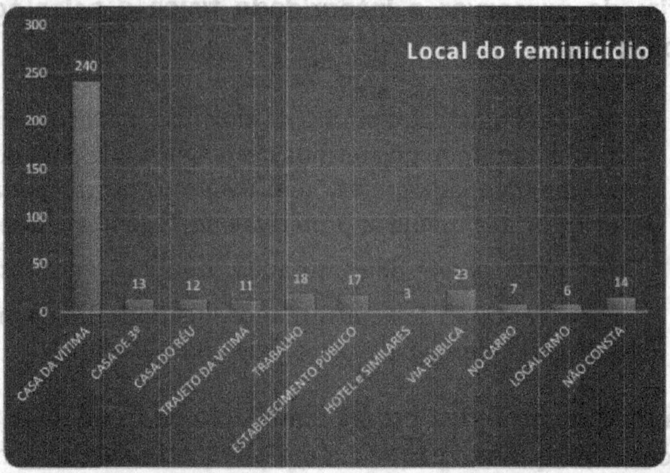

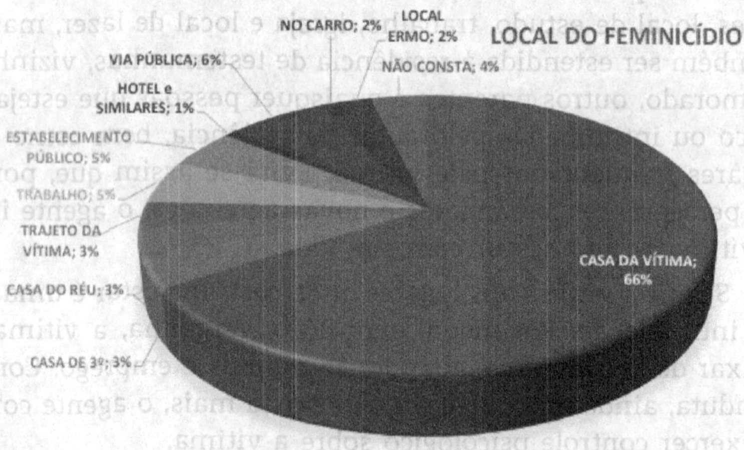

Fonte: Pesquisa Raio X do Feminicídio em São Paulo

10. SCARANCE FERNANDES, Valéria Diez (Coord.). **Raio X do Feminicídio em São Paulo: é possível evitar a morte**. 2018. Disponível em: https://mpsp.mp.br/documents/20122/1217560/RaioXFeminicidioC.PDF Acesso em: 08 dez. 2023.

O descumprimento pode ser noticiado por qualquer pessoa e, após registrado em boletim de ocorrência por desobediência, o agressor pode ser advertido, agravada as condições da medida protetiva, ter um monitoramento eletrônico ou ainda ter sua prisão decretada.

Note-se que, pelo Formulário Nacional de Avaliação de Risco, item 14, consta justamente um questionamento quanto ao autor ter ameaçado ou praticado violência contra filhos, familiares, amigos, colegas de trabalho, pessoas que também devem ser protegidas.

Para a efetividade desta medida, é importante que a autoridade policial questione a vítima especificamente quanto a quais lugares gostaria que houvesse uma proibição de aproximação ou, caso não haja essa informação, que o juiz inclua, ao menos, o local de residência da vítima (que usualmente consta do registro policial), logo em seguida abrindo-se vista dos autos ao Ministério Público e à assistência da vítima, para que se providencie o esclarecimento de quais outros locais seria conveniente uma ordem de proibição de aproximação.

Vale registrar que a ordem judicial de proibição de contato com a vítima não se confunde com a ordem de proibição de aproximação da residência da vítima, são ordens distintas e ambas devem ser concedidas em situação de risco. A primeira proíbe o requerido de aproximar-se da vítima onde quer que estejam (inclusive em um encontro fortuito em via pública deverá o ofensor se afastar ao tomar conhecimento da aproximação). A segunda proíbe que o requerido se aproximar da residência da vítima mesmo quando ela não está na residência – situação que claramente configurara ato de perseguição, portanto, uma violência psicológica.

É conveniente que essa ordem de frequentar determinados lugares se faça acompanhar da fixação de distância mínima de aproximação, conforme já comentado quanto à proibição de aproximação da vítima. Aqui, é essencial que se informe ao ofensor o endereço em relação aos qual deverá cumprir a ordem de não aproximação. Caso a vítima esteja em endereço sigiloso, esta medida protetiva poderá perder o sentido, já que não será conveniente a divulgação de seu endereço ao ofensor, mantendo-se apenas as proibições de aproximação e contato com a vítima. Sobre o tema, ver comentários acima quanto ao sigilo interno nos autos (subseção 6.4.3).

JURISPRUDÊNCIA

STJ – "Espécie em que o Juízo de primeiro grau deferiu em desfavor do Recorrente medidas protetivas de urgência - consistentes na proibição de se aproximar da sua ex-mulher, devendo obedecer o limite mínimo de 250m (duzentos e cinquenta metros), de frequentar **a residência e local de trabalho dela**, bem como de manter qualquer tipo de contato com ela. Demonstrada pelas instâncias ordinárias, com expressa menção à situação concreta - supostas agressões psicológicas praticadas por seu ex-companheiro - verifica-se idônea fundamentação para imposição das medidas protetivas do art. 22 da Lei n. 11.343/06, o que afasta o alegado constrangimento ilegal".

(STJ, RHC n. 102.859/PE, rel. Min. Laurita Vaz, Sexta Turma, j. 6/11/2018, DJe 23/11/2018).

STJ – "A imposição das medidas restritivas previstas no art. 22, III, da Lei n. 11.340/2006 teve suporte nos fatos concretos de agressão relatados pela vítima, que compareceu perante a autoridade policial e relatou que foi vítima de agressão, solicitando que o paciente fosse proibido de se aproximar dela **e de sua residência**, bem como mantivesse contato com ela, por qualquer meio, no que foi atendida".

(STJ, HC n. 533.431/PA, rel. Min. Antonio Saldanha Palheiro, Sexta Turma, j. 3/12/2019, DJe 12/12/2019).

STJ – "Evidenciado que o paciente, mesmo após cientificado da ordem judicial que o proibia de aproximar-se de sua ex-companheira e com ela manter qualquer tipo de contato, **retornou à sua residência**, onde ingressou violentamente, danificou bem lá existente e proferiu ameaças de morte contra a ofendida, resta clara a imprescindibilidade da custódia para acautelar a ordem pública e social. A necessidade de proteger a integridade física e psíquica da vítima e de cessar a reiteração delitiva, que no caso não é mera presunção, mas risco concreto, são indicativas do periculum libertatis exigido para a constrição processual".

(STJ, HC n. 308.510/PR, rel. Min. Jorge Mussi, Quinta Turma, j. 19/3/2015, DJe 16/4/2015).

STJ – "A agravante teve a prisão preventiva decretada com base em elementos concretos, haja vista que, após ter sido imposta medida protetiva em seu desfavor, determinando seu afastamento, teria retornado, em mais de uma oportunidade, **ao local de trabalho da vítima** e "na posse de 4 cachorros sem coleira" proferiu xingamentos, sendo ressaltado, ainda, que "os animais correm atrás dos clientes do estabelecimento e que a autora costuma riscar o carro da vítima e dos clientes". Constitui fundamento idôneo à decretação da custódia cautelar a necessidade de resguardar a integridade física e psicológica da vítima que se encontra em situação de violência doméstica, como é o presente caso, conforme art. 313, III, do Código de Processo Penal".

(STJ, AgRg HC n. 815.872/SP, rel. Min. Jesuíno Rissato, Des. conv. TJDFT, Sexta Turma, j. 27/4/2023, DJe 2/5/2023).

TJDFT – "Inviável a absolvição quando a palavra da vítima, corroborada pelas declarações dos policiais responsáveis pelo flagrante, atestam que o réu se aproximou da residência dela, mesmo cientificado da proibição de fazê-lo, estabelecida em sede de medida protetiva. Pequenas contradições nos depoimentos prestados pela vítima e testemunha, acerca de detalhes que não alteram a dinâmica dos fatos, não tem o condão de afastar a prova que se firmou no sentido de que o réu agiu imbuído do intuito de descumprir ordem judicial de proibição de aproximação e contato com a vítima".

(TJDFT, 0708383-75.2019.8.07.0005, rel. Des. Nilsoni De Freitas Custodio, Terceira Turma Criminal, j. 22/10/2020, DJe: 04/11/2020).

8.2.6. Restrição ou suspensão de visitas aos dependentes menores

> Art. 22. Constatada a prática de violência doméstica e familiar contra a mulher, nos termos desta Lei, o juiz poderá aplicar, de imediato, ao agressor, em conjunto ou separadamente, as seguintes medidas protetivas de urgência, entre outras:
>
> IV - restrição ou suspensão de visitas aos dependentes menores, ouvida a equipe de atendimento multidisciplinar ou serviço similar;

A medida protetiva concedida à mulher deve contemplar filhos e filhas que estejam expostos à situação de violência. Com a Lei n. 14.550/2023, passou a constar expressamente da Lei Maria da Penha que as medidas protetivas são destinadas também aos "dependentes da vítima" (art. 19, §§ 4º e 6º). Trata-se de lei nova e, assim, prevalece sobre o disposto no art. 22, IV, que condicionava medidas protetivas concedidas a dependentes a uma avaliação da Equipe Judicial.

No Pacote Antifeminicídio passou a constar expressamente como efeito da condenação por crime contra a mulher a incapacidade para o exercício do poder familiar (art. 92, II, com a redação da Lei n. 14.994/2024). Nesse caso, o agressor perde os seus direitos paternos, mas continua com o dever de pagar a pensão alimentícia. Se assim não fosse, a prática de crime contra a mulher reverteria em favor do agente e em prejuízo dos descendentes.

Esse dispositivo menciona a condenação criminal, mas serve como paradigma para a adoção de providências em relação aos filhos, conferindo uma interpretação autêntica (nos termos da lei) e abrangente à situação em que a vítima tem filhos expostos a uma situação de violência. Além disso, com a Lei n. 14.713/2023, configura causa impeditiva para a guarda compartilhada o risco de violência doméstica e familiar, devendo o juiz verificar essa situação (arts. 1584, §2º, CC e 699-A CPC).

Embora a violência contra a mulher não acarrete consequências imediatas para o poder familiar do agressor, é importante verificar o impacto dessa violência para filhos e filhas, enquanto vítimas diretas ou indiretas dos atos de violência, bem com o risco de manutenção do contato.

Conforme destacam Evani da Silva e Maria Luisa Dias, devem ser analisados possíveis indicadores de risco, como antecedentes criminais, psicopatologias e a relação do genitor com a criança/adolescente[11].

Em regra, com a violência, os pais ensinam e repassam aos filhos esse padrão de relacionamento. No futuro, os meninos tendem a tornarem-se homens violentos e as meninas mulheres submissas, em razão da repetição de um padrão comportamental apreendido pela experiência da infância. Não se deve ter a ilusão de que a separação do casal "resolve" a questão da violência na família, pois há uma tendência de repetição desse comportamento por parte do autor da violência com as novas parceiras.

11. SILVA, Evani da; DIAS, Maria Luiza. Novas demandas de avaliação psicológica na área de família. *In*: HUTZ, Claudio Simon; BANDEIRA, Denise; TRENTINI, Clarissa Marceli; ROVINSKI, Sônia Liane; LAGO, Vivian de Medeiros (Orgs.). **Avaliação psicológica no contexto forense**. Porto Alegre: Artmed, 2020, p.257.

Nas famílias em que há violência entre os pais, filhos e filhas que ficam expostos a esses eventos, vendo e/ou ouvindo os fatos ocorridos, são testemunhas das violências, sendo vítimas indiretas dos conflitos violentos[12].Diversos estudos documentam que ser testemunha de violências domésticas pode produzir repercussões negativas para o desenvolvimento infantojuvenil tão sérias quanto ser vítima direta de violências[13]. Doenças psicossomáticas, regressão da linguagem, sintomas de estresse pós-traumáticos e depressão são alguns dos possíveis comprometimentos.

Não à toa, a prática de violência psicológica contra a mulher na presença dos filhos (ou indiretamente expô-los ao contexto de violência) é considerada forma de violência psicológica contra os filhos (Lei n. 13.431/2017, art. 4º, inciso II, alínea "c"). Finalmente, se há grave situação de risco à mulher, sendo necessário manter seu endereço em sigilo (como no caso de perseguição contumaz ou tentativas de feminicídio), a suspensão da visitação aos filhos é medida essencial para assegurar a proteção imediata à mulher.

Ademais, o contato do requerido com os filhos pode ser uma forma de exercer pressão e controle sobre a mulher. No momento inicial da separação, é possível que a mulher precise de um tempo de "respiro", para poder se organizar emocionalmente para fazer frente ao histórico de violências vividas. Nessas situações, uma suspensão temporária das visitações pode ser relevante para a proteção de sua incolumidade psicológica. Em casos onde a mulher encontra-se em situação de vulnerabilidade temporária, como por exemplo, por estar gestante ou puérpera, a medidas protetivas extensivas aos filhos podem ser importantes para prevenção de estresse continuo que pode afetar o desfecho

12. SANI, Ana Isabel. Vitimização indireta em contexto familiar. **Análise Social**, 16 (180), p. 849-864, 2006.

13. Ver: BRANCALHONE, Patricia Gerogia; FOGO, José Carlos; ALBUQUERQUE, Lúcia Cavalcanti de. Avaliação do desempenho acadêmico. **Psicologia: Teoria e Pesquisa**, 20(2), p. 113-117, 2004. BENETTI, Silva Pereira da Cruz. Conflito conjugal: impacto no desenvolvimento psicológico da criança e do adolescente. **Psicologia: Reflexão e Crítica**, 19(2), p. 261-268, 2006.

perinatal por meio de alterações no comportamento, saúde meta ou respostas fisiológicas.

Diante de uma situação de risco à integridade física ou psicológica, as medidas devem ser determinadas independentemente de avaliação da Equipe Multidisciplinar, que poderá ser realizada oportunamente.

Vale registrar que, em muitos contextos, quando mulheres que estão vivendo uma situação de violência doméstica decidem proteger a si e a seus filhos, solicitando a restrição do direito de visita aos filhos, são acusadas de estarem praticando alienação parental.

Nesse sentido, vale recordar a crítica feita pelo Comitê CEDAW no sentido de que a Lei de Alienação Parental brasileira "tem sido utilizada contra mulheres que denunciam violência doméstica por parte do pai, resultando em estigmatização dessas mulheres e privação da guarda de seus filhos"[14].

Sobre esse tema, vale ressaltar que o CNJ aprovou a Recomendação n. 157, de 3 de outubro de 2024, que recomenda a adoção do "Protocolo para a escuta especializada e depoimento especial de crianças e adolescentes nas ações de família em que se discuta alienação parental" no âmbito do Poder Judiciário brasileiro. Esse protocolo ressalta que uma das possíveis motivações para crianças não desejarem o contato com um dos genitores é o denominado "distanciamento realista", em que "a rejeição geralmente resulta da vivência ou exposição da criança a um cuidador que exerceu ou exerce parentalidade adversa ou disfuncional, ou que praticou violência doméstica contra o outro cuidador"[15].

14. COMITÊ CEDAW. **Observações finais sobre o oitavo e o nono relatórios periódicos combinados do Brasil**. CEDAW/C/BRA/CO/8-9, 3 jun. 2024, § 52.
15. CNJ. **Protocolo para o depoimento especial de crianças e adolescentes nas ações de família em que se discuta alienação parental**. 2024, p. 19.

Consideramos que referido protocolo do CNJ deve ser aplicado com cautela, pois ela ainda trabalha com o "pseudoconceito de alienação parental"[16], a qual, segundo relatório da ONU[17]:

> tem sido criticada pela falta de fundamento empírico, pelas suas alegações problemáticas sobre o abuso sexual e por transformar as alegações de abuso em falsas ferramentas de alienação, o que, em alguns casos, tem dissuadido os avaliadores e os tribunais de examinarem se os maus-tratos foram realmente cometidos. A teoria foi desacreditada por associações médicas, psiquiátricas e psicológicas e, em 2020, foi retirada da Classificação Internacional de Doenças da Organização Mundial da Saúde. Apesar disso, conquistou um grande número de seguidores e tem sido amplamente utilizada por muitos tribunais de família em todo o mundo para rejeitar alegações de violência doméstica e abusos sexuais.

LEGISLAÇÃO

Risco de violência e impossibilidade de guarda compartilhada

Lei n. 14.713/2023 – Código Civil

"Art. 1.584.

§ 2º Quando não houver acordo entre a mãe e o pai quanto à guarda do filho, encontrando-se ambos os genitores aptos a exercer o poder familiar, será aplicada a guarda compartilhada, salvo se um dos genitores declarar ao magistrado que não deseja a guarda da criança ou do adolescente ou quando **houver elementos que evidenciem a probabilidade de risco de violência doméstica ou familiar**".

Código de Processo Civil

"Art. 699-A. Nas ações de guarda, antes de iniciada a audiência de mediação e conciliação de que trata o art. 695 deste Código, o juiz indagará às partes e ao Ministério

16. ONU. Assembleia Geral. Conselho de Direitos Humanos. **Guarda, violência contra a mulher e as crianças**: Relatório da Relatora Especial sobre a violência contra as mulheres e as meninas, suas causas e consequências, ReemAlsalem. A/HRC/53/36, 13 de abril de 2023, § 10.
17. ONU. Assembleia Geral. Conselho de Direitos Humanos. **Guarda, violência contra a mulher e as crianças**: Relatório da Relatora Especial sobre a violência contra as mulheres e as meninas, suas causas e consequências, ReemAlsalem. A/HRC/53/36, 13 de abril de 2023, § 11.

Público se há risco de violência doméstica ou familiar, fixando o prazo de 5 (cinco) dias para a apresentação de prova ou de indícios pertinentes".

JURISPRUDÊNCIA

STF – "Referendo na medida liminar na reclamação. Civil. Guarda compartilhada. Lei n. 14.713/2023. **Medidas protetivas deferidas. Risco de violências doméstica e familiar**. Alegado desrespeito à Súmula Vinculante n. 10 do Supremo Tribunal Federal. Necessidade de proteção integral a criança. Dever de cautela para a preservação da incolumidade física e psicológica de menor. Medida liminar referendada".

(STF, Rcl 64.799/DF, rel. Min. Cármen Lúcia, Primeira Turma, j. 13/05/2024, DJe 16/05/2024, grifo nosso).

Direito de visitação não se se sobrepõe aos interesses da criança

STJ – "A Corte de origem consignou que **o agravante se utilizaria do benefício da guarda compartilhada da filha em comum, para a finalidade de aproximação indesejada** com a vítima, a ex-mulher, o que lhe causaria sofrimento psicológico e emocional. O STJ já decidiu pela incidência da Lei n. 11.340/2006 em casos que envolvem ex-casais, conforme a hipóteses dos autos, desde que presente a violência em razão de gênero".

(STJ, AgRg AREsp n. 2.410.713/RN, rel. Min. Rogerio Schietti Cruz, Sexta Turma, j. 27/2/2024, DJe 4/3/2024).

STJ – "No caso, as condutas delitivas foram praticadas quando da entrega da criança aos cuidados da mãe, **tendo a infante, indefesa, presenciado o pai agredir sua genitora**. Nesse contexto, a despeito do tempo decorrido até o momento, entendo que restabelecer o contato do agressor com a criança, sem aguardar a conclusão do relatório técnico psicossocial, com análise do contexto familiar e orientação adequada para possibilitar a visitação, coloca em risco a integridade física e psicológica da mãe agredida. Não há, pois, ilegalidade a ser sanada, estando a medida de acordo com o objetivo da lei, que é resguardar a integridade física e psicológica da vítima".

(STJ, AgRg HC n. 811.450/SP, rel. Min. Antonio Saldanha Palheiro, Sexta Turma, j. 19/6/2023, DJe 22/6/2023).

Ameaça à mulher através da criança justifica restrição do direito de visitação

STJ – "[...] II. QUESTÃO EM DISCUSSÃO. 2. Há duas questões em discussão: (i) verificar se a ampliação das medidas protetivas ao filho menor foi devidamente fundamentada; (ii) avaliar se o habeas corpus é via adequada para reexaminar as circunstâncias fáticas e probatórias que levaram à imposição das medidas protetivas. III. RAZÕES DE DECIDIR. 3. As medidas protetivas foram ampliadas de forma fundamentada, uma vez que o recorrente utilizou o filho como instrumento de ameaça à ex-companheira, configurando risco à integridade física e psíquica do menor. 4. O habeas corpus não é via adequada para reanalisar provas e fatos, especialmente quando a decisão das instâncias ordinárias está baseada em depoimentos e áudios que indicam ameaças veladas à vítima e ao filho. 5. A jurisprudência consolidada do STJ reforça que a manutenção de medidas protetivas exige cautela, visando preservar a segurança da vítima e de terceiros, como no caso do menor, sendo imprescindível a oitiva da vítima antes de revogar as medidas, ou mesmo alterá-las. 6. O pedido alternativo de readequação das medidas, inclusive quanto à distância mínima de afastamento, não merece acolhimento, pois a distância de 300 metros não se mostra excessiva. IV. Agravo regimental não provido".

(STJ, AgRg RHC n. 180.944/RS, rel. Min. Daniela Teixeira, Quinta Turma, j. 16/10/2024)

Suspensão de visitas – melhor interesse da criança
Prevalência da decisão do Juizado de Violência Doméstica

TJDF – "Se vigentes medidas protetivas em favor de menor, fixadas pelo Juízo de Violência Doméstica e Familiar, não há falar em restabelecimento do direito de visitas do genitor, mediante decisão da Vara de Família, inclusive considerando a gravidade dos crimes sob investigação. Consoante o art. 227 da Constituição Federal, os conflitos que envolvem menores devem ser orientados pela busca do melhor interesse da criança ou do adolescente, e de sua proteção integral, sendo o que se extrai também dos artigos 3º, 4º e 5º, do Estatuto da Criança e do Adolescente. É pensando no bem-estar do menor que todas as variáveis que circundam o caso devem ser ponderadas. Destarte, deve ser mantida a sentença que indeferiu a petição inicial, ao fundamento de que não cabe à Vara de Família revogar decisão do Juizado de Violência doméstica e Familiar contra a mulher, ante o deferimento de medida protetiva consubstanciada nos fortes indícios de crimes sexuais atribuídos ao genitor".

(TJDFT, 0702975-09.2019.8.07.0004, rel. Des. Fábio Eduardo Marques, Sétima Turma Cível, j. 24/02/2021, DJe 24/03/2021).

Suspensão sem prévio estudo da equipe multidisciplinar – possibilidade

TJGO – "A suspensão/restrição do direito de visitas do genitor à filha menor, em virtude de indícios veementes de exposição da infante a possíveis práticas de violência, deve ser mantida em razão do melhor interesse da criança. Embora a medida de urgência em questão tenha sido concedida sem o prévio estudo feito por equipe de atendimento multidisciplinar, tenho que isso não configura impedimento para o seu deferimento, conforme, inclusive, defendido pela douta Procuradoria-Geral de Justiça, mesmo porque no decorrer da investigação em face do Agravante poderão ser realizados estudos psicossociais a fim de averiguar a possibilidade de convivência da menor com o genitor".

(TJ-GO, AI 06641047420198090000, rel. Des. Ronnie Paes Sandre, Terceira Câmara Cível, j. 01/06/2020, DJe 01/06/2020).

8.2.7. Prestação de alimentos provisionais ou provisórios

> Art. 22. Constatada a prática de violência doméstica e familiar contra a mulher, nos termos desta Lei, o juiz poderá aplicar, de imediato, ao agressor, em conjunto ou separadamente, as seguintes medidas protetivas de urgência, entre outras:
>
> V - prestação de alimentos provisionais ou provisórios.

A prestação de alimentos tem por finalidade a subsistência da mulher e de seus filhos, em razão da necessidade econômica que surgiu ou se agravou com a prática da violência.

Por se tratar de medida protetiva, não há prazo de vigência para a decisão de alimentos e deverá ser mantida a prestação alimentar enquanto perdurar a situação de vulnerabilidade gerada pela própria violência (julgados citados a seguir).

O STJ firmou entendimento de que a prática de violência, por si só, gera dano moral e direito à indenização nos termos do art. 387, IV, CPP (dano moral *in re ipsa)*. Embora as medidas protetivas não tenham como pressuposto a prática de crime, forçoso reconhecer que o impacto pessoal normalmente se reverte em impacto econômico, já que muitas mulheres se afastam do trabalho, têm sérias consequências para a saúde ou ficam impossibilitadas de trabalhar no momento da separação. Assim, o dano econômico deve ser minimizado para que as vítimas e seus filhos tenham condições não só de subsistência, como de uma vida digna e condizente com sua história pessoal.

Quanto aos beneficiários, há os seguintes posicionamentos: a) os alimentos provisionais ou provisórios decorrem da prática da violência, assim, qualquer vítima de violência tem direito a alimentos por parte do agressor, independentemente de vínculo familiar[18]; b) os alimentos provisionais ou provisórios decorrem

---

18. Nesse sentido, Wilson Lavorenti refere que "os alimentos devidos por essa lei não são de ordem familiar, e sim decorrente da prática de ato ilícito, razão pela qual o agressor sempre terá de pagar, tenha ou não relação de parentesco, esteja ou não casado, viva ou não em união estável com a ofendida, sempre observando, contudo, os pressupostos da necessidade do alimentando, a possibilidade econômica do devedor e a proporcionalidade

de um direito previsto na legislação civil e só podem ser beneficiados com a prestação alimentar aqueles que poderiam postular alimentos em razão de relação de parentesco ou afinidade, como a esposa, a companheira, os filhos e demais parentes (art. 1.694 do Código Civil).

Filiamo-nos à primeira corrente. Não se pode olvidar que a causa dos alimentos está em um ato de violência contra a mulher. A necessidade surge da violência. Não há vinculação direta com a legislação civil, pois a lei assim não restringe. Deste modo, qualquer vítima de violência que necessita de auxílio para sua manutenção temporária, em razão da prática do ilícito, pode receber alimentos pelo prazo fixado pelo juiz. Exemplificativamente, se a namorada é obrigada a pedir demissão do emprego em razão de ameaças e transtornos causados pelo agressor em seu local de trabalho, nada impede que os alimentos sejam fixados pelo juiz por um período necessário para o restabelecimento da vítima.

Não pode o Juizado de Violência Doméstica se eximir de decidir sobre essa medida protetiva ao argumento de que o tema poderia ser mais bem decidido na Vara de Família. Feita a solicitação, é dever do Juizado decidir quanto ao tema, nos termos da determinação constante da Lei Maria da Penha.

Endentemos que a decisão liminar quanto ao pedido de alimentos deve ser feita com base na teoria da aparência do bom direito, sem prejuízo de eventual reavaliação posterior. Casos de casamento civil não colocam maiores complexidade quanto à existência do vínculo, pois há prova documental. Todavia, situações de namoro ou convivência *more uxório* podem colocar exigência probatória quanto à existência efetiva do vínculo afetivo para a configuração da obrigação alimentar. Se a vítima apresenta a alegação plausível de que teve convivência afetiva com o requerido e está em situação de violência doméstica, informando o valor aproximado da renda do ofensor e suas necessidades, é de se

entre esses vetores" (LAVORENTI, Wilson. **Violência e discriminação contra a mulher**: tratados internacionais de proteção e o Direito Penal brasileiro. São Paulo: Millennium, 2009, p. 263).

valorizar a palavra da vítima no momento liminar de proteção em situação de urgência.

Em sendo necessário, o juiz poderá após a decisão determinar a intimação do órgão de assistência judiciária gratuita (nos termos da LMP, art. 18, inciso II), para que se apresente eventual prova documental complementar quanto à existência da relação afetiva, quanto à capacidade econômica do requerido, ou ainda alguma complementação probatória quanto ao contexto de violência. A ausência de impugnação pelo requerido quanto à existência do vínculo afetivo também deve ser considerada na decisão final. Vale registrar que a medida protetiva de alimentos provisionais ou provisórios não se guia pela mesma cognição exauriente do processo de conhecimento, mas pelas diretrizes da tutela protetiva de direitos fundamentais em situação de urgência.

O STJ possui o entendimento de que a execução dos alimentos fixados em sede de medidas protetivas pode ocorrer no Juizado de VDFCM (ver precedente citado adiante), o que deve ser avaliado sob o ponto de vista da efetividade, em razão do imenso volume de feitos nos Juizados de Violência Doméstica e esvaziamento das Varas de Família, o que pode retardar a prestação jurisdicional.

JURISPRUDÊNCIA

Medida protetiva de alimentos – ausência de prazo – duração vinculada à vulnerabilidade

STJ – "A medida protetiva de alimentos, fixada por Juízo materialmente competente é, por si, válida e eficaz, não se encontrando, para esses efeitos, condicionada à ratificação de qualquer outro Juízo, no bojo de outra ação, do que decorre sua natureza satisfativa, e não cautelar. Tal decisão consubstancia, em si, título judicial idôneo a autorizar a credora de alimentos a levar a efeito, imediatamente, as providências judiciais para a sua cobrança, com os correspondentes meios coercitivos que a lei dispõe. Compreensão diversa tornaria inócuo o propósito de se conferir efetiva proteção à mulher, em situação de hipervulnerabilidade, indiscutivelmente. O inciso V do art. 22 da Lei n. 11.340/2006 faz menção a alimentos provisórios ou provisionais, termos que são utilizados, no mais das vezes, como sinônimos. Embora não o sejam tecnicamente, a diferença é apenas terminológica e procedimental, guardando entre si, na substância, inequívoca identidade, destinando-se a garantir à alimentanda, temporariamente, os meios necessários à sua subsistência, do que ressai a sua natureza eminentemente satisfativa, notadamente porque a correspondente verba alimentar não comporta repetição. Desse modo, à medida protetiva de alimentos (provisórios ou provisionais) afigura-se absolutamente inaplicável o art. 806 do CPC/1973 (art. 308 do CPC/2015), que exige o ajuizamento de ação principal no prazo de 30 (trinta) dias, sob pena de perda da eficácia da medida, já que não se cuida de medida assecuratória/instrumental. O entendimento que melhor se coaduna com os propósitos protetivos da Lei n. 11.340/2006 é o que considera subsistentes os alimentos provisórios e provisionais enquanto perdurar a situação de vulnerabilidade desencadeada pela prática de violência doméstica e familiar e não, simplesmente, enquanto perdurar a situação de violência. O dever de prestar alimentos, seja em relação à mulher, como decorrência do dever de mútua assistência, seja em relação aos filhos, como corolário do dever de sustento, afigura-se sensivelmente agravado nos casos de violência doméstica e familiar contra a mulher. Nesse contexto de violência, a mulher encontra-se em situação de hipervulnerabilidade, na medida em que, não raras as vezes, por manter dependência econômica com o seu agressor se não por si, mas, principalmente, pelos filhos em comum , a sua subsistência, assim como a de seus filhos, apresenta-se gravemente comprometida e ameaçada (...) A cessação da situação de violência não importa, necessariamente, o fim da situação de hipervulnerabilidade em que a mulher se encontra submetida, a qual os alimentos provisórios ou provisionais visam, efetivamente, contemporizar. A revogação da decisão que fixa a medida protetiva de alimentos depende de decisão judicial que reconheça a cessação de tal situação, cabendo, pois, ao devedor de alimentos promover as providências judiciais para tal propósito, sem o que não há falar em exaurimento da obrigação alimentar. Recurso ordinário não conhecido, inexistindo qualquer ilegalidade do decreto prisional impugnado que autorize a concessão da ordem de habeas corpus, de ofício".

(STJ, RHC 100.446/MG, rel. Min. Marco Aurélio Bellizze, Terceira Turma, j. 27/11/2018, DJe 05/12/2018).

Necessidade da vítima é presumida

STJ – "Presume-se a necessidade de fixação de alimentos provisórios em favor da requerente M. T. P. M. C., em razão de sua avançada idade (90 anos), e as possibilidades financeiras de seu cônjuge, A. C., procurador de justiça aposentado. Nessas circunstâncias, até que as partes encaminhem os aspectos cíveis de seu divórcio e alimentos, é razoável manter-se a referida medida protetiva de urgência, nos termos do art. 22, V, da Lei n. 11.340/2006. O Superior Tribunal de Justiça entende ser presumida, pela Lei n. 11.340/2006, a hipossuficiência e a vulnerabilidade da mulher em contexto de violência doméstica e familiar. É desnecessária, portanto, a demonstração específica da subjugação feminina para que seja aplicado o sistema protetivo da Lei Maria da Penha, pois a organização social brasileira ainda é fundada em um sistema hierárquico de poder baseado no gênero, situação que o referido diploma legal busca coibir".

(STJ, AgRg MPUMP n. 6/DF, rel. Min. Nancy Andrighi, Corte Especial, j. 18/5/2022, DJe 20/5/2022).

TJ-BA – "Há presunção legal favorável à mulher vítima de violência doméstica, para o recebimento de verba alimentar, enquanto medida protetiva, com fundamento no artigo 22, inciso V, da Lei Maria da Penha. Precedentes Jurisprudenciais. – Deveria o agravado refutar a citada presunção, com a apresentação de informações e juntada de documentos, no entanto, quedou-se inerte quando foi-lhe oportunizada a respectiva manifestação. – Recurso provido".

(TJ-BA, Agravo de Instrumento 0026524-97.2015.8.05.0000, rel. Des. Pilar Celia Tobio de Claro, Primeira Câmara Cível, DJ 07/10/2016).

Dever de alimentar decorrente de decisão judicial

TJDFT – "1. Hipótese em que o juiz na origem, analisando o caso à luz da Lei n. 11.340/2006, conhecida como Lei Maria da Penha, estipulou alimentos provisórios ou provisionais à agravada. 2. O dever de pagar tais alimentos nasce no momento em que são determinados judicialmente. Ou seja, com a sua fixação initio litis, os alimentos tornam-se exigíveis desde a data da decisão respectiva. 3. Não se pode olvidar que, em que pesem as razões ou justificativas do agravante visando se eximir do cumprimento do pagamento dos alimentos, a alimentanda não pode ter direito fundamental seu obstado pelo agravante, sendo-lhe franqueado pleitear o cumprimento da decisão. 4. Pelo quadro fático apresentado, não se vislumbrou a probabilidade do direito, nem mesmo o perigo de dano. Aliás, este existe, mas é para a parte contrária, que é a credora dos alimentos. 5. Agravo conhecido. NEGADO PROVIMENTO".

(TJDFT, 0750219-09.2020.8.07.0000, rel. Des. Gilberto Pereira de Oliveira, Terceira Turma Cível, j. 20/04/2021, DJe 24/05/2021).

Execução de alimentos concedidos em medida protetiva de urgência

STJ – "RECURSO ESPECIAL. AÇÃO DE EXECUÇÃO DE ALIMENTOS. LEI MARIA DA PENHA. MEDIDA PROTETIVA DE URGÊNCIA EM TRÂMITE JUNTO À VARA ESPECIALIZADA DE VIOLÊNCIA DOMÉSTICA E FAMILIAR CONTRA A MULHER. ART. 14, DA LEI N. 11.340/2006. COMPETÊNCIA HÍBRIDA. POSSIBILIDADE DE JULGAMENTO PELO JVDFM. ACÓRDÃO ESTADUAL MANTIDO. RECURSO IMPROVIDO. 1. Os Juizados de Violência Doméstica e Familiar contra a Mulher, órgãos da justiça ordinária têm competência cumulativa para o julgamento e a execução das causas decorrentes da prática de violência doméstica e familiar contra a mulher, nos termos do art. 14, da Lei n. 11.340/2006. 2. Negar o julgamento pela Vara especializada, postergando o recebimento dos provisionais arbitrados como urgentes, seria não somente afastar o espírito protetivo da lei, mas também submeter a mulher a nova agressão, ainda que de índole diversa, com o prolongamento de seu sofrimento ao menos no plano psicológico. 3. Recurso especial não provido".

(STJ, REsp n. 1.475.006/MT, rel. Min. Moura Ribeiro, 3ª Turma, j. 14/10/2014, DJe 30/10/2014).

8.2.8. Programas de recuperação e reeducação do agressor

> "Apesar de seu comportamento agressivo na família, na comunidade em que o agressor estava inserido, ele era tido como um homem de 'bem', tratando todos a sua volta como um perfeito pai de família. Todavia, o tratamento despendido aos outros era diferente, uma vez que só era carinhoso com os filhos e com a sua mulher na convivência em comunidade."[19]

> Das Medidas Protetivas de Urgência que Obrigam o Agressor
>
> Art. 22. Constatada a prática de violência doméstica e familiar contra a mulher, nos termos desta Lei, o juiz poderá aplicar, de imediato, ao agressor, em conjunto ou separadamente, as seguintes medidas protetivas de urgência, entre outras:
>
> VI – comparecimento do agressor a programas de recuperação e reeducação;
>
> VII – acompanhamento psicossocial do agressor, por meio de atendimento individual e/ou em grupo de apoio.

Ao tempo da publicação da Lei Maria da Penha, a chamada "reeducação do agressor" estava disciplinada em dois artigos:

- art. 35, V, da Lei n. 11.340/2006, pelo qual a União, o Distrito Federal, os Estados e os Municípios poderão criar e promover "centros de educação e de reabilitação para os agressores";
- art. 152, parágrafo único, da Lei de Execução Criminal, com a redação conferida pela Lei Maria da Penha, pelo qual "nos casos de violência doméstica contra a mulher,

19. Trata-se do caso de "D. Odete", 44 anos, da Comarca de Passo Fundo, que sofreu agressões físicas por 18 anos por parte do companheiro. Com o tempo, as agressões estenderam-se aos filhos do primeiro casamento e do agressor. "Hugo", filho do primeiro casamento, praticou homicídio e depois foi assassinado (LANGARO, Cristiane Cauduro. Morrer sem ter morrido: a violência doméstica sofrida por mulheres e a prestação do atendimento às vítimas na cidade de Passo Fundo. **Instituto Brasileiro de Ciências Criminais**, São Paulo, 2010. Disponível em: <http://www.ibccrim.org.br>. Acesso em: 29 nov. 2011).

o juiz poderá determinar o comparecimento obrigatório do agressor a programas de recuperação e reeducação".

Ante a omissão da lei, entendia-se que a "reeducação" tinha natureza de medida protetiva genérica, o que possibilitava sua aplicação antes da sentença e da fase de execução penal.

Em 2020, com a Lei n. 13.984[20], o encaminhamento do agressor a programas de reeducação e o acompanhamento psicossocial foram expressamente transformados em medida protetiva no art. 22, VI, e VII, que prevê o "comparecimento do agressor a programas de recuperação e reeducação" e "acompanhamento psicossocial do agressor, por meio de atendimento individual e/ ou em grupo de apoio".

A violência doméstica tem sua causa profunda no conjunto de representações socioculturais que normalizam relações desiguais de gênero e as violências disciplinares embutidas em tais relações. Desconstruir a normalização desses estereótipos sobre as masculinidades violentas é uma estratégia central de prevenção de reiteração de atos de violência. Os encontros nesses programas podem ser realizar mediante atendimentos individuais ou em grupo. Como essas representações são produzidas e reproduzidas em círculos de reafirmação da masculinidade (a denominada "fratria patriarcal" a que refere RITA SEGATO[21]), estudos indicam que os homens refletem melhor sobre seus comportamentos sexistas quando confrontados em um grupo de outros homens.

Discussões intermediadas por profissionais possuem o potencial de "contribuir para um questionamento reflexivo e um deslocamento discursivo"[22]. Não se trata propriamente de uma

---

20 BRASIL. **Lei n. 13.984**, de 03 de abril de 2020. Disponível em http://www.planalto.gov.br/ccivil_03/_Ato2019-2022/2020/Lei/L13984.htm#art2. Acesso em: 1 jun 2021.

21. SEGATO, Rita Laura. Território, soberania e crimes de segundo Estado: a escritura nos corpos das mulheres de Ciudad Juarez. **Revista de Estudos Feministas**, Florianópolis, v. 13, n. 2, p. 256-285, 2005.

22. TÁVORA, Mariana Fernandes; COSTA, Dália; ÁVILA, Thiago Pierobom de. Os programas para autores de violência doméstica contra mulheres: análise crítica. In: DURAND, Véronique; RIBEIRO, Henrique Marques (Orgs.). **Histórias de amor tóxico**: a violência contra as mulheres. Brasília: Senado Federal, 2020, p. 365.

ressocialização (pois no fundo este homem nunca recebeu uma socialização correta, baseada na equidade), mas uma reflexão crítica sobre a masculinidade violenta, um espaço para o homem poder falar quanto às suas percepções sobre o significado de sua conduta violenta (ainda que equivocadas), com a oferta de ferramentas emocionais para se evitar a reiteração de comportamentos violentos.

Legislações de outros países também mencionam a reeducação do agressor como uma forma de dotar de efetividade o enfrentamento à violência. Seguem alguns exemplos:

- Angola: a Lei n. 25/2011 prevê o apoio psicológico e psiquiátrico do agente e a criação de programas de recuperação (art. 20).
- Argentina: a Lei n. 26.485/2009 prevê que, havendo reiterado descumprimento das medidas de proteção, além da responsabilidade e da advertência, o juiz pode determinar a frequência obrigatória do agente a programas reflexivos, educativos ou terapêuticos destinados à modificação de suas condutas violentas (art. 32).
- Chile: a Lei n. 20.066/2005 estabelece como medida acessória aplicada pelo Juiz de Família ou Juiz Criminal a frequência obrigatória a programas terapêuticos ou de orientação familiar, informando-se o juiz do início e do término do tratamento (art. 9º, "d" e 16).
- Portugal: a Lei n. 112/2009 prevê como medida de coação urgente a frequência consensual a programa para agente de crimes em violência doméstica (art. 31).

Estudo realizado no Reino Unido documentou que os programas para homens autores de violência são uma relevante estratégia de proteção às mulheres, especialmente para reduzir o risco da recidiva da violência física, ou ainda para reduzir a frequência e intensidade da recidiva[23]. Todavia, a efetividade

23. KELLY, Liz; WESTMARLAND, Nicole. **Domestic violence perpetrator programmes: steps towards change. Project Mirabal Final Report**. London and Durham: London Metropolitan

desses programas está diretamente relacionada com sua metodologia de intervenção, especialmente com uma carga horária mínima, conteúdo programático, objetivo de proteção à mulher, adequado referencial teórico feminista, formação continuada da equipe responsável pelo programa, a efetiva resolução dos conflitos subjacentes à situação de violência e integração das intervenções com uma rede de serviços em favor do suposto ofensor (intervenção multiagências), inclusive do próprio sistema de justiça e segurança[24]. Programas internacionais usualmente estendem-se por vários meses e abranges aspectos diversos de reconstrução de masculinidades violentas, como estereótipos sobre a mulher, uso abusivo de drogas, controle de emoções em situações de estresse e parentalidade positiva. Poucos encontros claramente não são suficientes para uma reflexão holística e profunda.

A ordem judicial é uma obrigação de meio, não de fim. Em outras palavras, é uma obrigação de comparecer ao programa e participar das atividades, não necessariamente de mudar seus pensamentos. O direito não pode regular pensamentos, e sim as ações. Mas, diante de um ato jurídico ilícito, o Juizado de Violência Doméstica pode surgir uma obrigação de fazer consistente em se submeter a uma reflexão crítica quanto às causas do comportamento violento e quanto à sua ilicitude.

Não se sustenta o argumento de que a obrigação de comparecer ao programa seria inconstitucional, pois a efetividade da intervenção dependeria de prévia concordância por parte do participante. A maioria dos homens autores de violência jamais participaria voluntariamente de um programa reflexivo, pois não se reconhecem como violentos, exatamente em razão da normalização da violência de gênero. Todavia, ao comparecerem ao programa e serem expostos às reflexões, abre-se uma janela

---

University and Durham University, 2015.

24. TÁVORA, Mariana Fernandes; COSTA, Dália; ÁVILA, Thiago Pierobom de. Os programas para autores de violência doméstica contra mulheres: análise crítica. In: DURAND, Véronique; RIBEIRO, Henrique Marques (Orgs.). **Histórias de amor tóxico**: a violência contra as mulheres. Brasília: Senado Federal, 2020, p. 342-373.

de mudanças. Ou, ao menos, de reforço da consciência quanto à ilicitude da violência.

Antes da alteração legislativa, questionava-se se o agressor estava obrigado a comparecer ao programa e, caso se recusasse, se a prisão poderia ser decretada por se tratar de uma medida protetiva atípica. Esses questionamentos restaram superados: o comparecimento é, por expressa disposição da lei, obrigatório e a decisão que determina a medida protetiva obriga o agressor. O descumprimento injustificado poderá servir de fundamento para a decretação da prisão preventiva, especialmente quando associado a outros comportamentos abusivos.

Para se compreender a medida, duas abordagens interdisciplinares merecem destaque: entender as razões da violência sob a ótica do agressor e conceitos errôneos sobre o fenômeno da violência.

Assim, por que motivo os programas reflexivos para homens autores de violência podem proteger a mulher? Qual é o perfil do agressor? O autor de violência doméstica é diferente de outros agentes. Ao contrário do padrão comumente encontrado no quotidiano forense, em regra, o agressor é primário, de bons antecedentes, com emprego e residência fixos e um "bom cidadão", o que em tese pode facilitar a mudança de comportamento através de processos de responsabilização e desconstrução de padrões de gênero hegemônicos. No estudo realizado pelas psicólogas Lúcia Cavalcanti de Albuquerque Williams e Fernanda Martins França Pinheiro, identificou-se um perfil em que "quase todos trabalhavam, mantinham relações sociais normais com seus colegas de trabalho e amigos, na maioria das vezes sendo considerados acima de qualquer suspeita"[25].

25. WILLIAMS, Lúcia Cavalcanti de Albuquerque; PINHEIRO, Fernanda Martins França. Efeitos da denúncia da mulher na reincidência da violência física do parceiro. **Revista Brasileira de Ciências Criminais**, São Paulo, v. 63, p. 309, 2006. Disponível em: <www.revistadostribunais.com.br>. Acesso em: 09 nov. 2011.

STELA VALÉRIA SOARES DE FARIAS CAVALCANTI refere os padrões comportamentais em situação de violência doméstica[26]:

> a) a violência se manifesta de maneira reiterada, sendo *um padrão de conduta continuado*; b) os agressores são geralmente homens, *maridos, ex-maridos, companheiros ou ex-companheiros* das vítimas; c) os indivíduos que foram vítimas de maus tratos na infância *reproduzem estas condutas* e, por isso, têm mais possibilidade de serem agressores ou vítimas; d) as agressões sofridas não são conhecidas até transcorrer *um longo período de tempo;* e) o crime doméstico se manifesta como violência física, psicológica, sexual, patrimonial ou moral; f) as vítimas possuem baixa autoestima e vários problemas de saúde; g) as vítimas vivem em estado de pânico e temor. *Precisam de ajuda externa* para assumir seu problema e encontrar soluções alternativas.

GRASIELLE VIEIRA realizou estudo quanto aos programas existentes no Brasil e concluiu que houve muitos avanços, mas "os grupos reflexivos criados não possuem uma conexão entre eles, ou seja, cada estado e município da federação tem autonomia para estruturar da forma que lhe for conveniente"[27]. Salienta a autora[28]:

> Verificamos que não há uniformidade, nem teórico-epistemológica, nem metodológica. Cada grupo é organizado numa perspectiva, apesar de todos objetivarem a ressignificação dos envolvidos no contexto de violência doméstica. Além dos desafios na implementação dos centros de responsabilização, nas reflexões propostas nestes grupos, do tipo de pena aplicada ao caso concreto, existem dificuldades na avaliação e monitoramento dos programas, sendo esta

26. CAVALCANTI, Stela Valéria Soares de Farias. **Violência doméstica contra a mulher no Brasil:** análise da Lei "Maria da Penha", n. 11.340/06. Salvador: JusPodivm, 2012, p. 67-68.
27. VIEIRA, Grasielle. **Grupos reflexivos para os autores da violência doméstica**: responsabilização e restauração. Rio de Janeiro: Lumen Juris, 2018, p. 155.
28. VIEIRA, Grasielle. **Grupos reflexivos para os autores da violência doméstica**: responsabilização e restauração. Rio de Janeiro: Lumen Juris, 2018, p. 182.

a fase a que talvez necessite de maior investimento em aprimoramento da metodologia.

Com as medidas protetivas de encaminhamento para grupos reflexivos para responsabilização e reeducação do agressor a qualquer fase do processo penal, o processo ressurge como um instrumento de transformação da realidade. Rompe-se com a tradicional função do processo. Nasce um processo inovador, capaz de interferir na realidade de famílias violentas, proporcionando ferramentas para a transformação de homens e mulheres e cumprindo uma função de promoção de equidade e proteção.

Além dos programas reflexivos para homens autores de violência, também é possível o encaminhamento a outros programas com foco em saúde mental, como, por exemplo, os grupos para pessoas com dependência química de álcool ou drogas ou para serviços de saúde que ofertem atendimento com esse enfoque. Como já visto, o uso abusivo de álcool ou drogas é um dos principais fatores de risco para agravamento de violências. Tratar a dependência química é estratégia relevante para a gestão do risco. Da mesma forma, a ideação suicida ou a depressão também são fatores de risco.

É recomendável que a ordem judicial de comparecimento a esses programas seja acompanhada da determinação de apresentação do respectivo certificado de comparecimento, em prazo determinado. Considerando que muitos dos serviços possuem uma fila de espera para o início dos trabalhos, é importante haver uma articulação prévia do sistema de justiça com os serviços, com rotinas de encaminhamento e de devolutiva. A avaliação de risco pode orientar no escalonamento de prioridades de atendimento, acelerando a seleção de casos de risco mais elevado.

As discussões ocorridas no âmbito dos programas reflexivos estão cobertas pelo sigilo profissional. Portanto, o produto da intervenção ao sistema de justiça será apenas um relatório informando quanto ao comparecimento e engajamento no programa. O sigilo é um aspecto essencial para se assegurar um espaço de liberdade para o autor da violência expor seus sentimentos, suas frustrações, suas expectativas, em um ambiente seguro e voltado ao atendimento de suas necessidades, de forma a poder refletir sobre seus sentimentos. Todavia, o sigilo profissional pode ser objeto de quebra, em caso de risco grave e imediato. Exemplo: durante uma sessão o paciente informa que já comprou uma arma de fogo e que irá em breve matar a mulher; nessa situação, o profissional está autorizado por seus códigos de ética a quebrar o sigilo profissional e realizar a comunicação externa às instituições de segurança pública. Em outras palavras, o sacrifício da relação de confiança numa intervenção de saúde é essencial para a preservação de um bem superior, a vida[29].

CNJ

Recomendação 124/2022[30]: Recomenda aos Tribunais de Justiça dos Estados que instituam e mantenham programas voltados à reflexão e sensibilização de autores de violência doméstica e familiar, com o objetivo de efetivar as medidas protetivas de urgência previstas nos incisos VI e VII da Lei Maria da Penha (Lei n. 11.340/2006).

ENUNCIADOS

Reeducação do agressor: política de proteção

COPEVID ENUNCIADO 19 (001/2015): "Os programas de reeducação do agressor, a exemplo dos grupos reflexivos e centros de educação e reabilitação, fazem parte das políticas integradas de proteção às mulheres". (Aprovado na Plenária da I Reunião Ordinária do GNDH de 04 a 06/03/2015 e pelo Colegiado do CNPG em 23/03/2015).

Reeducação do agressor: medida protetiva

COPEVID ENUNCIADO 20 (002/2015): "Dentre outras medidas protetivas de urgência que obrigam o agressor previstas no artigo 22 da Lei Maria da Penha, é possível a determinação de comparecimento obrigatório a programas de reeducação ou grupos reflexivos." (Aprovado na Plenária da I Reunião Ordinária do GNDH de 04 a 06/03/2015 e pelo Colegiado do CNPG em 23/03/2021).

---

29. Sobre o tema do sigilo de profissionais de saúde no contexto da VDFCM, ainda que com o foco na intervenção com a mulher, ver: ÁVILA, Thiago Pierobom de. Notificação compulsória e comunicação externa em casos de violência doméstica contra a mulher. In: OLIVEIRA, Cristina Stevens Susane; ZANELLO, Valeska; SILVA, Edlene; PORTELA Cristiane (Orgs.). **Mulheres e violências**: interseccionalidades. Brasília: Technopolitik, 2017, p. 523-545.

30. CNJ. **Recomendação 124**, de 07 de janeiro de 2022. Disponível em: <https://atos.cnj.jus.br/files/original1535112022011161dda3afb39db.pdf>. Acesso em: 11 abr. 2022.

Medida protetiva de urgência

FONAVID ENUNCIADO 26: "O juiz, a título de medida protetiva de urgência, poderá determinar o comparecimento obrigatório do agressor para atendimento psicossocial e pedagógico, como prática de enfrentamento à violência doméstica e familiar contra a mulher". (Aprovado no IV FONAVID).

Programa para dependente de álcool

FONAVID ENUNCIADO 30: "O juiz, a título de medida protetiva de urgência, poderá determinar a inclusão do agressor dependente de álcool e/ou outras drogas, em programa de tratamento, facultada a oitiva da Equipe Multidisciplinar".

Local diverso dos serviços para vítimas

FONAVID ENUNCIADO 66: "Os serviços destinados aos supostos autores de violência não deverão ser realizados no mesmo local e tempo dos serviços voltados às vítimas mulheres". (Aprovado por maioria XIV FONAVID – Belém/PA).

Triagem pela equipe multidisciplinar

FONAVID ENUNCIADO 68: "Nos grupos reflexivos e responsabilizantes para homens autores de violência doméstica e familiar contra mulheres, realizados no âmbito do Poder Judiciário, ou em parceria, a indicação de autores de violência será feita, quando possível, mediante procedimento de triagem por profissional de equipe multidisciplinar e/ou de facilitação, podendo ser reavaliada a adequação da participação no grupo, caso necessário". (Aprovado por unanimidade XIV FONAVID – Belém/PA).

Desvinculação do montante da pena

FONAVID ENUNCIADO 69: "Não cabe a vinculação entre tempo da medida protetiva de urgência ou pena, e duração da frequência de homem autor de violência a grupo reflexivo, devendo a duração da intervenção basear-se nos parâmetros técnicos pertinentes aos grupos". (Aprovado por maioria XIV FONAVID – Belém/PA).

JURISPRUDÊNCIA

Validade da MPU de comparecimento do agressor a programa de recuperação

STJ – "1. Havendo constatação da prática de violência doméstica e familiar contra a mulher, poderá o juiz, nos termos da Lei n. 11.340/2006, aplicar ao agressor medidas protetivas de urgência, tais como as descritas no art. 22 da aludida Lei Maria da Penha, visando à proteção da ofendida, de seus familiares e, inclusive, de seu patrimônio.

2. No caso, foi apresentada fundamentação concreta no sentido de que a medida protetiva de urgência consistente no comparecimento do suposto agressor a programa de recuperação e reeducação seria necessária para o fim de coibir a violência psicológica praticada pelo acusado contra a sua ex-companheira. De acordo com a ofendida, o ora agravante, diante da negativa para reatar o relacionamento amoroso, passou a importuná-la com ligações e mensagens, chegando a ameaçá-la de agressão.

3. Verificar, neste writ, a existência ou não dos atos de violência assentados nas instâncias ordinárias demandaria detido e profundo revolvimento fático-probatório, o que seria inviável na via do habeas corpus.

4. Agravo regimental não provido".

(STJ, AgRg no HC n. 902.755/MG, rel. Min. Ribeiro Dantas, Quinta Turma, j. 26/8/2024)

STJ – "AGRAVO REGIMENTAL EM HABEAS CORPUS. VIOLÊNCIA DOMÉSTICA. MEDIDAS PROTETIVAS. COMPARECIMENTO EM CURSO DE RECUPERAÇÃO E REEDUCAÇÃO. ADEQUAÇÃO AO CASO CONCRETO. NECESSIDADE DA OITIVA DA VÍTIMA DE VIOLÊNCIA DOMÉSTICA PARA REVOGAÇÃO DE MEDIDA PROTETIVA DE URGÊNCIA. RECURSO NÃO PROVIDO.

1. Possibilidade de inclusão de medida protetiva de urgência pelo Tribunal de origem, por requerimento do Ministério Público, quando se verificar que a medida é adequada ao caso concreto, especialmente porque não implica a antecipação da condenação ou a violação à presunção de inocência daquele que a recebe 2. Para a revogação das medidas cautelares aplicadas pelo juiz da causa, é necessário o conhecimento fático da situação atual e oitiva prévia da vítima, o que não se mostra viável em sede de habeas corpus. [...]"

(STJ, AgRg no HC n. 893.551/MG, rel. Min. Daniela Teixeira, Quinta Turma, j. 13/8/2024)

Inexistência de constrangimento

STJ – "As medidas protetivas de urgência, têm natureza satisfativa, podem ser pleiteadas de forma autônoma e independem da existência de ação penal ou de investigação policial. O objetivo da medida protetiva prevista no art. 22, VI, da Lei n. 11.340/06, é auxiliar o suposto ofensor, por meio de orientações que auxiliem na desconstrução das concepções equivocadas de violência de gênero e de poder que permeiam o ambiente da violência doméstica, não se confundindo com antecipação da pena. 3. Agravo regimental não conhecido".

(STJ, AgRg HC 896.325/MG, rel. Min. Daniela Teixeira, Quinta Turma, j. 10/09/2024, DJe 13/09/2024).

TJ-SP – "Imposição de medidas protetivas de urgência - comparecimento obrigatório do agressor a programas de recuperação e reeducação. Constrangimento ilegal. Liminar indeferida. 1. Constrangimento ilegal não configurado. 2. Medida que encontra amparo nos incisos VI e VII do art. 22 da Lei n. 11.340/06, cuja redação é dada pela Lei n. 13.984/2020. Ilegalidade afastada. As medidas protetivas são desenhadas para se afastar o risco de reiteração delituosa ou mesmo o agravamento das condutas, o que é especialmente relevante no contexto de práticas executadas no âmbito das relações domésticas, figurando a mulher como pretensa vítima. Medidas que não se afiguram desproporcionais. Não configuração de violação da cláusula do devido processo. 3. Ordem denegada".

(TJ-SP, HC 2193948-72.2020.8.26.0000, rel. Des. Marcos Alexandre Coelho Zilli, 16ª Câmara de Direito Criminal, j. 12/11/2020, DJ 12/11/2020).

Não comparecimento ao programa configura crime

TJDFT – "Configura-se o crime descrito no art. 24-A da Lei n. 11.340/2006 (Lei Maria da Penha) o descumprimento de ordem judicial que impõe ao agressor a medida protetiva prevista no inciso VII do art. 22 da referida Lei (comparecimento a grupo reflexivo - NAFAVD). Paralelamente ao tratamento concedido às vítimas, é indiscutível a importância das medidas protetivas previstas nos incisos VI e VII do art. 22 da Lei Maria da Penha, visto que a participação do agressor, em programa de recuperação, assim como seu acompanhamento psicossocial, torna possível promover mudanças estruturais em seu comportamento, além da interrupção dos ciclos de violência".

(TJDFT, 07124845020228070006, Acórdão 1688566, rel. Des. Robson Barbosa de Azevedo, Segunda Turma Criminal, j. 13/04/2023, DJe 25/04/2023).

TJDF – "O descumprimento de ordem judicial que impõe ao ofensor a medida protetiva prevista no artigo 22, VII, da Lei n. 11.340/06, tipifica o crime descrito no artigo 24-A da mesma Lei. 2. Não caracterizada a atipicidade da conduta ilícita imputada ao ofensor, o recebimento da denúncia é medida que se impõe".

(TJDFT, 07119089120218070006, Acórdão 1416300, rel. Des. Humberto Ulhôa, Primeira Turma Criminal, j. 20/04/2022, DJe 02/05/2022).

8.3. MONITORAMENTO ELETRÔNICO PARA AS MEDIDAS PROTETIVAS DE URGÊNCIA

> Art. 22. [...]
>
> § 5º Nos casos previstos neste artigo, a medida protetiva de urgência poderá ser cumulada com a sujeição do agressor a monitoramento eletrônico, disponibilizando-se à vítima dispositivo de segurança que alerte sobre sua eventual aproximação.

No Brasil foram deferidas mais de 500 mil medidas protetivas no último ano, conforme levantamento do Fórum Brasileiro de Segurança Pública. Apesar disso, os índices de violência e feminicídio não têm diminuído: pesquisa de fevereiro de 2025 documentou que 37,5% das mulheres entrevistadas sofreram alguma forma de violência no último ano[31].

Vários fatores contribuem para o aumento da violência, como o fenômeno reconhecido como "backlash" ("retaliação" ao empoderamento das mulheres), o fato de que quase metade nas vítimas fica em silêncio, a incredulidade nas instituições públicas e o comportamento de alguns agressores que insistem em descumprir a lei.

Esses dados revelam a necessidade de aperfeiçoamento do sistema de proteção das vítimas, em especial quando há autores de violência que não se submetem sequer a uma decisão judicial de medidas protetivas.

A Lei n. 15.125/2025 incluiu o § 5º do art. 22 da Lei n. 11.340/2006, para estabelecer a possibilidade de cumulação da medida protetiva com monitoramento eletrônico, além da sua associação a dispositivo de segurança para a vítima. Esta Lei surge com essa finalidade de ampliar a efetividade das medidas protetivas de urgência, evitando que autores de violência consigam se aproximar e surpreender a ofendida com novos ataques de violência. Trata-se de uma medida salutar que une a evolução da ciência à evolução legislativa tendo como foco a proteção da mulher e seus dependentes.

O monitoramento eletrônico já estava previsto na nossa legislação para as seguintes situações:

- no curso de procedimento criminal, como medida cautelar criminal alternativa à prisão (CPP, art. 319, inciso IX), vinculado a um inquérito ou processo;
- no curso da execução penal associado à concessão de benefícios, como saída temporária, prisão domiciliar, regime aberto ou semiaberto, pena restritiva de direitos com

31. FBSP. *Pesquisa Visível e Invisível*, 5ª ed., 2025.

limitação a lugares específicos ou livramento condicional (LEP, art. 146-B);

- durante a execução penal por crime contra mulher em razão da condição do sexo feminino, se houver saída do estabelecimento prisional (LEP, art. 146-E, incluído pelo Pacote Antifeminicídio).
- como política pública para mulheres em situação de violência (Lei n. 14.889/2024).

A este respeito, há menção ao monitoramento eletrônico na Lei n. 14.889/2024, que criou as Redes Estaduais de Enfrentamento da Violência contra a Mulher, a qual determinou que uma das ações obrigatórias nos planos de metas da redes devem ser a criação de "programa de monitoração eletrônica de agressores e acompanhamento de mulheres em situação de violência como mecanismo de prevenção integral e proteção estabelecidos pela [...] Lei Maria da Penha" e a "expansão da monitoração eletrônica do agressor e disponibilização para a mulher em situação de violência de unidade portátil de rastreamento que viabilize a proteção da integridade física da mulher" (art. 3º, incisos IV e VI).

A inovação legislativa prevista no art. 22, § 5º, da Lei Maria da Penha amplia a possibilidade de monitoramento eletrônico, desvinculando-o de um procedimento criminal (como previsto no CPP) e da execução da pena (como previsto na LEP e Pacote Antifeminicídio).

Apesar da relevância da alteração legislativa, já se vislumbram questionamentos quanto à sua natureza, requisitos decisórios, prazo de vigência, eventual vinculação a dispositivo de segurança, recusa do agente, violação do dispositivo e ressarcimento de custos. Vejamos.

8.3.1. Da monitoração eletrônica

Empregando terminologia semelhante à da Lei de Execução Penal, o art. 22, § 5º, da Lei Maria da Penha prevê de forma genérica o "monitoramento eletrônico", expressão que compreende não só a conhecida "tornozeleira" como quaisquer dispositivos que fiquem atrelados ao autor da violência e permitam monitorar sua movimentação, como pulseiras, tornozeleiras ou outros aparatos eletrônicos. Em um mundo digital, essa previsão genérica é importante porque compreende outros dispositivos que venham a surgir com o desenvolvimento tecnológico.

As linhas gerais do monitoramento estão disciplinadas na LEP e podem ser aplicadas, com os necessários ajustes, ao art. 22, § 5º, LMP. Assim, o agressor deverá ser cientificado de que não poderá remover, violar, danificar o dispositivo e, caso o faça, poderá ter consequências jurídicas com a decretação da prisão preventiva e responsabilização criminal.

Além do dispositivo atrelado ao agressor, a nova lei prevê também que a vítima terá um "dispositivo de segurança que alerte sobre sua eventual aproximação".

Estabelece-se um perímetro de segurança que deve ser observado pelo autor da violência e, caso ultrapassado, o sistema é acionado. Neste momento, além de se comunicar as forças de segurança, a vítima poderá adotar cautelas para se refugiar em um local seguro.

Idealmente, todas as vítimas devem ser orientadas quanto aos procedimentos (ou plano de segurança individual) para que saibam exatamente o que fazer e como se proteger quando o sistema for acionado, em especial enquanto aguardam a chegada da polícia.

Em um país de dimensões continentais, é preciso ter consciência de que nem sempre o acionamento do dispositivo importará em um comparecimento imediato da polícia e a vítima não pode ficar exposta ao perigo.

Nos Estados Unidos, uma lei estadual do Tennessee de 2024 previu justamente o monitoramento por GPS de agressores de violência doméstica e dispositivos para alterar as vítimas[32]. Na

32. KARNBACK, Jordam. *Tennessee enacts law requiring GPS tracking for all domestic violence offenders*. 2024. Disponível em: https://newschannel9.com/news/local/tennessee-enacts-law-requiring-gps-tracking-for-all-domestic-violence-offenders. Acesso em: 22.04.2025.

Flórida, considera-se crime grave a remoção de dispositivo de monitoramento eletrônico, com possibilidade de prisão imediata (Estatuto da Flórida, § 843.23)[33].

8.3.2. Natureza jurídica: garantia de cumprimento das medidas protetivas de urgência

É possível antever três possíveis correntes interpretativas para a natureza jurídica do monitoramento eletrônico previsto na LMP: (i) medida cautelar criminal; (ii) medida acessória às medidas protetivas de urgência; (iii) medida protetiva de urgência autônoma.

Em nosso entendimento, o monitoramento eletrônico previsto no art. 22, § 5º, da Lei Maria da Penha não é nem uma medida cautelar criminal (ou mecanismo de fiscalização da execução penal) nem uma medida protetiva autônoma, **mas uma garantia especial de cumprimento das medidas protetivas de urgência de proibição de aproximação da vítima ou de determinados lugares** (como o local de residência, trabalho ou estudo da vítima ou familiares). Para chegar a essa conclusão é necessária uma interpretação literal, sistemática e teleológica. Vejamos.

Pela literalidade do dispositivo, afirma-se que a MPU poderá ser cumulada com o monitoramento eletrônico, indicando que ambos são intervenções distintas e que não seria possível a concessão deste monitoramento desconectado da existência de uma MPU. Na perspectiva sistemática, caso desejasse a lei ter criado uma modalidade de MPU, teria incluído a disposição em um dos incisos do art. 22, onde as diversas MPUs estão regulamentadas. Ao contrário, a inseriu a regulação nos parágrafos do art. 22, os quais estão tratando de mecanismos de garantia de cumprimento das MPUs: comunicação ao órgão responsável pela restrição ao porte de armas (§ 2º), auxílio da força policial (§ 3º) e aplicação da multa cominatória prevista no CPC – as *astreintes* (§ 4º).

33. Disponível em: https://codes.findlaw.com/fl/title-xlvi-crimes/fl-st-sect-843-23.

Por outro lado, o art. 22, § 1º, já permite a cumulação da MPU com outras medidas previstas na legislação. Portanto, seria letra morta repetir que é possível cumular a MPU com uma cautelar criminal ou mecanismos de fiscalização da execução penal, pois isso é óbvio, já deriva do regramento do § 1º. Então a localização topográfica da regulação deste monitoramento eletrônico como um parágrafo do art. 22, fora da lista das MPUs e ao lado das medidas de garantia de sua eficácia, sinaliza de que se trata de uma nova medida de garantia de cumprimento das MPUs, um reforço da sua efetividade, de natureza diversa da das MPUs em si bem como da medida cautelar criminal do CPP ou a medida da LEP.

Finalmente, é relevante considerar a interpretação teleológica. Na Câmara dos Deputados, o PL 5427/2023 teve como justificativa inicial "A importância do instituto da medida protetiva bem como as divergências que gravitam em torno do tema", citando-se pesquisa do CNJ que indica divergência entre os juízes sobre "a natureza jurídica e a forma de sua aplicação [das MPUs]"[34]. Ou seja, a proposta tem como ponto de partida o reconhecimento da controvérsia pelo sistema de justiça que considerava muitas MPUs como cautelares criminais. Indica-se uma intenção de superar essa controvérsia.

Ademais, no Senado Federal, o Parecer n. 18/2025 da Senadora Leila Barros, relatora no Plenário do Senado, afirma: "O novo dispositivo, então, seria no sentido de o juiz ordenar a monitoração eletrônica do agressor, como forma de garantir as medidas protetivas relacionadas à restrição de movimentação do agressor (incisos II, III e IV do art. 22)"[35].

Ou seja, o monitoramento eletrônico é criado como mecanismo de assegurar a efetividade da MPU de proibição de aproximação e

34. CÂMARA DOS DEPUTADOS. PL n. 5427/2023. Deputado Gutemberg Reis. 08/11/2023. Disponível em: https://www.camara.leg.br/proposicoesWeb/prop_mostrarintegra?codteor=2357744&filename=PL%205427/2023

35. SENADO FEDERAL. Parecer n. 18/2025 - PLEN/SF. Senadora Leila Barros. Disponível em: https://legis.senado.leg.br/sdleg-getter/documento?dm=9921605&ts=1743022678895&disposition=inline

contato com a mulher, tanto que se faz referência à possibilidade de integrá-lo à concessão de dispositivo de segurança à vítima para avisar quanto à aproximação indesejada. Da mesma forma que as MPUs indicadas nos incisos, e suas garantias de cumprimento previstas nos parágrafos do dispositivo, o monitoramento eletrônico previsto no art. 22, § 5º, da LMP possui uma natureza jurídica não criminal, derivada do dever de devida diligência do Estado Brasileiro previsto em tratados internacionais para a proteção da mulher em situação de violência.

A cautelaridade deste monitoramento eletrônico não está relacionada às finalidades de eventual processo penal, mas às finalidades das medidas protetivas: a proteção dos direitos fundamentais da mulher em situação de violência.

Da natureza jurídica das medidas protetivas de urgência, extraem-se as seguintes conclusões:

- o monitoramento eletrônico está atrelado a medidas protetivas previamente determinadas;
- não se sujeita à instauração de inquérito policial ou processo criminal (pois não se confunde com a medida cautelar do CPP);
- o fato imputado ao agressor que justificou o deferimento da proteção pode ser atípico, desde que constitua um ato de violência;
- o arquivamento do inquérito ou absolvição não importa em imediata revogação do monitoramento.

Por fim, importante mencionar que o art. 22, § 5º, LMP não exclui a possibilidade de ser determinado o monitoramento eletrônico autônomo como alternativa à prisão (no curso de processo criminal, com base no CPP) ou na fase de execução penal (Pacote Antifeminicídio).

8.3.3. Requisitos decisórios

O monitoramento eletrônico importa em uma restrição justificada de direitos fundamentais em razão da necessidade de se proteger a vítima e seus dependentes.

Essa garantia adicional às medidas protetivas tem pressupostos mínimos que devem estar presentes:

- existência de medidas protetivas anteriormente deferidas e vigentes
- adequação do monitoramento às medidas concedidas
- necessidade do monitoramento no caso concreto
- proporcionalidade do monitoramento diante das circunstâncias

Por se tratar de uma medida acessória às medidas protetivas, tem requisitos específicos e deverá ser determinado nos casos em que, por si só, as medidas de proteção revelarem-se insuficientes ou diante de uma situação concreta de perigo.

No CPP, o monitoramento eletrônico existe justamente para as situações mais graves e está no final do rol das medidas alternativas à prisão do art. 319.

Assim, o monitoramento eletrônico não passa a ser uma regra obrigatória para todos os casos em que se defere medidas protetivas, mas uma medida adicional e necessária diante do caso concreto.

Desde a Lei 14.550/2023, houve uma relativa flexibilização de requisitos decisórios para as medidas protetivas: basta a alegação de violência pela mulher, em contexto de razoabilidade, que se presume o perigo, permitindo concessão da MPU (*in dubio pro tutela*). O prazo da determinação de proibição de aproximação e contato com a vítima pode eventualmente compreender períodos alargados, exatamente porque essa é uma restrição tangencial à liberdade pessoal (o sujeito passivo da medida protetiva pode exercer amplamente sua liberdade, exceto nos locais de risco à incolumidade da vítima.

O monitoramento eletrônico constitui uma restrição corporal substancialmente mais intensa que a MPU de proibição de aproximação e contato, bem como está carregada de estigma social, que certamente afetará a vida do suposto ofensor em todas suas esferas pessoal e profissional ao circular por locais públicos com o equipamento de monitoramento.

Esse estigma poderá também atingir os filhos comuns durante os períodos de visitas e mesmo a vítima, que muitas vezes prefere manter em sigilo o histórico de violência a que foi submetida. Não se pode esquecer que, em razão da submissão a que normalmente são submetidas as vítimas, muitas dependem economicamente do autor da violência e o uso de tornozeleira poderá importar em desproteção econômica.

O monitoramento eletrônico constitui um instrumento de cautela vinculado às medidas protetivas de urgência e, assim, condicionado à regra da proporcionalidade. Os requisitos de concessão do monitoramento eletrônico como garantia de eficácia da MPU derivam diretamente do princípio da proporcionalidade: adequação, necessidade e proporcionalidade em sentido estrito.

A adequação está relacionada à pertinência da restrição de direitos com sua finalidade, que é, como indicado na exposição de motivos do projeto de lei perante a Câmara dos Deputados, "coibir a perseguição do agressor à vítima de violência doméstica e familiar contra a mulher"[36].

Cabe o monitoramento eletrônico se houver a concessão das MPUs de proibição de aproximação da vítima ou de determinados lugares. Por exemplo, se ambos residem em Estados diferentes e a única MPU concedida foi a de proibição de contato (por e-mail ou mensagens), não há adequação na concessão do monitoramento eletrônico.

Com o avanço da tecnologia, é possível imaginar no futuro uma situação de monitoramento eletrônico para impedir o contato virtual do agente com a vítima, evitando-se condutas que causam grande dano emocional como o *stalking* virtual.

O segundo requisito é a necessidade. A redação do art. 22, § 5º, LMP já evidencia que não se trata de regra absoluta ao prever que a medida protetiva "poderá" ser cumulada com o

36. CÂMARA DOS DEPUTADOS. PL n. 5427/2023. Deputado Gutemberg Reis. 08/11/2023. Disponível em: https://www.camara.leg.br/proposicoesWeb/prop_mostrarintegra?codteor=2357744&filename=PL%205427/2023

monitoramento. Ou seja, não é toda MPU de proibição de aproximação e contato que automaticamente permite a concessão conjunta do monitoramento eletrônico. É necessário avaliar se há uma razoável expectativa de que a ordem judicial de proibição de aproximação seja suficiente à proteção da mulher ou se há uma dúvida razoável a exigir mecanismos de reforço. Tal análise irá derivar do próprio contexto relacional, do histórico das violências, sua intensidade e frequência, e dos mecanismos de proteção que eventualmente a vítima já tenha. Assim, ordinariamente, o monitoramento eletrônico se insere em um degradê de intervenções restritivas de direitos, como um passo a mais além da proibição de aproximação isolada e um passo antes da decretação da prisão preventiva.

Por exemplo: se a mulher reside em um condomínio com segurança privada, em que a possibilidade de fornecer a decisão judicial à equipe de segurança já seria suficiente para assegurar o não ingresso no ofensor nas proximidades do local de residência da mulher, provavelmente não haveria necessidade de haver um monitoramento eletrônico para esse mesmo fim, pois há outra medida menos gravosa de idêntica efetividade. Essa argumentação do degradê de medidas de intervenção não significa que não seja possível a concessão do monitoramento eletrônico no primeiro requerimento de MPU, quando a gravidade da conduta já permite avaliar um risco elevado e baixo prognóstico de alinhamento à proibição judicial, apenas sinaliza que haverá um ônus argumentativo quanto à sua necessidade.

Finalmente, deve-se avaliar a proporcionalidade em sentido estrito. Aqui, analisa-se o impacto do contexto de violência na incolumidade física e psicológica da mulher, a gravidade da conduta praticada e o risco de reiteração. Mais que uma avaliação de gravidade criminal do ato de violência, trata-se de avaliação do risco – um conceito já destacado no art. 19, §§ 4º e 6º, incluídos pela Lei n. 14.550/2023, como o objeto da cognição das MPUs. Busca-se, em última análise, prevenir a ocorrência de novos episódios de violência à mulher, os quais, eventualmente, poderiam escalar para um feminicídio. A consideração do formulário nacional de avaliação de risco torna-se uma ferramenta de extrema relevância (Lei n. 14.149/2021 e Recomendação Conjunta n. 05/2020 - CNJ e CNMP), bem como de eventuais estudos psicossociais disponíveis.

Enquanto a concessão da MPU de proibição de aproximação e contato é marcada por uma aplicação forte do princípio *in dubio pro tutela* (porque a restrição de direitos é tangencial), a instalação de monitoramento eletrônico deve ser reservada a situações de maior gravidade/risco (porque a restrição é substancialmente mais gravosa). Deve exigir um nível cognitivo mais intenso e uma maior sensibilidade no controle dos prazos.

O monitoramento eletrônico também poderá ser determinado diante do descumprimento de medidas protetivas de urgência, como uma medida alternativa à decretação da prisão. Nesse sentido, decidiu o STJ:

> "as medidas impostas encontram-se devidamente fundamentadas e são adequadas ao caso concreto, haja vista que, houve descumprimento das medidas protetivas fixadas para proteção da integridade física e psicológica da ex-companheira do recorrente. Segundo registrado, o juízo singular manteve as medidas protetivas e aplicou, de forma fundamentada, medidas cautelares, entre elas o monitoramento eletrônico, para a proteção física e psicológica da vítima. Ausência de constrangimento ilegal".
>
> (STJ - AgRg no RHC 198636/GO, rel. Min. Reynaldo Soares da Fonseca, Quinta Turma, j. 09/09/2024)

8.3.4. Autonomia em relação ao processo criminal

O monitoramento eletrônico, enquanto uma garantia para a efetividade das medidas protetivas, carrega a mesma autonomia: independente de tipificação, investigação e processo.

Vale registrar que o art. 86, § 4º da LEP permite a transferência do condenado por VDFCM que tenha praticado novos atos de ameaça à mulher para estabelecimento penitenciário distante da residência da mulher; e o art. 152, parágrafo único, da LEP permite ao juiz determinar ao condenado por VDFCM que esteja em limitação de final de semana o comparecimento obrigatório do agressor a programas de recuperação e reeducação. Ambas normativas (aliadas ao monitoramento eletrônico do art. 146-E da LEP) indicam que a fase de execução penal deve incorporar uma visão de proteção à mulher em situação de violência doméstica. Todavia, mesmo após o término do cumprimento da pena, se ainda persistir uma situação de risco, poderá haver o monitoramento da LMP, art. 22, § 5º.

No caso de arquivamento do inquérito policial ou de sentença absolutória não há impacto imediato para o monitoramento, que está atrelado unicamente à efetividade das medidas protetivas. Aliás, a possibilidade de concessão/manutenção da MPU após o arquivamento é reconhecida pelo Enunciado 64 do FONAVID e Enunciado n. 44 da COPEVID. Excepcionalmente, se o arquivamento ou absolvição decorrer de reconhecimento categórico da inexistência da violência ou da autoria, essa decisão faz coisa julgada no cível (cf. CPP, arts. 66-67), impedindo a concessão da MPU e, portanto, do monitoramento eletrônico como garantia de cumprimento, salvo se houver outras formas de violência que justifiquem a medida

8.3.5. Prazo de duração

Não há prazo de duração para o monitoramento eletrônico, que se sujeita à mesma regra de reavaliação periódica das medidas protetivas. Aplica-se o disposto no do art. 19, § 4º, LMP de que a medida vale enquanto necessária para eliminar o risco.

Assim, consideramos equivocado aplicar o limite máximo da prisão preventiva de 90 dias (art. 316, parágrafo único, CPP), mas nada impede que se adote um parâmetro temporal para reavaliação da necessidade do monitoramento

Por se tratar de medida mais restritiva e com forte impacto para o agente, o monitoramento pode ser revogado na vigência das medidas protetivas, mantendo-se as medidas protetivas menos severas. Nada impede, outrossim, que revogado o monitoramento este seja restabelecido diante de novos fatos.

Vale mencionar precedente em ação penal originária perante o STJ, em que Desembargador foi acusado de crime de estupro de vulnerável, e o tribunal manteve as medidas cautelares de afastamento do cargo e de monitoramento eletrônico mesmo após mais de um ano de seu deferimento inicial[37]. Considerando a gravidade da restrição, uma boa prática consiste em reavaliar periodicamente a necessidade de manutenção do monitoramento eletrônico (e da própria MPU). O prazo de 90 para a reavaliação do monitoramento eletrônico parece-nos, em princípio, um parâmetro razoável (mas não obrigatório, como já mencionado)

8.3.6. Cumulação com dispositivo de segurança

O dispositivo de segurança para a vítima tem por finalidade melhorar sua proteção, pois não há como se garantir, em todos os casos, o comparecimento imediato da polícia diante da aproximação do agente. Trata-se de um fator a mais de segurança, altamente recomendável, mas não impeditivo do monitoramento. Assim, entendemos que a lei não desejou condicionar o monitoramento à tal dispositivo, mas explicitou a possibilidade.

É possível que na Comarca exista programa de monitoramento eletrônico, mas não exista dispositivo de segurança à mulher; ou ainda que exista dispositivo de segurança (para a mulher acionar a polícia em emergência), mas tal dispositivo não esteja interligado ao sistema de monitoramento e, portanto, não permita avisar da aproximação. Nessas situações, a finalidade do monitoramento - que é uma central controlar quanto à não aproximação do ofensor de determinados lugares, como a residência, local de trabalho ou estudo da vítima – mantém sua adequação e necessidade, inclusive para contatar a mulher (v.g., por celular), ou ainda para se registrar um eventual descumprimento da MPU a ser posteriormente comunicado ao juiz. Se a medida segue sendo útil à proteção da mulher, é possível sua concessão independentemente da vinculação ao dispositivo.

37. STJ, QO na Pet n. 15.819/DF, rel. Min. Antonio Carlos Ferreira, Corte Especial, j. 19/4/2023.

Deve-se reconhecer que a norma traz uma diretriz de criação e estruturação desses programas de dispositivos de segurança integrados com o monitoramento eletrônico (como cenário ideal de proteção à mulher), mas sua não existência não deve impedir conceder a proteção que já é possível com o monitoramento sem integração com o dispositivo de segurança à vítima, dentro do leque de intervenções existente.

O monitoramento eletrônico e a existência de dispositivo em poder da vítima constituem importantes fatores de segurança (que se contrapõem aos fatores de risco) e – associados a outros mecanismos – podem inibir a evolução da violência. Nesse sentido manual para profissionais desenvolvido em Portugal, no qual consta[38]:

> Fatores de Proteção
>
> As medidas de proteção da vítima e de contenção do agressor podem incluir uma variedade de mecanismos de prevenção da continuidade criminosa, tais como:
>
> - aumentar a vigilância policial na residência da vítima/sobrevivente;
> - vigilância policial aos agressores, nomeadamente através de pulseira eletrônica;
> - dispositivos portáteis de segurança, tais como alarmes e teleassistência;
> - câmeras de vídeo-vigilância colocadas nas residências das vítimas/sobreviventes;
> - articulação estreita entre as organizações de apoio às vítimas/sobreviventes e o sistema policial e judicial;
> - medidas de coação eficazes e adequadas, que determinem o afastamento do agressor, quer da vítima/sobrevivente

38. Tradução livre. AMCV - Associação de Mulheres contra a Violência. Avaliação e Gestão de Risco em Rede: Manual para Profissionais. Lisboa: AMCV, 2013, p. 61. Disponível em: https://www.pgdlisboa.pt/docpgd/files/1436798180_gestao_risco_emar.pdf. Acesso em: 24 abr. 2025.

e das suas crianças, quer dos locais que as mesmas frequentam (trabalho, casa, escolas, outros);

- agravamento das medidas de coação no caso de violação;
- programas de intervenção com agressores;
- encaminhamento para Casa de Abrigo nas situações de alto risco;
- A deslocalização da vítima/sobrevivente, que poderá implicar a mudança completa de identidade.

8.3.7. Recusa do agente e violação do dispositivo

O artigo 22, § 2º, LMP utiliza o termo "sujeição do agressor a monitoramento eletrônico" para demonstrar que não se trata de um ato circunscrito à sua vontade.

Caso o agressor se recuse a colocar o dispositivo, sua conduta poderá justificar a decretação da prisão preventiva com fundamento no art. 313, II, CPP, já que a medida menos gravosa se revelou insuficiente para evitar o comportamento reticente do agressor.

Há, ainda, a situação do agente que inicialmente se sujeita ao monitoramento eletrônico, mas posteriormente: rompe ou danifica o dispositivo; ignora o limite territorial e se aproxima da vítima.

Na primeira hipótese, em que ele retira, danifica, inutiliza o aparelho poderá ser advertido ou ter sua prisão preventiva decretada com fundamento no art. 313, III, CPP, além de responder por crime de dano ao patrimônio público (art. 163, III, CP). É ainda possível a aplicação de multa cominatória, cf. art. 22, § 4º, da LMP.

A medida adotada pela autoridade judiciária deverá ser proporcional à conduta do agente. Imagine-se, por exemplo, que o agente deixe de carregar o aparelho porque tardou a chegar em casa em razão do trânsito. Nesta hipótese, uma advertência será suficiente. Contudo, se o agente deliberadamente danificar o aparelho para conseguir se aproximar e intimar a vítima, a prisão preventiva é medida necessária.

Na segunda hipótese, em que o agente se aproxima da vítima ou rompe o limite territorial estabelecido, estará configurado o crime do art. 24-A da Lei Maria da Penha, que também poderá ser cumulado o crime de dano ao patrimônio público.

8.3.8. Ressarcimento dos valores pelo agressor

Um dos maiores desafios para a implementação do monitoramento eletrônico é o elevado custo para o Estado. Estima-se que cada dispositivo gere um valor mensal aproximado de R$200,00 mensais por agente, com variações por Estado. No Projeto de Lei 06/2024 em que se pretende transferir o custo do equipamento para o condenado, fez-se uma estimativa de R$18.956.800,00 para as 92.984 pessoas que usam o dispositivo.

Na hipótese de violência doméstica e familiar contra a mulher, se consideradas todas as 540.255 medidas protetivas deferidas em um ano (Anuário FBSP 2024) com custo mensal de R$200,00 por ofensor (se todos tivessem o monitoramento eletrônico), haveria um custo superior a 1,2 bilhão de reais por ano, muito superior ao orçamento do Ministério das Mulheres de 95,2 milhões para o programa Mulher Viver sem Violência.

Portanto, um tema sensível para a sustentabilidade deste programa é avaliar suas fontes de custeio. Nesse sentido, os §§ 5º e 6º do art. 9º da LMP, introduzidos pela Lei n. 13.871/2019, estabelecem a possibilidade de que os custos dos dispositivos de segurança de monitoramento, para a segurança das vítimas, sejam ressarcidos pelo agressor, sem importar indiretamente em ônus ao patrimônio da mulher ou de seus dependentes.

8.3.9. Considerações finais

Sem dúvidas o novo monitoramento eletrônico com regramento não criminal coloca novos desafios à dogmática jurídica, especialmente a preocupação constante de não erosão das garantias tradicionais associadas às intervenções que até então eram exclusivas da seara criminal, que não equivalem a um "punitivismo vazio". Por outro lado, a situação excepcional de violência contra a mulher experimentada no contexto brasileiro, um dos países mais violentos do mundo às mulheres, igualmente exige respostas mais assertivas.

Há que se tomar as cautelas necessárias que estabeleçam um equilíbrio entre a não arbitrariedade com o suposto ofensor, sem comprometer a finalidade maior de proteção de direitos fundamentais, tendo como norte hermenêutico a diretriz do art. 4º da Lei Maria da Penha, em relação à finalidade legal de cumprimento do dever de devida diligência na proteção às mulheres em situação de violência.

No conflito entre direitos, há um em maior que deve ser irremediavelmente preservado: a vida!

8.4. MEDIDAS DE PROTEÇÃO PESSOAL DESTINADAS À MULHER

A Lei Maria da Penha contém inúmeros dispositivos de proteção à mulher, tendo em conta sua condição peculiar de pessoa em situação de violência (art. 4º, da Lei n. 11.340/2006). Dentre estas previsões, há a possibilidade de inclusão da vítima em programa assistencial (art. 9º, § 1º, da Lei n. 11.340/2006), o acesso prioritário à remoção da servidora pública (art. 9º, § 2º, I, da Lei n. 11.340/2006), manutenção do vínculo trabalhista, por até seis meses (art. 9º, II, da Lei n. 11.340/2006)[39], acesso a serviços de contracepção de emergência, profilaxia de Doenças Sexualmente Transmissíveis (DST) e AIDS (art. 9º, § 3º, da Lei n. 11.340/2006).

Além destas previsões, a legislação previu um rol de medidas protetivas destinadas à mulher vítima de violência nos artigos 23 e 24, recentemente alterados para garantir o auxílio-aluguel e assegurar prioridade de atendimento da vítima pelo SUS.

---

39. Laura Anisia Moreira de Sousa Pinto afirma que se trata de uma causa de suspensão do contrato de trabalho, sem ônus para o empregador. Como decorrência, "o instituto assegura três direitos principais à empregada, quais sejam: o direito à manutenção do vínculo de emprego; o direito, após a suspensão, a todas as vantagens que tiverem sido estabelecidas à sua categoria; a contagem do tempo de serviço" (PINTO, Laura Anisia Moreira de Sousa. Lei Maria da Penha. Lei 11.340/2006 e suas repercussões na seara trabalhista. **Suplemento Trabalhista LTr**, São Paulo, ano 43, n. 88, p. 368, 2007).

As medidas protetivas previstas no art. 22 importam em imposição de obrigações de fazer ou não fazer ao ofensor, ou em restrições de direitos seus. As medidas do art. 23 importam em medidas de segurança ou atendimento de necessidades, sem importar necessariamente restrições de direitos ao ofensor.

Para a adequada aplicação das medidas de proteção, além do conhecimento do ciclo da violência e motivos do silêncio da vítima, deve-se ter em conta as situações em que ocorre a violência, os fatores de risco e proteção, conforme abordado no Capítulo 3 desta obra.

A seguir, serão abordadas as medidas protetivas previstas em lei para a vítima de violência divididos em duas partes: proteção pessoal e proteção patrimonial da mulher.

8.4.1. Programa oficial de proteção ou atendimento

> Art. 23. Poderá o juiz, quando necessário, sem prejuízo de outras medidas:
>
> I - encaminhar a ofendida e seus dependentes a programa oficial ou comunitário de proteção ou de atendimento;

O encaminhamento a programa oficial ou comunitário demonstra a preocupação do legislador com a efetividade da lei sob o aspecto social, especialmente para a proteção da mulher e sua família.

Pode consistir em abrigamento ou mesmo inclusão em programas da rede, com a finalidade de dar suporte psicológico, econômico ou social à vítima e sua família.

Diversamente das demais medidas, esta não depende exclusivamente de ordem judicial, podendo haver o encaminhamento da vítima aos programas pelo Delegado de Polícia (art. 11, III, da Lei n. 11.340/2006), Ministério Público (art. 26, I, da Lei n. 11.340/2006) ou mesmo equipe multidisciplinar (art. 30 da Lei n. 11.340/2006). Igualmente o órgão da Defensoria Pública que atua em favor da vítima poderá realizar esse encaminhamento, em sua atribuição de proporcionar "o acompanhamento e o atendimento interdisciplinar das vítimas" (LC n. 80/1994, art. 4º, inciso XVIII), ou mesmo a advocacia particular, no exercício do seu poder de peticionamento perante órgãos públicos para defesa de direitos (CF/1988, art. 5º, inciso XXXIV, alínea "a").

Importante o encaminhamento da vítima para programas de fiscalização ou acompanhamento de medidas protetivas, com o Projeto Guardiã Maria da Penha em São Paulo, criado pelas Promotoras de Justiça VALÉRIA SCARANCE, SILVIA CHAKIAM e NATHALIE MALVEIRO no âmbito do Ministério Público de São Paulo. Nesse programa, criado inicialmente na Capital e expandido para dezenas de Municípios, há a capacitação de guardas civis para que compareçam à residência das vítimas em situação de violência durante o cumprimento das medidas protetivas de urgência, até que se constate a cessação do perigo. Em outros Estados, há projetos semelhantes, como o Patrulha Maria da Penha. Usualmente estes programas realizam uma visita à mulher, prestam informações sobre as medidas protetivas, constroem em conjunto com a mulher um plano de segurança individualizado às suas necessidades e visitam periodicamente a mulher para monitorar quanto ao cumprimento da ordem judicial. Em alguns casos, também visitam o ofensor para prestar orientação quanto ao cumprimento da ordem judicial. Havendo documentação de agravamento da situação de risco, estes programas podem elaborar relatórios periódicos ao Juizado. Cessando a situação de risco, poderão igualmente realizar o desligamento da assistida do programa, comunicando ao juízo.

Há, ainda, a possibilidade de inserir a vítima em programas comunitários, em especial para acolhimento psicossocial, capacitação, geração de renda e habitação. Diversas unidades federativas têm criado programas destinados a ter preferência às mulheres vítimas de violência doméstica para o acesso às políticas de assistência social, emprego e habitação[40]. Ante o impacto da violência

40. Por exemplo: DISTRITO FEDERAL. **Lei n. 7455**, de 28 de fevereiro de 2024, cria o Código de Defesa da Mulher. Disponível em: https://legislacao.cl.df.gov.br/Legislacao/consultaNormaJuridicaNJURParaTextoLei-747202!buscarNormaJuridicaNJURParaTextoLei.action

a autonomia econômica das mulheres, que se tornaram ainda mais vulneráveis, é importante que sejam encaminhadas para programas específicos para alcançar sua autonomia. Para casos de risco grave, é importante que esses serviços implementem estratégias de busca ativa das mulheres.

Para a efetividade desses encaminhamentos, é importante que haja uma prévia articulação dos serviços da rede de atenção à mulher, com a construção de protocolos de referência e contrarreferência. A integração operacional dos órgãos do sistema de justiça com esses serviços é uma diretriz essencial prevista na Lei Maria da Penha (art. 8º, inciso I).

8.4.2. Recondução da ofendida/dependentes ao lar

> Art. 23. Poderá o juiz, quando necessário, sem prejuízo de outras medidas:
>
> II - determinar a recondução da ofendida e a de seus dependentes ao respectivo domicílio, após afastamento do agressor;

Esta medida protetiva é correlata ao afastamento do agressor do lar, nos termos do artigo 22, II, da Lei n. 11.340/2006. Pode ser deferida no contexto da mesma decisão ou após concretizado o afastamento.

Para se garantir efetividade à proteção da vítima, além do afastamento e recondução, é importante inviabilizar a aproximação do agressor do lar, impondo-se as medidas do artigo 22, III, da Lei n. 11.340/2006.

Caso haja necessidade, o juízo pode requisitar o apoio da força policial para assegurar a segurança da mulher durante a sua recondução ao domicílio.

8.4.3. Afastamento da ofendida do lar sem prejuízo de seus direitos

> Art. 23. Poderá o juiz, quando necessário, sem prejuízo de outras medidas:
>
> III - determinar o afastamento da ofendida do lar, sem prejuízo dos direitos relativos a bens, guarda dos filhos e alimentos;

A medida protetiva tem por finalidade resguardar os direitos da vítima na hipótese de saída do lar. Isto porque, à época da lei, nos termos do artigo 1.573, IV, do Código Civil, a separação poderia ser fundamentada no "abandono voluntário do lar conjugal, durante um ano contínuo".

Processos litigiosos na área da família eram regidos por incessantes acusações, muitas vezes marcadas por estereótipos de gênero. Não raramente, mulheres eram "acusadas" de serem infiéis, negligentes com os filhos, deixar filhos com terceiros para trabalhar. Muitas ficam subjugadas à vontade de parceiros abusadores e violentos quando desejavam se separar.

O panorama mudou com a Emenda Constitucional 66/2010, que alterou o art. 226, § 6º, da Constituição Federal.

Na redação original do art. 226, § 6º, CF/88 constava que o casamento podia ser dissolvido por divórcio "após prévia separação judicial por mais de um ano nos casos expressos em lei, ou comprovada separação de fato por mais de dois anos". Eram os chamados divórcio indireto (separação por mais de um ano) ou direto (separação de fato por mais de 02 anos).

Como se não bastasse, na audiência, a autoridade judiciária tentava conciliar o casal antes de proferir decisão. Uma inegável invasão na privacidade e autodeterminação das pessoas, já fragilizadas pelo fim do relacionamento.

Com a Emenda Constitucional 66/2010, passou a constar do art. 226, § 6º que "o casamento civil pode ser dissolvido pelo divórcio", desvinculando o divórcio da separação de fato ou jurídica. Passou a valer a vontade das partes.

Desde a EC 66/2010, questionava-se a separação judicial subsistia no ordenamento jurídico. Em repercussão geral, o STF pacificou a questão fixando o entendimento de que "após a promulgação da EC 66/2010, a separação judicial não é mais requisito para o divórcio nem subsiste como figura autônoma no ordenamento jurídico. Sem prejuízo, preserva-se o estado civil das pessoas que já estão separadas, por decisão judicial ou escritura pública, por se tratar de ato jurídico perfeito (art. 5º, XXXVI, da CF)" (STF, RE 1.167.478). Dada a importância do julgado, é citado na íntegra ao final do capítulo.

Apesar da importante evolução, a saída da mulher do lar com os filhos ainda pode importar em consequências jurídicas, daí a importância do dispositivo.

A Lei de Alienação Parental prevê como forma exemplificativa dessa conduta a mudança de domicílio para local distante "sem justificativa" (art. 2º, VII, da Lei n. 12.318, de 26 de agosto de 2010). Considerando as dificuldades e a demora que permeiam um processo criminal, a conduta da vítima de fugir do lar com os filhos ainda pode – infelizmente – ser considerada ato de alienação parental, em especial nas Varas de Família que não tenham incorporado a perspectiva de gênero. Daí a necessidade de haver uma decisão judicial para "justificar" essa saída e evitar que a mulher sofra consequências em relação à guarda ou direitos de família.

JURISPRUDÊNCIA

STF – Repercussão Geral – Divórcio como direito

STF – "RECURSO EXTRAORDINÁRIO. TEMA 1.053 DA REPERCUSSÃO GERAL. DIREITO CONSTITUCIONAL E DE FAMÍLIA. DIVÓRCIO E SEPARAÇÃO JUDICIAL. ARTIGO 226, § 6º, DA CONSTITUIÇÃO. EMENDA CONSTITUCIONAL 66/2010. DISSOLUBILIDADE DO CASAMENTO. CONTEXTO NORMATIVO-CONSTITUCIONAL. IGUALDADE E LIBERDADE NAS FAMÍLIAS. CONTEXTO HISTÓRICO-CULTURAL. SECULARIZAÇÃO DO MATRIMÔNIO. ONDAS DE REFORMAS DAS LEGISLAÇÕES NACIONAIS. TENDÊNCIA À FACILITAÇÃO DO DIVÓRCIO. REFORMA CONSTITUCIONAL. SIGNIFICADO. ADOÇÃO DO DIVÓRCIO INCONDICIONADO OU NÃO CAUSAL. ELEMENTO DO DIREITO DE CONSTITUIR FAMÍLIA. DIREITO DE CASAR-SE E DE DIVORCIAR-SE. LIVRE DESENVOLVIMENTO DA PERSONALIDADE. AUTODETERMINAÇÃO. PROTEÇÃO DA VIDA PRIVADA.

DIREITO À LIBERDADE, À IGUALDADE E À FELICIDADE. LAICIDADE. IMPOSSIBILIDADE CONSTITUCIONAL DE OBRIGAR-SE AO CASAMENTO. INEXIGIBILIDADE DE SEPARAÇÃO JUDICIAL PARA O DIVÓRCIO. INSUBSISTÊNCIA COMO INSTITUTO AUTÔNOMO. RECURSO DESPROVIDO.

1. A controvérsia constitucional com repercussão geral reconhecida consistente em saber, à luz da Emenda Constitucional 66/2010, que alterou o art. 226, § 6º, da Constituição, (i) se possível exigir prévia separação judicial para o divórcio e (ii) se subsiste a separação judicial como figura autônoma no ordenamento jurídico (Tema 1.053).

2. Depois de passos importantes, ainda que incompletos, dados em direção ao incremento da liberdade e da igualdade no casamento – como com o Estatuto Civil da Mulher Casada (Lei n. 4.121/1962) e a própria Lei do Divórcio (Lei n. 6.515/1977) –, a Constituição de 1988 inaugura paradigma familiar diferenciado. Apresenta a família como base da sociedade, mas em sentido diametralmente oposto ao que enunciavam as Constituições de 1934, 1946, 1967 e a EC 1/69, não a vinculando ao casamento (art. 226, caput, CRFB).

3. A família não se constitui apenas pelo casamento, também explicitamente protegidas a união estável (art. 226, § 3º) e a família monoparental (art. 226, § 4º). Restou, ainda, afastado expressamente, no texto constitucional, o modelo patriarcal de família, uma vez asseguradas a igualdade de direitos e deveres entre os cônjuges (art. 226, § 5º), a liberdade em matéria de planejamento familiar (art. 226, § 7º) e a igualdade no tocante à filiação (art. 227, § 6º).

4. A linha decisória deste Supremo Tribunal Federal é conformada por precedentes que reafirmam a pluralidade, a liberdade e a igualdade familiares protegidas pela Constituição, como evidenciam os casos em que (i) considerada a fertilização in vitro como elemento do livre planejamento familiar (ADI 3.510, rel. Min. Ayres Britto, Pleno, DJe 28/5/2010); (ii) reconhecida a união homoafetiva como manifestação do direito subjetivo de constituir família (ADI 4.277 e ADPF 132, rel. Min. Ayres Britto, Pleno, DJe 14/10/2011); (iii) afirmada a proteção da pluriparentalidade, a possibilitar reconhecer tanto a paternidade socioafetiva como biológica (RE 898.060 – Tema 622/RG, rel. Min. Luiz Fux, Pleno, DJe 24/8/2017); (iv) admitida a remarcação de teste de aptidão física de concurso por candidata gestante (RE 1.058.333 – Tema 973/RG, rel. Min. Luiz Fux, Pleno, DJe 27/7/2020); (v) computado o tempo de licença à gestante no período do estágio probatório da servidora pública (ADI 5.220, rel. Min. Cármen Lúcia, DJe 23/3/2021); e (vi) assentada a concessão de licença-maternidade de 180 dias a pai solteiro que utiliza a fertilização in vitro em "barriga de aluguel" (RE 1.348.854 – Tema 1.182/RG, rel. Min. Alexandre de Moraes, Pleno, DJe 24/10/2022).

5. A igualdade intra e interfamiliar foi afirmada por esta Suprema Corte, por exemplo, ao declarar-se a inconstitucionalidade (i) da diferenciação de prazos para a licença adotante (RE 778.889 – Tese 782/RG, rel. Min. Roberto Barroso, Pleno, DJe 1/8/2016); (ii) da distinção de regimes sucessórios entre cônjuge e companheiro (RE 646.721 – Tema 498/RG, rel. Min. Marco Aurélio, Pleno, DJe 11/9/2017; RE 878.694 – Tema 809/RG, rel. Min. Roberto Barroso, Pleno, DJe 6/2/2018); e (iii) da tese da "legítima defesa da honra" (ADPF 779, rel. Min. Dias Toffoli, Pleno, DJe 6/10/2023); bem como a constitucionalidade da competência do foro da residência da mulher para as ações de separação e divórcio e anulação de casamento (RE 227.114, rel. Min. Joaquim Barbosa, Segunda Turma, DJe 16/2/2012).

6. A Constituição, ao lado de afastar o monopólio familiar do casamento, explicita a sua dissolubilidade – ainda que inicialmente de forma condicionada pela separação judicial ou de fato –, o que denota a premissa do Poder Constituinte originário no sentido de que a dissolubilidade matrimonial não traduz desproteção da família. Ao contrário, o rompimento do vínculo é, desde o princípio da ordem constitucional de 1988, uma das peças do mosaico constitucional da família livre e igualitária, tendo este Supremo Tribunal Federal já decidido possível impor apenas as condicionantes explicitadas no enunciado constitucional (RE 387.271, rel. Min. Marco Aurélio, Pleno, DJe 1/2/2008).

7. De origem religiosa, imposta pelo direito canônico, a indissolubilidade matrimonial atrela-se à compreensão do casamento como a forma de constituição de família e sustentáculo da ordem e da estabilidade sociais, em contraste com o quadro normativo contemporâneo da pluralidade familiar, pautado pela liberdade e pela igualdade.

8. Na perspectiva eclesiástica, para situações reputadas graves, como o adultério, a heresia, a prática de certos crimes ou a crueldade e o abuso, admitida apenas a separação, consistente na cessação da vida comum, e não no rompimento do vínculo matrimonial, a possibilitar o retorno da relação conjugal a qualquer momento. Tolera-se a interrupção da convivência pela separação, mas não o fim do casamento, o que ocorre apenas com a morte.

9. O dogma da indissolubilidade, depois atenuado para a dissolubilidade condicionada, refletiu-se na regulação do instituto em diferentes países ocidentais e até mesmo orientais, em razão da colonização europeia, a exemplo das Filipinas, onde a herança espanhola da indissolubilidade matrimonial vigora até os tempos atuais – exceto no que diz com os casais muçulmanos (Code of Muslim Personal Laws) –, permitida apenas a separação judicial em específicas hipóteses culposas.

10. Diante das reivindicações no sentido da secularização do direito e da igualdade de gênero, não apenas se difundiu a possibilidade do divórcio, com ou sem separação judicial prévia, mas também se diversificaram as suas causas autorizadoras, a dispensar a culpa e objetivar as razões do rompimento, ou até mesmo se prescindiu a explicitação de qualquer causa.

11. A abertura à dissolubilidade matrimonial ganhou força a partir do século XIX, iniciada a tendência de "o direito de família ser retirado, quase literalmente, do altar e reformado para acomodar e refletir os padrões de mudança da vida familiar e a crescente diversidade de valores" (DUNCAN, William. Family Law and Social Policy. Studies: An Irish Quarterly Review, vol. 75, n. 298, 1986).

12. A partir de então, podem ser constatadas ao menos três ondas de reformas legislativas que desembocaram na hodierna compressão do divórcio como direito, e não sanção à conduta culposa de uma das partes, nem remédio autorizado apenas para situações de comprovada insustentabilidade da vida comum. Uma primeira onda que se intensifica na segunda metade do século XIX. Outra no século XX, especialmente após a Segunda Guerra Mundial, e uma terceira, não desconectada, que perpassa a virada do século XXI e ainda se faz presente.

13. Prossegue-se na facilitação do divórcio, não mais compreendido o casamento, em sua dimensão jurídica, como sacramento regulado por dogmas religiosos, mas vínculo civil informado pelos direitos fundamentais. Além da diminuição do tempo da separação prévia exigida, mais países passaram a adotar causas objetivas, ou mesmo introduziram regimes não causais ou incondicionados. A facilitação conti-

nuou também em termos processuais, atenuando-se a reserva de jurisdição, em particular para divórcios consensuais.

14. Possível identificar, no Brasil, mudanças normativas concordantes com as ondas de reformas legislativas no mundo ocidental, especialmente a partir da década de 1970. Em um primeiro momento, tem-se a introdução do divórcio em 1977, condicionado ao regime híbrido da prévia separação judicial prévia por causas culposas e objetivas, podendo ser requerido apenas uma vez. Em 1988, a Constituição traz prazos menores e assenta a causa objetiva da separação de fato. Em 2007, há a desjudicialização do divórcio consensual. Em 2010, é operada a reforma constitucional em debate, que confere, ao artigo 226, § 6º, fórmula sintética da dissolubilidade do casamento pelo divórcio, não mais referida a necessidade de prévia separação judicial ou fática. 15. No contexto mais amplo das ondas de reivindicações e reformas, não é por acaso que a EC 66/2010, ao modificar o artigo 226, § 6º, simplesmente enuncia que o casamento pode ser dissolvido pelo divórcio. A alteração buscou objetificar e simplificar o rompimento do vínculo matrimonial, a dar um passo adiante na dissolubilidade do casamento, eliminando as condicionantes antes expressas e afastando a possibilidade de o legislador impor requisitos ou elencar as situações que autorizariam, apenas elas, a dissolução do matrimônio.

16. No quadro vigente, não há mais falar em regime causal do rompimento conjugal, uma vez que não só retirados os requisitos temporais, mas todo o condicionamento antes existente, inclusive a margem que havia para o legislador definir em que situações seria permitida a separação judicial e, por consequência, o divórcio. Nessa mesma lógica, mostra-se inviável que as causas da separação judicial sejam transportadas para o divórcio.

17. Não é a lei – nem a Constituição – que põe fim aos relacionamentos conjugais, mas os mais variados fatos e circunstâncias da vida, em geral de modo multicausal, não interessando ao Estado interferir injustificadamente na vida privada e imiscuir-se na averiguação dessa causalidade, em observância dos direitos à intimidade e à privacidade (art. 5º, caput e inc. X), que igualmente informam a interpretação contextualizada da reforma constitucional.

18. Tampouco compatível com os direitos fundamentais da liberdade e da busca da felicidade (arts. 1º, III, e 5º, caput, CRFB) a imposição, pelo Estado, do vínculo matrimonial. Na "Era dos Direitos", não é o indivíduo que serve ao Estado, mas o Estado à pessoa humana.

19. Tem lugar, dentro do quadro dos direitos fundamentais, superada a compreensão institucional da família, "uma proteção cada vez mais ampla da esfera individual, em detrimento de antigas 'razões de família'. Visa-se agora à satisfação de exigências pessoais capazes de proporcionar o pleno desenvolvimento da personalidade de cada um dos membros da família, vista como instrumental. Neste sentido, os deveres conjugais passam a se referir à esfera de consciência da pessoa, dependendo, fundamentalmente, de cumprimento espontâneo" (MORAES, Maria Celina Bodin de. Na medida da pessoa humana: estudos de direito civil-constitucional. Rio de Janeiro: Editora Processo, 2016). 20. "O indivíduo jamais pode ser reduzido a mero instrumento de consecução das vontades dos governantes, por isso que o direito à busca da felicidade protege o ser humano em face de tentativas do Estado de enquadrar a sua realidade familiar em modelos pré-concebidos pela lei" (RE 898.060 – Tema 622/RG, rel. Min. Luiz Fux, Pleno, DJe 24/8/2017).

21. A reforma operada pela EC 66/2010 maximiza o alcance e a eficácia dos direitos à liberdade, à igualdade, à felicidade, à vida privada, à autodeterminação, ao livre desenvolvimento da personalidade, em prol de uma viga digna, dispensando qualquer causa ou motivação e facilitando a dissolução do casamento.
22. Como já reconheceu a Suprema Corte de Justiça do México, ao declarar constitucional o divórcio não causal (Amparo Directo en Revisión 917/2009) e inconstitucionais normas estaduais que admitiam o divórcio não causal apenas por mútuo consentimento (Contradicción de Tesis 73/2014), o direito de não continuar casado é, com efeito, manifestação do livre desenvolvimento da personalidade e da autonomia pessoal.

23. No tocante à liberdade de constituir família e sua conexão com a dignidade, a Corte Interamericana de Direitos Humanos, na Opinião Consultiva 24/2017, assentou que "do princípio da dignidade humana deriva a plena autonomia do indivíduo para escolher com quem quer manter um vínculo permanente e marital, seja natural (união de fato), ou solene (matrimônio). Esta escolha, livre e autônoma, forma parte da dignidade de cada pessoa e é intrínseca aos aspectos mais íntimos e relevantes de sua identidade e projeto de vida (artigos 7.1 e 11.2)".

24. Compreendida a dissolução matrimonial como elemento do direito de constituir família – no caso, de casar-se e de manter-se casado –, expressão do livre desenvolvimento da personalidade, da busca da felicidade e da dignidade da pessoa humana, o divórcio não se condiciona nem à vontade do Estado nem à da outra parte. 25. A imposição de certos padrões de condutas tidos como corretos é contrária ao pluralismo do mosaico constitucional das famílias, que se conecta com o alicerce republicano da liberdade religiosa (arts. 5º, inc. VI, e 19, inc. I, CRFB), direito fundamental que abrange, como assentado por este Supremo Tribunal Federal, não apenas a proteção das pessoas e da diferentes confissões religiosas de indevida interferência estatal, como também a desvinculação da atuação estatal em relação a dogmas e princípios religiosos (ADI 4439, red. p/ o acórdão Min. Alexandre de Moraes, Pleno, DJe 21/6/2018). Ou seja, "o Brasil é uma república laica, surgindo absolutamente neutro quanto às religiões" (ADPF 54, rel. Min. Marco Aurélio, Pleno, DJe 30/4/2013). Como expresso no texto constitucional, o casamento é civil e igual natureza têm os efeitos atribuídos a eventual casamento religioso (art. 226, §§ 1º e 2º). 26. Com o processo de secularização do casamento e da própria família e a adoção dos vetores normativos da liberdade e da igualdade nas relações familiares, a imposição de padrões de conduta cede à proteção do livre desenvolvimento da personalidade e da autodeterminação na decisão de manter-se, ou não, o vínculo conjugal. O que exige não apenas a retirada de obstáculos para formar-se uma família, pelo matrimônio ou outras fórmulas, mas igualmente para dissolver-se o vínculo matrimonial.
27. A separação judicial, como normatizada no plano infraconstitucional, apresenta-se imbricada na lógica dual da separação-divórcio e seus condicionamentos temporais-causais, em boa parte culposos. Regulamentava o regime condicionado previsto no artigo 226, § 6º, em sua redação originária, pressupondo a indissolubilidade direta, imediata, incondicionada do casamento, regime substancialmente alterado pela EC 66/2010, não mais subsistindo como requisito para o divórcio nem como instituto autônomo.

28. Recurso extraordinário a que se NEGA PROVIMENTO, fixada a seguinte tese de repercussão geral: "Após a promulgação da EC 66/2010, a separação judicial não é mais requisito para o divórcio nem subsiste como figura autônoma no ordenamento jurídico. Sem prejuízo, preserva-se o estado civil das pessoas que já estão separadas, por decisão judicial ou escritura pública, por se tratar de ato jurídico perfeito (art. 5º, XXXVI, da CF)".
(STF, RE 1.167.478/RJ, rel. Min. Luiz Fux, Tribunal Pleno, j. 08/11/2023, DJe 07/03/2024).

8.4.4. Auxílio-aluguel (Lei n. 14.674/2023)[41]

> Art. 23 - Poderá o juiz, quando necessário, sem prejuízo de outras medidas:
>
> VI - conceder à ofendida auxílio-aluguel, com valor fixado em função de sua situação de vulnerabilidade social e econômica, por período não superior a 6 (seis) meses.

Muitas mulheres permanecem em relações abusivas porque não têm condições econômicas de subsistência própria e de seus filhos. Na Pesquisa Visível e Invisível 3ª edição constatou-se que, no período da pandemia, houve 50% de agravamento da violência para mulheres que estavam em relações abusivas e a ausência de autonomia financeira foi o principal fator de vulnerabilidade indicado.

No Formulário Nacional de Avaliação de Risco (FoNAR) há questionamentos específicos quanto à dependência econômica da vítima em relação ao agressor e necessidade de abrigamento (Bloco IV), justamente porque a mulher pode necessitar de socorro imediato em local seguro ou apoio econômico para sair da relação violenta.

As medidas protetivas de caráter patrimonial previstas no artigo 24 raramente são concedidas, sob o argumento de que demandam dilação probatória ou devem ser discutidas no juízo

41. Este capítulo foi elaborado com base no seguinte artigo: SCARANCE, Valéria; SANCHES, Rogério. **Lei 14.674/23: Altera a Lei Maria da Penha para criar medida protetiva de auxílio-aluguel**. 2023. Disponível em https://meusitejuridico.editorajuspodivm.com.br/2023/09/15/lei-14-674-23-altera-a-lei-maria-da-penha-para-criar-medida-protetiva-de-auxilio-aluguel/. Acesso em: 21 set. 2023.

cível. Assim, muitas mulheres permanecem em relações abusivas por não terem para onde ir.

Além de haver poucas Casas Abrigo no país, as mulheres, em regra, não se sentem confortáveis nesses locais, em razão das restrições impostas por questões de segurança. Muitas dizem que se sentem "aprisionadas", enquanto o agressor permanece em liberdade nas ruas.

A previsão da medida protetiva de auxílio-aluguel é um importante avanço para a libertação de mulheres e dependentes em situação de violência, já que a casa em comum com o ofensor é um dos locais mais perigosos e de maior incidência de feminicídios.

Como salientam VALÉRIA SCARANCE e ROGÉRIO SANCHES[42]:

> O benefício auxílio-aluguel foi alçado à categoria de medida protetiva de urgência e, portanto, segue a normativa prevista na Lei Maria da Penha. É o estado brasileiro cumprindo seu papel e seus deveres assumidos no âmbito internacional. Analisando a jurisprudência da Corte Interamericana de Direitos Humanos (Corte IDH), percebemos decisões várias reconhecendo, em especial nesse tipo de violência, os seguintes deveres do Estado (dentre outros):
>
> a) dever de prevenir e sancionar. A Corte IDH enfatiza o dever dos Estados de prevenir, investigar e sancionar atos de violência doméstica. Isso inclui a obrigação de adotar medidas legislativas e administrativas eficazes para evitar a impunidade de agressores e a continuidade das agressões.
>
> b) dever de proteger. Os Estados têm a obrigação de tomar medidas para proteger as vítimas de violência doméstica. Isso pode envolver a emissão de ordens de restrição, o fornecimento de abrigos seguros e o treinamento de pessoal de aplicação da lei.

42. SCARANCE, Valéria; SANCHES, Rogério. **Lei 14.674/23: Altera a Lei Maria da Penha para criar medida protetiva de auxílio-aluguel**. 2023. Disponível em https://meusitejuridico.editorajuspodivm.com.br/2023/09/15/lei-14-674-23-altera-a-lei-maria-da-penha-para-criar-medida-protetiva-de-auxilio-aluguel/. Acesso em: 21 set. 2023.

c) dever de assistir. Além de proteger, os Estados também devem oferecer assistência adequada às vítimas de violência doméstica. Isso pode incluir serviços de apoio psicológico, orientação jurídica, cuidados médicos e programas de reintegração social.

d) dever de não discriminação. A Corte IDH destaca sempre a importância de tratar todas as vítimas de violência doméstica com igualdade, independentemente de gênero, orientação sexual, raça, etnia ou qualquer outra característica pessoal. A discriminação contra as vítimas é inaceitável.

Embora esse benefício já tivesse previsão em alguns Municípios ou Estados[43], agora consta de Lei Federal e passa a ser obrigatório.

O benefício do auxílio-aluguel configura medida protetiva de urgência e, portanto, segue a normativa prevista na Lei Maria da Penha. Essa medida protetiva pode deferida por Vara de Violência Doméstica ou por qualquer Juízo. Após a alteração do artigo 19 pela Lei n. 14.550/2023, as medidas protetivas não estão mais restritas aos âmbitos afetivo, doméstico e familiar e basta que exista uma situação de risco para que a proteção à mulher seja determinada. Assim, havendo violência contra a mulher motivada por gênero, qualquer autoridade judiciária poderá determinar o pagamento do auxílio-aluguel à vítima e seus dependentes.

Em linhas gerais, a medida protetiva de auxílio-aluguel tem os seguintes aspectos:

- determinada por decisão judicial (o que não exclui a possibilidade de inclusão da vítima em benefício assistencial pela rede de atendimento);
- valor proporcional, que será fixado pelo juiz tendo em conta a vulnerabilidade econômica e social da vítima;
- período não superior a 06 meses.

43. O benefício auxílio aluguel foi instituído no Município de São Paulo pela Lei n. 17.320/2020 e no Estado de São Paulo pela Lei 17.626/2023. Na cidade de São Paulo, a lei foi regulamentada pelo Decreto 60.111/2021 e Portaria 028/SMDHC/2021 e o benefício já está sendo pago.

Por se tratar de medida protetiva, só há revogação do benefício antes do prazo de 06 meses por decisão judicial. Assim, ainda que as partes retomem relacionamento, a autoridade deverá verificar se não houve invasão da residência pelo agressor e se a vítima não está em situação de risco. Não há revogação automática em nenhuma hipótese.

Apesar da importância da nova lei, críticas têm surgido em razão da previsão de judicialização do auxílio-aluguel, o que pode dificultar o acesso de mulheres que são reticentes em procurar o Sistema de Justiça. Além disso, o pequeno período de 06 meses não permite que a mulher em situação de violência se restabeleça. Em São Paulo, por exemplo, há previsão do benefício por 12 meses, prorrogáveis por igual período (que coincide com o período de "luto" pós vida de violência, variável de 01 a 02 anos, em média). No Distrito Federal, o benefício de aluguel social a vítimas de violência doméstica em situação de extrema vulnerabilidade econômico-social é estabelecido no valor de meio salário-mínimo, pelo prazo de seis meses, prorrogável uma vez por igual período (Lei n. 6.623/2020 e Decreto n. 45.989/2024).

O auxílio-aluguel será custeado por estados e municípios por meio do Sistema Único de Assistência Social (SUAS). Para tanto, depende de regulamentação quanto a critérios de concessão, valores, procedimento e outros aspectos. De qualquer modo, sopesadas as críticas, é uma importante evolução.

JURISPRUDÊNCIA

TJSP – "DIREITO À MORADIA. Município de Ribeirão Preto – Vítima de Violência Doméstica – Auxílio-aluguel – Medida protetiva concedida com fulcro na Lei n. 14.674/2023, artigo 23, VI, pelo MM. Juízo da Vara de Violência Doméstica – Petição inicial que expõe situação de aparente vulnerabilidade da parte autora, não só pela questão da violência doméstica, mas também por outros fatores (ter filha menor sob sua dependência e ser portadora de transtorno esquizoafetivo do tipo depressivo; impossibilidade de trabalhar), tudo a justificar a propositura junto ao JEFAZ – Poder Público, ademais, que não é parte no processo que tramita perante a Vara de Violência Doméstica, de modo que eventual execução da medida protetiva não poderia se dar perante esta Vara – Aplicação, por analogia, dos Enunciados n. 3 e 35 do FONAVID – Competência da Vara do Juizado Especial da Fazenda Pública para conhecimento da causa. Recurso conhecido e provido, para afastamento da extinção do processo, com retomada de seu regular curso".

(TJ-SP, Recurso Inominado Cível 10150115220248260506, Ribeirão Preto, rel. Des. Ricardo Hoffmann, 3ª Turma Recursal de Fazenda Pública, j. 25/06/2024, DJ 25/06/2024).

TJDFT – "Com a superveniência da Lei n. 14.674/2023 acrescendo o inciso VI no art. 23 da Lei Maria da Penha, pode o juiz criminal conceder à ofendida auxílio-aluguel, com valor fixado em função de sua vulnerabilidade econômica, por período não superior a 6 (seis) meses, sendo as despesas com o pagamento custeadas com recursos advindos de dotações orçamentárias do Sistema Único de Assistência Social, a serem custeados pelos Estados, Distrito Federal e Municípios. O pedido pode ser postulado pelas partes ou o Ministério Público à apreciação do juízo monocrático, não cabendo ao colegiado decidi-lo de ofício, em razão do princípio da vedação de supressão de instância. 4. Questões fáticas, verossímeis ou não, ensejam análise probatória, inviável na via estreita do habeas corpus. 5. Habeas Corpus conhecido. Ordem denegada".

(TJDFT, 07359072320238070000, Acórdão 1761540, rel. Des. Jansen Fialho de Almeida, Terceira Turma Criminal, j. 28/09/2023, DJe 03/10/2023).

TJMG – "EMENTA: AGRAVO DE INSTRUMENTO CRIMINAL - PEDIDO DE CONCESSÃO DE AUXÍLIO ALUGUEL - MANUTENÇÃO - REQUISITOS PREENCHIDOS - RECURSO NÃO PROVIDO. - Restando devidamente comprovados os requisitos previstos no artigo 23, inciso VI, da Lei n. 11.340/06, relacionado a concessão de medida protetiva consistente em auxílio-aluguel, aos casos em que se tem a comprovação da situação de vulnerabilidade social e econômica da parte vulnerável, impõe-se a manutenção da decisão recorrida, pois, além de atender os requisitos da lei, ao mesmo tempo, evita que o ciclo de violência volte a ocorrer, em observância, ainda, às diretrizes do Protocolo de Julgamento sob a ótica da Perspectiva de Gênero, que tem como objetivo desconstruir uma sociedade baseada em um sistema de hierarquia que privilegia apenas um gênero, evitando-se, desse modo, danos irreversíveis às vítimas de violência no âmbito doméstico, nos termos da Resolução n. 492/2023 do Conselho Nacional de Justiça – CNJ".

(TJ-MG, Agravo de Instrumento 16152442620248130000, rel. Des.(a) Maria das Graças Rocha Santos, Nona Câmara Criminal Especializada, j. 31/07/2024, DJ 31/07/2024).

8.5. MEDIDAS DE CARÁTER PATRIMONIAL

> Art. 24. Para a proteção patrimonial dos bens da sociedade conjugal ou daqueles de propriedade particular da mulher, o juiz poderá determinar, liminarmente, as seguintes medidas, entre outras:
>
> I - restituição de bens indevidamente subtraídos pelo agressor à ofendida;
>
> II - proibição temporária para a celebração de atos e contratos de compra, venda e locação de propriedade em comum, salvo expressa autorização judicial;

> III - suspensão das procurações conferidas pela ofendida ao agressor;
>
> IV - prestação de caução provisória, mediante depósito judicial, por perdas e danos materiais decorrentes da prática de violência doméstica e familiar contra a ofendida.
>
> Parágrafo único. Deverá o juiz oficiar ao cartório competente para os fins previstos nos incisos II e III deste artigo.

Objetivando a proteção dos bens da mulher vítima de violência, o juiz pode determinar as medidas protetivas previstas no art. 24 da Lei Maria da Penha de restituição de bens indevidamente subtraídos pelo agressor à ofendida (inciso I); proibição temporária para a celebração de atos e contratos de compra, venda e locação de propriedade em comum, salvo expressa autorização judicial (inciso II); suspensão das procurações conferidas pela ofendida ao agressor (inciso III); prestação de caução provisória, mediante depósito judicial, por perdas e danos materiais decorrentes da prática de violência doméstica e familiar contra a ofendida (inciso IV).

Vale relembrar que a violência patrimonial está abrangida pelo âmbito de proteção da Lei Maria da Penha (art. 7º, inciso IV) e a previsão específica de medidas protetivas de urgência de natureza patrimonial (art. 24) visa proteger esses direitos da mulher.

Não se sustenta o argumento e que conflitos de natureza patrimonial não configurariam violência baseada no gênero. O art. 40-A da Lei Maria da Penha, introduzido pela Lei n. 14.550/2023, expressamente afirma que a lei deve ser aplicada "independentemente da causa ou da motivação dos atos de violência e da condição do ofensor ou da ofendida" e sua exposição de motivos expressamente afirma que a alteração busca superar o entendimento de que a violência patrimonial não estaria abrangida pela proteção da Lei Maria da Penha.

A própria visão de "patrimônio" como área de gestão masculina e "matrimônio" como a área de gestão feminina é o maior exemplo semântico da discriminação de gênero. A usual dominialidade masculina na gestão do patrimônio do casal retira da mulher a possibilidade de acessar recursos econômicos durante o processo de separação e pode facilitar ações de desvio do patrimônio pelo ofensor, apropriar-se de bens móveis, ao não informar quanto a bens existentes à partilha ou dispor de forma unilateral de bens do casal em proveito próprio. As medidas protetivas de natureza patrimonial são aplicáveis independentemente da configuração criminal dos eventuais desvios patrimoniais e destinam-se à proteção patrimonial da mulher. Vale relembrar que as imunidades penais relacionadas aos crimes patrimoniais (CP, art. 181 e 182) não foram recepcionadas pelo ordenamento jurídico, por sua evidente incompatibilidade com a Convenção de Belém do Pará (art. 4º, alínea "f" e art. 7º, alínea "e"), em razão de tolerarem a violência patrimonial no contexto de violência contra a esposa ou companheira, ou contra ascendentes e descendentes, a qual tem uma afetação desproporcional às mulheres em relação aos homens[44].

Embora de grande valia, as medidas patrimoniais têm aplicação prática reduzida em razão da necessidade de dilação probatória para se concluir quanto à propriedade dos bens, por exemplo. É preciso vencer essas barreiras, pois a dependência econômica é um importante fator de silenciamento e pode determinar a postura da vítima na superação da situação de violência. Para tanto, é essencial a estruturação de Núcleos de Assistência Jurídica gratuita às mulheres vítimas de violência doméstica e uma postura ativa por parte desses órgãos na promoção dos direitos da mulher.

Estas medidas destinam-se à preservação do patrimônio em razão da situação de risco gerada pela violência e não à discussão

44. Nesse sentido: ÁVILA, Thiago Pierobom de; SOUZA, Renee do Ó. Inconvencionalidade das imunidades patrimoniais no âmbito da violência doméstica e familiar contra mulher. In: FLACH, Michael Schneider (Org.). *Direito Penal Contemporâneo*: Escritos em Homenagem aos 40 Anos da Nova Parte Geral do Código Penal. São Paulo: Tirant lo Blanch, 2024, p. 186-199. Registre-se que, atualmente, o STJ possui entendimento contrário, de que não teria ocorrido revogação automática das escusas absolutórias patrimoniais, exigindo-se lei específica de revogação (STJ, RHC 42.918/RS, Rel. Min. Jorge Mussi, Quinta Turma, julgado em 05/08/2014). O tema está pendente de apreciação pelo STF na ADPF 1185, rel. Min. Dias Toffoli, ajuizada em 2024 pela CONAMP.

de questões complexas referentes à partilha dos bens. Note-se que, mesmo quando proposta a ação principal cível perante o Juizado, a Lei Maria da Penha excluiu a pretensão relacionada à partilha de bens (art. 14, parágrafo, 1º, Lei Maria da Penha).

A medida de restituição de bens compreende os bens particulares da mulher e aqueles comuns, que estão com o agressor, cuja meação a mulher tem direito em razão de dissolução de sociedade conjugal ou união estável[45]. Isto porque, "se um bem comum é subtraído pelo varão que passa a deter sua posse com exclusividade, significa que houve a subtração da metade que pertence à mulher"[46].

Caso a vítima tenha sido obrigada a fugir, a Lei Maria da Penha determina que a autoridade policial poderá "se necessário, acompanhar a ofendida para assegurar a retirada de seus pertences do local da ocorrência ou do domicílio familiar" (art. 11, IV, Lei Maria da Penha). Essa diligência policial de segurança independe de prévia autorização judicial.

Os atos de disposição de patrimônio comum de compra, venda e locação podem ser suspensos (art. 24, II, da Lei n. 11.340/2006), como forma de resguardar os interesses econômicos da vítima, comunicando-se ao Cartório de Registro de Imóveis. Trata-se de medida muito importante pois, em regra, os homens são responsáveis pela gerência dos bens do casal e até dos bens particulares das parceiras.

Entre os referidos bens, estão compreendidos os bens móveis e os bens imóveis. A doutrina entende ser possível, também, o arrolamento de bens designando-se a mulher como depositária.

---

45. Nos termos do artigo 1.658 do Código Civil, "no regime de comunhão parcial, comunicam-se os bens que sobrevierem ao casal, na constância do casamento (...)". Prevê, ainda, o artigo 1.725 do Código Civil que "na união estável, salvo contrato escrito entre os companheiros, aplica-se às relações patrimoniais, no que couber, o regime da comunhão parcial de bens".

46. DIAS, Maria Berenice. **A Lei Maria da Penha na justiça**: a efetividade da Lei 11.340/2006 de combate à violência doméstica. 2ª ed. São Paulo: RT, 2010, p. 117.

Esta medida justifica-se em razão de "fundado receio de extravio ou de dissipação de bens"[47].

Refere a lei aos atos de compra, de venda e de locação. A compra de bens pode prejudicar a mulher e seus filhos ou até favorecer exclusivamente os interesses do agressor. A venda importa em disposição do patrimônio, muitas vezes utilizada como forma de se evitar a partilha de bens (vendas simuladas a amigos e parentes). Por fim, pode-se também regular a locação, a qual não dependeria de vênia conjugal, salvo quando o prazo do contrato exceder 10 anos (art. 3ª, da Lei n. 8.245, de 18 de outubro de 1991[48]).

Comentando este dispositivo da Lei de Locação, Rogério Sanches Cunha e Ronaldo Batista Pinto referem que ante a "ampla faculdade que se abre ao marido de, livremente, celebrar contrato de locação, é que o legislador incluiu a presente restrição, conferindo ao juiz a possibilidade de proibir a celebração dessa espécie de ajuste"[49]. Por exemplo, um segundo imóvel do casal poderia ser utilizado pela mulher ao invés de ser objeto de aluguel a terceiro.

A suspensão da procuração[50] deve ser comunicada ao Cartório de Registro de Notas e constitui uma importante medida para a proteção patrimonial. A vítima pode depositar tamanha credibilidade no parceiro que lhe confira poderes para gerir todo o seu patrimônio, o que pode causar danos irreparáveis.

---

47 Maria Berenice Dias diz que se não houver justificativa para a restituição, o juiz "tem a faculdade de determinar o arrolamento dos bens ou o protesto contra a alienação de bens, como forma de assegurar a higidez do patrimônio (art. 22, § 1°, da Lei n. 11.340/2006). Desta forma evita a probabilidade de ocorrência de dano irreparável" (DIAS, Maria Berenice. **A Lei Maria da Penha na justiça**: a efetividade da Lei 11.340/2006 de combate à violência doméstica. 2ª ed. São Paulo: RT, 2010, p. 118).

48. BRASIL. **Lei n. 8.245**, de 18 de outubro de 1991. Disponível em: <http://www.planalto.gov.br/ccivil_03/leis/l8245.htm>. Acesso em: 05 mar. 2013.

49. CUNHA, Rogério Sanches; PINTO, Ronaldo Batista. **Violência doméstica**: Lei Maria da Penha – 11.340/2006 comentada artigo por artigo. 13ª ed. São Paulo: JusPodivm, 2023, p. 143.

50. Sobre o mandato, ver artigos 653 a 692 do Código Civil.

Normalmente, esta medida de proteção envolve mulheres idosas e parentes homens, que passam a gerir o patrimônio como se seu fosse. Estudos revelam um perfil comum neste tipo de violência: em regra, o agressor mora com a vítima; há dependência econômica entre os envolvidos; o agressor consome excessivamente álcool ou outras drogas, vive isolado e pode apresentar problemas mentais[51].

Também há a situação do denominado estelionato sentimental (ou o "golpe de Don Juan"), de golpistas que se aproximam da mulher com a finalidade simular uma relação afetiva, ganhar sua confiança e realizar a apropriação fraudulenta de seus bens abusando da dependência emocional e da visão sexista de gestão masculina do patrimônio.

Por fim, a medida de caução provisória tem por finalidade assegurar a indenização e ganha relevância ante a possibilidade do juiz, já na sentença condenatória, determinar ao réu o ressarcimento do prejuízo causado (art. 387, IV, do Código de Processo Penal). Vale registrar que a caução provisória não se limita à indenização mínima fixada na sentença penal condenatória (infelizmente, banalizada na praxe judiciária brasileira), mas deve ser guiada pela perspectiva de reparação integral às vítimas de crimes, conforme diretrizes da jurisprudência da Corte Interamericana de Direitos Humanos (onde a média de indenizações

51. Nesse sentido, estudo de Maria Cecília de Souza Minayo. A autora ainda refere que estudos realizados no país evidenciam que a maioria dos crimes contra idosos são praticados por "filhos, netos ou cônjuges e outros 7% se referem a outros parentes", referindo "em primeiro lugar abusos econômicos (tentativas de apropriação dos bens do idoso ou a abandono material cometido contra ele), em segundo lugar, agressões físicas e em terceiro, recusa dos familiares em dar-lhes proteção". Quanto aos filhos, a violência normalmente "está associada a alcoolismo: deles próprios ou dos pais idosos" (MINAYO, Maria Cecília de Souza. Violência contra idosos. In: BRASIL. **I Conferência Nacional de Direitos do Idoso**: construindo a Rede Nacional de Proteção e Defesa da Pessoa Idosa – RENADI. Brasília: Conselho Nacional dos Direitos do Idoso, 2006. Disponível em: https://www.ipea.gov.br/participacao/images/pdfs/conferencias/Idosos/texto_base_1_conferencia_direitos_pessoa_idosa.doc Acesso em: 26 dez. 2024.

a vítimas de violações de direitos humanos gira em torno de US$ 100 mil)[52].

No que tange à comunicação aos Cartórios, sugerem ROGÉRIO SANCHES CUNHA e RONALDO BATISTA PINTO que sejam expedidos ofícios: ao Cartório de Registro de Imóveis (para os atos de disposição do patrimônio comum, inciso II); ao Cartório de Notas (para a suspensão de procuração, inciso III); à Junta Comercial (quando da existência de sociedade comercial ou industrial entre vítima e agressor); ao Cartório de Registro Civil das Pessoas Jurídicas (quando da existência de sociedades civis e outras entre vítima e agressor); e ao Departamento de Trânsito (quanto à venda de veículos).

Por fim, referem os autores que, em todas as hipóteses, deve ser comunicado o Cartório de Registro de Títulos e Documentos, "para que se dê publicidade a terceiros e se evite futura alegação de ignorância"[53].

FORMULÁRIO NACIONAL DE AVALIAÇÃO DE RISCO (FoNAR)
(Questionamentos para aferir violência patrimonial ou dependência econômica)
O(A) agressor(a) já teve algum destes comportamentos? (item 06) ( ) Impediu você de ter acesso a dinheiro, conta bancária ou outros bens (como documentos pessoais, carro)

52. Por exemplo, no precedente Lopez Soto, relacionado a uma mulher que foi sequestrada e submetida a violência sexual e agressões físicas, com omissão da polícia para sua localização e resgate, a Corte IDH fixou indenização de US$ 80 mil por danos morais à vítima direta (além de outros valores aos seus familiares, como vítimas indiretas), além de US$ 7.500 por despesas de tratamento médico e psicológico, US$ 25 mil para conclusão de seus estudos (verba considerada no impacto da violência no projeto de vida da vítima), US$ 45 mil por danos emergentes e US$ 20 mil por lucros cessantes. Ou seja, um total de US$ 177.500. Corte IDH. **Caso López Soto e outros vs. Venezuela**, Sentença de 26 de setembro de 2018, §§ 294, 313, 365, 368, 374.

53. CUNHA, Rogério Sanches; PINTO, Ronaldo Batista. **Violência doméstica**: Lei Maria da Penha – 11.340/2006 comentada artigo por artigo. 13ª ed. São Paulo: JusPodivm, 2023, p. 146. MARIA BERENICE DIAS também entende pertinente oficiar ao Cartório de Registro de Títulos e Documentos (DIAS, Maria Berenice. **A Lei Maria da Penha na justiça**: a efetividade da Lei 11.340/2006 de combate à violência doméstica. 2. ed. São Paulo: RT, 2010, p. 119).

Estão vivendo algum conflito com relação à guarda dos filhos, visitas ou pagamento de pensão pelo agressor? (item 17)

Você se considera dependente financeiramente do(a) agressor(a)? (item 26)

PROTOCOLO PARA JULGAMENTO COM PERSPECTIVA DE GÊNERO

Escusas nos crimes patrimoniais

Na atuação com perspectiva de gênero, pode ser necessário o controle de convencionalidade das causas de isenção de pena e a representação previstas nos arts. 181 e 182 do Código Penal, o que se afirma como base no que dispõe Convenção de Belém do Pará (Controle de Convencionalidade, Parte II, Seção 9 abaixo).

Com efeito, a isenção de pena prevista no art. 181 e a representação previstas no Código Penal inviabilizam o reconhecimento da mulher como titular de patrimônio jurídico próprio, dissociado de seu cônjuge ou de outro membro familiar, o que obsta a caracterização da violência patrimonial prevista no art. 7º, IV, da Lei Maria da Penha.

Ademais, esta figura foi criada por ocasião da promulgação do Código Penal em 1940, oportunidade em que o regime geral de bens no matrimônio era a comunhão total, diversamente do atual (comunhão parcial), sendo revisitada apenas por ocasião da promulgação do Estatuto do Idoso, que, ademais, exclui os referidos artigos de seu âmbito de aplicação e prevê majorante se configuradas as referidas hipóteses.

JURISPRUDÊNCIA

STF – Arguição de Descumprimento de Preceito Fundamental ADPF 11895, movida CONAMP questiona as escusas absolutórias (pendente de julgamento).

Proibição temporária de realizar negócios jurídicos

TJDFT – "Até que seja definido de maneira definitiva o acervo patrimonial comum dos ex-conviventes para efeito de partilha, à falta de prova da propriedade exclusiva deve ser mantida a medida protetiva consistente no veto temporário à realização de negócios jurídicos dos bens litigiosos. Inteligência do artigo 24, inciso II, da Lei n. 11.340/06. II. Recurso conhecido e desprovido".

(TJDFT, AGI 0029583-73.2014.8.07.0000, rel. Des. James Eduardo Oliveira, j. 25/03/2015, Quarta Turma Cível, DJe 09/04/2015).

TJDFT – "O artigo 24, inciso II, da Lei n. 11.340/2016 (Lei Maria da Penha) estabelece a possibilidade de determinação judicial liminar de proibição temporária de celebração de atos de alienação de propriedade em comum do casal, salvo mediante expressa autorização judicial, tendo como finalidade a própria proteção patrimonial dos bens que compõem a sociedade conjugal. 3. Havendo controvérsia quanto ao período de união estável, validade de cessão de direito sobre imóvel formalizada entre o casal e vulnerabilidade em detrimento da mulher, razoável se mostra a determinação de medida protetiva atinente à proibição de alienação de imóvel, salvo em caso de autorização judicial, até que seja definitivamente julgada a partilha do patrimônio decorrente da união estável mantida entre as partes em demanda própria. 4. Recurso conhecido e não provido".

(TJDFT, 0707019-20.2018.8.07.0000, rel. Des. Ana Cantarino, Oitava Turma Cível, j. 19/09/2018, DJe 28/09/2018).

Retenção de documentos e objetos pessoais

TJ-MT – "A palavra da vítima possui relevante valor probante, sobretudo diante da possível conduta que configure a violência patrimonial, no caso, retenção indevida dos documentos e objetos pessoais, se mostra verossímil o pedido de ampliação das medidas protetivas a fim de que seja determinada a devolução dos bens pessoais subtraídos. Inteligência do artigo 7º IV c/c 24, I da Lei Maria da Penha".

(TJ-MT, 10130090520188110000, rel. Des. Guiomar Teodoro Borges, Quarta Câmara de Direito Privado, j. 30/01/2019, DJ 30/01/2019).

Restituição de bens

TJ-MA – "I. Segundo o inciso III, do artigo 5º, da Lei n. 11.340/2006 (Lei Maria da Penha), a norma específica é aplicada mesmo em casos em que o agressor já tenha convivido com a ofendida em relação de afeto, independente de coabitação, bastando para a aplicação da norma em apreço, que estejam configuradas as hipóteses do dispositivo mencionado. II. O artigo 24, inciso I, da Lei n. 11.340/2006 prevê expressamente proteção de cunho patrimonial, ao dispor sobre a possibilidade de concessão de medida protetiva de restituição de bens indevidamente subtraídos pelo agressor. III. Não cabe afirmar que os Juizados ou Varas Especializadas em Violência contra a Mulher não podem apreciar questões de violência patrimonial, haja vista sua competência híbrida, sobretudo quando a violência ocorre sob ameaça, configurando impedimento indevido do exercício do direito fundamental de moradia, disposto no artigo 6º, da CF/88. IV. Agravo provido."

(TJ-MA, AI 0003421-28.2012.8.10.0000, rel. Des. Maria das Graças de Castro Duarte Mendes, Quinta Câmara Cível, j. 29/10/2012, DJ 31/10/2012).

TJ-RS – "Fato é que há uma relação familiar entre as partes, pois foram casados e se está diante de uma situação de violência patrimonial motivada pelo gênero pela vulnerabilidade dela em relação ao ex-marido. O acusado não admite o término do relacionamento entre eles e está retendo os objetos pessoais da ex-mulher. A vítima recorre ao Judiciário, porque tem medo da sua reação, pois ele não aceita a separação. Diante desse contexto, está assinalada a vulnerabilidade e hipossuficiência".

(TJ-RS, CJ 70081305781, rel. Des. Sylvio Baptista Neto, Primeira Câmara Criminal, j. 12/06/2019, DJ 01/07/2019).

8.6. OUTRAS MEDIDAS DE PROTEÇÃO PREVISTAS NA LEI MARIA DA PENHA

8.6.1. Assistência prioritária pelo SUS e Susp e cirurgia reparadora

> Art. 9º A assistência à mulher em situação de violência doméstica e familiar será prestada **em caráter prioritário no Sistema Único de Saúde (SUS) e no Sistema Único de Segurança Pública (Susp)**, de forma articulada e conforme os princípios e as diretrizes previstos na Lei n. 8.742, de 7 de dezembro de 1993 (Lei Orgânica da Assistência Social), e em outras normas e políticas públicas de proteção, e emergencialmente, quando for o caso. (grifo nosso)

A Lei n. 14.887/2024 trouxe importantes alterações legislativas, assegurando assistência prioritária no Sistema Único de Saúde e no Sistema Único de Segurança Pública para as mulheres em situação de violência.

Além disso, modificou a lei que trata de cirurgia plástica reparadora pelo SUS de sequelas de lesões causadas por atos de violência contra a mulher (Lei n. 13.239, de 2015), com prioridade entre os casos de mesma gravidade.

Trata-se de importantíssima previsão e, embora não se trate de medida protetiva específica definida na Lei Maria da Penha, o atendimento preferencial da vítima poderá ser determinado pela autoridade judiciária a fim de auxiliar a vítima a superar a violência.

No âmbito do SUS, a Lei n. 8.080/1990 prevê o "atendimento público específico e especializado para mulheres e vítimas de violência doméstica em geral, que garanta, entre outros, atendimento, acompanhamento psicológico e cirurgias plásticas reparadoras" e "o direito de serem acolhidas e atendidas nos serviços de saúde prestados no âmbito do SUS, na rede própria ou conveniada, em local e ambiente que garantam sua privacidade e restrição do acesso de terceiros não autorizados pela paciente, em especial o do agressor (art. 7º, XIV e parágrafo único).

Desde 2023, em consultas, exames e procedimentos realizados em unidades de saúde públicas ou privadas, toda mulher tem o direito de fazer-se acompanhar por pessoa maior de idade, durante todo o período do atendimento, independentemente de notificação prévia (art. Art. 19-J, introduzido pela Lei n. 14.737/2023).

8.6.2. Manutenção do vínculo trabalhista e remoção de funcionária pública

> Art. 9º.
>
> § 2º O juiz assegurará à mulher em situação de violência doméstica e familiar, para preservar sua integridade física e psicológica:
>
> I – acesso prioritário à remoção quando servidora pública, integrante da administração direta ou indireta;
>
> II – manutenção do vínculo trabalhista, quando necessário o afastamento do local de trabalho, por até seis meses.

A independência econômica é fundamental para a mulher conseguir se libertar de uma situação de violência. Assim, a Lei Maria da Penha prevê no art. 9º que a remoção da funcionária pública deverá ser solicitada no Juizado de Violência Doméstica, diante de uma situação de violência. Tal como ocorre nas medidas protetivas, essa providência não está condicionada ao registro de boletim de ocorrência nem à instauração de um processo civil ou criminal, mas depende da demonstração de indícios de violência e da necessidade da medida. No novo posto de trabalho não podem subsistir os fatores de risco anteriores, preservando-se os dados da remoção em sigilo. Vale registrar que essa medida também pode ser concedida diretamente na esfera administrativa, sem intervenção jurisdicional, pois é dever da Administração Pública assegurar a segurança das mulheres servidoras públicas.

No que tange à manutenção do vínculo trabalhista, a questão é mais controvertida. Surgiram dois entendimentos quanto à natureza do afastamento da mulher em situação de violência: interrupção ou suspensão do contrato de trabalho. Além disso, discutia-se quem deveria arcar com o pagamento dos salários durante o período de afastamento: o empregador da vítima; o INSS. Havia ainda o entendimento de que não haveria pagamentos ante a ausência de regulamentação legal.

ROGÉRIO SANCHES sustenta que[54]:

> A solução que nos parece mais adequada seria de suspensão do contrato de trabalho, na qual a mulher teria mantido o seu vínculo empregatício, não recebendo, porém, salário do empregador, mas sim do órgão previdenciário. É o que ocorre, por exemplo, na licença da gestante (art.392 da CLT) ou na ausência do empregado por doença ou acidente de trabalho a partir do 16º dia (art. 476 da CLT e art. 75, § 3º, do Regulamento de Benefícios da Previdência Social- Dec. 3.048/99, de 06.05.1999). Nesses casos, quem paga pelo período de afastamento da gestante ou o auxílio-doença do empregado é a Previdência, não gerando nenhum ônus para o empregador.

De um modo geral, notava-se uma preocupação em não se onerar excessivamente o empregador com o pagamento de seis meses de salário sem a presença da funcionária, por um fato alheio ao contrato de trabalho (violência doméstica e familiar), sob pena de tornar-se insustentável a permanência da mulher naquele posto ou mesmo gerar uma resistência para a contratação de outras mulheres naquela empresa. Ou seja, a violência doméstica é um problema social e o ônus de seu enfrentamento deve ser igualmente socializado no âmbito da previdência social.

No retorno ao trabalho, são "asseguradas todas as vantagens concernentes ao período de seu afastamento, bem como não poderá haver prejuízo para o cálculo de férias e para fins de incidência do FGTS e Previdência Social"[55].

---

54. CUNHA, Rogério Sanches; PINTO, Ronaldo Batista. **Violência doméstica**: Lei Maria da Penha – 11.340/2006 comentada artigo por artigo. 13ª ed. São Paulo: JusPodivm, 2023, p. 54.
55. BONINI, Paulo Rogério; SILVA, José Geraldo da; LAVORENTI, Wilson. **Leis Penais Especiais Anotadas.** 12ª ed. Campinas: Millennium, 2011. p. 838.

Em 2019, o STJ proferiu importante decisão sobre a questão, equiparando o afastamento decorrente de violência à licença por motivo de saúde. Assim, pela decisão, o empregador responde pelos primeiros quinze dias de afastamento e o restante do período é pago pelo INSS (REsp n. 1.757.775/SP, v. decisão ao final).

Além deste benefício previdenciário análogo ao auxílio-doença, há ainda o benefício de pensão por morte em caso de feminicídio. O STJ entende que o INSS possui legitimidade para requerer regressivamente do ofensor a indenização pelos valores pagos a título de pensão por morte (STJ, REsp 1431150/RS, rel. Min. Humberto Martins, Segunda Turma, j. 23/08/2016).

JURISPRUDÊNCIA

Natureza do afastamento e competência do Juizado de Violência Doméstica

STJ – "RECURSO ESPECIAL. VIOLÊNCIA DOMÉSTICA E FAMILIAR. MEDIDA PROTETIVA. AFASTAMENTO DO EMPREGO. MANUTENÇÃO DO VÍNCULO TRABALHISTA. COMPETÊNCIA. VARA ESPECIALIZADA. VARA CRIMINAL. NATUREZA JURÍDICA DO AFASTAMENTO. INTERRUPÇÃO DO CONTRATO DE TRABALHO. PAGAMENTO. INTERPRETAÇÃO TELEOLÓGICA. INTERPRETAÇÃO EXTENSIVA. PREVISÃO LEGAL. INEXISTÊNCIA. FALTA JUSTIFICADA. PAGAMENTO DE INDENIZAÇÃO. AUXÍLIO-DOENÇA. INSTITUTO NACIONAL DO SEGURO SOCIAL. RECURSO ESPECIAL PROVIDO PARCIALMENTE. 1. Tem competência o juiz da vara especializada em violência doméstica e familiar ou, caso não haja na localidade o juízo criminal, para apreciar pedido de imposição de medida protetiva de manutenção de vínculo trabalhista, por até seis meses, em razão de afastamento do trabalho de ofendida decorrente de violência doméstica e familiar, uma vez que o motivo do afastamento não advém de relação de trabalho, mas de situação emergencial que visa garantir a integridade física, psicológica e patrimonial da mulher. 2. Tem direito ao recebimento de salário a vítima de violência doméstica e familiar que teve como medida protetiva imposta ao empregador a manutenção de vínculo trabalhista em decorrência de afastamento do emprego por situação de violência doméstica e familiar, ante o fato de a natureza jurídica do afastamento ser a interrupção do contrato de trabalho, por meio de interpretação teleológica da Lei n. 11.340/2006. 3. Incide o auxílio-doença, diante da falta de previsão legal, referente ao período de afastamento do trabalho, quando reconhecida ser decorrente de violência doméstica e familiar, pois tal situação advém da ofensa à integridade física e psicológica da mulher e deve ser equiparada aos casos de doença da segurada, por meio de interpretação extensiva da Lei Maria da Penha. 4. Cabe ao empregador o pagamento dos quinze primeiros dias de afastamento da empregada vítima de violência doméstica e familiar e fica a cargo do INSS o pagamento do restante do período de afastamento estabelecido pelo juiz, com necessidade de apresentação de atestado que confirme estar a ofendida incapacitada para o trabalho e desde que haja aprovação do afastamento pela perícia do INSS, por incidência do auxílio-doença, aplicado ao caso por meio de interpretação analógica. 5. Recurso especial parcialmente provido, para a fim de declarar competente o Juízo da 2ª Vara Criminal de Marília-SP, que fixou as medidas protetivas a favor da ora recorrente, para apreciação do pedido retroativo de reconhecimento do afastamento de trabalho decorrente de violência doméstica, nos termos do voto".

(STJ, REsp 1.757.775/SP, rel. Min. Rogerio Schietti Cruz, Sexta Turma, j. 20/08/2019, DJe 02/09/2019).

Possibilidade de ação regressiva pelo INSS em caso de pensão por morte contra o autor de feminicídio

STJ – "PREVIDENCIÁRIO E PROCESSUAL CIVIL. INEXISTÊNCIA DE VIOLAÇÃO DO ART. 535 DO CPC. AÇÃO REGRESSIVA. ASSASSINATO DE SEGURADA PELO EX-MARIDO. RESSARCIMENTO AO INSS PELOS VALORES PAGOS A TÍTULO DE PENSÃO POR MORTE AOS BENEFICIÁRIOS. REPARAÇÃO CIVIL POR ATO ILÍCITO QUE CAUSAR DANO A OUTREM. POSSIBILIDADE. 1. Não há violação do art. 535 do CPC quando a prestação jurisdicional é dada na medida da pretensão deduzida. 2. A controvérsia posta no recurso especial resume-se em definir se a autarquia previdenciária efetivamente faz jus ao ressarcimento de benefícios previdenciários cuja origem é diversa daquela prevista nos arts. 120 e 121 da Lei n. 8.213/91, qual seja, acidente de trabalho. O caso concreto versa sobre assassinato de segurada do INSS pelo ex-marido. Logo, não se verifica que a pretensão recursal encontra óbice na Súmula 7/STJ. 3. Os artigos de lei apontados como violados são considerados impertinentes quando não possuem comandos legais suficientes para afastar a tese adotada no acórdão regional. 4. No caso dos autos, o benefício é devido pela autarquia previdenciária aos filhos da vítima em razão da comprovada relação de dependência e das contribuições previdenciárias recolhidas pela segurada. Logo, o INSS possui legitimidade e interesse para postular o ressarcimento de despesas decorrentes da concessão de benefício previdenciário aos dependentes de segurado, vítima de assassinato. 5. O agente que praticou o ato ilícito do qual resultou a morte do segurado deve ressarcir as despesas com o pagamento do benefício previdenciário, mesmo que não se trate de acidente de trabalho, nos termos dos arts. 120 e 121 da Lei n. 8.213/91, c/c os arts. 186 e 927 do Código Civil. Recurso especial improvido".

(STJ, REsp n. 1.431.150/RS, rel. Min. Humberto Martins, 2ª Turma, j. 23/8/2016, DJe 2/2/2017).

8.6.3. Prioridade para matrícula de dependentes e sigilo de dados escolares

Art. 9º

§ 7º A mulher em situação de violência doméstica e familiar tem prioridade para matricular seus dependentes em instituição de educação básica mais próxima de seu

> domicílio, ou transferi-los para essa instituição, mediante a apresentação dos documentos comprobatórios do registro da ocorrência policial ou do processo de violência doméstica e familiar em curso.
>
> § 8º Serão sigilosos os dados da ofendida e de seus dependentes matriculados ou transferidos conforme o disposto no § 7º deste artigo, e o acesso às informações será reservado ao juiz, ao Ministério Público e aos órgãos competentes do poder público.

Para a transferência ou prioridade de matrícula, a vítima deverá apresentar cópia do boletim de ocorrência ou certidão do processo em curso. Pode ser um processo civil, criminal ou mesmo procedimento de medidas protetivas fundadas em violência doméstica.

No que tange ao sigilo dos dados, tal providência poderá ser determinada judicialmente ou solicitada diretamente na instituição de ensino. Esse sigilo é muito importante para evitar que agressores tenham acesso à vítima mediante consulta aos dados de seus dependentes.

8.7. AÇÃO DE DIVÓRCIO E OUTRAS AÇÕES CÍVEIS

> Art. 14-A. A ofendida tem a opção de propor ação de divórcio ou de dissolução de união estável no Juizado de Violência Doméstica e Familiar contra a Mulher.
>
> § 1º Exclui-se da competência dos Juizados de Violência Doméstica e Familiar contra a Mulher a pretensão relacionada à partilha de bens.
>
> § 2º Iniciada a situação de violência doméstica e familiar após o ajuizamento da ação de divórcio ou de dissolução de união estável, a ação terá preferência no juízo onde estiver.

Quando do advento da Lei Maria da Penha, a pretensão inicial dos movimentos sociais que fomentaram a edição da lei era que o Juizado da Mulher tivesse uma competência cível e criminal ampla, de forma que a mulher em situação de violência pudesse, em um mesmo juízo, resolver todos os seus problemas. Todavia, a realidade do funcionamento cotidiano dos Juizados de Violência Doméstica apresentou um quadro de contínua elevação de volume de trabalho, associada a uma limitação de recursos humanos, que tem se traduzido, Brasil afora, em um estrangulamento da capacidade de funcionamento desde órgão jurisdicional. A recente alteração legislativa promovida pela Lei n. 14.994/2024 que torna o crime de ameaça de ação penal pública incondicionada e introduz elevações significativas de penas para os crimes de lesão corporal e descumprimento de medidas protetiva, sinalizam nesse sentido de incremento do sucateamento dos Juizados da Mulher.

Diante desta tensão entre as expectativas de movimentos feministas e a realidade do funcionamento dos Juizados da Mulher, surgiu um segmento interpretação restritiva da sua competência cível, inicialmente limitando às medidas protetivas de urgência (Enunciado FONAVID n. 3). O projeto de lei que posteriormente deu ensejo à Lei n. 13.894/2019 visava inicialmente superar essa resistência e expandir a competência cível. Todavia, durante sua tramitação legislativa, acabaram por ocorrer alterações que limitaram essa competência ampla, para excluir a partilha de bens, e excluindo a alteração de competência em caso de a situação de violência ocorrer de forma posterior ao ajuizamento da ação perante a vara de família. Nesse sentido, constou da manifestação da relatora do projeto de lei perante a Câmara dos Deputados, Érika Kokay[56]:

> No ponto, é preciso também lembrar que, conforme o artigo 1581 do Código Civil, o divórcio pode ser concedido sem que haja prévia partilha de bens. Assim, questões complexas eventualmente relacionadas à partilha poderiam ser postergadas, podendo o magistrado do juizado de violência doméstica e familiar se concentrar apenas na dissolução do vínculo e nos temas com os quais já provavelmente lidou, em virtude do exame de medidas cautelares, tais como a

56. KOKAY, Érika. **Parecer da relatora na Câmara dos Deputados – PL 510/2019**. 27 mar. 2019. Disponível em: https://www.camara.leg.br/proposicoesWeb/prop_mostrarintegra?codteor=1724714&filename=Tramitacao-PL%20510/2019

separação de corpos, a guarda dos filhos e os alimentos provisórios.

Ou seja, além das medidas protetivas de urgência de separação de corpos (LMP, art. 23, IV), de restrição ou suspensão da visitação aos filhos (LMP, art. 22, IV) e de alimentos provisórios (LMP, art. 22, inciso V), o Juizado da Mulher também poderá decidir sobre esses temas de forma definitiva caso haja o ajuizamento da ação de divórcio perante ele. Todavia, o tema da partilha de bens, por ser questão de maior complexidade, não poderá ser apreciado no âmbito desta ação de divórcio perante o Juizado, sendo necessário o posterior ajuizamento de uma segunda ação, perante o Juízo de Família, para decidir quanto à partilha de bens.

Considerando que muitas vezes a partilha patrimonial é um dos aspectos mais relevantes para a resolução dos problemas da mulher, de forma a dar-lhe autonomia para efetivamente afastar-se do ofensor, e que a cisão da ação de divórcio perante dois juízos usualmente é contraprodutiva à mulher, acaba que esta restrição prevista no art. 14-A, § 1º na prática inviabiliza a ação de divórcio perante o Juizado da Mulher. Ainda assim, se eventualmente alguma mulher decidir por este ajuizamento de ação de divórcio sem discussão de partilha de bens, estará amparada pela previsão legal.

ENUNCIADO

FONAVID ENUNCIADO 3: "A competência cível dos Juizados de Violência Doméstica e Familiar contra a Mulher é restrita às medidas protetivas de urgência previstas na Lei Maria da Penha, devendo as ações cíveis e as de Direito de Família ser processadas e julgadas pelas varas cíveis e de família, respectivamente". (Enunciado anterior à Lei n. 13.894/2019).

JURISPRUDÊNCIA

Possibilidade de ajuizamento de ação de divórcio no Juizado da Mulher (anterior ao advento da Lei n. 13.894/2019)

STJ – "RECURSO ESPECIAL. AÇÃO DE DIVÓRCIO DISTRIBUÍDA POR DEPENDÊNCIA À MEDIDA PROTETIVA DE URGÊNCIA PREVISTA NA LEI N. 11.340/2006 (LEI MARIA DA

PENHA). 1. COMPETÊNCIA HÍBRIDA E CUMULATIVA (CRIMINAL E CIVIL) DO "JUIZADO" ESPECIALIZADO DA VIOLÊNCIA DOMÉSTICA E FAMILIAR CONTRA A MULHER. AÇÃO CIVIL ADVINDA DO CONSTRANGIMENTO FÍSICO E MORAL SUPORTADO PELA MULHER NO ÂMBITO FAMILIAR E DOMÉSTICO. 2. POSTERIOR EXTINÇÃO DA MEDIDA PROTETIVA. IRRELEVÂNCIA PARA EFEITO DE MODIFICAÇÃO DA COMPETÊNCIA. 3. RECURSO ESPECIAL PROVIDO. 1. O art. 14 da Lei n. 11.340/2006 preconiza a competência cumulativa (criminal e civil) da Vara Especializada da Violência Doméstica e Familiar contra a Mulher para o julgamento e execução das causas advindas do constrangimento físico ou moral suportado pela mulher no âmbito doméstico e familiar. 1.1 A amplitude da competência conferida pela Lei n. 11.340/2006 à Vara Especializada tem por propósito justamente permitir ao mesmo magistrado o conhecimento da situação de violência doméstica e familiar contra a mulher, permitindo-lhe bem sopesar as repercussões jurídicas nas diversas ações civis e criminais advindas direta e indiretamente desse fato. Providência que a um só tempo facilita o acesso da mulher, vítima de violência familiar e doméstica, ao Poder Judiciário, e confere-lhe real proteção. 1.2. Para o estabelecimento da competência da Vara Especializada da Violência Doméstica ou Familiar Contra a Mulher nas ações de natureza civil (notadamente, as relacionadas ao Direito de Família), imprescindível que a correlata ação decorra (tenha por fundamento) da prática de violência doméstica ou familiar contra a mulher, não se limitando, por conseguinte, apenas às medidas protetivas de urgência previstas nos arts. 22, incisos II, IV e V; 23, incisos III e IV; e 24, que assumem natureza civil. Tem-se, por relevante, ainda, para tal escopo, que, no momento do ajuizamento da ação de natureza cível, seja atual a situação de violência doméstica e familiar a que a demandante se encontre submetida, a ensejar, potencialmente, a adoção das medidas protetivas expressamente previstas na Lei n. 11.340/2006, sob pena de banalizar a competência das Varas Especializadas. 2. Na espécie, a ação de divórcio foi promovida em 16/6/2013, em meio à plena vigência de medida protetiva de urgência destinada a neutralizar a situação de violência a que a demandante encontrava-se submetida, a ensejar a pretensão de dissolução do casamento. Por consectário, a posterior extinção daquela (em 8/10/2013), decorrente de acordo entabulado entre as partes, homologado pelo respectivo Juízo, afigura-se irrelevante para o efeito de se modificar a competência. 3. Recurso Especial provido".

(STJ, REsp n. 1.496.030/MT, rel. Min. Marco Aurélio Bellizze, Terceira Turma, j. 6/10/2015, DJe 19/10/2015).

Impossibilidade de ajuizamento de ação de partilha no Juizado da Mulher

STJ – "PROCESSUAL CIVIL. RECURSO ESPECIAL. CONFLITO DE COMPETÊNCIA. AÇÃO DE PARTILHA AJUIZADA APÓS O DIVÓRCIO E ANTERIORMENTE AO REQUERIMENTO DE MEDIDA PROTETIVA. LEI Nº 11.340/2006. COMPETÊNCIA DO JUÍZO CÍVEL PARA PROCESSO E JULGAMENTO DA AÇÃO DE PARTILHA. 1. Nos termos do art. 14-A, § 1º, da Lei n. 11.340/2006, conforme acrescido pela Lei n. 13.894/2019, a pretensão relacionada à partilha de bens em situação de violência doméstica e familiar exclui-se da competência dos Juizados de Violência Doméstica e Familiar contra a Mulher. 2. No caso, considerando que a discussão versa apenas sobre a partilha de bens, deve ser preservada a competência do Juízo Cível. 3. Recurso especial provido".

(REsp n. 2.106.115/BA, rel. Min. Maria Isabel Gallotti, Quarta Turma, julgado em 10/12/2024, DJEN de 18/12/2024.)

9

QUADRO ESQUEMÁTICO

FATORES QUE CONTRIBUEM PARA O SILÊNCIO DA VÍTIMA

- Mito do amor romântico
- Medo de revelar a violência
- Isolamento da família e rede de apoio
- Pressão familiar para que a vítima desista do processo
- Dependência econômica
- Agressores invertem a culpa e responsabilizam as vítimas
- Fase de "Lua de mel" no ciclo da violência
- Reação de "congelamento"

AVALIAÇÃO E GESTÃO DE RISCO

AVALIAÇÃO DE RISCO: identificação de fatores de risco e de proteção

GESTÃO DO RISCO: intervenção individualizada para o caso concreto, levando-se em conta as informações colhidas na avaliação de risco

FATORES DE RISCO: indicadores de perigo relacionados à possibilidade de recidiva, de agravamento da violência, ou feminicídio.

FATORES DE PROTEÇÃO: fatores que podem diminuir ou eliminar o risco relacionado à pessoa da vítima e seus dependentes

FATORES DE RISCO E FATORES DE PROTEÇÃO MAIS RELEVANTES

Fatores de risco mais relevantes	Fatores de proteção mais relevantes
Separação recente Perseguição (*stalking*) Armas de fogo em poder do agente Escalada da violência Histórico prévio de violência na família Ciúmes excessivo e comportamento controlador	Fatores de proteção Rompimento do silêncio e/ou isolamento Afastamento do agressor Medidas protetivas Monitoramento eletrônico Rede de suporte Recursos financeiros Engajamento do agressor em programas de intervenção específicos para a violência de gênero

PRINCÍPIOS PARA A AVALIAÇÃO DE RISCO

- Princípio da perspectiva de gênero
- Princípio da proteção integral
- Princípio da proteção imediata
- Princípio da proteção adequada
- Princípio da proteção prospectiva
- Princípio da precaução
- Princípio da autonomia das medidas protetivas
- Princípio da duração suficiente da proteção

PROCESSO PROTETIVO

Proteção ampla	• Proteção nos termos da Lei Maria da Penha: âmbitos afetivo, doméstico e familiar. • Proteção além da Lei Maria da Penha: qualquer violência de gênero contra a mulher. A proteção é ampliada à luz do Controle de Convencionalidade.
Vítima mulher	• Presunção de vulnerabilidade da vítima (art. 40-A LMP) • Há proteção jurídica da mulher trans (ADI 4.275, Enunciado COPEVI n. 30, FONAVID n. 46 e CONDEGE n. 4)
Dependentes da vítima	• Filhos, filhas e quaisquer pessoas com relação de dependência (art. 19, §§ 4º e 6º e 22, III, "a" e "b" LMP) • Podem ser: vítimas diretas, indiretas ou utilizados pelo agressor para atingir a vítima (violência vicária)

PROCEDIMENTO DO PROCESSO PROTETIVO

Requerimento	• pode ser formulado diretamente pela vítima perante o Juizado, Ministério Público ou Delegacia de Polícia. • não há necessidade de advogado para o requerimento da vítima. • pode ser também formulado pelo Ministério Público, advogado ou Defensoria Pública. • ante a autonomia das medidas protetivas, o requerimento não precisa ser acompanhado de BO nem descrever a prática de um crime
Instrução do pedido com depoimento da vítima	• A partir da Lei n. 14.550/2023, consta expressamente da Lei Maria da Penha que o juiz deve decidir com base no "depoimento da vítima perante autoridade policial ou suas alegações escritas" (art. 19, § 4º, da Lei Maria da Penha).
Outras "provas" **• o depoimento da vítima já é suficiente, mas, caso existentes outros elementos, poderão ser juntados ao procedimento/pedido.**	• depoimento/declaração (de próprio punho ou em cartório) de testemunhas diretas (presenciais) ou indiretas (sabem do fato); • fotografias atuais ou pretéritas da violência; • laudo pericial; • relatório de atendimento em hospital ou declaração médica; • mensagens de texto ou e-mails relacionados ao fato; • Formulário Nacional de Avaliação de Risco
Competência	• contextos afetivo, doméstico e familiar: competência do Juizado de Violência Doméstica contra a Mulher • fora desses contextos, Juiz Criminal (IP ou ação em curso) ou Juízo Cível • vítima pode escolher entre o Juízo do local do fato, de sua residência ou domicílio ou domicílio do agressor ("foro de eleição") • STJ: conceito de Juízo Imediato para a proteção da mulher • Não há prevenção
Decisão Judicial (até 48 horas)	Características: • concessão imediata • suficiência da palavra da vítima • autonomia da proteção • presunção do perigo • caráter "rebus sic stantibus" da decisão
Intimações do autor da violência, da vítima e do Ministério Público	• contraditório postergado/diferido, pois há intimação do requerido após a decisão judicial • não se trata de citação do requerido, mas intimação • finalidade de ciência, acompanhamento e eventual modificação da decisão • pode haver intimação por meios eletrônicos (segundo jurisprudência)

Audiência de Justificação (Facultativa)	• Excepcional, apenas para esclarecer dúvidas relevantes, necessidades de proteção ou questões civis urgentes • Não deve adiar a proteção imediata • Centralidade na proteção à mulher e não revitimização
Monitoramento das medidas protetivas	• avaliação e gestão de risco • encaminhamentos para a rede de atendimento • acompanhamento das vítimas por programa específico, como Guardiã ou Patrulha Maria da Penha • pode ser determinado monitoramento eletrônico
Reavaliação periódica e revogação (Tema 1249 STJ)	• a proteção só revogada após decisão judicial • não há revogação automática • não há prazo fatal para as medidas • não há revogação "implícita" pelo fato de a vítima retomar o contato ou relacionamento com o agente • a revogação só deve existir diante da ausência de perigo. • sugere-se o prazo inicial de reavaliação em um ano, compatível com estudos internacionais sobre o risco de feminicídio
Recurso cabível	• não há um recurso previsto em lei, cada Estado adotou um entendimento específico • admite-se: recurso em sentido estrito, agravo de instrumento, correição parcial ou reclamação, apelação

FLUXOGRAMA DO PROCESSO PROTETIVO COM AVALIAÇÃO DE RISCO

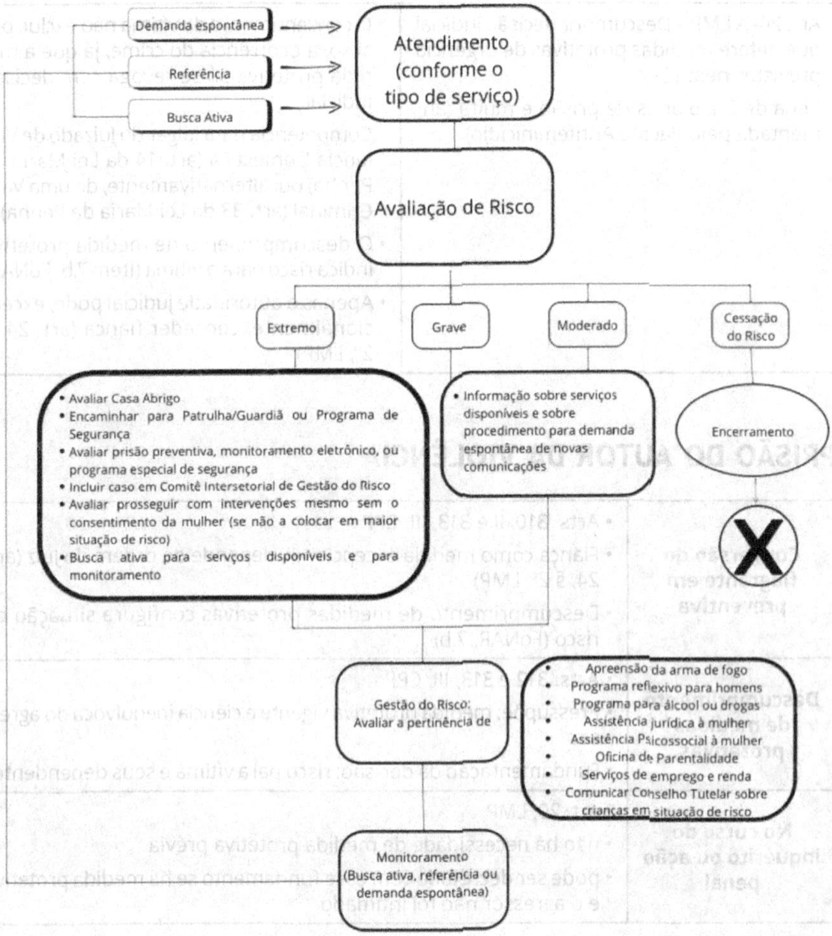

DESCUMPRIMENTO DE MEDIDAS PROTETIVAS

Crime do art. 24-A LMP

Art. 24- A LMP – Descumprir decisão judicial que defere medidas protetivas de urgência previstas nesta Lei: Pena de 2 a 5 anos de prisão e multa (aumentada pelo Pacote Antifeminicídio)	• O consentimento da vítima não exclui, por si só, a ocorrência do crime, já que a medida protetiva só se revoga com decisão judicial • Competência para julgar do Juizado de Violência Doméstica (art. 14 da Lei Maria da Penha) ou, alternativamente, de uma Vara Criminal (art. 33 da Lei Maria da Penha) • O descumprimento de medida protetiva indica risco para a vítima (Item 7.b, FoNAR) • Apenas a autoridade judicial pode, excepcionalmente, conceder fiança (art. 24, § 2º, LMP)

PRISÃO DO AUTOR DA VIOLÊNCIA

Conversão do flagrante em preventiva	• Arts. 310, II e 313, III, CPP • Fiança como medida excepcional, depende de ordem do Juiz (art. 24, § 2º, LMP) • Descumprimento de medidas protetivas configura situação de risco (FoNAR, 7.b)
Descumprimento de medidas protetivas	• Arts. 312 e 313, III, CPP • Pressupõe: medida protetiva vigente e ciência inequívoca do agressor • Fundamentação da decisão: risco para vítima e seus dependentes
No curso do inquérito ou ação penal	• art. 20, LMP • não há necessidade de medida protetiva prévia • pode ser decretada com esse fundamento se há medida protetiva e o agressor não foi intimado

ESPÉCIES DE MEDIDAS PROTETIVAS DE URGÊNCIA NA LEI MARIA DA PENHA

Medidas protetivas que obrigam o agressor (art. 22)	• suspensão da posse ou restrição do porte de armas; • afastamento do lar, domicílio ou local de convivência com a ofendida;

Medidas protetivas que obrigam o agressor (art. 22)	• proibição de aproximação da ofendida, de seus familiares e das testemunhas, fixando o limite mínimo de distância entre estes e o agressor • proibição de contato com a ofendida, seus familiares e testemunhas por qualquer meio de comunicação; • proibição de frequentação de determinados lugares a fim de preservar a integridade física e psicológica da ofendida; • restrição ou suspensão de visitas aos dependentes menores, ouvida a equipe de atendimento multidisciplinar ou serviço similar; • prestação de alimentos provisionais ou provisórios.
Programas para homens autores de violência	**Desde 2020, há medidas protetivas específicas:** • comparecimento do agressor a programas de recuperação e reeducação; • acompanhamento psicossocial do agressor, por meio de atendimento individual e/ou em grupo de apoio.
Medidas protetivas destinadas à vítima (arts. 23)	• encaminhamento da ofendida e seus dependentes a programa oficial ou comunitário de proteção ou de atendimento; • recondução da ofendida e de seus dependentes ao respectivo domicílio, após afastamento do agressor; • o afastamento da ofendida do lar, sem prejuízo dos direitos relativos a bens, guarda dos filhos e alimentos; • determinar a separação de corpos; • NOVO: Auxílio-aluguel, por até 06 meses
Medidas protetivas inominadas destinadas à vítima (arts. 9º, § 2º)	• acesso prioritário à remoção quando servidora pública; • manutenção de vínculo trabalhista, quando necessário o afastamento do local de trabalho, por até seis meses. • encaminhamento à assistência judiciária
Medidas protetivas patrimoniais (art. 24)	• restituição de bens indevidamente subtraídos pelo agressor à ofendida; • proibição temporária para a celebração de atos e contratos de compra, venda e locação de propriedade em comum, salvo expressa autorização judicial; • suspensão das procurações conferidas pela ofendida ao agressor; • prestação de caução provisória, mediante depósito judicial, por perdas e danos materiais decorrentes da prática de violência doméstica e familiar contra a ofendida;
Medidas relativas a dependentes	• prioridade para matrícula de dependentes em instituição básica de ensino próxima de seu domicílio; • prioridade para transferência de dependentes para instituição de ensino básico; • garantia de sigilo dos dados da vítima e seus dependentes matriculados ou transferidos, de modo que o acesso às informações seja reservado ao juiz, Ministério Público e órgãos públicos.

EDITORA
JusPODIVM
www.editorajuspodivm.com.br

Impressão e Acabamento

Plena Print
Indústria Gráfica

JUS4215